閱微講堂
让生命打开

儒家伦理与中国社会

曾亦＼著

上海三联书店

目 录

自　序

　　自晚清以来，随着中国传统政治的崩溃与古代社会的转型，以经学为代表的传统学术亦遂为废止。可以说，此后中国经历了一个传统学术到现代学术的转变，其间对古代社会与儒家伦理的研究，虽不乏卓见，然亦不免偏差。从本质上说，现代学术不过脱胎于古希腊和基督教的思想，其中蕴含的那套看待世界的角度和理解事物的方法，实与经学相去甚远，就此而言，现代学术对中国古代社会和儒家伦理的研究，其实并不具有正当性。

　　那么，我们现在应当以何种方式从事中国古代社会与儒家伦理的研究呢？首先，我们应当继承前人的研究成果和方法，这主要指清人的成果与方法。目前，经学的复兴正处于方兴未艾之际，我们期待着这种趋势为将来中国学术的重建和发展，能够提供更为丰富、更具建设性的资源。其次，我们应当借鉴其他文明的成果和方法进行比较性研究，这始终是非常必要的，也是今人比清人站得更高更远并有可能取得突破性成就的优势所在。这一百多年来，我们大都是站在西方思想的角度对以儒家为主体的中国思想进行比较性研究，但问题在于，西方思想对近现代中国虽然影响巨大，远非其他外来思想可比，然而，就传统中国思想的理解和诠释而言，这个视角却未必是最恰当的，毕竟中、西思想之间的相似度实在太小了。可以说，这一百多年来中西思想的比较研究，完全走错了方向。

二十世纪八十年代以来，随着邓小平开启的改革开放，传统思想及其研究也渐次得到复兴。此间无论是反哺大陆的港台新儒学，还是后来持续关于儒家与宗教的讨论，其中都有一个基本的参照系，这就是古希腊和基督教思想。对于其后的大陆学者来说，要么运用西方的概念和问题意识来理解和建构中国思想，要么基于基督教对神的理解而否定儒家的宗教性，两者都犯了同样的错误，因为他们都试图通过一个最遥远、最少相似度甚至完全异质的西方思想来理解和诠释中国思想。当然，我们若从西方文明对近现代中国的巨大影响来重建现代中国思想，或许有其合理性，但是，如果因此延伸到对古代中国思想的理解和诠释，则完全没有合法性可言。

那么，这个理解和诠释的恰当角度应该在哪里呢？我们必须要明白一点，儒学是一种真正面对现实的经世致用的学说，即通过正视现实中的方方面面问题，并且有能力提出自己的解决方案，这才是整全的儒家。我们越来越确认这样一点，即历来学者对于儒家"经世致用"的特质，虽不无认识，然都过于肤浅。因为儒家作为"经世致用"的学说，根本在于其整全性。相反，时下那些借助西方哲学和基督教的视角，仅仅将儒家理解为某种哲学或者个体自我完善的道德学说，显然是极其片面和狭隘的。这种认识最终导致了对孔子的矮化和简单化，即仅仅视为某种道德完满的圣人，而不是视为文明的开创者和立法者。在我看来，只有公羊家对孔子的理解，才能真正理解儒家"经世致用"的特质。

其实，我们不妨换一个参照系，譬如将伊斯兰教作为考察儒家的参照系，或许会更为合理一些。为什么呢？无论是孔子作为改制立法的教主，还是通过《春秋》以垂法万世的法治精神，以及历朝法律的儒家化，包括执行这些法律或依据经义决事的儒家学者，都非常接近伊斯兰教。并且，就其立法的内容而言，道德与纯粹宗教的内容仅仅不过十分之一而已，这也是与儒家法律非常接近的。相反，依照基督教为参照系来理解的儒家，则仅仅变成一个解决安身立命的道德学说。换言之，基督教无论在其源头上，还是在历史的流变中，从来没有试图取代政治国家来解决现实的种种问题，反而始终保持某种相对于世俗世界的超越性，正因如此，基督教从来没有试图发展出一套完备的宗教律法来取代世俗国家的律法，他们的训诫始终停留在道德律令的层面。

对于儒家来说，道德法则如果不同时成为现实社会中的律条，则永远是软弱无力的，也谈不上真正的"经世致用"。因此，自汉以后，儒家通过学校和科举，培养了一代又一代掌握《礼》与《春秋》的学者，而且，儒家基于对经义的理解，制订了一套具体、完备乃至琐细的律条，并在实践中积极执行和运用这些律条，从而使儒家成为类似"欧莱玛（Ulama）"那样真正掌握世俗权力的专家或学者。可以说，古代儒家无须通过实践经验来训练自己治国理政的能力，而只是诉诸对儒家经义的深入理解，就足以处理包括法律、教育、社会乃至经济等各方面的复杂现实问题。

是为序。

丁酉年夏序于沪上四漏斋

第一讲

尊尊与亲亲

　　自古以来，人类形成了种种血缘群体，无论是氏族或宗族，还是大小不等的家庭，皆崇尚亲亲之道。推而至于国家、天下，乃至天地万物，莫非亲亲之体现。故孟子讲"亲亲而仁民，仁民而爱物"，可见，对于古人来说，亲亲不仅是一般血缘群体的基本准则，而且成为遍及宇宙的普遍法则。换言之，不仅我对父母、兄弟、妻子要讲亲亲，此为孝弟慈爱；而且，推至君臣、朋友、长幼之间，亦当讲亲亲，此为恭友仁忠；至于天地之间，则为民胞物与。可见，亲亲构成了中国文化的基本精神。

　　与之相对，则为尊尊的原则。大概在任何群体中，不同人处于不同的位置，扮演了不同的角色，从而形成了某种等级差别的秩序。因此，家庭内有父子、兄弟、夫妇之等差，社会上则有长幼、君臣、上下之等差。而且，古代思想要求个体安于自己的位置，安分守己，不能相逾越，由此形成了上下有等、尊卑有差的尊尊伦理。一般来说，处于尊者位置的个体，常常代表了某种集体的力量，而卑者对尊者的服从，不过是个体对集体的服从而已。譬如，就家庭而言，《仪礼·丧服》称父为至尊，父在家庭中的这种地位，不是因为他作为男性个体的强权，而是家庭必须有一个代表，即家长，因此，家庭成员对家长的服从，不过是个体对家庭这种普遍物的尊崇。个体必须服从集体，家庭如此，国家何尝不如此？故臣民对君王的服从，并非出于男性的强权，同样是出于个体对崇高的集体力量之尊崇。

无论亲亲还是尊尊，代表了人类社会得以延续的两个基本原则。亲亲体现了自然的原则，而尊尊体现了社会的原则。个体基于父母生养的自然事实，遂由此处理一切家庭关系及所派生出来的诸种社会关系，此为亲亲；然而，个体始终生活在某种群体之中，故必须克制自己的自然属性，而服从某种群体的普遍要求，遂有对代表群体之个体的尊崇。可以说，亲亲和尊尊两大原则，对于个体与整个人类的存在，都是不可或缺的基本原则。

西周主要是一个宗法制社会，宗族虽然是一个血缘群体，但尊尊却是压倒性的第一原则。按照汉代公羊家的说法，周人尚文，即以尊尊原则为主导；而殷人尚质，则崇尚亲亲的原则。殷代的真实情况不得而知，据董仲舒《春秋繁露》的说法，殷人夫妻对坐而食，葬时别居，可见，至少在饮食和丧葬的某些场合，夫妻间是相对平等的，不同于西周时那种男尊女卑的格局。此外，大部分传世和出土文献都认为，殷人普遍实行兄终弟及的继承制度，这种先兄弟而后父子的做法，在公羊家看来，正是亲亲的体现。可见，亲亲原则在殷代居于主导地位，公羊家则直截认为殷人尚质，就是基于这种认识。

到了西周以后，随着周初一系列封建诸侯的举措，逐步形成了宗法制度，从而宗族成了周代社会的基本单位。宗法之本意在于，把基于共同血缘关系的个体或家庭团结起来。但血缘关系却有一个的特点，即随着世系的推衍，彼此间的血缘却是愈益疏远。俗语说"远亲不如近邻"，就是这个道理。因此，周人设计出宗法制，目的是通过尊尊原则把血缘不断疏远的个体或家庭能永远凝聚在一起。换言之，周人是在血亲或姻亲中建立了一种等级尊卑的关系，甚至不惜让亲亲之情屈从于尊尊原则，目的是为了维持血缘团体的整体性存在。

然而，到了春秋中晚期以后，随着周天子权威的下降，封建制难以维持，宗法原则逐渐被破坏了。司马迁《史记》描述了当时"以下克上"的现实，即"弑君三十有六，亡国五十有二"，首先是天子之尊被破坏了，然后是诸侯、大夫也不那么尊崇了，以至"陪臣执国命"。可以说，此时尊尊原则从根本上动摇了，宗族也逐步瓦解了，取而代之的则是两世、三世同居的小家庭。面对这种新的社会现实，公羊家认为"孔子作《春秋》"，其意在救"周文之敝"。但如何救呢？对孔子来说，绝非简单地恢复周代的尊尊原则，反而是"损周文"，即削弱尊尊的原则，而强化一直被尊尊压抑的亲亲原则，用公羊家的说法，就是"益殷质"，即强化亲亲之情的重要性。公羊家甚至认为，"《春秋》尚质"，换言之，亲亲才是《春秋》倡导的支配原则。自此以后，与小家庭的社会格局相适应，亲亲取代了尊尊，成为传统中国社会的主导原则。

在《公羊传》里，儒家对"质"的理解，主要是强调了亲亲之情。对儒家来说，父子之亲最重，故《公羊传》以弑父之罪为大恶，且多不忍言。此外，《公羊传》又突出了同母兄弟之情，至于君臣之间，乃至凡人交接之际，莫不强调有亲亲之情。譬如，《春秋》于大夫书日书卒之类，以见君臣之情；又于刘文公书卒，则见交接之情。可见，儒家虽立足于血缘谈亲亲原则，又进而扩充到一般的政治领域，可见，在《春秋》那里，亲亲原则已成为普遍性的原则。因此，公羊家认为孔子作《春秋》，正是本着亲亲原则对崇尚尊尊的周礼进行改造，从而构建出一套适于以后两千多年中国社会的基本制度。

晚清以降，尤其自"五四"以来，学者与媒体相呼应，声言家庭乃封建专制的根源，且为个体自由的障碍，于是，离家出走乃至消灭家庭，遂成为百年来中国社会、思想运动的主流风潮。不论是康有为的《大同书》，还是后来的共产主义运动，皆以消灭家庭为理想。按照这种理想，个体不再为自然的存在，故父子、夫妇这种最小血缘群体的亲亲之情，皆无存在的价值，如此，个体彻底从家庭中解放出来，成为绝对自由的个体，而家庭充其量不过为个体暂时的寓所，而作为家庭成员的父子、夫妇，实不甚崇尚亲亲之情。此种理想发展到极端，便是"文革"时父子反目、夫妻相讼的状态。"文革"以后，家庭逐渐回归正常伦理的轨道。然个体自由的观念更是甚嚣尘上，如是，不独夫妻之间，乃至父子之间，颇近于西方的家庭关系，盖常以朋友之道处之，其中几无尊尊之义可言。大致而言，基于个体自由的家庭关系，其中亲亲关系颇淡漠，尊尊之义更是几乎不存。然而，另一方面，就整个社会、人类而言，则莫不有爱，"世界充满爱"，个体的绝对自由反而使亲亲超出了血缘的范畴，成为普遍的法则，这大概是亲亲原则在我们这个时代的极端体现。

一、古今异同与孔子改制

周秦之际，中国之社会、政治结构发生了根本的变化，即宗法制之瓦解。自此，两世或三世之小家庭遂成为社会之基本单位，而孝道这一家庭伦理始渐凸显出来。孝道，乃血亲间之原则，本施于家庭内部而已。然儒家素重孝道，亲亲而仁民，仁民而爱物，孝道遂越出家庭伦理之范围，至于一切社会、政治之原则，亦莫不视为孝道之所出矣。《论语·学而》曰："君子务本，本立而道生。"后世政治标榜以孝治天下，正以此也。不过，孝道虽为儒家所尚，然实不起于儒家，盖自生民以来，抑或即有孝道矣。虽然，考诸其他民族，实未有若中国这般重视孝道者。

早期人类唯依血缘而相抟聚，则孝道之所施，初甚狭隘，不过限于母子间而已。《丧服传》曰："禽兽知母而不知其父。"非独禽兽，人类初时殆亦如此。盖子女初依母氏而居，唯知亲母，而不问其父。今犹有土著颇存其遗俗，或可推测上古之情形也。其后，夫妻共居，子女乃知亲父矣，虽然，犹谓"父母何算焉"，则虽知亲父，尚不能尊父也。盖儒家言孝道，实兼二义，子女不独亲父亲母，亦当尊父尊母，且以父为至尊，母为私尊，母尊实屈于父尊也。是以儒家言孝道，当兼尊尊与亲亲二义。此二种意义，虽亦见于其他民族，然唯至儒家始能尽揭诸明白。

是以就孝道二义而言，人类初时虽能孝其亲，不过亲爱其母而已，此乃孝道之至弱者也。其后，至母系氏族晚期，夫妻共居而不复独立矣，乃各为一半而"胖合"成一新的整体，此为个体家庭之形成。至是，子女从父而居，乃能亲父矣，且渐而知父尊于母矣。故因个体家庭之形成，孝道之内涵始为完备。虽然，人类大多数民族皆进化至个体家庭，亦皆知亲亲与尊尊二义，然儒家能强化孝道，至于视为普遍之社会、政治原则，则唯中国为仅见矣。

《礼运》谓"天子有田以处其子孙，诸侯有国以处其子孙，大夫有采以处其子孙"，盖自天子、诸侯以下，至于卿大夫，各以土地封建其子孙，如是而派生出宗法之制。对于宗族而言，家庭不过其中一分子而已，且宗族中之家庭实不过五世同居之小宗，而统于大宗，故孝道此种家庭原则遂为宗法原则所抑制。考诸《丧服》经传中之尊降、压降诸例，可知孝道尚未能彰显于宗族之中。唯自春秋战国以降，宗法制崩溃，整个社会分裂为小家庭为基本单位之格局，而其中固有之孝道原则始得以伸张。儒家正是有鉴于此种社会结构之变迁，遂将孝道发挥出来，使之成为其整个理论的首要原则。可见，儒家改制诚有多端，然孝道实为其中最大者。

（一）虞、夏、殷、周四代异同

《檀弓上》中颇论虞、夏、殷、周四代礼制之不同。如论棺椁之制云：

> 有虞氏瓦棺，夏后氏堲周，殷人棺椁，周人墙置翣。周人以殷人之棺椁葬长殇，以夏后氏之堲周葬中殇、下殇，以有虞氏之瓦棺葬无服之殇。

《易·系辞》云："古之葬者，厚衣之以薪，葬之中野，不封不树，丧期无数，后世圣人易之以棺椁。"而《孟子·滕文公上》云："上世尝有不葬其亲者。其亲死，则举而委之于壑。"可见，人类葬其亲，实属后起。并且，葬礼初时亦极质朴，故有虞氏不过以瓦棺葬亲；夏后氏稍文，则于瓦棺外加以堲周；殷人益文，以梓棺代替瓦棺，又为椁代替堲周；周人则极文，更于椁旁置柳、置翣以饰其棺椁。棺椁之制，不过蔽尸骨、不朽其亲，而全孝子之心也。四代之制不同如此，郑玄以为，"凡此言后王之制文"，可见，自虞、夏至殷、周，人类社会愈演愈文也。

《檀弓上》又论夏、殷、周三代戎事、丧事之异云：

> 夏后氏尚黑，大事敛用昏，戎事乘骊，牲用玄。殷人尚白，大事敛用日中，戎事乘翰，牲用白。周人尚赤，大事敛用日出，戎事乘騵，牲用骍。

公羊家有"通三统"之说，盖以夏、殷、周所法"物见之色"不同，如是而有三统之异。《春秋繁露·三代改制质文》云："三正以黑统初，正日月朔于营室，斗建寅。天统气始通化物，物见萌达，其色黑。故朝正服黑，首服藻黑，正路舆质黑，马黑，旗黑，大宝玉黑，郊牲黑，牺牲角卵。……祭牲黑牡，荐尚肝。乐器黑质。……正白统者，历正日月朔于虚，斗建丑。天统气始蜕化物，物始芽，其色白。故朝正服白，首服藻白，正路舆质白，马白，大节绶帻尚白，旗白，大宝玉白，郊牲白，牺牲角茧。……祭牲白牡，荐尚肺。乐器白质。……正赤统者，历正日月朔于牵牛，斗建子。天统气始施化物，物始动，其色赤，故朝正服赤，首服藻赤，正路舆质赤，马赤，大节绶帻尚赤，旗赤，大宝玉赤，郊牲骍，牲牲角栗。……祭牲骍牡，荐尚心。乐器赤质。"而《白虎通·三正篇》云："十一月之时，阳气始养根株黄泉之下，万物皆赤，赤者，盛阳之气也。故周为天正，色尚赤也。十二月之时，万物始牙而白，白者，阴气，故殷为地正，色尚白也。十三月之时，万物始达，孚甲而出，皆黑，人得加功，故夏为人正，色尚黑。《尚书大传》曰：'夏以孟春月为正，殷以季冬月为正，周以仲冬月为正。夏以十三月为正，色尚黑，以平旦为朔。殷以十二月为正，色尚白，以鸡鸣为朔。周以十一月为正，色尚赤，以夜半为朔。"又，《公羊传》隐元年何休注云："夏以斗建寅之月为正，平旦为朔，法物见，色尚黑；殷以斗建丑之月为正，鸡鸣为朔，法物牙，色尚白；周以斗建子之月为正，夜半为朔，法物萌，色尚赤。"古人以"道法自然"，是以三代制度之异，不过由所尚物色之不同故也。观此，则知《檀弓》此说实出于公羊家言。

就此而言，夏以建寅之月为正，物生色黑，故大事敛用昏，以昏时黑也，而马黑色曰骊；殷以建丑之月为正，物牙色白，而日中时亦白，马白曰翰；周以建子之月为正，物萌色赤，而骠、骍皆赤类也。

又论殷、周葬冠之异云：

> 周人弁而葬，殷人冔而葬。

《士冠记》云："周弁、殷冔、夏收。"弁、冔与收，乃三代之祭冠，而非丧冠。古之丧礼，有"即远"之义，盖人死愈久，而渐为神矣，而人之事死者，虽有事生之义，然至葬时，骨肉归于土，而魂气归于天，此时当以敬神之道处之，故葬时乃变丧冠而服祭冠。

又论冠有缩缝、衡缝之异云：

> 古者冠缩缝，今也衡缝。故丧冠之反吉，非古也。

缩缝，纵缝也；衡缝，横缝也。盖古人之冠有辟积[1]，须缝之以相连缀也。孔颖达谓此处所言之"古"指殷以上，而"今"则指周。盖殷以前尤质，无论吉冠、凶冠，皆直缝，辟积少，故一一前后直缝之。周之吉冠多辟积，不复一一直缝，但多作褶而横缝之；若丧冠，犹疏辟而直缝。古时以质故，吉冠与丧冠同，皆直缝；而周则极文，是以吉冠横缝，而丧冠犹直缝，故丧冠之反吉，非古礼也。

《檀弓》一篇，除上列数条外，论古今礼之异同者颇多，其中，尤论殷、周之礼不同者为甚。

（二）《春秋》与孔子改制

虞、夏、殷、周四代之礼固不同，至周秦之际，孔子当礼崩乐坏之时，自当以重建新制度为己任，此孔子所以改制也。后世学者多能认同孔子接续与保存旧文化之功，其实，孔子此种"存亡继绝"之功当与其建立新制度之用心相关。换言之，孔子之秩序重建，绝非仅仅"从周"之谓也，而是鉴于周文疲敝，而折中往古之制，可谓一新的创造也。公羊家言孔子"改制"，其实质正在于此。

---

[1] 辟积，指衣服上的褶皱。

是以就孔子作《春秋》而言，《春秋》实当一王之法，此为"今"也，至其所欲损益之周制，则为"古"；然周礼虽有崩坏，犹"今用之"，孔子损周文而益殷质，则以周文为"今"，而以殷质为"古"矣；至于孔子所参用虞、夏之制，则尤为"古"也。儒家有"法先王"与"法后王"之辨，后人多聚讼于此，良不明《春秋》改制之说故也。

孔子改制，又与当时社会结构之变化有关，即西周宗法之崩溃，而代之以两世、三世之小家庭，此为当时社会之基本单位。宗族者，弟道也；家庭者，孝道也。儒家强调孝道，而少言弟道，其社会基础正在于此。

两千余年来，儒家不断强化孝道，然至晚清以降，或因传统社会结构之变化，或因西方文化之影响，孝道观念始受冲击。盖孝道与个体家庭之形成有莫大关系，正因如此，人类随着家庭之消亡，孝道亦不复必要，反而成为实现大同理想之障碍。康有为《大同书》颇设想了家庭之消亡，且设计种种办法，以消除父母与子女之间的情感，欲彻底瓦解子女对父母之孝道义务。至于西方，则自古希腊罗马以来，始终以家庭为社会之基本单位，且常有瓦解家庭之倾向，此西方文化所以高标个体之自由也。因此，马克思主义欲实现西方文化之千年理想，视家庭之消亡为实现个体自由之基本前提。中国人则不同，而以自由不离于家庭，甚至不离于宗族、国家，是以儒家主张之自由，实非个体之自由。

西方人欲使其个体实现自由，则不仅摧毁国家，最终亦将摧毁家庭。二十世纪初以来，马克思主义宣称找到了一条通往此种理想的道路，然而，共产主义实践在现实中遇到了一些问题，譬如，"文革"时妻告其夫、子证其父之种种背离伦常的行为，正是实施此种理想的实际后果。因此，对孝道的重新反思，多少意味着对不同于西方的人类发展道路之探究。

关于孔子改制之思想，除《公羊传》外，其他儒家经典亦颇见之。如《论语·卫灵公篇》云：

> 颜渊问为邦。子曰："行夏之时，乘殷之辂，服周之冕。乐则韶舞。"

孔子盖兼取虞、夏、殷、周四代之制而治国，未纯用周礼也。又《论语·八佾篇》云：

> 子曰："夏礼，吾能言之，杞不足征也；殷礼，吾能言之，宋不足征也。文献不足故也。足，则吾能征之矣。"

据此，孔子能知夏、殷、周三代之礼，此其所以"通三统"也。

此外，《礼记》之《礼运》与《中庸》另有两段话，与此相似。《礼运》载孔子语云："我欲观夏道，是故之杞，而不足征也。吾得《夏时》焉。我欲观殷道，是故之宋，而不足征也。吾得《坤乾》焉。《坤乾》之义，《夏时》之等，吾以是观之。"此言孔子于夏、殷之礼，仅得《夏时》与《坤乾》二端。《礼运》盖因孔子之叹鲁，而明以礼治国为急，故郑玄以为孔子"欲行其礼，观其所成"，则孔子实欲取夏、殷之礼以治国。若就"通三统"之义而论，则孔子于夏、殷二代之礼，唯取《夏时》《坤乾》二端以行于今世也。

又,《中庸》云:"吾说夏礼,杞不足征也。吾学殷礼,有宋存焉。吾学周礼,今用之,吾从周。"此段明言孔子学夏、殷二礼之意,在于"用"也。然孔子有其德而无其位,故不能显然改周之制,故以周礼为"今用之",故从周也,此孔子之"法后王"也。至其参用四代之礼,可谓"法先王"矣。可见,孔子之从周,非为复古,实以其无位而不得不随俗耳,然其不从周礼之意亦甚明白。公羊家"损周文用殷质"之说,言之甚明。

至于《檀弓》一篇,则极言孔子改制之旨,盖未纯用周礼,而多取殷法也。《檀弓上》载孔子寝疾时之语云:

> 夏后氏殡于东阶之上,则犹在阼也。殷人殡于两楹之间,则与宾主夹之也。周人殡于西阶之上,则犹宾之也。而丘也,殷人也。予畴昔之夜,梦坐奠于两楹之间。夫明王不兴,而天下其孰能宗予?予殆将死也。

案,殷人殡于两楹之间,而孔子本殷人后,故自梦如此。然后人多因以谓孔子行殷法,如赵商问郑玄曰:"两楹奠殡哭师之处,皆所法于殷礼,未必由周。"

孔子没,其弟子以三代之礼葬之。《檀弓上》云:"孔子之丧,公西赤为志焉:饰棺、墙,置翣,设披,周也;设崇,殷也;绸练设旐,夏也。"弟子葬孔子如此,盖以孔子改制而兼取三代礼故也。

又,孔子使其子伯鱼丧出母,后人多以为非周礼,盖孔子能行权,"道隆则从而隆,道污则从而污",至其孙子思,则据周礼而不丧出母。今之《仪礼》谓为出母服期，然朱子以为，此乃"后世沿情而制者"，则孔子使伯鱼丧出母，乃变礼也，若子思不使其子丧出母，实为正礼，即周礼也。宋游桂亦与朱子说同，以为丧出母，乃后世之制。至于孔子丧出母，唯孔子行之而非以为法也，乃礼之变焉。《春秋》尚质，故子虽为父所出，然不绝母子之情，至今犹然，可见，孔子之用质，实通于后世也。

《檀弓上》又云：

> 孔子在卫，有送葬者，而夫子观之，曰："善哉为丧乎！足以为法矣，小子识之！"子贡曰："夫子何善尔也？"曰："其往也如慕，其反也如疑。"子贡曰："岂若速反而虞乎？"子曰："小子识之，我未之能行也。"

古人以神必有所依，盖人生时其神依于肉体，死后，其肉体虽不即坏，犹设重以主之。至葬后，肉体弃亡于阴间，则死者全为神矣，故当迎魂气之反，"速反而虞"，以安其神。此为礼之常，即周礼也。然卫人葬死者，"往也如慕，反也如疑"，孔子许为得礼，郑玄以为重哀戚之情，得礼之本也。孔子改制，尚殷之质，故以人情为礼之本也。

又云：

> 殷练而祔，周卒哭而祔。孔子善殷。

祔者，新死者祔于祖庙也。庙者，神之所居，而以新死者祔庙，盖神之也。死者祔庙以前，犹人也，故以哀戚之情而伤死者；祔庙后，则死者已为神矣，故哀情减而敬心生焉。周人至卒哭[1]而祔庙，盖百日即神死者，然犹未洽于人情也；若殷人至练[2]而祔庙，已十三月矣，则哀亲之情尽矣，故郑玄以为"期而神之，人情也"。孔子重人情，所以善殷也。

上为孔子之改周制也。至其门人高弟，《檀弓》一篇亦颇载其种种改制之事。

古代本无为师服丧之礼，然至孔子卒，门弟子以丧父而无服之礼为孔子服丧。《檀弓上》云：

> 孔子之丧，门人疑所服。子贡曰："昔者夫子之丧颜渊，若丧子而无服；丧子路亦然。请丧夫子，若丧父而无服。"

孔子为颜渊、子路服丧，比于父为子服，此实改制也，是以孔子卒，其弟子为师服三年，实非礼经，乃弟子本孔子制师服之礼意而改制也。

《檀弓上》又云："事师无犯无隐，左右就养无方，服勤至死，心丧三年。"此实资于事父以事师，恩虽三年，然不为制服[3]。又云："孔子之丧，二三子皆绖而出。"弟子虽不为师制服，

---

[1] 卒哭：古代丧礼。自死者死日起，哀至则哭，昼夜无时，行卒哭之祭。其后则改为朝夕哭。旧制以百日为卒哭之期，今民间则以终七为卒哭之日。

[2] 练：古代祭名。因古时于父母去世十三月时戴练冠祭于家庙而得名。

[3] 制服：在父母丧期中穿的丧服。

犹有经带 [1] 之制也。

至朋友死，古亦无服。然曾子曰："朋友之墓，有宿草而不哭焉。"则期内犹哭也。案，为师、为友，皆不见于礼经，故孔子以事师比于事父、事君，以朋友比于兄弟，乃制为心丧而无服。又，"群居则绖，出则否"，则朋友间平时无服，群居则服，盖降于为师服也。又，子张死，曾子有母之丧，齐衰 [2] 而往哭之。然《檀弓上》以为，"有殡，闻远兄弟之丧，虽缌必往；非兄弟，虽邻不往"，则曾子有母丧，不当吊朋友；然曾子答曰："我吊也与哉！"盖曾子以兄弟比朋友，故为子张服，非吊也，乃丧也。

又云：

> 曾子曰："尸未设饰，故帷堂，小敛而彻帷。"仲梁子曰："夫妇方乱，故帷堂，小敛而彻帷。"小敛之奠，子游曰："于东方。"曾子曰："于西方，敛斯席矣。"小敛之奠在西方，鲁礼之末失也。悬子曰："绤衰繐裳，非古也。"

同为帷堂与小敛之奠，孔门弟子之理解各不同，可见，当时未必有周礼显然可据，故诸弟子各以义起而制礼也。

又云：

> 公叔木有同母异父之昆弟死，问于子游。子游曰：

---

[1] 经带：古代丧服所用的麻布带子。

[2] 齐衰：一种丧服，次于最重的斩衰，以粗麻布制成，因其缝齐，故称为"齐衰"。

"其大功乎？"狄仪有同母异父之昆弟死，问于子夏。
子夏曰："我未之前闻也，鲁人则为之齐衰。"狄仪行
齐衰。今之齐衰，狄仪之问也。

《丧服》唯有同父异母兄弟之服，若同母异父，则未有规
定。当时鲁人多行齐衰，而子夏从俗，然后儒多非其说。盖子
随母改嫁，乃有为同母异父兄弟服之理，然为同居继父不过服
期[1]，则为继父之子当不过服大功而已。可见，子夏之论甚乖
礼意。宋张载以为，不分别同母异父兄弟与同父异母兄弟，乃
知母而不知父，禽兽之道也，故张氏以服大功[2]亦似太过，主
张服小功可也。唐《开元礼》即降同母异父兄弟为小功[3]。

子游之论，盖据继父而论。然子夏之论，或据母而论。马
昭云："异父昆弟，恩继于母，不继于父。"据母而论，则同父
兄弟与异父兄弟，其亲同，当服齐衰。游桂以为，"同母异父
之昆弟，子游为之大功，鲁人为之齐衰，亦非礼之正也。昔圣
人制礼，教以人伦，使父子有亲，男女有别，然后一家之尊知
统乎父，而厌降其母，同姓之亲厚于异姓，父在则为母服齐衰
一年，出母则不为服，此礼之正。后世不明乎父母之辨，不别
乎同姓异姓之亲，既为出母制为服限，则虽异父之子，以母之
故，亦当为之服矣。此其失在乎不明一统之尊，不别同姓异姓
之亲而致然也。……母统于父，则不得不厌降其母；厚于同姓，
则不得不降杀于异姓。夫是以父尊而母卑，夫尊而妇卑，天尊

---

[1] 服期：服丧一年。

[2] 大功：一种丧服，用熟麻布做成，为期九个月。

[3] 小功：一种丧服，用熟麻布做成，为期五个月。

而地卑，君尊而臣卑，皆顺是而为之也。今子游欲以意为之大功，此皆承世俗之失而失之之原，其来寖远而不可复，后世不由其原考之礼节之失，未见其能正也。"游桂甚至以子游之论为不经，遑论子夏从俗之论乎！然不别同父、异父者，实母系时代之遗俗，盖子从母而居故也。

不独孔子及其门人改制，当时贤者亦颇有改制者。《檀弓上》云：

> 鲁庄公及宋人战于乘丘。悬贲父御，卜国为右。马惊，败绩，公队。佐车授绥。公曰："末之卜也。"悬贲父曰："他日不败绩，而今败绩，是无勇也。"遂死之。圉人浴马，有流矢在白肉。公曰："非其罪也。"遂诔之。士之有诔，自此始也。

案周礼，士无诔，自鲁庄公诔士而有之。此乃时君之改制也。

又云：

> 邾娄复之以矢，盖自战于升陉始也。鲁妇人之髽而吊也，自败于台鲐始也。

案，以矢复、以髽[1]吊，本出于方便，后遂因以为常礼。此世俗之改制也。

又云：

---

[1]　髽：古代妇女服丧时用麻布扎成的发髻。

> 将军文子之丧，既除丧，而后越人来吊，主人深
> 衣练冠，待于庙，垂涕洟，子游观之曰："将军文氏
> 之子其庶几乎！亡于礼者之礼也，其动也中。"

按照《丧服》的规定，深衣并非丧服，只有至二十五月大祥祭除服后方得着此服；至于练冠，乃期年小祥至大祥其间所著冠，依旧算是丧冠。另，大祥祭后当不再哭死者，而将军文子的儿子垂涕洟，则表示稍稍有哀情；而庙乃祖先神主所在，并非受宾客吊唁的地方。《丧服》中没有于除丧后吊唁的说法，也没有除丧后接受他人吊唁的道理。因此，现在越人来吊将军文子之丧，其子作为主人而受吊，其待于庙、深衣练冠、垂涕洟这些做法，《檀弓》以为得礼之变也。宋陈祥道以为，"丧已除而吊始至，非丧非无丧之时也；深衣练冠，非凶非不凶之服也；待于庙，非受庙非不受庙之所也。文子于其非丧非无丧之时，能处之以非丧非无丧之礼"，此论极精。此为卿大夫之改制也。

至于当时之贤女子，如敬姜，其所改制，亦颇为儒家所称扬。《檀弓下》云：

> 惟殡，非古也，自敬姜之哭穆伯始也。
> 穆伯之丧，敬姜昼哭；文伯之丧，昼夜哭。孔子
> 曰："知礼矣。"
> 季康子之母死，陈亵衣。敬姜曰："妇人不饰，
> 不敢见舅姑，将有四方之宾来，亵衣何为陈于斯？"
> 命彻之。

帷殡，指死者去世后至小敛前所设的帷帐。据《檀弓》的说法，帷殡并非古礼，自敬姜始有这种做法。又，死者刚去世时，按照礼的要求，其亲属当昼夜不停地哭，但敬姜只是哭其子如此，哭其夫则不过昼哭而已。又，死者大、小敛时，应当将用来敛尸的衣服都陈列起来，而敬姜则撤掉其中的亵衣。凡此，皆礼之变也。

虽然，当时亦有变礼而为所讥者。《檀弓下》云：

> 悼公之母死，哀公为之齐衰。有若曰："为妾齐衰，礼与？"公曰："吾得已乎哉？鲁人以妻我。"
>
> 子思之母死于卫，赴于子思，子思哭于庙。门人至曰："庶氏之母死，何为哭于孔氏之庙乎？"子思曰："吾过矣，吾过矣。"遂哭于他室。

《檀弓》亦颇载孔子及门人从周制者。《檀弓上》云：

> 公仪仲子之丧，檀弓免焉。仲子舍其孙而立其子，檀弓曰："何居？我未之前闻也。"趋而就子服伯子于门右，曰："仲子舍其孙而立其子，何也？"伯子曰："仲子亦犹行古之道也。昔者文王舍伯邑考而立武王，微子舍其孙腯而立衍也；夫仲子亦犹行古之道也。"子游问诸孔子，孔子曰："否！立孙。"

案，隐元年《公羊传》云："立嫡以长不以贤，立子以贵不以长。"何休注云："礼，嫡夫人无子，立右媵；右媵无子，立左媵；左媵无子，立嫡侄娣；嫡侄娣无子，立右媵侄娣；

右滕侄娣无子，立左滕侄娣。质家亲亲，先立娣；文家尊尊，先立侄。嫡子有孙而死，质家亲亲，先立弟；文家尊尊，先立孙。其双生也，质家据见立先生，文家据本意立后生。"又，隐三年《公羊传》云："君子大居正，宋之祸，宣公为之也。"盖殷人兄终弟及，而宋为殷后，据殷礼而传弟，然宣、缪之相及，宋国因以大乱，《公羊传》乃发"大居正"之论，欲明周礼传子之制为止也。

此处谓公仪仲子之丧，其嫡子死，当立嫡孙，然其兄子服伯子据古礼而立次子，孔子以为非。此处盖以殷礼为古，而周礼为今，孔子盖从今礼也。王国维以有周一代制度皆出于立子立嫡之制，而《檀弓》将此段置于篇首，可谓有识。

然此制不独为政治制度，实与当时之社会变革相适应。盖母系时代，夫妻不同居，而子女从母居，则父之财产自当传弟而不得传子。随着个体家庭之形成，子女从父而居，夫妻亦形成共同之家庭财产，此时家庭财产则传子矣。因此，社会领域中小家庭之形成与政治领域中之立子立嫡制，实为同一步骤，未必如王国维所说，乃周公个人之特识也。

（三）文质与古今

文质概念本出于孔子。《论语》中有数条与此有关：

> 子曰："质胜文则野，文胜质则史。文质彬彬，然后君子。"（《雍也篇》）
> 棘子成曰："君子质而已矣，何以文为？"子贡曰："惜乎，夫子之说君子也，驷不及舌！文犹质也，质

犹文也；虎豹之鞟，犹犬羊之鞟。"（《颜渊篇》）

又，《为政篇》云：

> 子张问："十世可知也？"子曰："殷因于夏礼，
> 所损益，可知也；周因于殷礼，所损益，可知也。其
> 或继周者，虽百世，可知也。"

何晏《集解》以为，十世、百世之异，乃"文质礼变"。
又，《先进篇》云：

> 先进于礼乐，野人也；后进于礼乐，君子也。如
> 用之，则吾从先进。

宋程子论曰："子曰：'先进于礼乐，野人也。'言其质胜
文也；'后进于礼乐'，君子也，言其文质彬彬也；'如用之，
则吾从先进'，言若用于时，救文之弊，则吾从先进，小过之
义也。'麻冕礼也，今也纯俭，吾从众；奢则不孙，俭则固，
与其不孙也，宁固'，此之谓也，不必惑从周之说。"[1] 又曰：
"'行夏之时，乘殷之辂，服周之冕'，与从周之文不悖。从先
进则为时之弊言之，彼各有当也。"[2] 可见，程子亦据《春秋》
文质说而解此章也。

其后，公羊家乃取以论殷、周制度之异。

---

[1] 《河南程氏遗书》卷9。

[2] 《河南程氏遗书》卷11。

隐元年，春，王正月。《公羊传》云："立嫡以长不以贤，立子以贵不以长。"何休注云："礼，嫡夫人无子，立右媵；右媵无子，立左媵；左媵无子，立嫡姪娣；嫡姪娣无子，立右媵姪娣；右媵姪娣无子，立左媵姪娣。质家亲亲，先立娣；文家尊尊，先立姪。嫡子有孙而死，质家亲亲，先立弟；文家尊尊，先立孙。其双生也，质家据见立先生，文家据本意立后生。皆所以防爱争。"此以文质论殷、周继嗣法之异。

隐七年，齐侯使其弟年来聘。传云："母弟称弟，母兄称兄。"何注云："分别同母者，《春秋》变周之文，从殷之质。质家亲亲，明当亲厚异于群公子也。"殷人子女多从母居，则同母兄弟为亲，《春秋》尚质，故别同母兄弟与异母兄弟也。《檀弓》中子夏据鲁俗而答狄仪之问，以为当服齐衰，则《春秋》或有取于鲁俗耶？

隐十有一年，春，滕侯、薛侯来朝。何注云："滕序上者，《春秋》变周之文，从殷之质，质家亲亲，先封同姓。"滕与鲁皆姬姓，《春秋》亲亲，故以滕侯序于薛侯之上。

桓十一年，郑忽出奔卫。传云："《春秋》伯、子、男一也，辞无所贬。"何注云："《春秋》改周之文，从殷之质，合伯子男为一，一辞无所贬，皆从子，夷狄进爵称子是也。忽称子，则与《春秋》改伯从子辞同，于成君无所贬损，故名也。名者，缘君薨有降既葬名义也，此非罪贬也。君子不夺人之亲，故使不离子行也。王者起所以必改质文者，为承衰乱救人之失也。天道本下，亲亲而质省；地道敬上，尊尊而文烦。故王者始起，先本天道以治天下，质而亲亲；及其衰敝，其失也亲亲而不尊，故后王起，法地道以治天下，文而尊尊；及其衰敝，其失也尊尊而不亲，故复反之于质也。质家爵三等者同，法天之有三光也。文家爵五等者，法地之有五行也。合三从子者，制由中也。"其先，董仲舒《三代改制质文》及《爵国》皆以文质论周爵五等与《春秋》爵三等之异。此处何休论之尤详。

何休于《解诂》中屡发殷质周文之论，今不赘录。然其说不过由师徒相传而得之，考诸汉人议论，实非鲜见。司马迁《史记·孔子世家》云：

> 观殷夏所损益，曰："后虽百世可知也，以一文一质。周监二代，郁郁乎文哉！吾从周。"

据此，殷、夏间之损益，亦一文一质也，其后，虽百世之嬗替，皆文质相损益也。

而司马迁学于董仲舒，观《春秋繁露》，颇有文质之说。其中，《三代改制质文》一篇，尤为董仲舒论文质之大端。其曰：

> 商质者主天，夏文者主地，《春秋》者主人，故三等也。主天法商而王，其道佚阳，亲亲而多仁朴。故立嗣予子，笃母弟，妾以子贵。昏冠之礼，字子以父。别眇夫妇，对坐而食，丧礼别葬，祭礼先躁，夫妻昭穆别位。制爵三等，禄士二品。……主地法夏而王，其道进阴，尊尊而多义节。故立嗣与孙，笃世子，妾不以子称贵号。昏冠之礼，字子以母。别眇夫妇，同坐而食，丧礼合葬，祭礼先享，妇从夫为昭穆。制爵五等，禄士三品。

此以文、质论夏、殷、周三代各项制度之异。

《白虎通》言文质尤备。《三正篇》论文质之义云：

> 王者必一质一文者何？所以承天地，顺阴阳。阳
> 之道极，则阴道受；阴之道极，则阳道受，明二阴二
> 阳不能相继也。质法天，文法地而已。故天为质，地
> 受而化之，养而成之，故为文。《尚书大传》云："王
> 者一质一文，据天地之道。"《礼·三正记》曰"质法
> 天，文法地"也。帝王始起，先质后文者，顺天地之
> 道，本末之义，先后之序也。事莫不先有质性，后乃
> 有文章也。

其论改朔征伐先后云：

> 文家先改正，质家先伐何？改正者文，伐者质。
> 文家先其文，质者先其质。

又论改正不随文质云：

> 天质地文。质者据质，文者据文。周反统天正何
> 也？质文再而复，正朔三而改。三微质文，数不相配，
> 故正不随质文也。

可见，历代制度之异同与变化，汉人多以文、质而析其义。
至于《礼记》诸篇，凡涉四代制度之异，后世诸家莫不据
文、质以别之。今据《檀弓》一篇，稍自变量条以明之。《檀
弓上》云：

公仪仲子之丧，檀弓免焉。仲子舍其孙而立其子，檀弓曰："何居？我未之前闻也。"趋而就子服伯子于门右，曰："仲子舍其孙而立其子，何也？"伯子曰："仲子亦犹行古之道也。昔者文王舍伯邑考而立武王，微子舍其孙腯而立衍也，夫仲子亦犹行古之道也。"子游问诸孔子，孔子曰："否！立孙。"

据董仲舒《三代改制质文》，"立嗣予子"为文家法，"立嗣予弟"为质家法。

《檀弓上》记合葬之礼云：

大公封于营丘，比及五世，皆反葬于周。君子曰："乐，乐其所自生。礼，不忘其本。"古之人有言曰："狐死正丘首，仁也。"

孔疏云："先王制礼，其王业根本，由质而兴，则制礼不忘其本，而尚质也。若王业根本由文而兴，制礼尚文也，是不忘其本也。礼之与乐皆是重本，今反葬于周，亦是重本，故引礼乐以美之。"周人夫妻同居而合葬，种种制度莫不自此而出，周之"郁郁乎文哉"，盖以此出。周人尚文，故合葬焉，此其反本也。

又记冠之横、直缝云：

古者冠缩缝，今也衡缝。故丧冠之反吉，非古也。

孔疏云："古者，自殷以上。缩，直也。殷以上质，吉凶冠皆直缝，辟积襵少，故一一前后直缝之。今，周也。衡，横也。周吉冠多辟积，不复一一直缝，但多作襵而并横缝之；若丧冠，犹疏辟而直缝。是丧冠与吉冠相反。"陈祥道云："一幅之材，顺经为辟积则少而质，顺纬为辟积则多而文。"则冠之缩、衡，乃殷、周质文之异也。

又记子张之丧云：

> 子张之丧，公明仪为志焉：褚幕丹质，蚁结于四隅，殷士也。

陈祥道云："子张之丧，门人公明仪为志，不墙不翣，画褚以蚁而葬之，以殷士之礼，何也？殷礼质同，周礼文，质则厚，文则薄，子张之时既甚文矣，故门人从质以救其弊。"

又论周人名字之例云：

> 幼名，冠字，五十以伯仲，死谥，周道也。

孔疏云："此一节论殷、周礼异之事。名以名质，生若无名，不可分别，故始生三月而加名，故云'幼名'也。人年二十，有为人父之道，朋友等类，不可复呼其名，故冠而加字。年至五十者艾转尊，又舍其二十之字，直以伯仲别之，至死而加谥。凡此之事，皆周道也。然则自殷以前为字不在冠时，伯仲不当五十，以殷尚质，不讳名故也。又殷以上有生号，仍为死后之称，更无别谥，尧、舜、禹、汤之例是也。周则死后别立谥，故总云'周道'也。《士冠礼》二十已有'伯某甫、仲叔季'，此云'五十以伯仲'者，二十之时，虽云'伯仲'，皆配'某甫'

而言。五十之时，直呼伯仲耳。《礼纬·含文嘉》云：'质家称仲，文家称叔。'周代是文，故有管叔、蔡叔、霍叔、康叔、聃季等，末者称季是也。"殷、周名字讳谥之不同，亦以质、文异故也。

又论丧葬之制云：

掘中溜而浴，毁灶以缀足。及葬，毁宗躐行，出于大门，殷道也。学者行之。

方悫云："凡此，皆殷所常行。殷尚质，故礼之所由本；周尚文，故礼之所由备。生以文为尚，故名字之制，学礼者行乎周道焉；死以质为尚，故丧葬之制，学礼者行乎殷道焉。"[1]

又论丧事与吉事之异云：

丧事欲其纵纵尔，吉事欲其折折尔。故丧事虽遽不陵节，吉事虽止不怠。故骚骚尔则野，鼎鼎尔则小人，君子盖犹犹尔。

李格非云："质胜文，故骚骚；文胜质，故鼎鼎。犹犹，则质不至于骚骚，而文不至于鼎鼎。"[2]

又论明器之制云：

仲宪言于曾子曰："夏后氏用明器，示民无知也；殷人用祭器，示民有知也；周人兼用之，示民疑也。"

---

[1] 卫湜：《礼记集说》卷18。

[2] 卫湜：《礼记集说》卷18。

曾子曰："其不然乎！其不然乎！夫明器，鬼器也；祭器，人器也；夫古之人，胡为而死其亲乎？"

孔疏："（曾子）言二代用此器送亡者，非是为有知与无知也，正是质文异耳。夏代文，言鬼与人异，故纯用鬼器送之，非言为无知也。殷世质，言虽复鬼与人有异，亦应恭敬是同，故用恭敬之器，仍贮食送之，非言为有知也。说二代既了，则周兼用之，非为疑可知，故不重说。寻周家极文，言亡者亦宜鬼事，亦宜敬事，故并用鬼敬二器，非为示民言疑惑也。然周唯大夫以上兼用耳，士唯用鬼器，不用人器。崔灵恩云：'此王者质文相变耳。'曾子说义既竟，又更鄙于仲宪所言也。'古'谓夏时也，言古人虽质，何容死其亲乎？"

又论丧事之仪节云：

辟踊，哀之至也，有算，为之节文也。袒、括发，变也；愠，哀之变也。去饰，去美也；袒、括发，去饰之甚也。有所袒、有所袭，哀之节也。

方悫云："有算则有节，有节则文，无节则质，故谓之节文。"[1]

又论朝礼云：

丧之朝也，顺死者之孝心也。其哀离其室也，故至于祖考之庙而后行。殷朝而殡于祖，周朝而遂葬。

---

[1] 卫湜：《礼记集说》卷18。

孔疏："殷人尚质，敬鬼神而远之，死则为神，故云朝而殡于祖庙。周则尚文，亲虽亡殁，故犹若存在，不忍便以神事之，故殡于路寝，及朝庙遂葬。"

凡此，足见汉以后注疏家多用文质说礼也。

二、墓葬、家庭与孝道

《礼记·檀弓》中关于墓葬的讨论颇多，从中可以了解当时中国社会结构之变化，正是基于这种变化，儒家提出了一种新的伦理，即基于家庭关系的孝道。

孝道本施于家庭内部而已。最初，因子女从母氏而居，此时虽有孝道，当不过孝于其母及其党也。其后，夫妻共居，而子女由亲母而至亲父，如是孝道渐及于其父矣。虽然，西周因封建而有宗法之制，则孝道又常为宗族伦理所屈抑。至春秋中晚期以降，宗族渐趋崩溃，家庭成为社会之基本单位，而孝道始伸张，其后两千余年前，历朝莫不标榜"以孝治天下"，甚而至于国家伦理，若忠君之属，亦莫能与抗矣。

上古时，人类因血亲而族属。无论家庭，抑或氏族、宗族，皆血缘团体也。人类生时而合族，死后亦不离散，此所以有合葬之制也。合葬之形态有二：其一，族葬也，即同族之人葬于一处，不过非同穴也。此制发端于氏族时代，乃泰古之制也。此时夫妻犹析居别葬，各与其族人合葬。《周礼·地官·大司徒》中有"族坟墓"之说，《春官》中又有"公墓"与"邦墓"之分，皆谓族葬也。其二，夫妻合葬。后世"生同衾，死同穴"之说，即谓此也。此种合葬起源较晚，大致见于母系氏族晚期，随着个体家庭之形成而出现。族葬不过合葬于一地，而夫妻则合葬于一穴也。夫妻合葬出现以后，族葬继续存在，此即后世之公有墓地，今之农村犹颇有此种制度之阙遗。

就族葬而言，其墓制当"墓而不坟"，阖族之人皆葬有定所，自无封树之必要。其后夫妻共居而为一体，因夫妻之卒有先后，则孝子必知先葬者之墓，后死者乃得合葬焉，于是既墓且坟，而有封树之制矣。观《檀弓》谓孔子"不知其父殡于五父之衢"，可知封树之制，当出于合葬之需要也。然孔子合葬其母之后，又封之崇四尺，且曰："今丘也，东西南北人也，不可以弗识也。"则以墓祭之故而封树矣。自此，墓祭乃成为孝道之内在要求。[1]

可见，后世墓葬之制，基于两种理由：其一，出于合葬之需要。就此种理由而言，则合葬起源甚早，《檀弓》则推至周初。然此时是否有墓祭，则未可知也。其二，出于孝道之需要。就此种理由而言，则必有墓祭矣。然墓祭之起源，当与宗族之有关，大致稍早于孔子时代。

（一）传子与合葬

《檀弓》以传子制列全篇之首，其中或有深意焉！王国维

---

[1] 孔子墓祭，盖从俗耳，非儒家之创制也。案今日发掘之战国墓，其中有享堂，可见此时已有墓祭之法。既有墓祭，则必有封树之制。不过，就其理而言，墓祭之起源更早，且符合儒家倡导之孝道，故无怪乎孔子之坟其父墓也。譬如，苗族尝有一种观念，谓人死后有三个灵魂，其中一个灵魂留在家里保佑其子女，一个守住其坟墓，一个则回到始祖所居之地。既以坟墓处有灵魂，则墓祭自属当然。

《殷周制度论》以传子制为有周一代礼制之所出，可谓卓识。不过，王氏论传子制，偏于政治制度为言，故以为周公个人之创制，而未见及其当时社会结构之变化。

就政治制度而言，传子制容或起于周有天下之后，盖周公居摄，欲自别嫌，乃以传子为辞故也。今又有考古学家言，以为殷之中晚期已颇施行传子之制矣。若据人类学之说，则传子制之确立久矣。盖远在母系时代，男女异居，男子夜宿女家，而朝归己之氏族，实未尝有共同之生产与生活也。至于子女，必从母居，且常不知其父也。此种情形，实与动物世界无异。《丧服传》谓"禽兽知母而不知其父"，其实早期人类亦然。此时男女既非稳定同居，则必定无共同之家庭财产，而财产多属氏族公有；即便有私有财产，亦不过传予同族之兄弟而已，此殷人所以有"兄终弟及"也。随着人类进入父系氏族时代，男女同居，一起共同生活，一起共同生产，男女不再为独立之个体，各为一半而组成一整体之家庭，《丧服传》谓夫妻"胖合"，即谓此也。于是家庭有共同之财产，子女随父而居，亦能亲父矣，如是传子之制始得确立。

母系氏族时期，夫妻生时既不同居，死后亦当各归葬于本族，此时盖行族葬也。《檀弓上》云：

> 大公封于营丘，比及五世，皆反葬于周。

关于五世反葬的做法，《檀弓》及后世儒家，皆立足于儒家"不忘本"之精神，即从孝道来解释。不过，后人亦有怀疑这条记载的真实性，以为不合情理。然而，且不论事实之真假，此条表明当时人们犹行族葬也。

又云：

> 季武子成寝，杜氏之葬在西阶之下，请合葬焉，许之。入宫而不敢哭。武子曰："合葬非古也，自周公以来，未之有改也。吾许其大而不许其细，何居？"命之哭。
>
> 舜葬于苍梧之野，盖三妃未之从也。季武子曰："周公盖祔。"

祔，夫妻合葬也。季武子以为，合葬非古制，自周公以来始有之，又举舜事以明之。结合五世反葬之事，可见，周以前多行族葬，而周以后则始有合葬。董仲舒即以殷人乃"丧礼别葬"，而周人则合葬。[1]

如果我们同意王国维关于传子制的论述，那么，我们不妨认为，人类由族人合葬到夫妻合葬，其实与传子制有着内在的关系，皆起源于个体家庭之形成。因此，殷周之际的变革，从政治制度上表现为周公之创制，而在社会层面上，则早在周公之前，与之相应的一套社会结构已经有了根本变化。周公制礼，不过是个体家庭之社会变化与西周封建之政治行为相结合的产物而已。

可以说，个体家庭的形成，不仅构成了周礼的前提，而且还构成了以后数千年中华文明的前提。正因如此，孔子当周礼崩坏之余，但依然坚持周人之传子制。是以孔子其母死，犹欲将之合葬于其父之墓。

---

[1] 董仲舒：《春秋繁露·三代改制质文》。

关于人类由母系时代到父系时代的转变，我们可以分析《檀弓上》中如下一段话：

> 子上之母死而不丧，门人问诸子思曰："昔者子之先君子丧出母乎？"曰："然。""子之不使白也丧之，何也？"子思曰："昔者吾先君子无所失道，道隆则从而隆，道污则从而污，伋则安能！为伋也妻者，是为白也母；不为伋也妻者，是不为白也母。"故孔氏之不丧出母，自子思始也。

这段话历来分歧很大。首先，孔子、伯鱼、子思三代是否皆有出妻[1]之举。譬如，清代夏炘作《檀弓辨诬》，即否定此说，以为不论在史实上，还是情理上，圣门皆未尝出妻。

其次，《丧服》规定子为出母服齐衰杖期[2]。那么，这条规定到底是周礼，还是经过孔子改制之礼？譬如，朱子就认为，子思是从古礼，而孔子不过是因"时人丧之，故亦令伯鱼丧之"而已。[3] 而且，据子思对孔子"道隆则从而隆，道污则从而污"的说法，显然是指孔子为圣之时者，故能随俗。朱子这种说法，应该是可取的。

第三，孔子使伯鱼为出母[4]服，而子思却不从孔子，坚持不让子上为出母服。子思的做法应该符合古礼，即周礼；至

---

[1] 出妻：休弃妻子。

[2] 杖期：执丧棒服一年之丧。

[3] 《朱子语类》卷87。

[4] 出母：被父休弃的生母。

于孔子的做法，未必合乎周礼。这就证实了一点，今天我们看到的《丧服》，应该经过了孔子的订正。这与公羊家认为孔子"损周文用殷质"的说法，实属一致。

最后，为什么孔子让伯鱼为出母服丧？其中是否有礼的依据，还是孔子本人觉得应该对周礼有损益，甚至只是从俗而已？在公羊家看来，孔子对周礼的损益是有原则的，这个原则就是《公羊传》强调的尚质原则，即人情。因为母为父所出，只是父母之恩断义绝而已，至于母子之间，其恩义实未断绝，故缘情制礼，子应该为出母服丧。

其实，关于为出母服丧的问题，《丧服》中还有一条规定："父卒，继母嫁，从，为之服，报。传曰：何以期也？贵终也。"这条规定可以帮助我们理解《檀弓》这段话。盖继母非生母，乃嫡母死而父再娶之继室，父卒，继母改嫁而己从之，故为服期。继母尚且如此，若生母改嫁，则更当为服。可见，服不服的关键在于从不从。这里我们可以看到母系时代的实质在于，子女从母而居，自当为母服，至父系时代，子女虽从父而居，但一旦因父死母嫁而从之，其道理与母系时代之从母并无不同。因如，当子女不从母嫁时，服不服就成了问题。站在父系时代从父居的角度，子女自当不为出母服。我们从子思那段非常强硬的话语，不难看到周礼背后的父系色彩。虽然，母系时代的残余并没有完全因周礼而清除，从母居乃至从母姓的做法还大量保存下来，甚至一直到两汉，还有大量的残余。然而，这反而成为孔子改制的依据，即把母系时代的这些因素当成了一种最自然的人情，以此来淡化周礼中的尊尊之义。

当然，周礼中父系的因素也在一定程度上保留下来，毕竟这是文明进步的标志。譬如，《丧服传》对"出母服期"有一条补充解释："出妻之子为父后者，则为出母无服。传曰：'与尊者为一体，不敢服其私亲也。'"就是说，只有当出母之子是承继宗庙的"为父后者"时，才不为出母服。对此，《公羊传》中就有不少类似的规定，譬如，文姜弑其夫，其子庄公念母，《公羊传》就提出了批评；卫太子蒯聩欲弑其母，为其父灵公所逐，灵公死，蒯聩子辄继位，而拒其父归国，虽伤父子之情，而《公羊传》犹以为得礼。可见，在儒家看来，血亲虽重要，但若因此而损害了整个宗族和国家时，是可以牺牲的。在西周封建时代，父系的原则其实是与宗族关系联系在一起的。

因此，子思不使其子为出母服，是站在周礼的立场，代表了父系时代的精神。至于孔子使其子为出母服，则是站在损益周礼的立场，以母子关系这种人情因素来淡化周礼的尊尊之义。可以说，孔子在这个问题上的表现，体现了其改制的基本取向，即损文用质。

（二）坟、墓与封树之制

《檀弓上》云：

> 孔子少孤，不知其墓。殡于五父之衢。人之见之者，皆以为葬也。其慎也，盖殡也。问于郰曼父之母，然后得合葬于防。

孔子欲合葬其亲，却无从知其父墓所在，可见，当时封树之制尚不普遍。不过，亦因此表明，正是因为合葬的要求，从而导致了封树之制的出现。《檀弓上》又云：

孔子既得合葬于防，曰："吾闻之：古也墓而不坟；今丘也，东西南北人也，不可以弗识也。"于是封之，崇四尺。孔子先反，门人后，雨甚；至，孔子问焉曰："尔来何迟也？"曰："防墓崩。"孔子不应。三。孔子泫然流涕曰："吾闻之，古不修墓。"

坟与墓不同，墓是为了埋棺藏尸而已，至于筑坟的目的，由上面两段话，可以推知两点理由：其一，合葬的需要，否则，就可能像孔子一样，找不到先死者之墓，也就无合葬了。其二，合葬以后，本无须筑坟封树，然而，孔子又以自己为"东西南北人也，不可以弗识也"，就是说，孔子封树其亲墓，是为了使自己记住亲墓所在，目的显然是为了祭奠。

盖夫妻别居，死各葬于其氏族，亦不必有封树也。唯至周时，人类结成个体家庭，则生同居，而死同穴矣。然父、母之卒，常一先一后，故于先死者当封树之，以为标识，以待后死者得合葬焉。是以孔子其父死，而无封树，至其母死，而不得不殡于五父之衢，问于耶曼父之母，乃得合葬于防。可见，封树之制实与合葬之需要有关。后世封树其父母之墓，则以孝子之哀思得寄于此焉。

关于坟墓之制，《檀弓上》中还有一种说法：

葬也者，藏也，欲人之弗得见也，是故衣足以饰身，棺周于衣，椁周于棺，土周于椁，反壤树之哉？

这段话是以批评的口吻提到封树之制，因为这个做法违背了墓以"藏尸"的古义。古人对葬的这种理解，应该与土葬这种葬法有关。譬如，对于火葬或天葬来说，就不会有"藏尸"的必要。正因为如此，不同民族对死亡的理解也因此不同。郑玄《三礼目录》云："不忍言死而言丧，丧者，弃亡之辞，若全存居于彼焉，已亡之耳。"显然，这种说法只有放在土葬这种葬法才可以理解。并且，人类普遍都有一个阴阳观念，这种观念与中国的土葬习俗结合起来，形成了中国人非常特殊的世界观，即阴间与阳世的两重世界观。中国人一般认为，阴阳是完全相反的，两个世界通常不相往来，这种观念其实大量体现在丧葬的具体仪式之中。

《檀弓下》中还有一段话：

> 延陵季子适齐，于其反也，其长子死，葬于嬴、博之间。孔子曰："延陵季子，吴之习于礼者也。"往而观其葬焉。其坎深不至于泉，其敛以时服。既葬而封，广轮掩坎，其高可隐也。既封，左袒，右还其封且号者三，曰："骨肉归复于土，命也。若魂气则无不之也，无不之也。"而遂行。孔子曰："延陵季子之于礼也，其合矣乎！"

在孔子之前，吴国的季札葬其子，即封树其墓，而孔子以为知礼。可见，早在孔子之前，封树之制就已存在，因为它符合个体家庭的要求，甚至可能就是周礼的规定。故《周礼·春官·冢人》云："以爵等为丘封之度与其树数。"虽然《周礼》之真伪颇成问题，但普遍认为至少在战国时就已成书，因此，其中关于"封树"的说法，应该反映了当时普遍的做法，孔子不过从其俗耳。是以孔子封其父墓四尺，郑玄以为，"高四尺，盖周之士制"，而《春秋纬》以为，"天子坟高三刃，树以松。诸侯半之，树以柏。大夫八尺，树以药草。士四尺，树以槐。庶人无坟，树以杨柳"。可见，墓上筑坟的做法在当时应该是比较普遍的。

可以说，传子、合葬、封树是相连贯的一整套社会制度，皆与个体家庭之形成有关，此实为孔子从周礼之大端也。

不过，此处孔子从周礼，除了合葬的考虑外，还有一个原因，这就是墓祭的需要。可以说，墓祭完全符合与个体家庭相适应的伦理，即孝道观念。

《礼记·祭义》云：

> 众生必死，死必归土，此之谓鬼。骨肉毙于下，阴为野土。其气发扬于上，为昭明、焄蒿、凄怆，此百物之精也，神之著也。因物之精，制为之极，明命鬼神，以为黔首则，百众以畏，万民以服。

对中国人来说，骨肉销归于土，虽有墓以藏之，实无祭祀之必要。至于魂气，能发扬于上，无所不之，为昭明、焄蒿、凄怆，为百物之精，此古人以之为鬼神而祭之也。游桂以为，"古人以为，死者魂气归于天，形魄归于地。于人之始死而为之重，既葬而为之主，召致其魂气而祭之；于体魄则无所事焉，故既葬则去之"[1]，可见，就古人之灵魂观念而言，实无墓祭之需要。

游桂又以为，"及夫后世，始封为坟。夫既已为之坟，则

---

[1] 卫湜：《礼记集说》，卷18。

孝子仁人之见之，固亦有所不忍。此虽后世之异于古，亦人情所不能已也"[1]，就是说，逻辑上是先有封树的做法，然后才有墓祭。然人类所以墓祭其亲，则出于人情之自然，即出于孝道。

《檀弓下》中有这样一段话：

> 子路去鲁，谓颜渊曰："何以赠我？"曰："吾闻之也，去国，则哭于墓而后行。反其国，不哭，展墓而入。"谓子路曰："何以处我？"子路曰："吾闻之也，过墓则式，过祀则下。"

子路、颜渊虽为孔门弟子，然从两人之对答来看，不过遵从时俗而已。就是说，时人已视墓为亲之所在，故哭墓而行、展墓而入，盖取"出必告，反必面"之义，事生如此，事死亦如此。

古人葬亲之尸，先是藏之而已，继则封树之，种种做法，或出于土葬法的内在逻辑所致。盖无论如何土葬，其中莫不有这样一种观念，即埋尸之茔域始终未割断与其亲属之关系，不论从神秘的意义上，还是从人情的表达上，皆如此。可以说，土葬之法，最终必将导致墓祭这种行为。而且，春秋以后，墓祭又与宗法崩溃以后之孝道观念相结合，终于造成了一种影响国人至今的习俗。虽然，墓祭与庙祭之不同，亦终始如故。盖古人以灵魂与肉体相分离，葬时送形以往，祭时乃迎魂而归；墓祭不过哀其亲之弃亡于彼，而庙祭则喜其亲之显现于此矣。

此外，儒家主张墓祭，除了合葬与孝道的原因之外，还有

---

[1] 卫湜：《礼记集说》，卷18。

一点，即此种做法符合了中国人的灵魂观念。对于施行火葬或天葬的民族来说，灵魂须通过消灭肉体才得以自由，但对于施行土葬的中国人来说，骨肉虽归于土，但毕竟在一定时间还是不朽的，甚至古人还要弄出一套棺椁之制来防止骨肉的朽坏。不仅如此，生时灵魂依于肉体，死后则立神主以依神，可见，对中国人来说，灵魂从来不是绝对自由的，而是有所凭依的。正因为如此，坟墓不仅仅是藏尸之处，而且，死者的灵魂也没有完全割断与坟墓的联系，因此，后人才可能到坟墓去致其哀思，且冀死者有所知而已。

（三）葬亲与孝道

最初，人类殆未尝葬其亲者。《易传》云："古之葬者，厚衣之以薪，葬之中野，不封不树，丧期无数。"此虽葬，犹不葬也。不过，相对于后世之瓦棺、墍周与棺椁而言，此说或许描述了一种更早的葬法，譬如，在藏人、蒙古人、门巴人那里，曾盛行过天葬、鸟兽葬或野葬的做法，或许就是"葬之中野"这种习俗的遗留。当然，对于文明程度较高的汉民族来说，此种习俗已经消失了，甚至在汉人的历史记忆中，亦无丝毫痕迹了。

那么，葬礼是如何起源的呢？孟子虚构了这样一个过程：

> 盖上世尝有不葬其亲者。其亲死，则举而委之于壑。他日过之，狐狸食之，蝇蚋姑嘬之。其颡有泚，睨而不视。夫泚也，非为人泚，中心达于面目。盖归，反虆梩而掩之。（《孟子·滕文公上》）

在孟子看来，上古曾经有过不葬其亲的阶段。至于葬礼之起源，孟子则视为一种偶然的产物，不过，孟子又将之溯源于孝亲这种心理的自然表达。因此，葬礼作为人情之自然，其出现又可以说是必然的，正因如此，我们在现代民族那里都可以看到葬礼的存在。

显然，孟子的说法反映了儒家对葬礼的理解。可以说，出于孝道而葬亲，这应该是一种较晚近的观念，至于人类早期，据《檀弓》所说，葬亲则是出于"藏尸"的目的。

那么，为什么人类要藏尸呢？我们从古人对丧服的理解，或许可以找到某种合理的解释。

关于丧服之起源，儒家同样立足于孝道进行解释。譬如，《尚书·尧典》云："二十有八载，帝（唐尧）乃殂落，百姓如丧考妣，三载，四海遏密八音。"贾公彦认为："黄帝之时，朴略尚质，行心丧之礼，终身不变。……唐虞之日，淳朴渐亏，虽行心丧，更以三年为限。……三王以降，浇伪渐起，故制丧服，以表哀情。"[1] 这代表了儒家的普遍看法，就是说，人类本有孝亲之心，最初表现为心丧终身，后世则表现为丧服，然不过三年而已。

但是，《礼记》中还有一些说法，可以让我们看到古人对丧服的不同理解。譬如，《檀弓下》云：

> 君临臣丧，以巫、祝、桃、荝，执戈，斯恶之也，所以异于生也。丧有死之道焉，先王之所难言也。

---

[1] 贾公彦：《礼记·丧服》疏。

又，《檀弓下》载子游答有子语云：

> 人死，斯恶之矣；无能，斯倍之矣。是故制绞衾，
> 设蒌翣，为使人勿恶也。

可见，古人制定丧服，未必出于孝亲之心，而是出于对死者的厌恶或恐惧之情。显然，人类对亲人的这种情感，就道德伦理而言，完全是负面的，是必须消除的。基于此种考虑，人们才制订出种种丧服，以便消除这些负面情感，并且，还试图借丧服来激发出哀亲、思亲等积极的情感。[1]

可见，如果先民对死者普遍有这种厌恶或恐惧的情感，那么，出于此种目的而把死者埋葬起来，实在是非常自然的做法。正因如此，最初人类葬亲必定是"墓而不坟"的。

至于中国人为什么选择土葬这种形式，则完全是由自然环境和生活方式决定的。对于游牧民族来说，可能会自然选择鸟葬、兽葬或野葬，而对于渔猎民族来说，则会选择水葬。中国至西周以后，就始终是一个依靠土地耕作而生活的民族，选择土葬其实是很自然的。虽然葬法各有不同，但是，里面包括的那种厌恶或恐惧死者的情感，则是共通的。从这个意义上讲，"藏尸"这种说法或许可以解释所有的葬法。可以说，不论是土葬之埋尸，还是火葬、土葬等葬法之灭尸，都是基于人类对死者的这些负面情感，换言之，在人类看来，死者必须要从生者的世界中驱逐出去，否则，阴阳淆乱，实在是非常可怕的。

---

[1] 《墨子·节葬下》亦有类似的说法，"古圣王制为葬埋之法，曰：棺三寸，足以朽体；衣衾三领，足以覆恶"，里面同样看到了人类厌恶死者的自然情感。

对于先民来说，这是另一种"失序"。

然而，当儒家兴起以后，面对基于家庭单位的新社会结构，就要求把家庭中的孝道原则与对古礼的重新阐释结合起来。关于这方面，《檀弓》中有大量的文字，从中不难发现，儒家其实是有意识地从孝道的角度对古礼进行了不同的阐释。

儒家除了对葬亲进行重新阐释外，此外还有许多仪式，里面都不难看到儒家强调的孝道内涵。《檀弓下》云：

> 丧之朝也，顺死者之孝心也。其哀离其室也，故至于祖考之庙而后行。殷朝而殡于祖，周朝而遂葬。

葬前有朝庙之礼，而《檀弓》这番解释，完全是儒家化的。儒家讲"事死如事生"，生时之孝亲，当"出必告，反必面"，那么，当亲人死后，也应当朝庙，内中的道理完全一样。显然，此处儒家以孝道为出发点，对殷、周之朝庙礼进行了取舍。

又云：

> 丧礼，哀戚之至也。节哀，顺变也，君子念始之者也。

丧礼的意义何在？在儒家看来，因为亲人弃世而自然产生一种哀戚之情，丧礼就是这种情感的自然表达。然而，在很多民族那里，亲人去世同样伴随有哀戚的表现，但未必就是儒家讲的思亲、念亲之心。有的民俗学者就发现：

丧服的第一主旨乃在于表示服丧者的禁忌

（Taboo）状态。典型的丧服与服丧者平常的服饰恰为显著的对照。平常剃发的人都任他们的头发生长，辫发或结发的人则改为散发。阿依奴族的人在举行葬式时便是把他们的外衣翻过一面来穿着的。像这一类的相反情形甚多，有些地方服丧中的亲族，或将身上穿的衣物脱弃改以文身，有的切掉指上关节，又有的用小刀割伤身体将血流在坟墓上。他们或者绝食，或者在葬毕以前只吃很少的食物，在调理上往往又加以控制，家中不举火，以防护某种不祥的事情发生。[1]

丧礼的过程中往往伴随着对身体的毁伤，故儒家讲"毁不灭性"，不过，儒家又视之为孝的表现，"君子念始之者也"。然而，我们从上面所引的材料发现，许多民族毁伤自己的身体，完全是出于对死者的恐惧，而非出于孝道。

《檀弓上》又云：

> 仲宪言于曾子曰："夏后氏用明器，示民无知也；殷人用祭器，示民有知也；周人兼用之，示民疑也。"曾子曰："其不然乎！其不然乎！夫明器，鬼器也；祭器，人器也；夫古之人，胡为而死其亲乎？"

这里提到了两种对明器的解释。仲宪的说法，很可能是一种更古老的解释，但是，曾子的批评显然是站在孝亲的角度，

---

[1] ［美］C.S.Burne，《民俗学概论》，转引自章景明《先秦丧服制度考》，台北：中华书局，1971年，第2—3页。

而提出了一种新的解释。

按照仲宪的说法，夏人以死者无知而用明器，犹子游所说的死者"无能，斯倍之矣"；至于殷人以死者有知而用祭器，亦犹子游所说的"人死，斯恶之矣"，即出于一种恐惧之心。这种对夏、殷之礼的解释，皆无关乎孝道。此处曾子尤其反对的是仲宪对夏人做法的解释，毕竟殷人的做法还容纳了"事死"的必要性，如果按照仲宪对夏人的解释，则死后世界就根本不存在，也就无从"事死"了。而且，就人之孝心而言，是不愿意亲人就这么一死百了的，总是希望亲人死后还生活在另一个世界，曾子的说法，实际上是认为人类从一开始就有孝亲之心。

其实，从马克思主义意识形态来看，完全否认了死后世界的存在，同时，在"四海之内皆兄弟"的阶级感情中，完全没有孝亲之心的地盘。可见，今人其实是"死其亲"的，那么，为什么夏人就不能"死其亲"呢？或许，仲宪的解释更符合上古人的观点。这里，我们明显看到儒家在阐释古礼时的那种孝道价值关怀。

可见，儒家讲改制，不仅是对古礼的节文度数进行了损益，而且，对许多古礼都赋予了新的意义，尤其是站在孝道的基础上，对以周礼为主的古礼进行了重新阐释，以便适应以家庭为基本单位的新社会结构。

三、礼制与人情

文质问题的另一表现，则为礼制与人情之关系。《春秋》尚质，而《春秋》多以人情为质，观乎《檀弓》亦然，故孔子改制，盖缘人情以制礼也。《荀子》谓圣人"称情立文"，实就孔子改制而言。前乎孔子之圣人，如周礼尚文，则不由人情也；而后乎孔子者，如今之法治国家，其制度施设，或出于某种抽象理念，或出于某种功利考虑，何尝有丝毫念及人情者哉？[1]

先秦对人情之理解，与宋明以后学者迥然不同，大抵以人情有美有恶，有过不及，是以圣人制礼，其美者表而扬之，其恶者抑而制之，其过者俯而就之，其不及者跂而及之。唯人情之不齐若此，于是圣人起而立中制节，始为必要。此礼制与人情问题所由而起也。

（一）称情立文

孔子改制之基本精神，即公羊家讲的尚质。那么，如何改制呢？此即荀子"称情立文"之说。盖周礼以敬为本，而儒家则以仁为本，且将仁落实到家庭中的孝亲之情，质言之，儒家盖据孝亲之情而改造周礼也。

《荀子·礼论》云：

> 三年之丧，何也？曰：称情而立文，因以饰群，别亲疏贵贱之节，而不可益损也。故曰：无适不易之术也。创巨者其日久，痛甚者其愈迟，三年之丧，称情而立文，所以为至痛极也。齐衰、苴杖、居庐、

---

[1] 西人如康德之流，以道德法则出于神圣之律令，则人以敬畏之心视之，亦与人情无涉也。

食粥、席薪、枕块，所以为至痛饰也。三年之丧，二十五月而毕，哀痛未尽，思慕未忘，然而礼以是断之者，岂不以送死有已，复生有节也哉！凡生乎天地之间者，有血气之属必有知，有知之属莫不爱其类。今夫大鸟兽失亡其群匹，越月逾时，则必反铅；过故乡，则必徘徊焉，鸣号焉，踯躅焉，踟蹰焉，然后能去之也。小者是燕爵，犹有啁噍之顷焉，然后能去之。故有血气之属莫知于人，故人之于其亲也，至死无穷。将由夫愚陋淫邪之人与，则彼朝死而夕忘之；然而纵之，则是曾鸟兽之不若也，彼安能相与群居而无乱乎！将由夫修饰之君子与，则三年之丧，二十五月而毕，若驷之过隙，然而遂之，则是无穷也。故先王圣人安为之立中制节，一使足以成文理，则舍之矣。

三年之丧，今人视为至难，甚至以为古礼之违逆人情者，莫此为甚。不独今人也，观乎宰予之疑，则古人亦有以三年为太长者。然荀子恰恰由三年之丧入手，而谓其亦出乎人情之不容已者。对荀子而言，若能成立此论，则其余诸礼，更是合乎人情。自孔子之讥宰予，及孟子之答公孙丑、劝滕文公，可见，此种思路自孔子、孟子以至荀子，可谓一以贯之，即当古礼之宗法制基础崩溃以后，如何在家庭及孝的情感基础上重建礼制。

然而，孔、孟、荀此番努力实为不易。首先，礼之出乎人情，古人即有不同看法。是以孟子与告子辩，提出"义内"之说，极论礼之本于性，出于人情之自然。

《孟子·告子上》云：

> 告子曰："性，犹杞柳也；义，犹桮棬也。以人
> 性为仁义，犹以杞柳为桮棬。"孟子曰："子能顺杞
> 柳之性而以为桮棬乎？将戕贼杞柳而后以为桮棬也？
> 如将戕贼杞柳而以为桮棬，则亦将戕贼人以为仁义
> 与？率天下之人而祸仁义者，必子之言夫！"

先秦时，性与情无甚分别，皆指人之自然者为性为情。告子以
仁义外在于人性，孟子则以仁义不外乎人性，即出于自然之
情也。

又云：

> 告子曰："性，犹湍水也，决诸东方则东流，决
> 诸西方则西流。人性之无分于善不善也，犹水之无分
> 于东西也。"孟子曰："水信无分于东西，无分于上
> 下乎？人性之善也，犹水之就下也。人无有不善，水
> 无有不下。今夫水搏而跃之，可使过颡；激而行之，
> 可使在山。是岂水之性哉？其势则然也。人之可使为
> 不善，其性亦犹是也。"

进而，孟子又论人性之自然即有道德属性，若能顺其自然，
仁义自在其中。

又云：

> 告子曰："食色，性也。仁，内也，非外也；义，
> 外也，非内也。"孟子曰："何以谓仁内义外也？"
> 曰："彼长而我长之，非有长于我也；犹彼白而我白

之，从其白于外也，故谓之外也。"曰："异于白马之白也，无以异于白人之白也；不识长马之长也，无以异于长人之长欤？且谓长者义乎？长之者义乎？"曰："吾弟则爱之，秦人之弟则不爱也，是以我为悦者也，故谓之内。长楚人之长，亦长吾之长，是以长为悦者也，故谓之外也。"曰："耆秦人之炙，无以异于耆吾炙。夫物则亦有然者也，然则耆炙亦有外与？"

告子在此举兄弟之爱为喻，即以基于亲缘关系的伦理可视为"内"，也就是人情之自然，或者说，孟子说的"老吾老""幼吾幼"可以算作"内"，至于"及人之老""及人之幼"，则是"外"，因为不是出于人情之自然，只是一种社会价值的外在要求。孟子与告子的这种不同，让我们充分看到儒家重建核心价值的努力方向，就是要将整个社会价值建立在家庭情感的基础之上，或者说，家庭内部的情感必须扩充为一种普遍的道德情感。可以说，儒家改造周礼的基本方向，即由此可见。

又云：

孟季子问公都子曰："何以谓义内也？"曰："行吾敬，故谓之内也。""乡人长于伯兄一岁，则谁敬？"曰："敬兄。""酌则谁先？"曰："先酌乡人。""所敬在此，所长在彼，果在外，非由内也。"公都子不能答，以告孟子。孟子曰："敬叔父乎？敬弟乎？彼将曰：'敬叔父。'曰：'弟为尸，则谁敬？'彼将曰：'敬弟。'子曰：'恶在其敬叔父也？'彼将曰：

'在位故也。'子亦曰：'在位故也。'庸敬在兄，斯须之敬在乡人。"季子闻之曰："敬叔父则敬，敬弟则敬，果在外，非由内也。"公都子曰："冬日则饮汤，夏日则饮水，然则饮食亦在外也？"

"敬"本是周礼的基本原则，与宗法制度中大宗率小宗这种结构有关，本非自然之情，即便如孟子所说，视为"义内"，亦与家庭亲情无关。盖宗子与族人，本为无服之亲，唯因尊祖敬宗之故而为三月之服。然而，孟子在此似乎推论过度，把基于等级关系的周礼亦视为"称情立文"，不过，若就儒家扩充自然情感的努力来看，则势所必然。

基于这种认识，孟子把仁义礼智这些普遍的道德要求都看作内在情感的体现，皆出于"心之所同然"。是以《告子上》有云：

> 恻隐之心，人皆有之；羞恶之心，人皆有之；恭敬之心，人皆有之；是非之心，人皆有之。恻隐之心，仁也；羞恶之心，义也；恭敬之心，礼也；是非之心，智也。仁义礼智，非由外铄我也，我固有之也，弗思耳矣。

又曰：

> 口之于味也，有同耆焉；耳之于声也，有同听焉；目之于色也，有同美焉。至于心，独无所同然乎？心之所同然者，何也？谓理也，义也。圣人先得我心之

所同然耳。故理义之悦我心，犹刍豢之悦我口。

可见，孔子首先提出了仁的原则，并以仁为礼之本，至孟子，则把仁植根于一种内在自然的情感，并试图在此情感上重建一种新的秩序。当然，从孟子与时人的论辩来看，这番苦心是不大有人理解的，毕竟孔、孟对古礼的理解实在是一种新的创造，未必与周礼的精神相符合。

其次，孔子的时代，为亲服三年之丧并不多见，至于其弟子宰予，即以三年太长，而一年足矣。宰予提出的理由如下：

> 三年之丧，期已久矣。君子三年不为礼，礼必坏；三年不为乐，乐必崩。旧谷既没，新谷既升，钻燧改火，期可已矣。（《论语·阳货》）

孔子不同意宰予之说，并批评其不仁。关于仁之定义，孔子从未给出明确的说法，而此处则提到了另一个概念，即"爱"。关于仁与爱的关系，后来宋儒颇有讨论，从其讨论中，大致可以看到有两个基本的要点：其一，仁是本体，与作为情感表现的爱不同，或者说，仅仅有爱，尚不能视为仁。其二，仁之表现，必然是爱，人若无爱，则不得为仁。

关于此问题，我们不打算多作探讨，只是就孔子的回答来稍做推究。面对宰予的质疑，孔子事后提到他主张三年之丧的理由，即人子"有三年之爱于其父母"，故必须为父母守丧三年。然而，就人之常情而论，人子在襁褓之中，父母之爱多出自然，较少伦理的成分；至于父母去世，人子哀痛愈恒，亦能出于自然之情。凡此，皆可视为"义内"。不过，人子若进而报以一年或三年之丧，则似乎更多出于伦理之要求，或可称为"义外"矣。因此，孔子此处批评宰予不仁，结合孔子在其他场合对仁的使用来看，仁显然是一种伦理上的至高价值，绝非人情之自然。宰我之不仁，不是因为对父母没有自然之情，而是不能把那种自然之情进一步扩充，达到仁的高度罢了。

因此，我们回过头来看宋儒关于仁、爱的讨论，便可明了其义。盖人莫不有爱，此为人情之自然，然而，爱就其发乎自然而言，则莫不有偏有私，故多能爱妻子，而不能爱父母，遑论及于他人。如是，常人只是偏爱而已，能私于一处而不达爱之全体，非为仁也。人若能仁，则当无所不爱，而达乎仁之全体大用矣。若人只有爱之自然，则多不免偏私，未足为仁也，且在现实中亦常害事。因此，仁虽不离爱，而爱亦不足以尽仁矣。

可见，孔子此处应该意识到仁与爱的不同。后来孟子对恻隐之心的论述，以及劝喻齐宣王行仁政，都有着同样的问题意识，即人皆有此自然之情，至于将此自然之情扩充为一种普遍的伦理情感，则需要道德上的修养工夫。

其后，荀子对三年之丧亦进行了讨论，其问题意识与孔子、孟子相同。在荀子看来，鸟兽于其同类之死，尚有鸣号嗬噭之时，而人类亦血气之属，自然能哀其亲之死。而且，荀子还进一步推论，鸟兽哀痛的时间较短，人则是万物进化的顶点，"有血气之属莫知于人"，如此，人之哀痛情感不仅出于自然，而且对亲人去世的感受更强烈，"创巨者其日久，痛甚者其愈迟"，因此，人对死者之哀痛乃无穷无尽，就其服制而言，亦当"丧期无数"。

荀子对人情的这种理解，决定了他对三年之丧的解释。在宰予看来，三年之丧是勉为其难，非人情之自然，或者说，就人情之自然表现而言，最多不过取法四时之终始，一年即已足矣。然而，荀子以为，三年之丧只是"立中制节"，是中道。换言之，三年之丧对某些人来说，乃勉为其难，因此，"不至焉者，跂而及之"；然而，君子之感情却不同，"三年之丧，二十五月而毕，若驷之过隙，然而遂之，则是无穷也"，因此，对于君子来说，三年之丧乃"过之者，俯而就之"，出于"送死有已，复生有节"的道理，而不得不克制其绵绵无绝期的自然情感。

人之情感，或过或不及，皆出于自然而已。圣人制礼，不是偏于情感之一端，而是在两种情感之中确立一个中道，以便兼顾两种不同的人群。此种礼意，在《檀弓》中多有反映。譬如，子思认为"水浆不入于口三日"是中道，达不到三日者当"跂而及之"，至于曾子"水浆不入于口者七日"的做法则过了，当"俯而就之"。又，三年之丧后当鼓素琴以释哀，然孔子弟子的表现就不一样：子张鼓琴，则和之而和，弹之而成声，然以"先王制礼，不敢不至焉"而自解，此乃"跂而及之"者；而子夏鼓琴，则和之而不和，弹之而不成声，然辞以"哀未忘也，先王制礼，而弗敢过也"，此乃"俯而就之"者。又，弁人母死而孺子泣，孔子对此则曰："哀则哀矣，而难为继也。夫礼，为可传也，为可继也。"盖情之过者，实难为他人效法，不可据以为礼也。

因此，先王制定三年之丧，实出于"立中制节"的礼意，如此方能兼顾两种或过或不及的人情，才是"称情立文"的内中深意。自荀子视之，"遂之而无穷"的情感是过，"朝死而夕忘之"的情感则是不及，只有三年之丧，才符合中道。可见，圣人制定三年之丧，并非纯粹是勉为其难，强人所不能，而是针对两种不同的人，人情淡薄的人要拔高自己的情感，而人情深厚的人则要克制自己的哀情，节哀而顺变而已。

进一步的问题是，诚如宰予所疑，先王制礼，为什么要以三年为中道，而不是一年，或者别的时间呢？宰予的理由颇有代表性，荀子在《礼论》中也重复了同样的理由，亦以为父母服丧，本当一年而已，因为"天地则已易矣，四时则已遍矣，其在宇中者莫不更始矣，故先王案以此象之也"。盖天地之变化，四时之更迭，皆以一年为期，可谓自然的法则，而古人"道法自然"，讲究事事取法自然，因此，人情亦当顺应这种规律，有始有终，春去秋来，满一年就可以结束了。天地万物，莫不有生有灭，人情亦然，过去的就过去了，如果不断重温旧情，既不符合自然，亦非人情所能堪。

既如此，为什么为父母又要服丧三年呢？荀子认为，这是出于加隆的缘故。但是，为何要加隆呢？诸家未有明说。《论语》中提到一种理由，因为人子"有三年之爱于其父母"，故出于报恩的需要，应该以三年为期。然而，依据《荀子》《礼记》中"至亲以期断"的说法，以及《丧服传》中夫妻、兄弟之至亲亦止一年的规定，可见，仅仅出于亲爱之情，不应该超过一年。《丧服传》又认为，父母、祖父以至尊之故，可以加隆。因此，人情之自然犹如天道之运转，于其亲死，而服丧不当超过一周年，然因尊尊之义，则可加隆至三年矣。[1]

因此，在孔子那里还只是泛泛地强调仁为礼之本，而到了

---

[1] 具体论述，可参见曾亦：《论丧服制度与中国古代之婚姻、家庭与政治观念》一文，《思想史研究》第三辑，上海人民出版社，2007。

《荀子》《礼记》那里，则意识到人情的复杂，强调礼必须兼顾人的不同情感，而相应制订不同的仪节，这才是"称情立文"的全部内涵。

（二）中道：过俯与跂及

儒家提倡中道，那么，中道如何确立呢？这个标准就在礼那里。《檀弓》中关于丧礼的大量讨论，从中不难体会儒家对中道的把握。

在儒家看来，一方面，丧礼乃人们最为悲痛之时。譬如，《檀弓》谓"丧礼，哀戚之至也"，《荀子·礼论》则以三年之丧为"至痛极也"，因此，丧礼中的种种仪节，如"齐衰、苴杖、居庐、食粥、席薪、枕块，所以为至痛饰也"，都是极度哀痛之情的外在表现。至于《仪礼·丧服》中对五等丧服的不同规定，其中体现了这样一个基本精神，即与自己关系愈亲近的人去世，带来的哀痛就愈强烈，穿戴的丧服也就更重，而且，还规定人的行为、饮食都要与之相应。

另一方面，儒家又要求对这种哀痛之情进行节制。譬如，《荀子·礼论》中讲"立中制节"，就是说，孝子对亲人的去世，就人情之自然表现而言，应该是无穷无尽处于哀痛之中，此恨绵绵无绝期也；但是，对于小人来说，则亲人朝死而夕忘之。因此，圣人制订三年丧，就是要在孝子与小人之间，寻找一个平衡点，这就是中道。

《檀弓上》中对中道有大量的阐发。譬如：

> 曾子谓子思曰："伋！吾执亲之丧也，水浆不入

于口者七日。"子思曰："先王之制礼也，过之者，俯
而就之；不至焉者，跂而及之。故君子之执亲之丧也，
水浆不入于口者三日，杖而后能起。"

曾子七日不进水浆，乃尽乎哀情也。子思裁以三日，则得
礼之中也。换言之，礼规定三日不进水浆，乃为中道。

后世学者多喜欢引《论语》中"过犹不及"一语，以明儒
家中道之精神。其实，《论语》中那段话，远不如《檀弓》此
处说得透辟。按子思的说法，中道的标准就是礼，因此，过礼
者当"俯而就之"，不及礼者则当"跂而及之"。

《檀弓上》又云：

> 子路有姊之丧，可以除之矣，而弗除也。孔子曰：
> "何弗除也？"子路曰："吾寡兄弟而弗忍也。"孔子
> 曰："先王制礼，行道之人皆弗忍也。"子路闻之，遂
> 除之。

据礼，兄弟姊妹相为服期，若姊妹出嫁，则彼此降一等服
大功；唯姊妹于嫡兄弟不降，而嫡兄弟于姊妹犹服大功。《丧
服》此种规定，即是中道。然子路以为，己虽为嗣子，但以寡
兄弟之故，则姊弟之情更厚，此为情之自然，故缘情制礼，而
不降其姊服。可见，子路虽顺乎人情，却为过礼；若孔子则
明宗法传重之义，得周礼之文，如此而为文质彬彬，斯为中道
矣。此处与伯鱼"期而犹哭"一段，礼意相近，皆孔子据尊尊
之义以裁抑人情之过。如果亲亲、尊尊并重，斯得中道之义焉。

又云：

> 弁人有其母死而孺子泣者，孔子曰："哀则哀矣，
> 而难为继也。夫礼，为可传也，为可继也。故哭踊
> 有节。"

据礼，成服[1]之前，哭不绝声，自无哭踊之节，故曾子譬诸婴儿之无常声。其后成服，乃各自为位，有哭踊之节矣。此处弁人如孺子之泣，当指成服后犹哭不绝声，则非中道矣。

盖圣人虽缘情以制礼，若弁人为孺子泣者，此质之甚者，非常人所能。礼以是裁之，非不以质为可贵，然欲众人皆得尽其情也。因此，礼之为中道，不过在君子与小人之间取其中而已，使君子能俯就，小人能跂及耳。此段可见圣人立中制节之用意，犹今人讲的"普遍有效性"也。

又云：

> 丧礼，哀戚之至也。节哀，顺变也，君子念始之
> 者也。

尽哀，自孝之至也；而节哀，亦为孝也。古人以子女为父母之遗体，故善待自己的身体，犹如爱护父母之身体。曾子临终嘱人"启予手，启予足"，即孝子"念始"之意。可见，儒家讲中道，尚有孝道的考虑。

---

[1] 成服：死者入殓后，亲属各依服制穿着丧服。

此段尚有一层意思，盖人情总是不断变化的，始则强烈，终则淡然，如《荀子》所谓"至死无穷"之情感，实非常情，故三年之丧，有始死、成服、下葬、卒哭、小祥、大祥、禫之节次，皆不过顺应人情变化之规律而已。

又云：

> 颜渊之丧，馈祥肉，孔子出受之，入，弹琴而后食之。

此段颇受后儒质疑，如宋程子即以受肉弹琴，非圣人举动。盖宋儒多尚质，故以尽哀全哀为上，遂不明礼有散哀之义也。

据礼，大祥除服，则有散哀之义，至禫则哀尽矣。若孔子之于颜渊，若丧子而无服，乃为心丧三年而已。至馈祥肉，则三年丧已毕，故孔子得弹琴以散哀。

又云：

> 辟踊，哀之至也。有算，为之节文也。

孔颖达以为，"孝子丧亲，哀慕至懑，男踊女辟，是哀痛之至极也"，则辟踊乃哀痛至极的表现。然而，辟踊却有算，如大夫五踊、士三踊之类，则至痛之时又有节制，如是而为中道也。

诸上所引各段，可见儒家所言中道，皆以礼为准，甚至据礼而节制人情。

（三）余哀未了：祥、禫之制

三年之丧，实二十五月而已，故大祥除服，明丧之终也。儒家又有禫祭之说，然不见于《礼经》，唯《礼记》数篇有之。如《间传》云："中月而禫，禫而饮醴酒。……中月而禫，禫而床。……中月而禫，禫而纤，无所不佩。"《丧大记》云："祥而外无哭者，禫而内无哭者，乐作矣故也。禫而从御，吉祭而复寝。"《杂记》云："十一月而练，十三月而祥，十五月而禫。"《丧服小记》又有为父、母、妻、长子禫之条。

大祥虽除服，犹有哀情；而禫者，澹也，至此而后，则哀终矣。故表现在仪式上，祥后以余哀未了，故不得纯吉，乃素缟麻衣，不饮醴酒，不睡床，不御妇人。然而，其间可以鼓素琴作乐，盖欲散哀也；至禫后，因哀已尽，则尽复其故常矣。此说乃礼家之通论，今细绎《檀弓》一篇，则颇疑禫祭本非古礼，实孔子之改制也。

《檀弓上》云：

> 鲁人有朝祥而莫歌者，子路笑之。夫子曰："由，尔责于人，终无已夫？三年之丧，亦已久矣夫。"子路出，夫子曰："又多乎哉！逾月则其善也。"

按礼有"吉凶不相干"之说，故祥、歌不同日，此子路所以笑之也。又，《丧服四制》谓"祥之日，鼓素琴"，则弹琴与歌不同，其意在散哀，未便为吉也。不过，孔子之讥鲁人歌，实以祥后而余哀未了，失尚质之义也。

历来礼家多从郑玄之说，以为《间传》所言"中月而禫"，乃祥后间隔一月而禫，即二十七月而禫。而郑玄之说，实出于戴德。然王肃以为，"中月"即月中而禫，则祥、禫同月。然就此段而论，孔子盖以逾月得歌，歌当为禫后事，则祥、禫同月，郑玄之说非也。然郑注、孔疏于"逾月"之语，皆避而不谈，甚可怪也。又，郑玄谓士逾月葬，以为间隔一月而葬，则郑玄殆以"逾月"即二十七月而得歌也。然观此处孔子"多乎哉"之语，则"逾月"不过稍延数日而已，不至于隔一月之久也。如宋陆佃以为大祥距逾月不过数日，而陈澔以为二十四月大祥，则"逾月"为二十五月。

又云：

> 祥而缟，是月禫，徙月乐。

此段明谓祥、禫同月，然郑玄于"是月"二字未着一词，而孔疏谓"是月禫，谓是禫月而禫"，此说甚是迂曲。宋朱熹、马晞孟皆据此段，以为祥、禫同月，三年丧实止二十五月也。

又，祥后得鼓素琴，则"徙月乐"非谓鼓素琴，即前段"逾月歌"之义也。方悫即持此说。

又云：

> 孔子既祥，五日弹琴而不成声，十日而成笙歌。

案，祥后得鼓素琴，徙月得歌，则据此段所言，大祥祭当在二十五月下旬第一日，如是过十日乃徙月而得歌矣。《曲礼》

谓"丧事先远日",孔疏亦云:"祥是凶事,用远日,故十日得逾月。"至于禫祭,当在二十五月最后一日举行。

又云:

> 孟献子禫,悬而不乐,比御而不入。夫子曰:"献子加于人一等矣。"

据礼,祥而除服,禫而御妇人。又,此处所言"乐",非谓鼓素琴,盖有歌矣。祥后乃散哀时日,然孟献子犹以余哀未了,乃悬而不乐,不御妇人,孔子之许孟献子,非谓其得礼,盖取尚质之意也。

丧礼讲究变除有渐,故大祥除服后,未便即吉,犹有余哀未尽,是以《檀弓》谓"有子盖丝履、组缨",以为除服即吉,失禫祭之义也。

又云:

> 子夏既除丧而见,予之琴,和之而不和,弹之而不成声。作而曰:"哀未忘也。先王制礼,而弗敢过也。"子张既除丧而见,予之琴,和之而和,弹之而成声,作而曰:"先王制礼,不敢不至焉。"

此段颇见儒家禫祭之义。除丧者,谓大祥除服也。虽除服,犹未尽哀,故子夏弹琴而不成声,盖得禫祭哀终之义。至于子张弹琴成声,得禫祭散哀之意。

儒家主张禫祭,一则表明,丧服虽终,然"哀痛未尽,思慕未忘"，此恨当绵绵无绝期，"人之于其亲也，至死无穷"；又则表明，"三年之丧，二十五月而毕"，不过出于送死有已、复生有节之义，而不得不"立中制节"，故有散哀之要求。虽然，又何必有禫祭以明哀之终耶？

可见，就三年之丧而言，先秦时人皆谓止二十五月而已。汉人尊儒，以孝治天下，则《春秋》尚质之精神，渐而深入人心矣，则三年丧虽毕，而余哀未了，不得不别立禫祭以终其哀。是以《春秋》于文公二年，书"公子遂如齐纳币"，《左传》以为得礼，盖已二十五月矣，而《公羊》以为犹在三年之中，盖据《春秋》改制之精意也。郑玄当后汉之季，诚习于汉人尚质之风久矣，故有二十七月之说。

（四）戎狄之道与礼道

《檀弓下》中记载了一段子游与有子的对话：

> 有子与子游立，见孺子慕者，有子谓子游曰："予壹不知夫丧之踊也，予欲去之久矣。情在于斯，其是也夫？"子游曰："礼有微情者，有以故兴物者。有直情而径行者，戎狄之道也。礼道则不然，人喜则斯陶，陶斯咏，咏斯犹，犹斯舞，舞斯愠，愠斯戚，戚斯叹，叹斯辟，辟斯踊矣。品节斯，斯之谓礼。人死，斯恶之矣；无能也，斯倍之矣。是故制绞衾、设蒌翣，为使人勿恶也。始死，脯醢之奠；将行，遣而行之；既葬而食之，未有见其飨之者也。自上世以来，未之

有舍也，为使人勿倍也。故子之所刺于礼者，亦非礼
之訾也。"

有子是主张直情径行者，然子游却区分了两类情感：一
类情感是善的，如父子、兄弟、夫妇、朋友之情，这既表现为
生时之喜慕，又表现为死时之哀思。此类情感之表达往往是有
步骤的，如喜、陶、咏、犹、舞、愠、戚、叹、辟之节次，这
种情感上的节次表现在礼文上就是所谓"繁文缛节"。情与礼
的这种关系，最具代表性的就是丧服之变除。古时为父母守丧
三年，其间经历始死、成服、卒哭、小祥、大祥、禫等阶段，
每个阶段都伴随着服饰、行为以及情感的变化。其所以如此，
大致随着生人与死者的距离越来越远，"丧事即远"，对死者
的哀情也越来越淡，故通过丧服之变除来体现这种情感上的
变化。

古人制定丧服，据子游的说法，其缘由有二：即"微情"
与"以故兴物"。所谓"微情"，子思称为"过之者，俯而就之"
（《檀弓》），荀子称为"送死有已"（《礼论》），即要求生人克
制自己对死者的哀情；而所谓"以故兴物"，子思称为"不至
焉者，跂而及之"（《檀弓》），荀子称为"复生有节"（《礼论》），
即要求生人尽可能表达自己对死者的哀情。总之，丧服中可以
清楚看到古人所追求的情感表达方式，就是"立中制节"，从
而"绵绵无绝期"；今人则不同，唯求发泄，如江河之决堤，
以快足于一时。然快则快矣，一则伤身，一则未必合死者心意。
故孔子讥弁人孺子泣，以为当"哭踊有节"，即以情感表达当
有节制、有步骤，如此方能持久，而礼制中的种种规定实由情

感本身之有节次而来。

另一类情感则是消极的，甚至是恶的。这一类情感虽不甚好，却又无法泯除，故必须通过礼来加以矫治。譬如，按子游的说法，人对死者的态度颇为矛盾。因为人之于亲人，生时固能备极喜慕，然死后往往会伴随有其他一些情感，如对死者尸体的恐惧乃至厌恶，"人死，斯恶之矣"[1]，还有对死者的忽略、轻慢乃至背叛，"无能，斯倍之矣"，所以，古人在丧礼中，除了表达自己哀思的一些仪节外，尚有一些仪节，目的是要消除这些负面的情感，如敛殡之修饰及朝夕祭奠之礼，如此，方能全其思慕、哀悼之善心。

这段话颇能看到儒家对人情的理解非常细腻：一方面，人情有善有恶；另一方面，人情的表达又有节次。人情的这两个特点，决定了儒家对礼的理解也非常复杂，譬如，对于恶的情感，如对死者的厌恶、背叛，则制绞衾、设柳翣，"为使人勿恶也"；死后依然有祭奠之礼，一如生时之奉养父母，"为使人勿倍也"。人又有善的情感，但不免有过或不及的不同，对于情之过者，则礼以"微情"；对情之不及者，则"以故兴物"。此段颇见子游对礼意领会之精，甚至在整个孔门弟子中，

---

[1] 《礼记·杂记下》云："凿巾以饭，公羊贾为之也。"孔疏云："大夫以上贵，故使宾为其亲含，恐尸为宾所憎秽，故设巾覆尸面，而当口凿穿之，令含得入口。而士贱，不得使宾，则子自含其亲，不得憎秽之，故不得凿巾，但露面而含耳。于是公羊贾是士，自含其亲，而用凿巾，则是自憎秽其亲，故为失礼也。"则古礼中自有厌恶死者之道也。又《杂记下》云："冒者何？所以掩形也。自袭以至小敛，不设冒则形，是以袭而后设冒也。"郑注云："言设冒者，为其形人将恶之也。"则人之恶死者，实出人情之自然，故礼有以去此情也。

亦无人能出其右。

　　人类之情感有美有恶，有过有不及，因此，儒家对古礼的阐释与重建，决非简单顺应人情，因为"直情而径行"，不过是"戎狄之道"而已。子游这里讲的"礼道"，才真正代表儒家的精神，即要求情感的表达要有节次，或抑或扬，如此而得中道。

第二讲

宗法与丧服

中国古代社会最基本的伦理关系乃父子与兄弟，此种关系在血缘上被古人视为"至亲"，相对于其他伦理关系，父子与兄弟两种关系最为根本。父子关系表现在伦理上的要求为"孝"，而兄弟关系表现在伦理上的要求则为"弟"，正因如此，"孝"与"弟"构成了古代社会最根本的伦理原则，而其余种种伦理准则皆由此派生出来。故《论语·学而》中说道："孝弟也者，其为仁之本与？"

两种伦理原则在制度上各有不同的表现。孝与弟都是一种血亲的原则，其中，孝道体现为丧服制度，而弟道则体现为宗法制度。盖兄弟之间，其亲虽如四肢之一体，然其为尊卑也微，故古人建立宗族，确立世世嫡长子为阖族之大宗，以为唯此始能将有着共同血缘或姻缘的族人抟聚成一整体。可见，宗法之精神在于，首先确立兄尊弟卑的关系，其次则推至整个血亲团体中，而建立起上下尊卑有序的等级秩序，至于整个社会、政治领域，亦莫能外。譬如，弟道本为家庭中的伦理原则，若推至政治领域，则为臣道。嫡长子继嗣为君，则可尽臣诸父昆弟，遑论异姓之臣？故天子、诸侯、大夫之间，虽本有叔伯、兄弟之亲，然必须建立起天尊地卑的君臣关系，如此，方能使宗族、国家成为牢不可分之血亲团体。

至于父子之间，其为一体之至亲，则与兄弟同，然《仪礼·丧服传》视为"首足"关系，又以父为"至尊"，则孝道之不同于弟道者，实在其为尊尊关系的最初体现。故丧服区别正统之亲与旁统之亲，虽皆为亲属关系，然旁系亲属不过是纯粹的亲亲关系，故以相报服丧为礼，而无有尊卑之等，唯视血亲之远近为差而已。至于正统之亲，父于子为至尊，而祖乃父之父，亦为至尊，若曾祖、高祖以上，虽同属至尊，而亲则有异。故孝道之体现，在丧服上则为"斩衰三年"，所以有此极服者，不独以父为至尊，亦以父为至亲也。故丧服将父子关系中的尊尊原则推至其余血亲关系之中，父、祖以上正尊得以尊降其卑幼，而从兄弟、再从兄弟及族兄弟于其旁尊，虽有尊卑之异，然不过报服而已。故就一族而言，不独尊尊有等，而亲亲亦有差也。

宗法与丧服，构成了古代社会最为基本的两项制度。宗法之旨在抟聚族人，而丧服之旨则在使族人有亲疏之等差也。宗法于亲亲关系中确立尊尊之义，而丧服则于尊尊之等中标明亲亲之情。

一、嫡长子继承制

宗法根本上是一种以兄统弟之制度。清儒毛奇龄谓"宗之道，兄道也"，程瑶田亦谓然。盖父能统率诸子，自不待言，然兄弟之间，虽有手足之亲，然尊卑之差不甚明显，故常常不能无争，因此，古人建设宗法制度，于众兄弟中立其嫡长以统之，进而以此嫡长为宗子以统族人。后世有弟道者，其根本在于此。然而，后世随着宗法制度之崩溃，兄不能统弟，族亦不必有宗子，唯有父作为一家之长以统其妻、子而已，故就秦汉以后之伦理而言，独重孝道，而不重弟道。

王国维认为，"周人制度之大异于商者，一曰立子立嫡之制。由是而生宗法及丧服之制"[1]，"商人无嫡庶之制，故不能有宗法"[2]。可见，嫡长子继承制实为宗法制度的核心。

关于嫡长子继承制，隐元年《公羊传》有明文，曰：

> 立嫡以长不以贤，立子以贵不以长。

何休注云："嫡，谓嫡夫人之子，尊无与敌，故以齿。子，谓左右媵及侄娣之子，位有贵贱，又防其同时而生，故以贵也。礼，嫡夫人无子，立右媵；右媵无子，立左媵；左媵无子，立嫡侄娣；嫡侄娣无子，立右媵侄娣；右媵侄娣无子，立左媵侄娣。质家亲亲，先立娣；文家尊尊，先立侄。嫡子有孙而死，质家亲亲，先立弟；文家尊尊，先立孙。其双生也，质家据见立先生，文家据本意立后生。皆所以防爱争。"据此，诸侯一娶九女，所生诸子之继承顺序如下：嫡夫人之子—右媵之子—左媵之子—嫡侄娣之子—右媵侄娣之子—左媵侄娣之子。侄、娣之子亦有先后，殷人尚质，先娣而后侄；周人

---

[1] 王国维：《殷周制度论》，《观堂集林》卷10，河北教育出版社，2001，第288页。

[2] 王国维：《殷周制度论》，《观堂集林》卷10，第291页。

尚文，先姪而后娣。若孪生兄弟，殷人以先生为长，而周人以后生为长。周人确立这样一套严格的继承顺序，目的则是防止诸子及其母之争宠。

《左氏传》的说法则稍不同：

> 太子死，有母弟，则立之；无，则立长。年钧择贤，义钧则卜，古之道也。（襄三十一年）
>
> 昔先王之命曰：王后无嫡，则择立长。年钧以德，德均以卜。王不立爱，公卿无私，古之制也。（昭二十六年）

在无嫡的情况下，《公羊传》以为当立贵，而《左氏传》则主张立长。并且，《左氏传》则做了补充，若年钧则立贤，德钧则卜。

王国维以为殷商以兄终弟及为主，而嫡子继承制始于周代，乃周公之伟大创制。其论兄终弟及制之弊云：

> 兄弟之亲本不如父子，而兄之尊又不如父，故兄弟间常不免有争位之事，特如传弟既尽之后，则嗣位者当为兄之子欤？弟之子欤？以理论言之，自当立兄之子；以事实言之，则所立者往往为弟之子。此商人所以有中丁以后九世之乱，而周人传子之制正为救此弊而设也。[1]

---

[1]　王国维：《殷周制度论》，《观堂集林》卷10，第290页。

王氏以为，周公鉴于殷人自中丁以后九世之乱，故创为传子制以救其弊。这种说法曾为许多史学家所采用，但是，近来由于殷墟卜辞研究的深入，开始否定王氏之说。裘锡圭以为，早在商代武丁以前就已完全确立了父子相继的制度：

> 从古书和甲骨文资料来看，在商代，父子相继之制至迟在武丁时代就已经完全确立。据《史记·殷本纪》武丁以后世系如下：

武丁┬祖庚
　　└祖甲—廪辛
　　　　└康丁—武乙—文丁—帝乙—帝辛

> 在这七代九王中间，只有祖庚、廪辛二王传弟，确这两次传弟看来都不是正常现象。……总之，从武丁以后王位继承的情况来看，传子之制显然已经完全确立。[1]

此文中还论证商代已经有了与"嫡""庶"意义相似的词语。

其实，我们若站在人类学的角度，还可以将传子制的确立追溯至更早的时期。因为人类在母系氏族时代，常常实行走婚

---

[1] 裘锡圭：《关于商代的宗族组织与贵族和平民两个阶级的初步研究》，《文史》第七辑。

制，夫妻各自居于自己的氏族，尚未形成稳固的个体家庭。此时子女从母姓，父方财产传弟而不传子。随着妻子从夫居，从而形成了个体家庭，也有了属于家庭的私有财产，此时才有必要把财产传给自己的子女，而不是兄弟。可以说，传子制并非只是解决君王继统法之弊端而设，而首先是一种社会制度，可以追溯至人类社会进入父系氏族时代的早期阶段。

然而，随着西周宗法制的瓦解以及家庭的小型化，嫡长子地位衰落，弟道亦渐为孝道取代。而在严格的宗法制下，宗子首先是统率诸弟与族人的嫡长子，然后才是家庭中的父亲或孝子。

二、大宗与小宗

人类因人口繁衍而不断向外迁徙，从而形成新的血缘团体，此在氏族时代早已如此。然而，氏族缺乏有效的机制维持母族与子族之间的联系，因此，氏族虽然不断向外殖民扩张，却无法在广阔地域中形成较大的血缘组织。

宗族则在根本上解决了这个问题。殷周之际，周族在向东方的扩张过程中，通过自上而下的封建措施，形成了"天子一诸侯一大夫"这样一种等级关系，即彼此互为大宗与小宗的结构：天子为最大之大宗；诸侯于天子为小宗，于大夫则为大宗；大夫于诸侯为小宗，又为别子之祖，而以世世嫡长子为大宗；至于别子之庶子则为小宗。然天子、诸侯虽本世嫡，于事实当统无数之大宗，然以尊故，故无宗名，其庶子亦不得祢先君，又不得宗今君，故自为别子，而其嫡子乃为继别之大宗。

关于宗法制度，兹以图示如下：

国君—嗣君嫡长子—嗣君—嗣君—嗣君—嗣君

    └别子大宗之祖—大宗宗子—大宗宗子—大宗宗子—大宗宗子—大宗宗子

        └小宗宗子—继祢小宗—继祖小宗—继曾祖小宗—继高祖小宗

           └小宗宗子—继祢小宗—继祖小宗—继曾祖小宗

               └小宗宗子—继祢小宗—继祖小宗

                   └小宗宗子—继祢小宗

                       └小宗宗子

可见，宗法制度包括三个层次，即天子、诸侯、卿大夫。此制度的要点如下：

其一，凡有君位或爵位者，须由嫡长子世世继承，百世不迁，是为大宗。

其二，天子为全族之长，世世由嫡长子继承，永为天子，此为最大之大宗。天子之庶子封为诸侯国君，对天子则为小宗，而在本国亦由嫡长子继承，百世不迁，于本国为大宗。诸侯之庶子，若爵为卿大夫，虽于诸侯为小宗，而在本家亦由嫡长子继承，百世不迁，亦为大宗。

其三，卿大夫之庶子，亦由嫡长子继承，但无爵位继承，为小宗的宗子，而统领同高祖之亲属。

然而在今所见礼书中，一般只谈到卿大夫的层次，即大宗与小宗都是就卿大夫而言。下面结合古代典籍来具体讨论此问题。

关于周代宗法制度，现存先秦典籍中《礼记·大传》及《丧服小记》两篇所述最为详备。《大传》云：

> 别子为祖，继别为宗，继祢者为小宗。有百世不迁之宗，有五世则迁之宗。百世不迁者，别子之后也；宗其继别子之所自出者，百世不迁者也。宗其继高祖者，五世则迁者也。

《丧服小记》云：

> 别子为祖，继别为宗；继祢者为小宗。有五世而迁之宗，其继高祖者也。是故祖迁于上，宗易于下。

郑玄注云："诸侯之庶子别为后世为始祖也。谓之别子者，公子不能祢先君。别子之世长子为其族人为宗，所谓百世不迁之宗，别子之庶子之长子，为其昆弟为宗也。谓之小宗，以其将迁也。"

此两段文字，历来为古人推测西周宗法制度的主要经典依据。此外，《仪礼·丧服传》中尚另有一段文字，亦有助于理解宗法制。《丧服传》云：

> 诸侯之子称公子，公子不得称先君，公子之子称公孙，公孙不得祖诸侯，此自卑别于尊者也。若公子之子孙有封为国君者，则世世祖是人也，不祖公子，

此自尊别于卑者也。

上述几段话，涉及宗法制如下几个重要问题：

其一，关于"别子为祖"。别子乃诸侯之庶子，亦称公子，别于嫡长子，而不得祖诸侯，此即所谓"自卑别于尊者也"。别子不得继承诸侯，若为卿大夫，则别为后世为始祖，此其所以称"别"也。其后由嫡长子继承，代代相传，别为一统。

"别子为祖"乃宗法制之核心规定，其用意则在于将宗统与君统区别开来，《丧服传》所言"诸侯之子称公子，公子不得祢先君"，就是发明这个道理。具体来说，在周代嫡长子继承制下，唯有嫡长子才能继承君位，其余诸公子与嗣君有两重关系：一为兄弟关系，一为君臣关系。为了维持君权之不可侵犯，便规定诸公子与袭君位的嫡长兄弟只论君臣关系，不能论宗法关系。诸子要同君统相区别，就必须别立宗统，而此新统是从别子开始的，故称"别子为祖"。

礼书中所言始祖，大致有三：其一，别子为祖；其二，始来在此国之大夫；其三，民庶起为大夫。至于宋明以后之新宗族，大多以始迁之人为始祖，则不别民庶与大夫，且大夫之为祖，常不过为小宗而已。

其二，关于"继别为宗"。自别子以下，世世代代亦由嫡长子继承其统，是为大宗宗子，此为"继别为宗"。别子始受采邑，其族人代代居于此，而奉别子之世世嫡长为宗子，此大宗所以"百世不迁"也。

其三，关于"继祢者为小宗"。祢，先父也。别子之庶子不能继承其父之卿大夫爵位，其后亦由世世嫡长子继承，不过，此嫡长子继承的不是始祖别子，而只是其父而已，此为小宗，即"继祢者小宗"。继别宗子与继祢宗子不同，前者为大宗，后者为小宗。大宗领有始祖之封爵与土地，为其族人为宗；而小宗唯继承其父之财产，仅统其同父、同祖、同曾祖、同高祖之亲属而已。

其四，关于"祖迁于上，宗易于下"。凡同父之兄弟，事其父之嫡长，以为继祢小宗；同祖之兄弟，既事继祢小宗，又与同堂兄弟事继祖小宗；同曾祖之兄弟，既事继祢小宗，又与同堂兄弟事继祖小宗，更与再从兄弟事继曾祖小宗；同高祖之兄弟，既事继祢、继祖、继曾祖之小宗，又与族兄弟事继高祖之小宗；至五世之时，则别事继高祖小宗矣，故不为高祖之父服，而与所近为宗矣，此为"祖迁于上，宗易于下"。关于祖迁、宗易之理，盖天子、诸侯得裂土封子弟，故别子得自为始祖，而不必宗先君也。大夫之家不裂土，故有百世不迁之义，此为大宗。土虽不裂，然族人繁衍，家庭众多，彼此以亲缘相属，此所以有小宗也。宗子不自为祖，若以亲缘相属，则亲远乃不相属，此所以祖迁宗易也。

大宗有一，而小宗有四。《白虎通·宗族》云：

> 别子者，自为其子孙祖，继别者各自为宗。所谓小宗有四，大宗有一，凡有五宗，人之亲所以备矣。

按照《白虎通》的说法，此五宗分别为"宗其为始祖后者为大宗，此百世之所宗也。宗其为高祖后者，五世而迁者也，故曰：祖迁于上，宗易于下。宗其为曾祖后者为曾祖宗，宗其祖后者为祖宗，宗其为父后者为父宗。父宗以上至高祖，皆为小宗，以其转迁，别于大宗也"。"四小宗"指父宗、祖宗、曾祖宗与高祖宗，而庶子同时最多只能有四个小宗、一个大宗。首先，庶子要尊继祢之嫡长子为宗；其次，假如此庶子之父是庶子，则此庶子与继祢的宗子，又要尊继祖的嫡长子为宗子；第三，假如此庶子之祖亦是庶子，则此庶子与继祢、继祖的宗子，又要尊继祖的嫡长子为宗子；第四，假如此庶子的曾祖亦是庶子，则此庶子与继祢、继祖、继曾祖的宗子，又要尊继高祖的嫡长子为宗子。如此，此庶子就有继祢的父宗，同时又有继祖父的祖宗、继曾祖的曾祖宗、继高祖的高祖宗，此为同时有四小宗。然后加上继别的大宗，共为五宗。

可见，对于某个宗族成员来说，同时最多只能有四个小宗，不能多于四，原因在于小宗只是至继高祖而止，亦即"五世则迁"。关于大宗与小宗之关系，图示[1]如下：

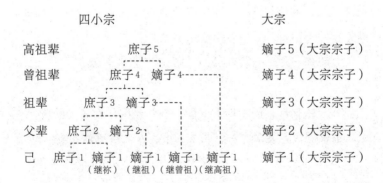

四小宗　　　　　　　　　　大宗

高祖辈				庶子5		嫡子5（大宗宗子）
曾祖辈			庶子4	嫡子4		嫡子4（大宗宗子）
祖辈		庶子3	嫡子3			嫡子3（大宗宗子）
父辈	庶子2	嫡子2				嫡子2（大宗宗子）
己	庶子1 嫡子1（继祢）	嫡子1（继祖）	嫡子1（继曾祖）	嫡子1（继高祖）		嫡子1（大宗宗子）

---

[1] 其中数字指辈分数，数字相同则辈分同。

或者，亦可用下图来表明整个宗法制度：

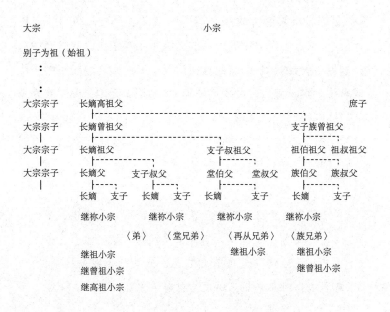

综上而言，诸子得为大宗，能否有封邑实为一关键条件，否则，不过为五世则迁之小宗而已。盖血缘群体之分化，其实质在于人民迁徙至他处而别居，此后世世代代居于是，而别为族，此大宗之谓也。至于此封内之家庭，既不别居，则不过为小宗。若能迁徙至他处，别有土而居，亦为大宗。故大宗者，有土之谓也；小宗者，不过血亲之团体而已。

三、宗族与国家

周人封建诸侯，遂于氏族之血缘关系中，建立起政治国家所必要的君臣关系，此亲亲与尊尊二义之合一，而宗法之所由起也。宗法不仅将宗族内部的血缘关系等级化，同时亦使宗统与君统相分离，从而避免族人对天子、诸侯之嫡长子的王位（或君位）继承权可能发生的侵犯。《礼记·大传》谓"族人不得以其戚戚君"，及《穀梁》隐七年、桓十四年传"诸侯之尊，弟兄不得以属通"、文二年传"不以亲亲害尊尊"之语，俱明此义。《吕氏春秋·慎势》有云：

> 先王之法，立天子，不使诸侯疑焉；立诸侯，不使大夫疑焉；立嫡子，不使庶孽疑焉。疑则生争，争生乱。是故诸侯失位则天下乱，大夫无等则朝廷乱，妻妾不分则家室乱，嫡庶无别则宗室乱。

此段颇能概括周人分离宗统与君统之用意，目的在于保证王位或君位的正常过渡，而不至于诸子争位而生乱。

关于宗统与君统之关系，聚讼久矣，而莫能定于一是。《丧服小记》和《大传》唯于诸侯之庶子言宗法，而未论及天子、诸侯之为大宗与否，因此，后世学者多以宗法乃专为卿大夫而设。程瑶田《宗法小记》云：

> 宗之道，兄道也。大夫之家，以兄统弟，而以弟事兄之道也。

此处已涉及"君统"与"宗统"之矛盾。君统强调"尊尊"之义，而宗统则于此义之外，另标"亲亲"之道。《礼记·郊特牲》云："诸侯不敢祖天子，大夫不敢祖诸侯。"[1] 一方面，无论天子、诸侯以及大夫，就血缘言之，皆奉共同之祖先；但另一方面，又严于等级之尊卑，唯嫡长子乃得立祖先之宗庙以祭之，故鲁国不能立文王庙，三桓亦不能立桓公庙。对此，《礼记·大传》说得甚明白，谓"君有合属之道，族人不得以其戚戚君，位也"。郑玄注云："君恩可以下施，而族人皆臣也，不得以父兄子弟之亲，自戚于君位，谓齿列也。所以尊君别嫌也。"诸如此说，皆强调亲亲之情不能侵害尊尊之义，而宗族与国家必须相分离也。

不过，《诗经》中却有多处将天子、诸侯与大宗、宗子联系起来。

> 食之饮之，君之宗之。（《诗·大雅·公刘》）毛传云："为之君，为之大宗也。"郑笺云："宗，尊也。公刘虽去邰来迁，君从而君之尊之，犹在邰也。"

> 大邦维屏，大宗维翰，怀德惟宁，宗子维城。（《诗·大雅·板》）毛传云："王者天下之大宗。"郑笺云："大宗，王之同姓之嫡子也。王当用公卿诸侯

---

[1] 案，礼以"诸侯不敢祖天子"，而文二年《左传》却谓"宋祖帝乙，郑祖厉王"；礼以"大夫不敢祖侯"，而庄二十八年《左传》则谓"凡邑有宗庙先君之主曰都"。至于鲁，亦得立文王庙。许慎《五经异义》云："周公以上德封于鲁，得郊天，兼用四代之礼。"郑玄无驳，可见其与许氏之说相同，而《郊特牲》孔疏祖此说云："古《春秋左氏》说，天子之子，以上德为诸侯者，得祖所自出。鲁以周公之故，立文王庙。"可见，就后世之实际情况来看，亦未严格区分宗统与君统。

及宗室之贵者为藩屏垣翰，为辅弼，无疏远之。"孔
疏云："天子则天下所尊，故谓之大宗也。"

可见，毛传与郑笺之解释完全不同。毛传将大宗解释为王
者本人，即将宗统与君统视为一体，而郑玄则以尊义释"宗"，
将大宗解释为王之同姓嫡子，即认为宗统与君统是分离的。二
说之歧异，遂启后来学者无穷之纷争。

后世学者多宗郑笺之说。孔颖达《诗·大雅·公刘》疏云：

> 国君不统宗，故有大宗、小宗，安得为之君复为
> 之大宗乎？笺说为长。

孔疏明谓国君不得统宗人。清儒毛奇龄亦主此说。《诗问》
卷六云：

> 古者立宗法，国君无宗。只以相传之诸君为宗。
> 故除一祖外，余皆为宗。不惟前君是宗，即身亦是
> 宗。……是以天子诸侯皆国君也，其宗法惟一前君为
> 后君之宗，而不易氏，不分族，不立小宗。以天子诸
> 侯一身无氏族可分，且君君相仍，皆百世不迁，并无
> 有五世即迁之小宗可别出也。……若天子、诸侯之弟，
> 则不敢与天子诸侯为一宗，而别为宗族。使天子诸侯
> 嫡弟一人立为大宗，而诸兄弟之为小宗者宗之，如鲁
> 周公之弟，皆宗周公，而称鲁国为宗国。

则宗族之设，盖自卑别于尊者也。万斯大《宗法论》亦云：

古之时，诸侯之嫡子为世子，嗣为诸侯。其支庶之后，族类繁多，惧其散而无统也，因制为大宗、小宗之法。经曰"别子为祖，继别为宗"，此百世不迁之大宗也；"继祢者为小宗"，此五世则迁者也。夫诸侯世子之兄弟，不分适庶，皆称别之，特以其为祖为祢不同，故大宗、小宗遂因之以异。

宗法由别子而生。……夫惟公子之皆出于君而近于君也，先王惧其尊卑无别而或至于僭，故称别子以严之，又惧其散而无纪，故为宗法以统之。

万氏盖深于宗法亲亲之道，然亦知宗法之有尊尊义焉。至程瑶田，论宗统与君统之分尤为详明。其《宗法小记》云：

宗法载《大传》及《丧服小记》，列其节目，明其指归，有大宗、小宗之名，有迁与不迁之别，又为之通宗道之穷，究立宗之始，此所谓宗法也。宗法者，大夫士别于天子诸侯者也。公子不得祢先君，公孙不得祖诸侯矣。使无宗法，则支分派衍无所统，诸侯将无以治其国，天子将无以治其天下。故宗法者，为大夫士立之，以上承天子、诸侯而治其家者也。若夫太戊称中宗，传以为殷家中世尊其德也；武丁之称高宗，传以为德高可尊也，皆与宗法无与。至于《公刘》之诗，虽毛氏传以谓"为之大宗"，而郑笺则曰"群臣尊之"。所以易传者，以国君尊称族人，不敢以其戚戚君，不当有大小宗之名也。故毛氏于《板》之诗，亦曰："王者，天下之大宗。"而郑氏亦易之，以为"大宗，王同姓之嫡子"。同姓之嫡子，所谓继别为宗者也。若天子、诸侯，则固绝其宗名矣。维"宗子为城"，郑氏以为"王之嫡子"。盖宗者主也，即《震》之《象传》所谓"守宗庙社稷，以为祭主"，《春秋传》里克所谓"太子奉宗祀、社稷之粢盛"，而士蒍以为"修德以固宗子"者也，皆非宗法之谓。……盖宗之言尊也，凡有所尊，皆可曰宗。

可见，程氏亦用郑玄之说，以尊言宗，而别宗统与君统也。

不过，后世亦有学者主张宗统与君统之合一，即认为天子、诸侯亦在宗法之中。清儒陈立《白虎通疏证·封公侯·为人后》有云：

天子以别子为诸侯，其世为诸侯者，大宗也。诸侯以别子为卿，其世为卿者，大宗也。卿以别子为大夫，其世为大夫者，大宗也。大夫以别子为士，其为世士者，大宗也。天子建国，则诸侯于国为大宗，对天子言，则小宗，未闻天子之统可绝，而国统不可绝也。诸侯立家，则卿于家为大宗，对诸侯则小宗，未闻诸侯之统可绝，而卿之家统不可绝也。卿置侧室，大夫二宗，士之隶子弟等，皆可推而著见也。

又，陈奂《诗毛氏传疏》据《诗·大雅·板》毛传义云：

王者，天下之大宗是也。支，庄公六年《左传》引《诗》作"枝"，同。支子者，天子庶子，出封为诸侯。诸侯之世长子，亦世为诸侯，为群姓之大宗。今文王既受命，其后子孙能王天下。于是武王为继体长子，百世不迁。其管、蔡、郕、霍……十六国，皆文王支子，亦百世不迁。

近代王国维对此问题似乎持一种中间立场。一方面，王氏认为，"此制为大夫以下设而不上及天子诸侯"，"由尊之统言，则天子诸侯绝宗，王子、公子无宗也"；另一方面，又谓"天子诸侯虽无大宗之名，而有大宗之实"，"由亲之统言，则天子诸侯之子，身为别子，而其后世为大宗者，无不奉天子诸侯以为最大之大宗，特以尊卑悬殊不敢加以宗名，而其实则仍在也"[1]。

当代学者多宗毛传，而摒弃郑笺之说，如范文澜、吕振羽、周谷城、李玄伯、郭沫若、孔德成、晁福林[2]、徐复观[3]、赵伯

---

[1] 王国维：《殷周制度论》，第291—293页。

[2] 晁福林认为，"如果说夏商时期社会上很少有游离于氏族以外的人，那么西周时期社会上便是很少有游离于宗族以外的人。西周时期，上自周天子，下至庶人，尽管其社会等级地位不同，但却都在一定的宗族之内"（晁福林：《夏商西周的社会变迁》，北京师范大学出版社，1996，第277页）。宗法本施于卿大夫之间，而晁氏据《逸周书·祭公》之文以及当时社会生产的实际情况，认为上而至于天子、诸侯，下而至于庶人，都莫不在宗法组织之中。晁氏大概是在一种扩大了的封建内涵去理解宗族的。

[3] 徐复观以为，"王为天下之大宗，诸侯为一国之大宗"，甚至以为，"'别子为祖，继别为宗'，只适用于天子与诸侯的关系，而不适用于大夫；因为大夫应以诸侯之大宗为大宗，而不应自立为大宗。即诸侯以下之大夫，只有小宗而不别立大宗"（徐复观：《两汉思想史》卷上，华东师范大学出版社，2001，第16—18页）。此论乃尽非历代礼家之说。

雄、陈絜 [1] 等，均持宗统与君统合一之主张，然金景芳 [2]、陈恩林 [3] 师徒及谢维扬等犹主郑说。

盖宗法本有亲亲与尊尊二义，诸说各执一端而已。其主宗法之亲亲义者，则以天子、诸侯有亲族人之义，故为最大之大宗。《诗·大雅·行苇》云："戚戚兄弟，莫远具尔，或肆之筵，或授之几。……或献或酢，洗爵奠斝。"毛序云："周家忠厚，仁及草木，故能内睦九族。"《周礼·春官·大宗伯》云："以饮食之礼，亲宗族兄弟"。《大传》云："同姓从宗，合族属。"皆主亲亲之义也。若主宗法之尊尊义者，则以族人当自卑远，以避其逼上拟君之嫌，故天子、诸侯当绝宗也。《大传》云："君有合族之道，族人不得以其戚戚君，位也。"是以君可以亲族

---

[1] 陈絜据西周金文材料认为，天子及诸侯不仅拥有自己的家族，而且拥有庞大的宗族组织，这表明周天子是当时天下同姓诸侯乃至于普通同姓贵族的大宗。（参见陈絜：《商周姓氏制度研究》，商务印书馆，2007，第264-271页）他说道，"在西周及春秋中期以前，周天子不仅行宗法，而且其本人也置身于宗族之内，君统与宗统未曾隔绝。从两周金文及《左传》等材料看，在各诸侯国国内，也无疑有公族存在，当时的卿大夫同样可以祖诸侯"（同上，第378页），又引钱宗范文，谓周代宗族模式应该是周王乃"天下之大宗，诸侯对周王来讲是小宗；诸侯在封国内分封子、侄为卿、大夫，诸侯成为一国之大宗，卿、大夫对诸侯来讲是小宗；卿、大夫在封邑内分封子侄为士，卿、大夫成为封邑内的大宗，士对卿、大夫来讲是小宗。通过宗法分封形成了自天子至士的宝塔式的宗法等级关系"（钱宗范：《中国宗族制度论》，《广西民族学院学报》，1996年第4期。转引自陈絜《商周姓氏制度研究》，第378页）。

[2] 金景芳《论宗法制度》一文有云："诸侯世爵，掌握一国政权，尽臣诸父昆弟，在其政权所及的范围内，宗法不适用，决定身份的是政治地位，不是血缘关系。但是，如遇到另外一种情况，即与诸侯尊卑相同，则宗法还适用。"（《东北人民大学人文科学学报》，1956年第2期）。此说盖本诸《丧服传》自尊、自卑之义也。

[3] 参见陈恩林：《关于周代宗法制度中君统与宗统的关系问题》，《社会科学战线》，1989年第2期。

人，族人亦可以相亲，若族人上亲君长，则无别而失尊尊之义。至族人于大夫之宗子，亦有不祭以明宗、尊宗之理，其义盖同于尊君。故《丧服》以族人为宗子服齐衰三月，比于庶人为国君之服。宗子尚得为族人尊之若君，遑论君与臣之悬隔乎！

故就尊尊之义而言，天子、诸侯有绝宗之理。《大传》云："君有合族之道，族人不得以其戚戚君，位也。"孔疏云："人君既尊，族人不以戚戚君，明君有绝宗之道也。"《丧服小记》云："士、大夫不得祔于诸侯，祔于诸祖父之为士、大夫者。"郑注云："士、大夫，谓公子、公孙为士、大夫者。不得祔于诸侯，卑别也。"《丧服传》云："诸侯之子称公子，公子不得祢先君。公子之子称公孙，公孙不得祖诸侯。此自卑别于尊者也。若公子之子孙有封为国君者，则世世祖是人也，不祖公子，此自尊别于卑者也。"贾疏云："别子者，皆以臣道事君，无兄弟相宗之法。"可以说，天子、诸侯之绝宗，与大宗、小宗之别，其义皆同，皆强干而弱枝、大本而小末也。故桓二年《左传》载师服语曰："天子建国，诸侯立家，卿置侧室，大夫有贰宗，士有隶子弟，庶人、工、商，各有分亲，皆有等衰。是以民服事其上，而下无觊觎。"盖以宗法之精神在于兄弟之亲中建立尊卑之义也。

按照前述所说，宗法本是一种以兄统弟的制度，即在兄弟一体中确立嫡长子的至尊地位，并将此种尊尊之义扩充到宗子与族人之间，从而在整个宗族中形成一种等级尊卑的关系。然究其实，此种尊尊之义包括两个方面：其一，向外体现为尊君统。故诸侯不得祖天子，大夫不得祖诸侯，小宗不得祖别子，此天子、诸侯所以绝宗也。其二，向内则尊宗子之权。故大宗可拟于君，而族人为之齐衰三月，犹庶人为国君服也；又唯有宗子得主祭事，庶人不可陪祭而已。又别小宗与大宗，则小宗或得继其高、曾、祖、父，然非大宗，不能祭其始祖也。故《白虎通》云："宗将有事，族皆侍。"贺循云："若宗子时祭则宗内男女毕会。"[1] 此外，宗子亦有财产权。《白虎通》云："大宗能率小宗，小宗能率群弟，通其有无，所以统理族一者也。"《仪礼·丧服》亦云："异居而同财，有余则归之宗，不足则资之宗。"大宗承继始祖之爵位、土地，而族人世代居于此，宗子能抟聚族人，正以此也。

不过，随着封建制度的破坏，以及国家权力的伸延，宗法组织亦随之瓦解，即便如此，宗法制度的某些因素仍然保留下来。譬如，后世常以长房当大宗，次房当小宗。然而，这种做法与宗法大不相同，其中最为关键者，宗法之义在于以兄统弟，而后世之长房、次房中，兄长并无统弟的权力，盖因实际的统治者是父而不是兄。因此，宗法组织消失以后，取而代之的为家长或族长。家长犹如小宗宗子，为一家或一支派之主，族长则如大宗宗子，为全族之主。一般而言，族长是全族公推，多半择尊年长德行足以服众者任之。族长的权力亦不如以前的大宗宗子，所处理者不过家庭间的公务，如族田、族祠、族学的管理，以及族田收益的分配等，至于家庭内部的事务，则多半不予干预。此种状况，反映了政治权力伸张下的宗族权力的衰落。

君统与宗统的分离，体现了家、国之间的某种矛盾。自西周以后的三千年历史中，中央政治权力不断扩张，与之相应，则是地方宗族权力的不断削弱。尤其自二十世纪初以来，面临

---

[1] 贺循：《贺氏丧服谱》，《通典》卷73引。

着前所未有的巨变，宗族通常采取自觉的低姿态以适应新政权的要求，如将"天地君亲师"改为"天地国亲师"；而且，宗族更自觉地远离政治，如香港袁氏宗亲会在其宗旨中明确表示不问政治，这与现代党派作为纯粹的政治团体有根本不同，转而谋求联谊、福利事业的发展。

民国时期，南京政府制定《婚丧仪仗暂行办法》《礼制草案》等，破除了家族礼仪中的宗法性仪式和内容，倡导男女平等，改变了丧服中以男性为中心的制度，并废除了宗祧制度。改革开放以来，宗族活动再度兴起，不少宗族表示革除传统的宗法性，实行民主管理的原则，使自身成为符合时代进步的群体；另一方面，宗族表示对政府的忠诚，听党的话，拥护改革开放政策，希望获取政府的谅解。不过，政府对此似无政策性的回应。对此，冯尔康说道：

> 下半叶的政府基于对革命的理解以及在这种理解上产生的政策，加之家族原有的宗法性及尚未来得及清除的宗法性，坚固了政府的信念，长期予以打击，即使对它的殷切依附要求，也不予回应。[1]

冯氏认为，宗族在现代社会能够有其存在的必要性，不过，必须转变其功能。他说道：

> 家族要想成为现代的纯血缘的社团或同姓的俱乐

---

[1] 冯尔康：《18世纪以来中国家族的现代转向》，上海人民出版社，2005，第24页。

部，就应当脱离政治，不必具有政治功能，而去充分发挥它的社会功能，以感情交流、互助福利、文化情操慰藉其成员，这样才可能发展，并长存于现代社会。[1]

换言之，宗族必须彻底消除其固有政治功能，完全以服务于国家权力的姿态，才能为国家所容纳。

自二十世纪八十年代以来，中央开启了以地方政府主导的改革开放，其结果则不可避免扩大了地方的权力，同时将相当公共事务诿诸地方或社会，无论是城市的社区建设，还是农村的村民自治，皆有国家卸责之嫌。然而，国家关于社会治理的总体目标之落实，则存在着种种矛盾的方面。譬如，就农村而言，一方面推行基层民主，但另一方面却是对包括族权在内的种种封建势力的防范和打击。显然，两者实属背道而驰。换言之，今日的地方自治建设，不过是使国家权力的触角伸入到民间社会的每一个角落，并以国家政策和相关法律规范地方权力的实施和运用，绝不容许在国家权力之外的某种自治组织，其结果不仅无法实施真正意义的地方自治，亦使政府社会治理的成本始终居高不下。[2]

无论中国和西方，都曾经历过氏族时代。西方人在氏族瓦解的基础上，建立起国家与家庭的二元结构。氏族主要是血缘

---

[1]　同上，第25页。

[2]　目前的社会管理模式导致管理成本急剧上升，从改革开放初期的1978年至2003年的25年间，我国行政管理费用已增长87倍，其占财政总支出的比重，1978年仅为4.71%，到2003年则上升到19.03%。较之日本的2.38%、英国的4.19%、韩国的5.06%、法国的6.5%、加拿大的7.1%、美国的9.9%，我国社会管理费用占财政支出的比重显然要高得多，而且，近年来行政管理费用增长还在大跨度上升，平均每年增长23%。

性组织，而国家则是地域性组织，可以说，西方人是以政治组织中的尊尊之义取代了血亲组织中的亲亲之情。中国则不同，是以宗族这种新型血缘性组织取代了氏族，至于国家，既为地域性的政治组织，又可视为宗族的某种扩大形态。故张载《西铭》云："大君者，吾父母宗子；其大臣，宗子之家相也。"今人有"家国同构"之说，盖"家"指大夫之家，即宗族也，而"国"指诸侯而言，故大夫得封为诸侯，此所以家国同构也。可见，就宗族而言，中国人既不废亲亲之情，又在亲亲之情中建立起尊尊之义，从而把血缘中的自然原则与地域中的等级原则结合在一起。[1]

从这个意义上说，西方的尊尊之义由于缺乏与之抗衡的亲亲原则，显得更为强势，绝不是当代自由主义者虚构的"大社会，小政府"之类的说法所能概括的，因此，现代社会中个体处于绝对弱势，个体绝无可能组织起来与国家相抗衡。然而在

---

[1] 徐苹芳、张光直最早提出了"血缘政治"这个概念，大致能够描述此处所要表达的内涵。（参见徐苹芳、张光直：《中国文明的形成及其在世界文明史上的地位》，《燕京学报》第6期，1999年5月）据此，陈絜认为："中国的古代社会有其独特的发展轨迹，它在迈入'国家'这一门槛之后，尚带有浓郁的血缘色彩，族权与政权紧密结合，血缘与地缘并行不悖。这种'血缘政治'的模式，在中国历史舞台上至少被持续沿用了上千年，并且对秦汉以后的政治制度、伦理道德、民族精神等各个方面，都有着深远的影响。"（陈絜：《商周姓氏制度研究》，商务印书馆，2007，第1、2页）学者多以尊尊之义出于不同地域之间的政治联合，但是，就其最初而言，实可追溯至某种更早的观念。《礼记·曲礼》云："毋不敬。"又云："夫礼者，自卑而尊人。"敬者，尊尊也，此为礼之本。然礼早于国家之形成，故在氏族时代，礼已有尊尊之义矣。《礼运》则追溯至礼之初起，以其时虽极质陋，犹能致敬于鬼神，可见尊尊之义非出于政治关系也。对此，唐孔颖达以为，"物生则自然而有尊卑，若羊羔跪乳，鸿雁飞有行列，岂由教之者哉！是三才既判，尊卑自然而有。但天地初分之后，即应有君臣治国"，"尊卑之礼起于遂皇也"。（《礼记正义》卷1疏）可见，尊尊之义乃泰古就有的自明真理，与后世所批评的专制国家实无关系。

古代中国，个体天然就处于某种自然组织之中，国家的影响一般只是施于宗族，最多也不过施于家庭而已，而个体往往处于国家的政治权力之外。现代政治学说虚构了民主的神话，既主张政治必须反映民意，又声称只能通过代议的方式实现民意，可以说，一切西方政治学说所推崇的个体自由，恰好反映了个体的弱势。个体的力量永远是渺小的，但是，人与生俱来即处于某种自然组织之中，这种社会性绝非马克思主义那种基于个体自由、在交往中建构起来的社会性，而是通过血缘关系把人类自然联结起来的氏族或宗族。对此，我们反观中国古代社会的实际情况，个体依托宗族这种自然组织，有效地实现了保家乃至建国的强势作用，这与现代社会中虚弱又自由的个体完全不一样。

四、宗庙与祠堂

宗，本义就是宗庙。《说文·宀部》："宗，尊祖庙也。"宗庙是最能体现宗法关系的场所。宗法的目的本是确定有继承权的嫡长子与众子之间的关系，而这种关系又是通过与祖先的关系，尤其通过对祖先的祭祀来确定。

宗庙之数，通常天子七庙，包括二祧；诸侯五庙；大夫三庙；士一庙；庶人无庙，祭于寝。《礼记·王制》云：

> 天子七庙，三昭三穆，与太祖之庙而七。诸侯五庙，二昭二穆，与太祖之庙而五。大夫三庙，一昭一穆，与太祖之庙而三。士一庙。庶人祭于寝。

郑玄注云："此周制七者，大祖及文王武王之祧与亲庙四。大祖，后稷。"又《周礼·春官·守祧》云：

> 掌守先公先王之庙祧，其衣服藏焉。

郑玄注云："迁主所藏曰祧，先公之迁主藏于后稷之庙。先王之迁主藏于文武之庙。"先公指太王、王季等，先王指文武以后之王。郑玄以为，周制七庙，其中包括二祧，即文王、武王之庙，又藏先王之迁主。

王肃则以为文王、武王之庙不在七庙之列，七庙之两祧，为已迁之高祖之父及高祖之祖之庙。其《圣证论》云：

> 周之文武，受命之王，不迁之庙，权礼所施，非常庙之数。殷之三宗，宗其德而存其庙，亦不以为数。凡七庙者，皆不称周室。《礼器》云："有以多为贵者，天子七庙。"孙卿云："有天下者事七世。"又云："自上以下，降杀以两。"今使天子、诸侯立庙，并亲庙四而止，则君臣同制，尊卑不别。礼，名位不同，礼亦异数，况其君臣乎？（《礼记·王制》孔疏引）

据王肃此说，天子有九庙，但古书所载只有七庙，则王说似不如郑说可信。

然而，以上所论只是就礼书而言，但实际上却未必如此，这大概出乎两种情形：其一，高祖之父及高祖之父以上者应毁不再立庙，而却未必尽毁，如鲁哀公时，尚有八世祖桓公之庙、六世祖僖公之庙，又在鲁定公时，尚立二十一世祖之炀公庙。其他各国也有类似之事。其二，不应立庙而立庙。如三桓立桓公庙，鲁立文王庙。又当时有为妾母立庙的。

宗庙亦称世室、大室，称宫。

> 《周礼·考工记·匠人》：“夏后氏世室。”郑玄注：“世室，宗庙也。”
>
> 《公羊传·文公十三年》：“世室屋坏。”
>
> 《书·洛诰》：“王入大室裸。”
>
> 《左传·昭公二十二年》：“单子使王子处守于王城，盟百工于平宫。”杜预注：“平宫，平王庙。”

关于宗庙之位置，《周礼·春官·小宗伯》云：“建国之神位，右社稷，左宗庙。”据郑玄所说，宗庙在库门内、雉门外之左。《礼记·王制》之说亦然。又据《周礼·考工记·匠人》：“左祖右社，面朝后市。”则天子、诸侯的宗庙在王宫之内，路寝前的左侧。宗庙皆横列，南向。天子七庙，则太祖庙居中，三昭居东，三穆居西。庙后均有寝。

宗庙之建立，主要是为了举行祭祀之礼。各庙单独举行祭祀，则仅由所祭祖先之子孙参加；若合祭，则四亲庙之主及祧庙之迁主皆入太祖庙，太祖神主居中东向，其余神主分昭、穆两行排列，昭南向，穆北向。凡同宗之人皆参加祭祀，亦依昭、穆行列为序。《礼记·祭统》云：

> 夫祭有昭穆，昭穆者，所以别父子、远近、长幼、亲疏之序而无乱也。是故有事于大庙，则群昭群穆咸在而不失其伦。

故《中庸》云:"宗庙之礼,所以序昭穆也。"宗庙祭祖,不仅是表达对死者的思慕之情,并祈求神灵对子孙的庇祐,而且,也是为了巩固人间的长幼尊卑秩序。

宗庙不仅是祭祀之所,亦为举行重要礼事之场所。详考《仪礼》诸篇,即记载了诸如冠礼、婚礼、丧礼等人生礼仪,常常在宗庙举行。至于征伐之事,亦与宗庙有关。

> 天子将出征,……受命于祖,受成于学。(《礼记·王制》)
>
> 帅师者,受命于庙,受赈于社。(《左传·闵公二年》)
>
> 曾子问曰:"古者师行,必以迁庙主行乎?"孔子曰:"天子巡守,以迁庙主行,载于齐车,言必有尊也。今也取七庙之主以行,则失之矣。"(《礼记·曾子问》)
>
> (晋文公)振旅凯以入于晋,献俘授馘,饮至大赏。(《左传·僖公二十八年》)

此外,宗庙又作为招待外来宾客住宿之处。

> 卿馆于大夫,大夫馆于士,士馆于工商。(《仪礼·聘礼》)

郑玄注云:"馆者必于庙。不馆于敌者之庙,为大尊也。"《国语·周语上》云:"上卿逆于境,晋侯郊劳,馆诸宗庙。"

宗族之建设,其核心在于宗庙。宗庙本为祭祀祖先之所,然藉此以聚合有共同血亲之族人，并处理与宗族相关之一切事务。宗子乃祖先之正体，其地位非其他族人可暂代，敬宗故尊祖，尊祖故敬宗，是以族人唯统属于宗子，乃构成一同姓血亲之族群。故杨树达认为，"兄字原为'祝'字，掌主祭祀，与宗子主祭同"。[1] 可见，古人重宗庙之事，则宗子地位不得不尊贵也。即便自汉魏以后，长子虽无宗子之名，亦无宗子之权，然与祭祀有关的种种礼仪事务，仍不得不属诸长子。

故宗族之建立，首要在于敬宗，然后才能尊祖，从而达到聚合族人的目的。对此，苏轼说道：

> 自秦汉以来，天下无世卿，大宗之法不可以复立；[2] 而其可以收合天下之亲者，有小宗之法，存而莫之行。此甚可惜也。今夫天下所以不重族者，有族而无宗也。有族而无宗，则族不可合，族不可合，则虽欲亲之，而无由也。族人而不相亲，则忘其祖矣。今世之公卿大臣贤人君子之后，所以不能世其家如古

---

[1] 杨树达：《积微居小学述林》卷2，"释兄"，中华书局，1983，第53页。

[2] 今有学者徒据孔子"讥世卿"之说，以为世卿乃周政敝坏之结果，礼崩乐坏，上下陵替，致使大夫、陪臣得专国政。然此说实非也。盖世卿本古之良法，小康之世乃行之，《礼运》谓小康乃"世及以为礼"，其效至于"正君臣，笃父子，睦兄弟，和夫妇"，而权仍总于上。周王乃天下之大宗，敬宗而尊祖，未有其所自出之诸侯、大夫不奉宗子之号令者，此真宗法也。至平王东迁，天子不复能号令诸侯，诸侯不朝天子，大夫渐禀国政，太阿倒持如此，此时世卿始为害。故康有为以为，"世卿之制，自古为然，盖由封建来者也。孔子患列侯之争，封建可削，世卿安得不讥？读《王制》选士、造士、俊士之法，则世卿之制为孔子所削，而选举之制为孔子为创，昭昭然矣。选举者，孔子之制也"（康有为：《孔子改制考》卷9，《康有为全集》第三集，中国人民大学出版社，2007，第125页）。

之久远者，其族散而忘其祖也。故莫若复小宗，使族人相率，而尊其宗子。宗子死则为之加服，犯之则以其服坐。贫贱不敢轻，而富贵不敢以加之，冠婚必告，丧葬必赴。此非有所难行也。今夫良民之家，士大夫之族，亦未必无孝弟相亲之心，而族无宗子，莫为之纠率，其势不得相亲。是以世之人有亲未尽，而不相往来，冠婚不相告，死不相赴，而无知之民遂至于父子异居，而兄弟相讼。然则王道何从而兴乎？呜呼！世之人患在于不务远见。古之圣人合族之法，近于迂阔，然行之期月，则望其有益。故夫小宗之法非行之难，而在乎久而不息也。天下之民欲其忠厚和柔而易治，其必曰自小宗始矣。[1]

对于农业社会来说，人们由于人口繁衍而自然族聚一处，此实自然之理。然族人虽聚而未必能相亲。《曲礼》云："宦学事师，非礼不亲。"又云："毋不敬。"是以礼必敬而后能亲，师弟之间如此，至于父子族人之间，何尝不如此？故欲使同族之人能相亲相爱者，必立宗子，而使族人有所宗也。推而至于一国，必为之立君主，始能使国人抟聚成整体，否则，终不过一盘散沙而已。

春秋末以降，宗族瓦解，宗庙之制亦阙焉，然此时已有墓祭，其功能不过仅限于寄托生者之哀思也。汉兴，太平既久，人口渐蕃，斯乃有宗庙。然彼时宗庙不过建于墓旁，其意义不过祭奠死者，而与墓祭无二，则尚无西周封建宗庙聚合族人的

---

[1] 苏轼：《策别安万民二》，《苏轼文集》卷8，中华书局，1986。

功能。[1]

后世皆谓宗庙为祠堂，然三代无祠堂之名，或至战国末乃有祠堂。[2] 祠堂之出现，可确证最迟在西汉。《盐铁论·散不足》载贤良之语云："古者，不封不树，反虞祭于寝，无坛宇之居，庙堂之位。及其后，则封之，庶人之坟半仞，其高可隐。今富者积土成山，列树成林，台榭连阁，集观增楼。中者祠堂屏合，垣阙罘罳。"又，《汉书·霍光传》谓光卒，"发三河卒穿复土，起冢祠堂"，《张安世传》亦谓安世卒，"将作穿复土，起冢祠堂"。显然，此处祠堂乃建于墓旁，与后世祠堂之制不同。故司马光以为，"汉世公卿贵人，多建祠堂于墓所，在都邑则鲜"。[3] 可见，西汉时祠堂尚未与墓所分离也。

至东汉，随着宗族规模的扩大，祠堂开始与墓所分离开来。《隶释》卷6《从事武梁碑》中有"后设祠堂"之语。又据蔡邕《郡掾吏张玄祠堂碑铭》记载，张玄孙张翻"迁太守，得大夫之禄，奉蒸尝之祠，……乃于是立祠堂"。[4] 东汉李尤之"堂铭"有云："因邑制宅，爰兴殿堂，夏屋渠渠，高敞清凉，家以师礼，修奉蒸尝，延宾西阶，主尽东厢，宴乐宾客，吹笙鼓

---

[1] 甘怀真认为，汉代墓庙在两个方面与封建宗庙制度的基本精神不符，"其一是根据宗法制度规定宗子在家内的地位，以及昭穆相续原理，达到收族的目的。依此设计而有祖宗庙与亲庙，后者须逐次毁庙，墓庙则不毁。其二是根据政治身份决定庙制大小。墓庙立在墓前，自然没有昭穆秩序。……但是到了东汉，若干族墓的墓位排列，曾出现昭穆秩序"（甘怀真：《唐代家庙礼制研究》，台北：商务印书馆，1991，第13页）。

[2] 赵翼：《陔余丛考》，卷32，"祠堂"条。

[3] 赵翼：《陔余丛考》，卷32，"祠堂"条。

[4] 蔡邕：《蔡中郎集》，四部丛刊正编本。

簧。"[1] 蔡邕碑铭所说祠堂，即李尤堂铭中所说殿堂，既以蒸尝奉祠先人，则四时皆有祭也，可见，对祖先的祭祀由墓地移至家居之所，且有宴乐宾客的功能。可以说，东汉之祠堂已与墓地相分离，而部分实现了封建宗庙的功能。[2] 而且，后世官吏有遗惠于治所者，则民亦为之立祠，甚至有立生祠者，显然，此类祠堂未必建于其墓所也。[3]

至晋时，对祠堂墓祭则下令禁止。《太平御览》卷589文部"碑"条引晋令云："诸葬者，皆不得立祠堂、石碑、石表、石兽。"不过，此令只是针对庶民盛饰坟墓而已，并没有改变墓祭的传统。无论如何，此时在家内祭祖已为常事。[4] 不过，此时祭祖之家内并非有庙，而常于厅事而已。晋贺循《祭义》中有云："祭日，主人、群子孙、宗人、祝、史皆诣厅事西面立，以北为上。"[5] 厅事与庙不同。殷仲堪问庾叡曰："依礼，祭皆于宗子之家，支子每往助祭耳。又如吾家五等封，乃应有庙。

---

[1] 引自《艺文类聚》卷63。

[2] 赵翼认为，两汉多主墓祭，而皇家有上陵之制，"士大夫仿之，皆立祠堂于墓所。庶人不能立祠，则祭于墓"（《陔余丛考》卷32，"墓祭"条）。盖以两汉墓祭之俗本于皇家上陵之制以及士大夫祠堂之习也。古者尚墓祭，哀死者之弃于地也，殆与儒家重孝道有关，故《檀弓》载周丰对哀公曰："墟墓之间，未施哀于民而民哀。社稷宗庙之中，未施敬于民而民敬。"墓以表哀，而庙以表敬，盖古人不独以丧葬之节以表哀，且君子有"终身之忧"，故忌日不乐，遂年年于墓所以尽哀而已。然墓祭之礼，唯尚质重情而已，而废尊尊之道，颇失封建宗庙之本意。即便至晋、唐以后，宗庙虽渐复古制，然亦不废墓祭之俗，如唐开元二十年定寒食上冢之制，欧阳修谓五代有寒食野祭而烧纸钱之俗，此墓祭所以延及于今时也。

[3] 参见赵翼：《陔余丛考》卷32，"生祠"条。

[4] 甘怀真：《唐代家庙礼制研究》，第22页。

[5] 杜佑：《通典》卷48，"诸侯大夫士宗庙"条。

今既无庙，而共家常以厅事为烝尝之所。今一朝忽移别室，意殊不安。"[1] 又，晋卢谌撰有《祭法》，谓"凡祭法，有庙者置之于座；未遑立庙，祭于厅事可也"。[2] 可见，魏晋之时，祭祖虽已由墓所移于家内，然而，因为朝廷规制所限，一般士大夫并不能立庙，而多以家内厅堂为祭祖场所。[3] 厅堂的性质相当于礼书中所言之"寝"，只是庶人祭祢的场所，而祭祀的对象一般限于记忆所及或曾经实际生活在一起的祖先，即祖、祢而已。此种状况表明，此时祭祀尚未完全恢复西周宗庙抟聚族人的功能。

宋儒程颐与朱熹都有关于封建庙制的论述，对宋以后宗族建设影响颇大。程颐曰：

> 每月朔必荐新，四时祭用仲月。时祭之外，更有三祭：冬至祭始祖（厥初生民之祖），立春祭先祖，季秋祭祢。他则不祭。冬至，阳之始也。立春者，生物之始也。季秋者，成物之始也。祭始祖，无主用祝，以妣配于庙中，正位享之。（祭只一位者，夫妇同享也。）祭先祖，亦无主。先祖者，自始祖而下，高祖而上，非一人也，故设二位。（祖妣异坐，一云二位。

[1] 杜佑：《通典》卷52，"未立庙祭议"条。

[2] 李昉：《太平御览》卷185，居处部"厅事"条。

[3] 东晋江州刺史王凝之上书曰："臣伏寻宗庙之设，各有品秩，而（范）宁自置家庙。"（《晋书·范宁传》）范宁终因逾制立庙而得罪。当然，如果当立庙而不立，亦非法所容，如唐王珪"通贵渐久，而不营私庙，四时烝尝，犹祭于寝。贞观六年，坐为法司所劾。太宗优容之，因官为立庙，以媿其心"（《通典》卷48，"诸侯大夫士宗庙"条）。

异所者，舅妇不同享也。）常祭止于高祖而下。（自父而推，至于三而止者，缘人情也。）旁亲有后者自为祭，无后者祭之别位。凡配，止以正妻一人，如诸侯用元妃是也。或奉祀之人是再娶所生者，即以所生母配。（如葬，亦惟元妃同穴。后世或再娶皆同穴而葬，其渎礼经，但于左右祔葬可也。）忌日，必迁主，出祭于正寝，盖庙中尊者所据，又同室难以独享也。（于正寝，可以尽思慕之意。）家必有庙（古者庶人祭于寝，士大夫祭于庙。庶人无庙，可立影堂），庙中异位（祖居中，左右以昭穆次序，皆夫妇自相配为位，舅妇不同坐也），庙必有主。（既祧，当埋于所葬处，如奉祀人之高祖而上，即当祧也。）其大略如此。[1]

在小程子所构建的庙制中，包括三种祭祀对象：

其一，冬至祭始祖。此始祖乃"厥初生民之祖"，与妣同位享之。显然，这与宋以后普遍以始迁祖为始祖之祭祀不同。

其二，立春祭先祖。此先祖为"自始祖而下，高祖而上"之历代祖先，然先祖与妣异位而不同享。

其三，季秋祭祢。程子谓常祭乃"自父而推，至于三而止者，缘人情也"，则似以祭祢为祭父，而以高、曾、祖三代为常祭也。

然小程子又云：

> 自天子至于庶人，五服未尝有异，皆至高祖。服

---

[1] 《二程遗书》卷18，《伊川先生语四》。

既如是，祭祀亦须如是。其疏数之节，未有可考，但
其理必如此。七庙、五庙，亦只是祭及高祖。大夫、
士虽或三庙、二庙、一庙，或祭寝庙，则虽异亦不害
祭及高祖，若止祭祢，只为知母而不知父，禽兽道也。
祭祢而不及祖，非人道也。[1]

从此段文字来看，四时常祭应该指高、曾、祖、祢四代，
此所以"缘人情"也。其后，万斯大《宗法论》虽亦以大夫、
士不过三庙、二庙、一庙，然又创专庙、合庙之说，使大夫士
皆得祭高、曾、祖、祢四亲庙也。

因此，小程子以为，祭祀对象有始祖、先祖、四亲之不同，
则祭始祖、先祖者必为大宗，而止祭四亲者不过小宗也。然而，
朱子则反对一般士大夫对始祖、先祖的祭祀，以为是僭越，"古
无此，伊川以义起。某当初也祭，后来觉得僭，遂不敢祭"[2]，
"某家旧时时祭外，有冬至立春季秋三祭，后以冬至立春两季
似僭，觉得不安，遂已之，季秋依旧祭祢"[3]。因此，朱子主张

---

[1] 《二程遗书》卷15，《伊川先生语一》。

[2] 《朱子语类》卷90，《礼七》。

[3] 《朱子家礼》附录。对此，日人牧野巽指出，"程伊川的思路，从近祖祭祀即
个别家族色彩强烈的祭祀，发展到包含远祖祭祀的宗族整体色彩强烈的祭祀。
这种祭礼在朱子家礼中反而有几分倒退的倾向。朱子提倡士大夫建造祠堂，
祭祀高祖以下四代祖先。这一点是继承了程子的思想，但他却将祭高祖以上
的始祖、先祖作为僭越，故意避而不谈"（转引自井上彻：《中国的宗族与国
家礼制》，上海书店出版社，2008，第94页），"由于程伊川扩大了宗族的组
织规模，因此认为有必要祭奠始祖及先祖（始祖与高祖之间的诸位祖先），但
朱子却认为那是违背古礼的犯上行为，便规定在祠堂祭奠高祖父以下的祖先。
因此，虽然出现了大宗之名，但由于在祠堂祭奠的是高祖以下的祖先，高祖
以前的神主便都被埋在墓中"（同上，第97页）。然而，牧野巽又有一个颇为

的是小宗法制度，"大宗法既立不得，亦当立小宗法，祭自高祖以下"[1]。

然而，在朱子的《家礼》中，亦设有"初祖""先祖"与"祢"三个分目，盖从小程子三祭而来。若如此说，朱子似乎亦主张在祠堂中祭祀高祖以上祖先，则祭始祖、先祖又不为僭越。至明嘉靖年间，夏言试图改革家庙制度，对此说道："宋儒程颐尝修六礼。大略：家必有庙，庶人立影堂，庙必有主，月朔必荐新。时祭用仲月，冬至祭始祖，立春祭先祖。至朱熹撰《家礼》，则以始祖之祭为近于逼上，乃删去之。由是士庶

奇怪的观点，即朱子反对在祠堂中祭奠始祖，但不反对在墓地祭奠始祖，从而墓祭亦具有大宗意义的收族功能，即通过墓祭来统合源出共同始祖的族人。（同上，第98、99页。）不过，井上彻并不同意这种见解，认为朱子虽然以士庶人祭祀始祖、先祖为僭越，但落实到具体实践中，不能发现一般士大夫对始祖的祭祀，依然是本于朱子《家礼》，因此，朱子的最终目标也是复兴大宗。（同上，第103—106页。）譬如，明代在祠堂中祭奠始祖的例子其实是很多的。

又，明管志道（1536—1608）尝撰《从先维俗议》一书，他认为，"然则今之以卿大夫起家者，其身当为起庙之祖，无疑矣。身为祖，嫡子当称大宗，统父所流出之孙支于百世"。不过，士庶奉始迁祖为始祖，由是而建立大宗，实行起来不难。但是，对于官僚大夫而言，由于科举制度的特殊要求，其作为始祖对族人的统率是很难实行的。因此，管氏认为大夫之家以复兴小宗为目标，"但今宗法久湮，而吴越之民风尤涣。虽立大宗，讵能联族属于五世之后哉？宋儒原谓大宗难立，则莫如且立小宗，其论最当。盖士庶之家无庙，既为卿大夫，安可不立家庙以祀祖考？祖考既尽，则身当为祖。参古宗法，即为百世不迁之祖也。有嫡子则立嫡子为宗，当古者百世不迁之大宗。无嫡子则立庶长为宗，当古者五世则迁之小宗。今不问嫡长庶长，但含大宗之虚名，而行小宗之实事"。可见，对于品官之家来说，"含大宗之虚名，而行小宗之实事"，这种做法较易施行。

因此，我们考察宋以后宗族之重建时，必须注意到士庶与品官的区别。于理唯品官得有大宗，然事实上止为小宗；而士庶虽不得有大宗，然通过对始迁祖的祭祀，而构成了大宗。

[1] 《朱子家礼》附录。

之家无复有祭始祖者。"[1] 在夏氏看来，朱子盖以士庶之家不得祭始祖也。

明以前，官民祭祀有别。官可于居室之东立庙，民不得立庙，只能在家之正寝之北设龛。即便在明中期以后，庶人得祭始祖，亦有常于寝室设龛祭者。洪武二年（1369）八月，明太祖下诏编撰礼书，次年九月完成，是为《大明集礼》。其中对祠堂之制进行了规定：

> 国朝品官庙制未定，于是权仿朱子祠堂之制，奉高、曾、祖、祢四世之主，亦以四仲之月祭之。又加腊日、忌日之祭，与夫岁时俗节之荐享。至若庶人，得奉其祖父母、父母之祀，已有著令。而其时享于寝之礼，大概略同于品官焉。[2]

可见，明代庙制基本采纳了朱子祠堂的设计。不过，对于庶人，依然规定不得立庙，且只在寝祭奠其祖父母、父母而已。其后，《大明会典》关于家庙的规定亦照搬了《大明集礼》，也就是采纳了朱子的设计。对此，牧野巽认为，"朱子《家礼》对明清两代产生的影响是不言而喻的。不仅朝廷长期沿用此礼，民间也有很多人将此礼定为行为准则"。[3]

明儒宋濂则从人情的角度主张庶人可以祭祖，"时不同，

---

[1] 夏言：《桂洲奏议》卷12，《南宫集》，"请定功臣配享及令臣民得祭始祖立家庙疏"。

[2] 《大明集礼》卷6，《吉礼·品官家庙》。

[3] 转引自井上彻：《中国的宗族与国家礼制》，第102页。

礼亦不同。礼虽不同，而其因人情而立教者未尝不同也"[1]。其弟子方孝孺亦祖其说，以为"人之富贵自外至者，不可以必得，得之不可以世守。而祇祖事先之心发乎天性，人之所同也，乌得以自外至为之制而禁抑天性哉"[2]？这是从圣人制礼之意的角度肯定了后世之祭祖是合乎礼的。毕竟，祭高祖不过只能团结五服范围内之子孙而已，而祭始祖则可以团结更多的族人，因此，宋明宗族之重建必然会走到普遍祭祀始祖这一步上来。[3]

明代宗族的建设与嘉靖间礼制的改革有莫大关系，其中最为主要者，就是允许臣民得祭始祖。嘉靖十五年（1536），礼部尚书夏言上《请定功臣配享及令臣民得祭始祖立家庙疏》，其中说道：

> 至于臣民，不得祭其先祖，而庙制亦未有定，则天下之为孝子慈孙者，尚有未尽申之情。[4]

此说与宋濂、方孝孺的见解一样，皆从人情的角度主张庙祭始祖。

因此，夏言反对朱子以士庶祭始祖为僭越之说。[5] 可以说，

---

[1] 《宋学士文集》卷73，《平阳林氏祠学记》。

[2] 《逊志斋集》卷16，《天治陈氏先祠记》。

[3] 井上彻似乎不能理解《大明集礼》中对于家庙制度的诸多限定，即相当品级之官僚才能设立祠堂祭祀祖先，他断言，这违背了"以祖先祭祀为媒介将亲族组织起来的宗法原理"（《中国的宗族与国家礼制》，第107—109页）。

[4] 夏言：《桂州奏议》卷12，收录于《南宫集》。

[5] 今世学者有一种错误见解，以为明代乃专制政治的高峰。但是，这种说法不能一概论之。譬如，夏言关于宗庙改革的主张，则重申了一种相反的观点，

夏言此处完全站在程颐的立场，故其疏又云：

> 臣愚以为，颐深于礼学者，司马光、吕公著皆称其有制礼作乐之具，则夫《小记》《大传》之说"不王不禘"之义，彼岂有不知哉？而必尔为者，意盖有所在也。夫自三代而下，礼教凋衰，风俗蛊弊。士大夫之家，衣冠之族，尚忘祖遗亲，忽于报本，况匹庶乎？程颐为是缘情而为制，权宜以设教，此所谓事逆而意顺者也。故曰：人家能存得此等事，虽幼者可使渐知礼义，此其设礼之本意也。朱熹顾以为僭而去之，亦不及察之过也。且所谓禘者，盖五年一举，其礼最大。此所谓冬至祭始祖者，乃一年一行，酌不过三，物不过鱼黍羊豕，随力所及，特时享常礼焉尔，其礼初不与禘同，以为僭而废之，亦过矣。夫万物本乎天，人本乎祖，豺獭莫不知报本，人惟万物之灵也，顾不知所自出，此有意于人纪者，不得不缘情而权制也。

因此，夏言主张，"伏望皇上扩推因心之孝，诏令天下臣民许如程子所议，冬至祭始祖，立春祭始祖以下高祖以上之先祖，皆设两位于其席，但不许立庙以逾分"。[1] 则臣民得以普

即不赞同朱子关于士庶祭始祖为"近于逼上"之说，而完全站在亲亲之情的角度进行了改革。

[1] 按照唐代的家庙制度，唯有品官才得立庙，明代亦然。不过，在这种规定背后，意味着其子孙一旦不再为官，或者其品秩有变动，则其立庙与否，以及庙数之多少，都必须发生变动。因此，夏言的奏疏意味着这样一种改变，三品以上官员，及身得祭祀高、曾、祖、祢四亲，以及高祖之父，及其没后，其子孙犹得立庙祭祀其亲，至五世后，其立庙之三品以上官员得为后世始祖。至

遍祭始祖者，乃"缘情而权制"也。然而，若家家得缘人情而祭始祖，其实又背离了宗法原理，则宗子统率族人祭祖这种制度不可能建立起来。

据《续文献通考》卷115《宗庙考·大臣家庙》，明世宗认可了夏言的奏疏，不过，这似乎在万历十五年重修的《大明会典》中并未得到体现。[1] 牧野巽认为，这反映了正式制度与实际操作之间的偏离，而且，不仅在明朝，即便到清朝也未公开认可民间已普遍实施的始祖祭祀。[2]

又，据《民国志》卷9《氏族志·祠堂》云：

> 家庙之制，一命以上，各有等差。平民不得立庙，厥义最古。明世宗采大学士夏言议，许民间皆得联宗立庙，于是宗祠遍天下。吾佛（山）诸祠亦多建自此时，敬宗收族于是焉。

宣统二年（1910）刊印《岭南冼氏宗谱》卷2《宗庙谱》序亦云：

> 明大礼议成，世宗思以尊亲之义广之天下，采夏言之议，使天下大姓皆联宗立庙，得祀其始祖，于是宗祠遍天下。用其意虽未出至公，然收天下之族，各

于四品以下官员，虽不必立始祖，然始终得立四亲庙，这较之唐代以来的家庙制度，明代有了很大变动。

[1] 又据管志道《从先维俗议》卷2《考宗法以立家庙议》，谓"世庙复许庶人追祀始祖，则尤渥之渥也"，可见，世宗应当认可了夏言的奏疏。

[2] 井上彻：《中国的宗族与国家礼制》，第123页。

> 统摄所有，不至散漫，而所以藉此济宗法之穷者，实
> 乃隆古未有之策。

这实际上把明中后期宗族的普遍化归因于夏言的建议。

乾隆元年（1736），敕撰《大清通礼》，二十四年（1759）撰成。道光四年（1824），又续撰。其礼制规定一至九品官皆得设立家庙，祭祀高、曾、祖、祢四世祖先，其庙制有五间、三间之等差。至于庶民，虽得奉四世神位，但不得立庙，唯于寝中设龛祭之而已。自唐以后，对品官家庙都有严格的规定，被看成官员特权的一部分，那么，一旦此官员去世，家庙之存毁，或者家庙内部结构的变化，应该与此之相一致。对此，《中庸》云："父为大夫，子为士，葬以大夫，祭以士。父为士，子为大夫，葬以士，祭以大夫。"大夫三庙，士则一庙或两庙，那么，随着后世子孙身份的变化，不免有宗庙的存毁问题。清吴荣光尝为《大清通礼》家庙制度注解，其《吾学录初编》卷14《祭礼门》对此说道：

> 或曰：父为大夫、子为庶人者多矣，得无庙建于父，而子旋毁之，以荐于寝乎？子为庶人，孙又为大夫者亦多矣，得无子既毁庙，孙又复建乎？曰：是不然。父为大夫，得建家庙，则庙固父之庙也。子为庶人，荐而不祭，礼也，安得并其庙而毁之！

按照此处说法，其中并不涉及宗庙的存毁，仅仅指祭品的变动而已。

五、丧服之起源与实质

在中国典籍中,"丧服"一词最早出自《尚书·康王之诰》:"王释冕,反丧服。"伪孔传云:"脱去黼冕,反服丧服,居倚庐。"然而,从人类学、民俗学及历史学的研究来看,丧服的起源要早得多,源于原始人对死者灵魂的恐惧,可以说,丧葬中为死者穿着丧服在人类社会早期就出现了。对此,日本学者谷田孝之说道:

> 几乎世界上所有民族都有丧葬仪式,也都有丧服。这种丧服的起源动机因各民族的不同而有所差异,但也有一些共性的东西。据以往的考证,丧服可看作是对死者灵魂恐怖的防护服、对死者悲哀爱慕激情的自然表露与接触尸体污秽时却祸禳邪等社会禁忌的标志。[1]

在谷田孝之看来,丧服的起源包含三个因素:恐惧、思慕与厌恶。这在中国古书中可找到许多经典的依据。如《墨子·节葬下》云:"故古圣王制为葬埋之法,曰:棺三寸,足以朽体;衣衾三领,足以覆恶。"此言生人对死者之厌恶。又,《礼记·檀弓》云:"君临臣丧,以巫祝、桃茢、执戈,恶之也。"又云:"人死,斯恶之矣;无能,斯倍之矣。是故制绞衾,设蒌翣,为使人勿恶也。"此则言对死者的厌恶、恐惧之情。而孔子、荀子论三年之丧,皆以孝子之深爱成之,而《檀弓》亦云:"丧礼,

---

[1] 〔日〕谷田孝之:《中国古代丧服制度の基础的研究》,1970,第13—14页。

哀戚之至也。"此又言对死者的思慕之情。且生人对于死者之哀情，以至于有割面毁身之举，后世多归诸孝心，而上古时似更多出于对死者之恐惧。

类似的说法，亦见于许多民俗学著述：

> 丧服的最初意义在于表示禁忌。原始社会的先民出于对鬼魂的恐惧心理，担心死者会降祸作祟，为了不被鬼魂辨识，免遭灾祸，在办理丧事时往往披头散发，以泥涂面，衣着也同平时大不一样。[1]

> 丧服的第一主旨乃在于表示服丧者的禁忌（Taboo）状态。典型的丧服与服丧者平常的服饰恰为显著的对照。平常剃发的人都任他们的头发伸长，辫发或结发的人则改为散发。阿依奴族的人在举行葬式时便是把他们的外衣翻过一面来穿着的。像这一类的相反情形甚多，有些地方服丧中的亲族，或将身上穿的衣物脱弃改以文身，有的切掉指上关节，又有的用小刀割伤身体将血流在坟墓上。他们或者绝食，或者在葬毕以前只吃很少的食物，在调理上往往又加以控制，家中不举火，以防护某种不祥的事情发生。[2]

这种做法可从许多民族的历史文献中得到证明。譬如，《圣经》中记载了雅各布为其子约瑟身披麻布的习俗。而在中国，

---

[1] 阴法鲁、许树安编：《中国古代文化史（二）》，第150页，北京大学出版社，1991。

[2] ［美］C.S.Burne：《民俗学概论》，转引自章景明《先秦丧服制度考》，台北：中华书局，1971，第2—3页。

则发展成为一整套严密而系统的丧服制度。因此，欲探究中国丧服制度的起源，须追溯到原始人那里。当然，仅仅从历史学、考古学的角度来看，丧服的起源要晚得多。

关于丧服礼俗的起源和形成，古人颇有说法。《易经·系辞传》云："古之葬者，厚衣之以薪，葬之中野，不封不树，丧期无数。"《尚书·尧典》云："二十有八载，帝（唐尧）乃殂落，百姓如丧考妣，三载，四海遏密八音。"唐贾公彦《仪礼·丧服》疏亦采用上述说法：

> 黄帝之时，朴略尚质，行心丧之礼，终身不变。……唐虞之日，淳朴渐亏，虽行心丧，更以三年为限。……三王以降，浇伪渐起，故制丧服，以表哀情。

贾氏此说，颇具儒家的理想色彩，与人类学、民俗学的结论完全不同。这种说法强调了这样几点：其一，丧礼的实质在于尽哀。观丧服衰绖之制、用杖与否、麻布之粗恶，皆所以表达哀情故也。其二，礼文后于礼意，盖以丧服所以表哀情也。至于民俗学的"鬼魂恐惧"之说，则以礼文与礼意相俱而起。其三，人情浇薄，礼文渐备，故三代以后始制丧服。若如此说，则上古人虽极其哀情，亦不必有丧服也。

唐孔颖达《礼记·三年问》疏亦云：

> 其丧服所起，则黄帝尧舜之时，虽有衣裳，仍未有丧服也。但唐虞以前丧服与吉服同，皆以白布为之。故《郊特牲》云：大古冠布，齐则缁之。若不齐则皆

用白布也。郑注《丧服》，其冠衰之异，从三代以下。由唐虞以上曰大吉，吉凶皆用白布，则知三代吉凶异也。

类似的见解亦见诸其他古书：

> 《易》曰："古者丧期无数。"贾公彦曰："此黄帝时也，是其心丧终身者也。"《虞书》称："三载，四海遏密八音。"尧崩，舜谅闇三年，故称遏密八音。按唐虞虽行心丧，更三年为限，三王乃制丧服。"[1]

> 《通典》曰：丧期无数，谓黄帝时心丧终身也，三载遏密八音。唐虞虽行心丧，更以三年为限，三王乃制丧服。则衰绖之起，自三代始也。[2]

诸如此类说法，带有强烈的儒家人文化倾向，仅仅强调了对死者的思慕之情，而与人类学、民俗学的说法相悖。

既然作为一种习俗的丧服可以追溯到原始社会，那么，以"五服"为核心的中国丧服制度起源于什么时候呢？许慎《淮南子注》云："五服之等源于夏，备于商周。"[3] 不过，据目前文献材料，尚未发现在夏、商时已有"五服之等"的史实。朱子对此问题的说法较为通达，曰：

---

[1] 杜佑：《通典》卷80，《凶礼·总论丧期》。

[2] 高承：《事物纪原》卷9，《吉凶典制·丧服》。

[3] 龚端礼：《五服图解·服源》，《宛委别藏》本。

夏、商而上，大概只是亲亲、长长之意。到得周来，则又添得许多贵贵的礼教。如始封之君不臣诸父昆弟，封君之子不臣诸父而臣昆弟，期之丧天子诸侯绝，大夫降。然诸侯大夫尊同，则亦不绝不降。姊妹嫁诸侯者，则亦不绝不降。此皆贵贵之义。上世想皆简略，到得周公搜剔出来，立为定制，更不可易。[1]

可以说，周代丧服制度包括了儒家主张三项重要原则，即亲亲、长长与尊尊（贵贵），尤其是尊尊或贵贵的原则，朱子以为，直至周代才真正确立下来。换言之，以五服为核心的中国丧服制度，直到周代才臻于完备。

六、五服与亲属分类

关于亲属分类，现代法律一般分为两类，即血亲与姻亲。其中，姻亲又可细分为：血亲之配偶、配偶之血亲及配偶之血亲之配偶。而在古代，《尔雅·释亲》将亲属分为四类，即宗族、母党、妻党与婚姻，此为关于亲属分类的最早记载。后世在此基础上分为三类，即宗亲、外亲、妻亲，亦称父党、母党、妻党，统称"三党"。《尔雅》所言之"婚姻"，实即夫党。

其一，宗亲。广义上指本宗范围内的一切成员，狭义上则指本宗九族内亲属。《礼记·丧服小记》云："亲亲以三为五，以五为九，上杀、下杀、旁杀，而亲毕矣。"此段话概括了本

---

[1]　转引自胡培翚：《仪礼正义》卷21，《丧服一》。

宗九族的范围。

所谓"亲亲以三为五，以五为九"，即以己身为中心，上至父母，下至子女，此为"三"，这是最亲近的亲属关系。然后由父母上推至祖父母，由子女下推至孙子女，此为"五"，其关系较"三"为疏远。然后再由祖父母上推至曾、高祖父母，由孙子女下推至曾、玄孙，则为"九"，其关系较"五"更为疏远。由己身向上推至高祖，亲属关系渐为疏远，此为"上杀"；向下推至玄孙，亲属关系亦渐为疏远，此为"下杀"。上杀与下杀，共九代，皆为直系亲属，古称"正统"，而直系尊亲则称"正尊"。

所谓"旁杀"，指旁系亲属的范围，即所谓"以三为五，以五为九"。即以己身为中心，向右至兄弟，向左至姊妹，此为"三"；然后由兄弟旁推至从父兄弟（堂兄弟），由姊妹而旁推至从父姊妹（堂姊妹），此为"五"；再由从父兄弟而旁推至再从兄弟（从祖兄弟）、三从兄弟（族兄弟），由从父姊妹旁推至再从姊妹（从祖姊妹）、三从姊妹（族姊妹），此为"九"。这属于旁系亲属的范围。

因此，以己身为中心，上杀、下杀为九，旁杀亦为九，凡此范围中的亲属，即古人所谓"九族"。

其二，外亲。包括两类：其一，母党，此指母亲本宗之亲属。至于狭义上的母党，则仅限于五服内的外亲，即母之父母（外祖父母）、母之兄弟（舅）、母之姊妹（姨母）、舅姨之子女（舅表及姨表兄弟姊妹）。其二，本宗女系亲属之子女，指姑、姊妹、女子子所生子女，因为是外姓子女，故归入外亲。外亲之服最高不得过小功。

其三，妻亲。广义上指妻子的本宗亲属，狭义上则仅限于妻之父母（岳父母）。妻亲之服不过缌麻。

　　无论父党、母党或妻党亲属，若就丧礼中所着丧服之等级而言，通常皆在五服之中。所谓五服，首先指亲属为死者服丧过程中所穿戴的五等服饰，其次则指此五等服饰中体现出来的亲疏远近不同的五等关系，即服叙。因此，整个亲属范围又可依据"五服"原则，更细分为斩衰、齐衰、大功、小功、缌麻此五种等级。今据《仪礼·丧服》，具体介绍"五服"的具体内容。

（一）斩衰

　　《丧服》云："斩衰裳，苴绖、杖、绞带，冠绳缨，菅屦者。"传云："斩者何？不辑也。苴绖者，麻之有蕡者也，苴绖大搹，左本在下，去五分之一以为带。……苴杖，竹也。绞带者，绳带也。冠绳缨，条属右缝，冠六升，外毕，锻而勿灰。衰三升。菅屦者，菅，菲也，外纳。"记云："凡衰，外削幅。裳，内削幅，幅三袧。若齐，裳内衰外。负，广出于适寸。适，博四寸，出于衰。衰，长六寸，博四寸。衣带下尺。衽，二尺有五寸。袂，属幅。衣，二尺有二寸。祛，尺二寸。衰三升，三升有半。其冠六升。以其冠为受，受冠七升。"

　　此三段文字详细介绍了斩衰服的具体形制，包括衰裳、绖带、冠、屦、杖五部分的规定。服丧时间皆为三年，其中又分正服与义服两类，正服指己之血亲或配偶，如子为父、妻为夫之类，义服指因政治关系而服者，如臣为君、诸侯为天子之类。正服与义服在服饰上的区别，前者以三升苴麻布为衰裳，后者则为三升半。此等丧服包括如下几种服叙：

其一，子为父。包括为人后者为所后父及承重孙为祖、女子子在室为父、归宗女为父。《丧服传》云："为父何以斩衰？父至尊也。"贾疏云："父至尊者，天无二日，家无二尊，父是一家之尊，尊中之极，故为之斩也。"

其二，臣为君。包括诸侯诸臣为天子、公士大夫之臣（贵臣与众臣）为君。君于臣为至尊，故服斩。《荀子·礼论》则云："君之丧所以取三年，何也？曰：君者，治辨之主也，文理之原也，情貌之尽也，相率而致隆之，不亦可乎？……彼君者，固有为民父母之说焉。父能生之，不能养之；母能食之，不能教诲之；君者，已能食之矣，又善教诲之者也，三年毕矣哉！"有土皆为君，故君有二：天子为君，诸侯及大夫之有地者亦为君。臣亦有二：诸侯及仕于王朝之卿大夫士为臣，仕于诸侯、食于大夫之陪臣亦为臣。公卿大夫之臣有二：一为贵臣，包括称为室老的家相与称为士的邑宰等；另一为众臣，即室老、士以外的一般臣仆。贵臣为君服斩衰三年之正服，而众臣则在服饰上稍有降，即将斩衰之绞带改为齐衰之布带，将斩衰之菅屦改为大功之绳屦。

其三，妻为夫。包括妾为君（丈夫）。夫君于妻妾为至尊，故服斩。郑注云："妾谓夫为君者，不得体之，加尊之也。虽士亦然。"士虽无地，对妾亦得为君。贾疏云："妾贱于妻，故次妻后，既名为妾，不得名婿为夫，故加其尊名，名之为君也。虽士亦然者，士身不合名君，至于妾之尊失，与臣无异，是以虽士妾，得称士为君也。"

其四，父为长子。《丧服》郑注云："不言嫡子，通上下。"贾疏云："嫡子之号，唯据大夫士，不通天子诸侯（天子曰太子，诸侯曰世子）。长子得通上下，嫡妻所生皆名嫡子，第一子死，则取嫡妻所生第二长者立之，亦名长子。"又，《丧服》传云："何以三年也？正体于上，又乃将有所传重也。庶子不得为长子三年，不继祖也。"嫡子传重，故父为之服斩。后世随着宗法制度的破坏，嫡子地位下降。至明代，嫡长子改服齐衰不杖期之服，等于众子。清代因之。

其中，子为父、臣为君、妻为夫这三种斩衰服刚好与古代"君为臣纲、父为子纲、夫为妻纲"之说相应，从而奠定了古代"三纲"观念的制度基础。

古人有"忠孝不两全"之说，那么，君与父孰轻孰重呢？若就服丧而言，为父正服三升衰裳，为君则义服三升半衰裳，可见父丧较君丧为重。《礼记·曾子问》又记载了曾子问孔子关于臣同时遭父丧与君丧应该如何服丧的问题，虽有隆于君丧之说，但常居在父丧也。可见，儒家通常认为父丧高于君丧。《周易·序卦传》云："有父子然后有君臣，有君臣然后有上下，有上下然后礼义有所错。"1993 年出土的战国楚简《六德篇》有论丧服一节同，其中云："为父绝君，不为君绝父。"丁鼎认为，此句意思是"当父丧与君丧同时发生时，应为父服丧而绝为君之丧服，不得为君服丧而绝为父之丧服"[1]。

又，据《说苑·修文》记载：

> 齐宣王谓田过曰："吾闻儒者丧亲三年，丧君三年，君与父孰重？"田过曰："殆不如父重。"王忿然怒曰："然则何为去亲而事君？"田过对曰："非君之土地，无以处吾亲；非君之禄，无以养吾亲；非君

---

[1]　丁鼎：《仪礼·丧服考论》，社会科学文献出版社，2003，第132页。

> 之爵位，无以尊显吾亲。受之君，致之亲。凡事君，
> 所以为亲也。"

这种说法可以看出，儒者主张有亲之正服重于无亲之义服，即将血缘关系看得重于社会政治关系。

（二）齐衰

齐衰为次于斩衰的第二等丧服，分为齐衰三年、杖期、不杖期、三月四级。

1. 齐衰三年

《丧服》云："疏衰裳齐，牡麻绖，冠布缨，削杖，布带，疏屦，三年者。"传云："齐者何？缉也。牡麻者，枲麻也，牡麻绖，右本在上。冠者，沽功也。疏屦者，藨蒯之菲也。"记云："齐衰四升，其冠七升。"此规定齐衰三年服的具体形制，具体包括如下两种服叙：

其一，父卒为母，包括继母、慈母。所谓继母，指嫡母卒而续娶者；所谓慈母，指生母卒而父命妾养其子而为母者。《丧服》郑注云："尊得申也。"敖继公《仪礼集说》卷11云："父在为母期，父卒则三年。云'则'者，对父在而立文也。其女子子在室者为此服亦唯笄、总、髽、衰异耳。下及后章放此。注'尊得伸'者，谓至尊不在，则无所屈而得伸其私尊也。"按照《丧服》的说法，父为至尊，母为私尊，故父在时则母尊不得伸，仅服杖期，心丧三年，父卒后得伸其母尊，故可服至三年。可见，三年服乃尊服也。

其二，母为长子。《丧服》传云："何以三年也？父之所不降，母亦不敢降也。"郑注曰："不敢以己尊降祖祢之正体。"贾疏云："母为长子齐衰者，以子为母服齐衰，母为之不得过于子为己也。若然，长子与众子为母，父在期。若夫在，为长子，岂亦不得过于子为己服期乎？而母为长子，不问夫之在否，皆三年者，子为母有屈降之义，父母为长子，本为先祖之正体，无厌降之义，故不得以父在而屈也。"盖母虽为尊者，但长子承宗庙之重，亦有尊名，故母不得尊降长子，反而加隆至三年。此外，丁鼎认为尚有一条"妾为夫之长子"，虽不见于《丧服》经文，但据记文"妾为女君、君之长子，恶笄有首，布总"可推出。

2.齐衰杖期

《丧服》经云："疏衰裳齐，牡麻绖，冠布缨，削杖，布带，疏屦，期者。"其服叙主要有四：

其一，父在为母。《丧服》传云："何以期也？屈也。至尊在，不敢伸其私尊也。父必三年然后娶，达子之志也。"《礼记·丧服四制》曰："资于事父以事母而爱同。天无二日，土无二君，家无二尊，以一治之也。故父在为母齐衰期者，见无二尊也。"

其二，夫为妻。《丧服》传云："为妻何以期也？妻至亲也。"郑注云："嫡子父在，则为妻不杖，以父为之主也。"贾疏云："天子以下，至士庶人，父皆不为庶子之妻为丧主，故夫为妻杖皆得伸也。"盛世佐云："此谓嫡子无父者也，士之庶子亦存焉。嫡子父在为妻不杖见下章，大夫之庶子父在为妻在大功章。

公子为其妻，在五服之外，父殁，乃为之大功。"[1]《礼记·服问》曰："'君所主，夫人、妻、大子、嫡妇。父在，子为妻以杖即位。'谓庶子。"可见，可知为妻杖期者，主要指士之庶子而言。若是嫡子，则父卒后方可为妻用杖。若是公子，则虽父殁，犹为妻大功而已。大夫之庶子为妻亦为大功，而大夫之嫡子为妻则服不杖期。

其三，子为出母。此为众子，若嫡长子，则因有传重之责，故为出母无服。父在为母亦服杖期，其与出母不同在于：第一，齐衰杖期乃子为出母最高服，即便父卒，子为出母亦不得服至齐衰三年；第二，为出母之外亲，包括外祖父母，皆无服；第三，子若承重，则为出母无服。

其四，改嫁继母。《丧服》齐衰杖期章："父卒，继母嫁，从，为之服，报。"传云："何以期也？贵终也。"郑注云："尝为母子，贵终其恩。"对于此条，历来有不同解释。

3. 齐衰不杖期

《丧服》经云："不杖，麻屦者。"经文虽简略，然其所不言者，则与齐衰三年、杖期之服饰相同。其服叙大致有二十二：

其一，祖父母。此指庶孙为祖父母之服，盖祖虽非至亲，然是至尊，故服期也。然有嫡子无嫡孙，故嫡子在，凡孙皆视为庶孙，而服不杖期。至于父早卒而嫡孙承重，则为祖父母服斩衰。

其二，世父母、叔父母。包括已笄在室之姑。

---

[1] 盛世佐：《仪礼集编》卷23，《丧服》第11。

其三，大夫之嫡子为妻。包括天子、诸侯之世子为妻。

其四，昆弟。包括已笄在室之姊妹。

其五，众子。包括已笄在室之女。《丧服》齐衰不杖期章："为众子。"郑注云："众子者，长子之弟及妾子。女子在室亦如之。士谓之众子，未能远别也；大夫则谓之庶子，降之大功；天子国君不服之。"

其六，为昆弟之子。《丧服》传云："何以期也？报之也。"《檀弓》云："昆弟之子犹子也，盖引而进之也。"

其七，大夫之庶子为嫡昆弟。此庶子指嫡妻所生第二子已下。嫡子得行大夫礼，故为庶昆弟以尊降服大功，庶昆弟彼此间的丧服也降服大功。

其八，嫡孙。嫡孙指嫡子去世后，被确立为承重者。

其九，为人后者为其生身父母。《丧服》传云："何以期也？不贰斩也。何以不贰斩也？持重于大宗者，降其小宗也。"

其十，出嫁女子为其父母及昆弟之为父后者。《丧服》传云："为父何以期也？妇人不贰斩也。妇人不贰斩者何也？妇人有三从之义，无专用之道，故未嫁从父，既嫁从夫，夫死从子。故父者，子之天也；夫者，妻之天也。妇人不贰斩者，犹曰不贰天也。妇人不能贰尊也。为昆弟之为父后者何以亦期也？妇人虽在外，必有归宗，曰小宗，故服期也。"

其十一，为继父同居者。同居有两个条件：其一，前夫之子与继父均无大功以上亲属；其二，继父须以货财为前夫之子建筑宫庙，使此子得以按时祭祀本宗祖先。

其十二，为夫之君。夫为君斩衰三年，妻从服不期。

其十三，为姑、姊妹、女子子适人无主者。《丧服》传云："无主者，谓其无祭主者也。何以期也？为其无祭主者也。"

郑注："无主后者，人之所哀怜，不忍降之。"

其十四，为君之父母、妻、长子、祖父母。《丧服》传云："何以期也？从服也。父母、长子，君服斩。妻，则小君也。父卒，然后为祖后者服斩。"

其十五，妾为女君。《丧服》传云："何以期也？妾之事女君，与妇之事舅姑等。"郑注："女君，君嫡妻也。女君于妾无服，报之则重，降之则嫌。"

其十六，妇为舅姑。妇人从夫，较子为疏，故降一等服。

其十七，夫之昆弟之子女。此报服也。

其十八，公妾、大夫之妾为其子。《丧服》传云："何以期也？妾不得体君，为其子得遂也。"郑注云："此言二妾不得从于女君尊降其子也。女君与君一体，唯为长子三年，其余以尊降之，与妾子同也。"

其十九，女子子为祖父母。女子出嫁一般为本宗亲属降服，独于祖父母不降。

其二十，大夫之子为世父母、叔父母、子、昆弟、昆弟之子及姑、姊妹、女子子无主者为大夫命妇者。

其二十一，大夫为祖父母、嫡孙为士者。《丧服》传云："何以其期也？大夫不敢降其祖与嫡也。"郑注云："不敢降其祖与嫡，则可降其旁亲也。"

其二十二，公卿大夫士之妾为其父母。君于妾之父母无服，然妾本人地位低下，不能与夫君一体，反得遂其私情而为其父母服期也。

4. 齐衰三月

《丧服》经云："疏衰裳齐，牡麻绖，无受者。"《礼记·丧服小记》云："齐衰三月与大功同者，绳屦。"此等服叙有九：

其一，寄公为所寓居国之君。犹所寓该国之民，故服齐衰三月。

其二，丈夫、妇人为宗子与宗子之母、妻。《丧服》传云："尊祖也。尊祖故敬宗。敬宗者，尊祖之义也。宗子之母在，则不为宗子之妻服也。"

其三，为旧君及其母、妻。所谓旧君，盖因致仕或因故而去官者，旧日所奉事之君为旧君。《丧服》传云："何以服齐衰三月也？言与民同也。君之母、妻，则小君也。"此处指臣因老若废疾而致仕，其恩犹深，若庶人则不为小君服，盖恩浅也。

其四，庶人为国君。此庶人既指庶民，亦包括府史胥徒者。至于天子畿内之民服天子，郑玄以为亦如之。

其五，大夫在外，其妻、长子为旧国君。《丧服》传云："妻，与民同也。长子，未去也。"此指大夫已去国不服，若长子未去则有为旧君服丧之礼，妻有归宗之义，则始终服旧君也。

其六，继父不同居者。此指曾为同居继父，今不同居，故唯止三月。

其七，曾祖父母。包括女子子未嫁及嫁者为曾祖父母。大夫、士皆三月，不敢降也。

其八，大夫为宗子。大夫虽尊，不敢降宗子。

其九，旧君。此指大夫"以道去君而犹未绝"者，其恩较致仕者浅，故不为旧君之母、妻服。

（三）大功

大功次于齐衰，为第三等丧服，有成人九月、殇服九月、殇服七月三种。

1. 殇九月、七月

《丧服》经云："大功布衰裳、牡麻绖，无受者。"又云："其长殇皆九月，缨绖。"传云："何以无受也？丧成人者其文缛，丧未成人者其文不缛，故殇之绖不樛垂。"

古人以 20 岁为成年，故未满 20 而死者为殇。殇分为长殇（16—19 岁）、中殇（12—15 岁）、下殇（8—11 岁）、无服之殇（3 月—7 岁），凡四等。原服齐衰不杖期以上之长殇、中殇，降服大功九月，故子、女子子、叔父、姑、姊妹、昆弟、夫之昆弟之子、嫡长孙之长殇、中殇，以及大夫之庶子为嫡昆弟、公为嫡子、大夫为嫡子之长殇、中殇，其长殇皆九月，缨绖；其中殇七月，不缨绖。

2. 成人九月

《丧服》经云："大功布衰裳、牡麻绖，缨，布带，三月受以小功衰，即葛，九月者。"传云："大功布九升。"其服叙有十五：

其一，出嫁之姑、姊妹、女子子。《檀弓》云："姑姊妹之薄也，盖有受我而厚之者也。"姑、姊妹、女子子本服期，因出而降服大功九月。

其二，从父昆弟。即世父、叔父之子。包括已笄在室之从父姊妹。

其三，为人后者为其本宗同父昆弟。此为男子之出降也。

其四，庶孙。包括在室已笄之庶孙女。

其五，嫡妇。嫡妇不降，若众子之妇，则庶妇也，当降服小功五月。

其六，出嫁女子为众昆弟。若嫡昆弟则不降服期。

其七，出嫁之姑为其姪。姪男姪女与其姑相报服。

其八，妻为夫之祖父母、世叔父母。此为妻从夫而服也。

其九，大夫为世父母、叔父母、众子、昆弟、昆弟之子之为士者。

其十，公（诸侯）之庶昆弟、大夫之庶子为母、妻、昆弟。

其十一，从父昆弟之为大夫者相互为服。

其十二，为夫之昆弟之出嫁女儿。

其十三，大夫之妾为君之庶子。

其十四，女子子嫁者、未嫁者，为世、叔父母、姑、姊妹。

其十五，大夫、大夫之妻、大夫之子、公之昆弟为姑、姊妹及女子子之嫁于大夫者。国君为姑、姊妹与女子子嫁于国君者。

（四）小功

小功次于大功，为第四等丧服，有成人五月、殇五月两种。

1. 殇五月

《丧服》经云："小功布衰裳，澡麻带、绖，五月者。"其所服对象有两类，即原服齐衰以上之下殇，原服大功之长殇，无中殇。传云："中殇何以不见也？大功之殇，中从上；小功之殇，中从下。"包括如下几种服叙：

其一，为夫之叔父之长殇。

其二，昆弟之子女、夫之昆弟之子女之下殇。

其三，为侄、庶孙丈夫妇人之长殇。

其四，大夫、公之昆弟、大夫之子为其昆弟、庶子、姑、姊妹、女子子之长殇。

其五，大夫之妾为庶子之长殇。

2.成人五月

《丧服》经云："小功布衰裳，牡麻绖，即葛，五月者。"包括如下几种服叙：

其一，从祖祖父母（祖父之兄弟及妻）、从祖父母（父之堂兄弟及妻）。

其二，从祖昆弟。即再从昆弟，亦即父之从父昆弟之子。

其三，出嫁之从父姊妹（即堂姊妹）与出嫁之孙女。

其四，为人后者为其出嫁之姊妹。

其五，为外祖父母。《丧服》传云："以尊加也。"

其六，从母。《丧服》传云："以名加也。"

其七，夫之姑、姊妹、娣姒妇，报。

其八，大夫、大夫之子、公之昆弟为从父昆弟、庶孙、姑姊妹女子子嫁于士者。

其九，大夫之妾为非己出之嫁女。

其十，庶妇。庶妇者，庶子之妻也。

其十一，妾子为嫡母之父母与姊妹。

其十二，君子子为庶母慈己者。《丧服》传云："君子子者，贵人之子也，为庶母何以小功也？以慈己加也。"

（五）缌麻

缌麻次于小功，为第五等丧服，有成人三月、殇三月两种。《丧服》传云："缌者，十五升抽其半，有事其缕，无事其布，曰缌。"

1. 殇三月

其服叙有六：

其一，从祖父、从祖昆弟之长殇。

其二，从父昆弟、姪之下殇，夫之叔父之中殇、下殇。

其三，从母之长殇。

其四，庶孙之中殇。

其五，夫之姑姊妹之长殇。

其六，从父昆弟之子之长殇，昆弟之孙之长殇。

2. 成人三月

其服叙如下：

其一，族曾祖父母、族祖父母、族父母、族昆弟。

其二，庶孙之妇。

其三，已嫁之从祖姑姊妹。

其四，外孙。

其五，庶子为父后者为其生母。《丧服》传云："何以缌麻也？传曰：'与尊者为一体，不敢服其私亲也。'然则何以服缌也？有死于宫中者，则为之三月不举祭，因是以服缌也。"

其六，士为庶母。

其七，贵臣、贵妾。

其八，乳母。《丧服》传云："以名服也。"

其九，从祖昆弟之子。

其十，曾孙。

其十一，父之姑。

其十二，从母昆弟。《丧服》传云："以名服也。"

其十三，甥。此姊妹之子，与舅相报为服。

其十四，婿。

其十五，妻之父母。

其十六，姑之子。此外兄弟也。

其十七，舅。此从于母而服其昆弟也。

其十八，舅之子。此内兄弟也。

其十九，夫之诸祖父母。

其二十，君母之昆弟。

其二十一，夫之从父昆弟之妻。

五服之外，又有袒免亲。"袒"者，袒露左臂也；"免"者，去冠括发也，即脱帽后以宽一寸麻布条自项后绕于额前相交，再向后缠绕于发髻固定。《礼记·大传》云："四世而缌，服之穷也；五世袒免，杀同姓也；六世，亲属竭矣。"可见，袒免亲指本宗五世亲属。具体而言，即《唐律疏议》所指"高祖亲兄弟，曾祖堂兄弟，祖再从兄弟，父三从兄弟，身四从兄弟、三从侄、再从侄孙，并缌麻绝服之外，即是袒免"。此外，《丧服》称"朋友皆在他邦，袒免，归则已"，盖因朋友身死异乡，旁无亲属，故朋友为之主丧而服袒免也。

此外，又有繐衰，乃诸侯之大夫服天子者，盖"以时接见乎天子"故也。据《丧服》郑注，繐裳之缕如小功，而成布四

本宗九族五服图（录自《明会典》）

右上附注： 凡嫡孙父卒，为祖父母承重，服斩衰三年。若为曾高祖父母承重，服亦同。祖在，为祖母止服杖期。

左上附注： 凡姑、姊妹、女及孙女，在室或已嫁被出而归，并与男子同。出嫁而无夫与子者，为兄弟、姊妹及侄皆不杖期。

右下附注： 凡男为人后者，为本生亲属孝服皆降一等。本宗亲属降服不杖期。惟本生父母报服同。

左下附注： 凡同五世祖，族属之外，皆为袒免亲。服、尺布缠头，遇丧葬则服素。

高祖行
- 高祖父母（即太公太婆）齐衰三月

曾祖行
- 族曾祖姑：谓曾祖之姊妹，出在室缌麻，出嫁无服
- 曾祖父母（即太公太婆）齐衰三月
- 族曾祖父母（即太伯叔公、太伯叔婆）：谓曾祖之兄弟及妻，弟及妻缌麻

祖行
- 族祖姑：谓祖之同堂姊妹，出在室缌麻，出嫁无服
- 从祖姑：谓祖之亲姊妹，出在室小功，出嫁缌麻
- 祖父母（即公婆）齐衰不杖期
- 伯叔祖父母（即伯叔公婆）小功
- 族祖父母：谓祖之兄弟及妻即伯叔公婆，缌麻，弟及妻同

父行
- 族姑：谓父之再从姊妹，出在室缌麻，出嫁无服
- 再从姑：谓父之同堂姊妹，出在室小功，出嫁缌麻
- 堂姑：谓父之伯叔之女，出在室大功，出嫁小功
- 姑：谓父之亲姊妹，出在室大功，出嫁小功
- 父：斩衰三年；母：齐衰三年
- 伯叔父母（即伯叔）：谓父之兄弟及妻，期年；姆婶（伯叔母）
- 堂伯叔父母（即堂伯叔）：谓父之同堂兄弟及妻，小功
- 族伯叔父母（即族伯叔）：谓父之再从兄弟，缌麻

己身行
- 族姊妹：出在室缌麻，出嫁无服
- 再从姊妹：出在室小功，出嫁缌麻
- 堂姊妹：出在室大功，出嫁小功
- 姊妹：谓己之亲姊，出嫁大功
- 己身
- 兄弟（妻缌麻）
- 堂兄弟：谓同祖伯叔之子即堂兄弟，大功
- 再从兄弟：谓同曾祖再从伯叔之子即再从兄弟，小功，妻无服
- 族兄弟：谓同高祖族伯叔之子即族兄弟，弟服缌麻，妻无服

子行
- 再从侄女：出在室缌麻，出嫁无服
- 堂侄女：出在室小功，出嫁缌麻
- 侄女：谓兄弟之女，在室期年，出嫁大功
- 女（谓己之女）
- 长子期年，众子期年
- 侄：谓兄弟之子，期年；侄妇大功
- 堂侄：谓同堂兄弟之子即堂侄，小功；堂侄妇缌麻
- 再从侄：缌麻

孙行
- 堂侄孙女：缌麻，出在室无服
- 侄孙女：谓兄弟之孙女，出在室小功，出嫁缌麻
- 孙女
- 嫡孙期年，众孙大功；嫡孙妇小功，众孙妇缌麻
- 侄孙：谓兄弟之孙，小功；侄孙妇缌麻
- 堂侄孙：谓同堂兄弟之孙，缌麻；堂侄孙妇无服

曾孙行
- 曾侄孙女：出在室缌麻，出嫁无服
- 曾孙（谓孙之子）：缌麻；曾孙妇无服
- 侄曾孙：谓兄弟之曾孙，缌麻；侄曾孙妇无服

玄孙行
- 玄孙（谓曾孙之子）：缌麻；玄孙妇无服

127

升半，则縓衰用细而疏之布。又据胡培翚《仪礼正义》，"春秋时凡期、功之丧皆服之"，则齐衰、大功、小功之丧均可服縓衰。

又据《丧服》记文，"公子为其母，练冠，麻，麻衣縓缘；为其妻，縓冠，葛绖带，麻衣縓缘。皆既葬除之"。盖因诸侯之妾子压于父，为母不得伸，故权为制此服，不压其恩也。而为妻縓冠葛绖带，妻轻于母也。

七、三纲五常

斩衰三年服的基本内容是臣为君、子为父、妻为夫。可以说，丧服制度的相关规定奠定了后来"三纲"观念的制度基础。然而，据今所见资料，"三纲"思想最早在韩非子那里得到明确阐述。《韩非子·忠孝篇》云：

> 臣事君，子事父，妻事夫，三者顺则天下治；三者逆，则天下乱。此天下之常道。

可见，韩非将君臣、父子、夫妻视为古代社会最基本的三种关系，并规定了君臣、父子、夫妻之间关系的基本原则，即"臣事君，子事父，妻事父"，如此方为顺，否则为逆。

至董仲舒，正式将"三纲"提出来，并认为，"王道之三纲，可求之于天"（《春秋繁露·基义》），从而强调这三种关系的合理性乃本于天道。对此，他还用阴阳学说来论证这种关系的正当性。《基义》云：

　　凡物必有合。合必有上，必有下；必有左，必有右；必有前，必有后；必有表，必有里；有美必有恶，有顺必有逆，有喜必有怒，有寒必有暑，有昼必有夜，此皆其合也。阴者，阳之合，妻者，夫之合，子者，父之合，臣者，君之合，物莫无合，而合各相阴阳。阳兼于阴，阴兼于阳，夫兼于妻，妻兼于夫，父兼于子，子兼于父，君兼于臣，臣兼于君，君臣、父子、夫妇之义，皆取诸阴阳之道。君为阳，臣为阴，父为阳，子为阴，夫为阳，妻为阴，阴阳无所独行，其始也不得专起，其终也不得分功，有所兼之义。是故臣兼功于君，子兼功于父，妻兼功于夫，阴兼功于阳，地兼功于天。

在董仲舒看来，阴阳不可或缺，"物莫无合，而合各相阴阳"。君臣、父子、夫妻三者之关系，皆取诸阴阳之道，"阴阳无所独行"，则君臣、父子、夫妻须相合而后有功。

《基义》又云：

　　阴阳二物，终岁各壹出，壹其出，远近同度而不同意。阳之出也，常县于前而任事；阴之出也，常县于后而守空处。此见天之亲阳而疏阴，任德而不任刑也。是故仁义制度之数，尽取之天，天为君而覆露之，地为臣而持载之，阳为夫而生之，阴为妇而助之，春为父而生之，夏为子而养之，秋为死而棺之，冬为痛而丧之。王道之三纲，可求于天。

可见，阴阳关系又有另一方面内容，即阳尊而阴卑，此乃天道也，故君臣、父子、夫妻关系亦当取法于此。

这种思想在纬书与《白虎通》中得进一步的发展。《白虎通·三纲六纪》云：

> 三纲者，何谓也？谓君臣、父子、夫妇也。六纪者，谓诸父、兄弟、族人、诸舅、师长、朋友也。故《含文嘉》曰："君为臣纲，父为子纲，夫为妻纲。"又曰："敬诸父兄，六纪道行，诸舅有义，族人有序，昆弟有亲，师长有尊，朋友有旧。"何谓纲纪？纲者，张也。纪者，理也。大者为纲，小者为纪。所以张理上下，整齐人道也。人皆怀五常之性，有亲爱之心，是以纲纪为化，若罗网之有纪纲而万目张也。《诗》云："亹亹文王，纲纪四方。"

《白虎通》认为，君臣、父子、夫妇此三者乃最基本的伦理关系，如果此三种关系处理好了，其他种种社会问题自是不难解决，所以称之为"纲"。《白虎通》还引用《礼纬·含文嘉》上一段话，确立三对关系中君、父、夫的主导地位。

《白虎通》亦借用阴阳五行观念来说明"三纲六纪"的必然性。[1]《三纲六纪》又云：

> 三纲法天地人，六纪法六合。君臣法天，取象日月屈信，归功天也。父子法地，取象五行转相生也。夫妇法人，取象人合阴阳，有施化端也。六纪者，为三纲之纪者也。师长，君臣之纪也，以其皆成己也。

---

[1] 不过，在董仲舒《春秋繁露·深察名号》那里有"三纲五纪"之说，稍与此异。

> 诸父、兄弟，父子之纪也，以其有亲恩连也。诸舅、
> 朋友，夫妇之纪也，以其皆有同志为己助也。

君臣、父子、夫妇之关系各有所取法：君臣关系取法于天道之日月屈伸，父子关系取法于地道之五行相生，夫妇关系取法于人道之阴阳相合。至于六纪，则可归于三纲：师长近于君臣关系，"以其皆成己也"；诸父、兄弟近于父子关系，"以其有亲恩连也"；诸舅、朋友近于夫妇关系，"以其皆有同志为己助也"。

可见，三纲与六纪是对中国古代社会基本关系的概括与分类。其中，君臣、父子、夫妇（三纲）是最基本的社会关系，而其他的社会关系（六纪）则可归于前三种，或者说，六纪可以比照三纲的原则来加以处理。

此外，又有"五常"之说，这一般指五种社会关系，亦称"五伦"。[1]《中庸》有"五达道"之说，即"君臣也、父子也、夫妇也、昆弟也、朋友之交也"；《孟子·滕文公上》则谓"父子有亲，君臣有义，夫妇有别，长幼有序，朋友有信"为"五伦"。此类说法则糅合《白虎通》的三纲与六纪，更具概括性。

八、中西亲等计算

无论任何民族，最初都源于某种血缘组织，都在不同程度上将血缘关系中的亲疏原则运用到社会生活之中。然而具体来说，对于亲疏关系的规定，亦即亲等的计算，中国古代的服叙制度与西方实行的罗马法、寺院法有着很大的不同。此种不同

---

[1] 另一种较普遍的说法，如《白虎通·情性》以仁、义、礼、智、信为"五常"。

主要在于，罗马法和寺院法纯粹依据血缘来判定亲疏关系，而服叙制度则在血缘关系糅杂了浓厚的宗法伦理原则。

（一）罗马法

西方中世纪计算亲等之法，分为罗马法和寺院法两种。按照罗马法，其直系亲属从己身向上、向下数，以一辈为一亲等；而旁系亲属则从己身上数至与该旁系之共同祖先，再由同源之人下数至该旁系亲属，以总辈数为亲等之数。譬如，父母为第一亲等，祖父母、孙子女及旁系中的兄弟为第二亲等；曾祖父母、曾孙及旁系中的伯叔父母为第三亲等；高祖父母、玄孙及旁系中的从父兄弟、从祖祖父母为第四亲等；第五亲等以下皆属旁系亲属。图示如下 [1]：

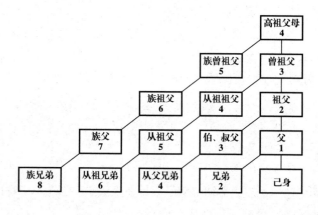

罗马法

---

[1] 以下罗马法、寺院法、服叙制度关于亲等计算图，皆录自丁凌华：《中国丧服制度史》，上海人民出版社，2000，第150—151页。

（二）寺院法

寺院法起源于基督教，又称教会法。其直系亲属亲等的计算方法与罗马法同；旁系亲属则从己身数至同源之人，再从该旁系亲数至同源之人，以辈数多者为亲等数。具体而言，父母与兄弟第一亲等；祖父母、伯叔父母、从父兄弟为第二亲等；曾祖父母、从祖祖父母、从祖父母、从祖兄弟为第三亲等；高祖父母、族曾祖父母、族祖父母、族父母、族兄弟为第四亲等。图示如下：

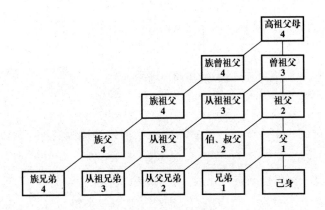

寺院法（教会法）

后世各国多采用罗马法，至于寺院法，虽亦以血缘远近作为区别亲等的原则，但与罗马法之根本不同，在于不区别直系与旁系亲属也。

（三）丧服服叙

较之罗马法与寺院法，中国服叙制度不完全依据血缘的原则，同时还体现了较强的宗法原则。其具体亲等计算法，图示如下：

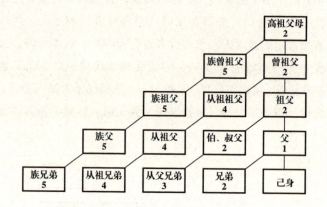

丧服服叙制度

对此，丁凌华总结了丧服中包括的宗法原则为如下七个方面：[1]

其一，区别宗亲与外亲。宗亲的服叙包括上至斩衰、下至缌麻的所有亲属，范围最广，而外亲则限于外祖父母、从母、舅、从母昆弟、舅之子、姑之子、外甥、外孙，其服不过小功而已。可见，宗亲与外亲是非常不平等的。但在罗马法与寺院法中，宗亲与外亲的亲等是相同的，譬如，在罗马法中，祖父母与外祖父母同为第二亲等，伯叔父与舅同为第三亲等。

其二，区别直系与旁系。直系亲属中，卑幼为尊长制服重，尊长为卑幼报服轻，如子为父斩衰，而父为子齐衰。而对于旁系亲属，尊卑相互报服，如世叔父母与昆弟之子相互服齐衰不

---

[1]　丁凌华：《中国丧服制度史》，第151—159页。

杖期。

其三，区别男女之服。丧服中的男女不平等体现在三个方面：第一，夫妻之服不平等，即夫为妻服齐衰杖期，而妻为夫服斩衰；第二，父母之服不平等，即父母虽皆为至亲，然父为至尊服斩衰三年，而母为私尊服齐衰三年；第三，男女婚娶后服叙不同，即男子婚后与其本宗亲属服叙不变，而女子出嫁后与本宗亲属一般相互降服一等，盖"有受我而厚之者也"。

其四，区别承重与非承重。重乃始死至虞祭期间用以悬鬲的木架，未葬前，用以作为依托死者魂灵的神主。故承重者，盖受此神主以承继先祖宗祧也。[1]大宗承重，故族人为之齐衰三月；小宗之子过继给大宗为后，则降其本宗亲属，盖"持重于大宗者，降其小宗也"。小宗承重，族人虽各以其亲服，然父为之服斩衰，而众子不过齐衰不杖期；出嫁女为本宗亲属皆降服，然以归宗故而为承重者不降；庶子为生母服齐衰三年或杖期，若承重则为生母降服缌麻。

其五，区别女子嫡庶。女人出嫁前不别嫡庶，一律称"女子子"。出嫁后始有嫡庶，即妻妾也，夫为妻齐衰杖期，而为妾无服，若妾有子则服缌麻。其于诸子亦有嫡庶，则嫡母与庶母也，而诸子服嫡母齐衰三年或杖期，不服妾母，若妾母有子则服缌麻。其于舅姑，亦有嫡庶，则嫡妇与庶妇也，嫡妇大功，而庶妇小功。

其六，区别长幼。同辈长幼之间服丧，通常是平等的。至于成年与未成年之人，则有成年服与殇服的区别。嫡子承重，

---

[1] 吴承仕引庾纯之说，以为"古人所以重嫡，因为嫡子传重。甚么是重？重即是土地与财产"（吴承仕：《对于丧服认识的几个根本观念》，载昃岳佩编：《三礼研究》，国家图书馆出版社，2009，第638页）。

若未成年而死，则不为立嗣，而另立嫡次子承重；若成年而死，有嫡孙则立嫡孙，若无嫡孙，则别立昭穆相当者以为后。然秦汉以后，小宗法制占据主导地位，虽未成年而夭折，亦为之立后。

其七，区别贵贱。尊尊原则在丧服上体现为某种贵贱不平等的服叙，包括两种情况：第一，无亲属关系者，如臣为君斩衰，而君为臣不服；庶人为国君齐衰三月，而国君为庶民不服。第二，有亲属关系者，如天子、诸侯"绝期"，唯服父母、嫡妻、嫡子与嫡妇；大夫则"绝缌"，故对于政治地位低于大夫的旁系亲属，则降一等服，故旁系缌麻亲则不服。唯于宗子例外，大夫虽尊，不得降服。但是，无论天子、诸侯还是大夫，如果彼此政治地位相同，则不降服，此为"尊同则不降"。

丁凌华认为，先秦服叙制度较接近寺院法，故至清末新政，以及北洋政府时期的各种民律草案，虽抛弃传统的服叙制度，然犹采用寺院法。

九、先秦以后服叙制度之流变

秦汉以后，随着郡县制王朝的建立，以及大宗法制度的破坏，导致了丧服制度相应的调整，以适应新时代的要求。这些调整主要体现在如下几个时期：

（一）两汉服叙之变化

两汉服叙的变化，学者素来较少措意。顾炎武即以为，"宗庙之制始变于汉明帝，服纪之制始变于唐太宗"。[1] 此说实将唐以前服叙制度等同于先秦。然事实上，两汉服叙的变化至少体现在如下几个方面：

其一，无宗子服。西晋初，庾纯有曰："未闻今代为宗子服齐衰者。"[2] 清徐乾学亦谓"秦汉以后，世无宗子之法"[3]。盖大宗法之制破坏，大宗无力收族，自无为宗子服齐之礼，至于取而代之的小宗法之制，则唯据亲服即可。

其二，"诸侯绝期，大夫绝缌"之原则已摒弃。据《晋书·礼志》及《通典》卷93所载，"汉魏故事，无五等诸侯之制，公卿朝士服丧，亲疏各如其亲"，可见，秦汉以后，除皇帝以外，王侯公卿大臣为亲属之服，一如士庶。

其三，增设属吏为长官、秀（秀才）孝（孝廉）为举主之服。赵翼说道："盖自汉制，三公得自置吏，刺史得置从事，二千石得辟功曹，掾吏不由尚书选授，为所辟置者，即同家臣，故有君臣之谊。其后相沿，凡属吏之于长官皆如之。……既有君臣之礼，遂有持服之制。"[4] 因此，李恂、桓典、王允为郡将服斩衰三年，傅燮、荀爽、桓鸾为举主亦服斩衰三年，均与先秦丧服中臣为君之服相同。至晋时，定属吏为长官服斩衰，既葬除服，心丧三年。至北魏孝文帝时，乃改为齐衰三月。随着隋唐科举制的实行，此服叙遂废。

[1] 顾炎武：《日知录》卷5，"外亲之服皆缌"条。

[2] 《通典》卷88引。

[3] 徐乾学：《读礼通考》卷5。

[4] 赵翼：《廿二史札记》卷3，"长官丧服"条。

（二）六朝时期的服叙特点

魏晋南北朝之时，士族门阀世族制兴起，此与西周宗法制度颇为相近。于是，宗族势力的扩张导致《丧服》研究的盛行，与服叙有关的内容甚至入于典律。晋泰始间，朝廷颁布《泰始律》，标榜"峻礼教之大防，准五服以制罪"，可见《丧服》对法律的巨大影响。此种影响，一直持续到清末。

此间对先秦丧服制度的重大补充，则是"心丧"的确立。所谓"心丧"，就是"不视乐，不居寝，不饮酒食肉，不参预吉席，但得释此凶服而已"。[1] 换言之，除平日不着相应丧服外，其余行为皆与守丧无异。

"心丧"之说，最早见于《礼记·檀弓上》："孔子之丧，门人疑所服。子贡曰：'昔者夫子之丧颜渊，若丧子而无服，丧子路亦然。请丧夫子，若丧父而无服。"郑玄注云："无服不为衰，吊服而加麻，心丧三年。"可见，最早的心丧实践见于孔门弟子为其师服丧。又据《檀弓上》："孔子之丧，二三子皆绖而出。"据此，孔门弟子为夫子服丧，虽心丧三年，若其服饰则犹吊服加麻而已。又，《檀弓上》云："事师无犯无隐，左右就养无方，服勤至死，心丧三年。"可见，《檀弓》以心丧仅适用于弟子为师之礼。

曹魏元帝咸熙二年（265），司马昭死，其子司马炎"亦遵汉魏之典，既葬除丧。然犹深衣素冠，降席撤膳。……遂以此礼终三年，后居太后之丧亦如之"[2]。可以说，司马炎以心

---

[1] 王元亮：《唐律疏议释文纂例》。

[2] 《晋书·礼志中》。

丧终三年，开创了为父母心丧三年的先例。刘宋元嘉十七年（440），"元皇后崩，皇太子心丧三年"。据礼，父在为母压降至齐衰杖期，禫后除服即吉，然此则虽除服，犹心丧至三年。

"心丧"之服的实施和推行，体现了儒家对亲亲之情的崇尚，颇符合儒家对礼意的理解。徐乾学认为，"六朝及唐宋之制，凡父在为母、嫁母、出母、姜母、本生父母及父卒祖在为祖母，皆心丧二十五月，而心丧者又必解官。此礼最为尽善，可补古礼所未及"[1]。

（三）唐代服叙之变革

在中国历史上，唐代服叙的改革最为明显，主要发生于太宗、高宗及玄宗之时。三次改革都有共同点，即本着"缘情制礼"的精神，对服叙的等级进行了提升。

1.唐太宗

贞观十四年（640），唐太宗因修礼官奏事之次，言及丧服，太宗曰："同爨尚有缌麻之恩，而嫂叔无服。又舅之与姨，亲疏相似，而服纪有殊，理未为得。宜集学者详议。余有亲重而服轻者，亦附奏闻。"于是侍中魏徵、礼部侍郎令狐德棻等奏议曰："臣闻礼所以决嫌疑，定犹豫，别同异，明是非者也。非从天降，非从地出，人情而已矣。夫亲族有九，服术有六，

---

[1] 徐乾学：《读礼通考》卷26。

随恩以薄厚，称情以立文。"[1] 观君臣之奏对，皆从人情的角度对传统丧服提出了批评。据此，魏徵等提出了一系列改革服叙的方案：

其一，升舅服缌麻三月为小功五月。魏徵认为，"舅为母之本族，姨乃外戚他族，求之母族，姨不在焉，考之经典，舅诚为重"[2]。就母族而言，舅较姨为重，今姨既已服小功，舅自当不轻于小功。虽然，舅报甥之服仍为缌麻三月。直至高宗显庆二年（657），修礼官长孙无忌等认为，"傍尊之服，礼无不报，已非正尊，不敢降也。故为从母五月，从母报甥小功；甥为舅缌麻，舅亦报甥三月，是其义矣。今甥为舅使同从母之丧，则舅宜进甥以同从母之报"[3]。高宗从之。

其二，嫂叔无服改为小功五月。自魏晋以来，蒋济、傅玄、成粲等对"嫂叔无服"问题多有讨论。魏徵则认为："故知制服虽系于名，亦缘恩之厚薄者也。或有长年之嫂，遇孩童之叔，劬劳鞠养，情若新生，分饥共寒，契阔偕老。譬同居之继父，方他人之同爨，情义之深浅，宁可同日而言哉！"[4]

其三，为曾祖父服齐衰三月改为齐衰五月。盖礼书仅有为曾祖父母服齐衰三月之文，今据魏徵等所改，则齐衰服叙多了齐衰五月这一等级。

其四，为嫡子妇服大功九月改为齐衰不杖期，为众子妇、

[1] 《旧唐书·礼仪志七》。

[2] 《旧唐书·礼仪志七》。

[3] 《旧唐书·礼仪志七》。

[4] 《旧唐书·礼仪志七》。

侄妇服小功五月改为大功九月。此处所改，殆依据妻为夫族降夫一等、夫族为子妇亦降子一等的标准。

2.武则天

唐高宗上元元年（674），武则天上表："至如父在为母服止一期，虽心丧三年，服由尊降。窃谓子之于母，慈爱特深，非母不生，非母不育，推燥居湿，咽苦吐甘，生养劳瘁，恩斯极矣！所以禽兽之情，犹知其母，三年在怀，理宜崇报。若父在为母服止一期，尊父之敬虽周，服母之慈有阙。且齐、斩之制，足为差减，更令周以一期，恐伤人子之志。今请父在为母终三年之服。"高宗下诏，依议行焉。[1]

在武则天看来，"父在为母"与"父卒为母"当同服齐衰三年。其理由有二：其一，母之慈爱特深，禽兽犹知其母，人子焉能不报以三年？其二，父、母之尊固有别，然齐、斩之制已足以明之，故无须再区别父在、父卒。然而，此时高宗虽诏许其议，但未马上施行，直到武则天称"圣母神皇"的垂拱元年（688），方得以施行。次年，武则天即改唐为周，自立为帝矣。可见，武氏之丧服改革，实欲为其政治图谋之先导矣。

开元五年（717），右补阙卢履冰上请废除此礼，曰："准礼，父在为母一周除灵，三年心丧。则天皇后请同父没之服，三年然始除灵。虽则权行，有紊彝典。今陛下孝理天下，动合礼经，请仍旧章，庶叶通典。"又再上疏，谓"父在为母服周者，避二尊也"，"原夫上元肇年，则天已潜秉政，将图僭篡，

---

[1]《旧唐书·礼仪志七》。

预自崇先。请升慈爱之丧，以抗尊严之礼，虽齐斩之仪不改，而几筵之制遂同。数年之间，尚未通用。天皇晏驾，中宗蒙尘。垂拱之末，果行圣母之伪符；载初之元，遂启易代之深衅"，以为此礼不改，"恐后代复有妇夺夫政之败者"。[1] 然群臣议论纷纭，终未果。开元二十年（732），修订《开元礼》，仍依高宗上元敕，父在为母齐衰三年。此后遂为定制，宋、元承袭不改。

丁凌华以为，武则天的改革对整个丧服制度影响极大：其一，冲击了服叙制度中的"压降"原则；其二，冲击了守丧理论中的"主丧"原则。案，古礼以父为丧主，故为母服齐衰杖期，不得超过夫为妻服。而据今所改，则丧有二主。夫为妻至期而断，而子为母则继续服三年丧，如此自行其是，违背传统礼教"家无二尊"的原则。[2]

3. 唐玄宗

开元二十年，修订《开元礼》，除肯定太宗、武则天时的服叙改革外，另有几处增补：

其一，增为女子在室之服。礼经中女子之服唯有殇服与已嫁之服，无在室之服，故《开元礼》依男子同等服叙，定姊妹在室者服同兄弟，女子子在室者服同众子，姑在室服同伯叔父等。其后历代相沿。

其二，定嫁母之服。礼经中只有"出妻之子为母"与"父

---

[1]《旧唐书·礼仪志七》。

[2] 丁凌华：《中国丧服制度史》，第174页。

卒，继母嫁，从，为之服"，未涉及嫁母之服，《开元礼》乃定为嫁母服杖期，嫁母报服子女同，但为父后者则为嫁母无服。

其三，定同母异父兄弟姊妹互服小功。后世因之，唯清代服图不载。

（四）五代、宋服叙之流变

五代至宋初，对先秦服叙制度做了进一步调整，主要有两点：

其一，提升妇为舅姑之服，由不杖期改为三年。唐中叶以后，时俗已出现妇为舅姑服三年丧的趋势。后唐明宗长兴中，太常卿刘岳奉敕删定唐宰相郑余庆《书仪》，首定妇为舅斩衰三年，妇为姑齐衰三年。宋太祖乾德三年（965），"始令妇为舅姑三年，齐、斩一从其夫"。此制一直沿用至明初。这个做法打破了传统的"妇人不贰斩"的原则，亦体现了儒家孝道伦理的进一步伸张。

其二，始定养母齐衰三年服。先秦在礼法上规定不准收养异姓之子，只能收养同宗昭穆相当者为嗣子，即《丧服》所言"为人后者"，这不仅出于"神不歆非类，民不祀非族"的古老观念，而且，现实的考虑则是为了防止财产落入外族手中。汉以后，虽然有收养异姓"螟蛉子"之事，尤其是无子者收养外甥为嗣子，但法律及丧服上并不予以承认。《唐律》始规定允许收养异姓三岁以下弃儿，并可改从己姓，但不得立为嗣子。宋代法令则允许三岁以下收养的异姓子，均可改从己姓，视同亲生，并可继承财产。这实际上将养子等同于嗣子，遂有为养母之服。不过，此后之律典、礼典，如《元典章》《大明律》《大清律例》《大清会典》等，均规定了养母之服，却无养父之服，故颇有学者于私家著述中予以补正。

（五）元代服叙之流变

据《元典章》及龚端礼《五服图解》，元代服叙制度基本沿袭两宋，而略有改动：

其一，增为出家兄弟之服，即降一等服大功。但明清服叙中不见此服。

其二，改"袒免"为无服。

（六）明代服叙之巨变

自唐中叶以后，以明初服叙变革最为剧烈，殆与明太祖厚今薄古之立场与其"礼乐制度出自天子"的独裁心态有关。明太祖亲撰《御制孝慈录序》，阐述了其改革服制的思想：

> 丧礼之说，闻周朝已备，至秦火乃亡。汉儒采诸说以成书，号曰《周礼》、《仪礼》，或云"新书"，而未行。历代儒臣往往以为定式，以佐人主，若识时务者，则采可行而行之。其有俗士，执古以匡君，君不明断，是以妨务而害理，中道废焉。……其丧礼之论，时文之变态，迂儒乃不能审势而制宜，是古非今。灼见其情，甚不难矣。每闻汉、唐有忌议丧事者，在

朕则不然，礼乐制度出自天子！

明太祖不独视《周礼》为后儒之伪，至于《仪礼》亦汉儒之伪托，执今蔑古，可谓悍勇。

明初曾颁《大明令》，凡丧服等差，多因前代之旧。至洪武七年（1374）秋九月，孙贵妃薨，无子，明太祖敕礼官定服制。礼部尚书牛谅等据《仪礼》，以为父在为母服期，庶母则无服。明太祖以为，"父母之恩一也，而低昂若是，不情甚矣"[1]。遂敕翰林院学士宋濂等重新考定为母服叙，定"子为父母，庶子为其母，皆斩衰三年。嫡子、众子为庶母，皆齐衰杖期"[2]。并著《孝慈录》，收录丧服服饰图及说明、五服服叙表、宋濂等考订的古今论母丧者内容等，并以朱元璋十一月十日诏作为《御制孝慈录序》置于篇首。今从《孝慈录》来看，其中涉及服叙变革如下：

其一，改为母服叙为斩衰三年。与之相应，嫡母、继母、慈母、养母、父卒祖在为祖母、妇为姑等，一律改为斩衰。至此，母与父在礼制上正式取得了平等地位，但为嫁母、出母仍齐衰杖期，为人后者为本生父母仍服不杖期，并行心丧。显然，明太祖提升为母服叙的依据，与唐太宗、武则天的改革相同，皆本于人情的角度，"夫人情无穷，而礼为适宜。人心所安，即天理所在"[3]。此项改革导致了齐衰三年服的废除，此后在整

[1]《明史·礼志一四》。

[2]《明史·礼志一四》。

[3]《明史·礼志一四》。

个明清两代，齐衰服只有杖期、不杖期、五月、三月此四等。

其二，为庶母改服齐衰杖期。按先秦服制，士为庶母最高不过缌麻，大夫以上则为庶母无服。至明太祖惑于对孙贵妃之私爱，乃废天理之公，直接将本无服的庶母提升至齐衰杖期。

其三，母在为妻改为齐衰不杖期。案先秦丧服中，夫为妻本服齐衰杖期，不杖只有两种情况：其一，大夫之嫡子为妻杖期，父在，则为妻不杖，盖由父为嫡子之妇为丧主，故嫡子不敢伸杖也。其二，族人为宗子之妻服齐衰三月，若宗子之母在，则不为宗子之妻服，自无杖理。汉魏以降，无论贵贱嫡庶，父在为妻皆不杖。今提升母服至斩衰，则母在为妻亦不杖矣。

其四，为嫡长子改服齐衰不杖期。案先秦服制，父母为嫡长子俱服三年，而为众子齐衰不杖期，自此嫡长子之服同于众子。不过，为嫡子妇仍为齐衰不杖期。

其五，为堂兄弟之妻服缌麻。然此前无服。

其六，扩大无服亲的范围。案先秦服制中，"袒免"亲指本宗五世亲属，"无服"亲则指原服制在五服以内而因某种原因降至五服以外者。唐宋之时，五服以外亲一律称"袒免"，并增补了若干不在五服中的外亲，如舅母。元时改"袒免"为"无服"，其范围与唐宋同。明代沿用元代"无服亲"名，但范围远远超过唐宋之"袒免亲"与元代之"无服亲"，甚至将相隔十余世及数十世的亲属均谓之无服亲。无服亲范围之扩大，是宋元以来朝廷扶持新宗族政策在丧服上的体现。

其七，殇服废止。在大宗法制下，殇者不予立后；而在小宗法制下，殇者亦可立后，成年与否不再具有先秦时的特殊意义。故自唐以来，殇服逐渐为社会所忽略，至《孝慈录》则尽废殇服，未成年人服完全同于成年人。

（七）清代服叙之增改

自唐以降，历代服制改革，皆本于"缘情制礼"的精神，故常常体现为某种平民化的趋势。然而，此种趋势的发展，对于宗法社会是不利的。至清代，服制改革呈现为某种相反的方向。道光四年（1824），颁布《大清通礼》，其中涉及服制的变化如下：

其一，为养母降服齐衰不杖期。宋初《开宝礼》定为养母服齐衰三年，明《孝慈录》增至斩衰三年，至道光《通礼》乃降至此。对此，《通礼》谓养子为养母"既与为人后者为所后父母持服条混，且恐开乱宗之渐"，故同姓之子可为嗣子，得服斩衰三年；而异姓之子为养子，不得为嗣，仅服齐衰不杖期。

其二，继母再嫁，己身随去者为继母之服。先秦服制定为齐衰杖期，《丧服传》以为"贵终也"。此后历代相沿，至道光《通礼》，始改为齐衰不杖期。

其三，为同母异父兄弟姊妹之服，《丧服》未载其文，而《礼记·檀弓》载狄仪之问，而子游答以大功，子夏则以为齐衰，盖从鲁俗也。唐《开元礼》乃定其服为小功，至《通礼》始删去此服。

其四，增补兼桃服叙。所谓兼桃，指一子兼为两房之后。案先秦服制，小宗虽无子，不必立后，死后祔于祖庙即可；若大宗无子，则以小宗之支子为后，故无兼桃的必要。秦汉以后，大宗无力收族，小宗无子亦各自立后。但若本宗人丁不旺，无昭穆相当者可立时，一般采用三种补救办法：第一，在侄孙辈中择人为嗣孙，此法最为历代礼法所提倡。第二，立异姓养子为嗣。此法多为民间采用，且常以外甥或妻侄充任，感情上较易融洽，不过为历代礼法所禁止。第三，一子兼祧两房。然历代法律皆禁止兼祧，即便对异姓立嗣最为宽松的南宋亦未许可。

直至清乾隆四十年（1775），"特旨允以独子兼祧，于是始定兼祧例"，规定区别大宗、小宗，大宗依服制本条持服，兼祧依降服持服。道光九年（1829），增议兼祧服制，"以独子之子分承两房宗祧者，各为父、母服斩衰三年，为祖父、母服齐衰不杖期。父故，嫡孙承重，俱服斩衰三年。其本身为本生亲属俱从正服降一等，子孙为本生亲属祇论所后宗支亲属服制"。[1] 此兼祧服制大致有如下特点：第一，通常兼祧两房的独子为亲生父母斩衰三年，为兼祧父母齐衰不杖期。第二，若大宗子兼祧小宗或小宗子兼祧大宗时，不论亲生、兼祧，一律为大宗父母三年，而小宗父母齐衰不杖期。第三，凡兼祧者，不论为本生父母服斩衰或不杖期，为"其余本生亲属，俱从正服降一等"。第四，兼祧者所生之子，以两种方法决定归属：两房各为其娶妻，哪房之妻所生子则归哪房；所生长子归本生房，次子归兼祧房。其后子孙决定归属后，"只论宗支服制"，即只据所属房支服丧。至同治十年（1871），又定兼祧庶母服制。

---

[1] 《清史稿·礼志一二》。

第三讲

丧祭与鬼神

上古素有鬼神观念，或与人类关于死亡之经验有关。盖死亡虽为一自然事实，而死亡之观念却并非从来就有。然后，人类一旦相信人必有死，且时常经验到灵魂与肉体之不同，遂以人之死亡不过是肉体消亡而已，而灵魂则无所不之，并非随肉体而归于尘土也。凡此种种，皆出于人类之普通经验。如是，人类自然产生两重世界之观念，即阴间与阳世。故自此种观念视之，人死不过灵魂之离开肉体而已，肉体虽销归于尘土，而灵魂则常存于彼界矣。且就人之情感而言，见其生，则不忍睹其死，其于亲人，朝夕思慕之念，恒不绝于心，曾子谓"胡为而死其亲乎"，实得人之常情也。

然人之于鬼神，其态度实甚复杂。盖人于其亲之生也，虽爱之极，敬之极，然一旦亲死，则不免有种种负面情感，或恐惧，或厌恶，皆不可不谓非人情之自然也。《礼记·坊记》屡言"人情之不美"，诚是矣。虽然，实不可或免，是以圣人制礼，"设绞衾，制蒌翣"，而脯醢之奠不可暂舍，皆出于消弭此种负面情感之考虑。儒家缘情而制礼，推事生之情以事死，则生时尽其孝养亲爱之情，死时亦不欲亲之弃亡于彼，而犹欲常相亲近焉，则死者虽弃亡于彼，而生者犹欲祭于此。古人不欲死其亲，而有种种追孝之礼，盖以此也。

儒家兴于西周宗法崩溃之时。就宗法而言，其精神在于抟聚族人于列祖列宗之下，则不得不遍祭诸神也。《礼记·大传》云："自仁率亲，等而上之至于祖，名曰轻。自义率祖，顺而下之至于祢，名曰重。"则族人之事神，愈远愈尊，盖敬而远之也。宗法既坏，社会之基本单位为两世、三世之小家庭，则父子、兄弟之情渐为人看重，而其事神，常不过祖、祢而已。宗族则不然，常欲推神于久远，如是而抟聚之族人愈众，然其于鬼神实不能有亲，盖藉尊事鬼神之礼而亲其族人也；至于家庭之事神，则以祖、祢去己未远，其音容笑貌常接于耳目之间，故其事神，不过推事生之心以事死而已。

一、死亡与灵魂

死亡对人类而言，最初并非出于对某种事实的了知，而是一种观念的认定。因此，人类虽然普遍经验到死亡这样一个客观事实，但是，死亡观念的产生实属后起。换言之，最初人类并没有死亡观念，只在人类漫长的历史过程中才逐渐形成了死亡观念，大致可以分成如下几个阶段：

首先，人类虽然无数次经验到死亡的事实，但最初依然认定死亡是偶然的，不死才是必然的。譬如，《淮南子》中有"姮娥奔月"的故事，而其他民族亦不乏类似的神话，可见，最初人类本以死亡为偶然。

其次，人类逐渐意识到，他们所经验到的死亡事实，其实不过是肉体的消亡而已，因为生活中还有一种更真实的经验告诉他们，还存在着一种不同于肉体的精神，并且，精神常常能够出离肉体而存在，尤其是在梦境中。这种经验足以让人类做出这样的推断，即精神不会随着肉体的消亡而澌灭，由此而产生出两个世界与灵魂不灭的观念。在某种意义上，这实际上重新复活了不死的观念，只不过不是肉体的不死，而是精神的不死。人类如同生活在此世一样，其灵魂依然能够生活在彼世。于是，人类的灵魂或鬼神观念遂由此而生。

最后，科学瓦解了两重世界的观念，认为精神不过是物质的活动而已，一切人类的心理感受都可以还原为某种生理的活动。于是，灵魂不复能独立于肉体而存在，肉体的消亡即灵魂的消亡。甚至，精神活动的终止亦能够还原为可以观测到的物质数据，如脑电波的停止。

二、丧葬

（一）丧葬过程

古代整个丧葬仪式，从临终开始，一直到守丧结束，大致经历了临终、始死、小敛、大敛、成服、入葬、葬后几个阶段。今稍据钱玄《三礼通论》，简述如下：[1]

---

[1] 参见钱玄：《三礼通论》，第597—605页。

1. 临终

（1）扫外内

《礼记·丧大记》云："疾病，外内皆扫。"郑注云："为宾客将来问病也。"应镛曰："肃外内以谨变，致洁敬以慎终也。"

（2）彻乐

《丧大记》云："君、大夫彻悬，士去琴瑟。"郑注云："声音动人，病者欲静也。凡乐器，天子宫县，诸侯轩县，大夫判县，士特县。"

（3）移居正寝

古人平时居燕寝，病重则移居正寝，后亦卒于正寝，盖"男子不死于妇人之手，妇人不死于男子之手"也。据《丧大记》，同时"废床，彻亵衣，加新衣，体一人"。

　　正寝亦称路寝、適寝、適室。《丧大记》郑注云："言死者必皆于正处也。寝、室通耳，其尊者所不燕焉。君谓之路寝，大夫谓之適寝，士或谓之適室。"[1]

　　天子有六寝[2]，诸侯三寝。路寝为正寝，其余为燕寝。《公羊传》庄三十二年云："公薨于路寝。路寝者何？正寝也。"

　　王国维《观堂集林·明堂庙寝通考》："古之燕寝有东宫，有西宫，有南宫，有北宫。其南宫之室谓之

---

[1] 燕寝，平时常居之所；正寝，唯斋及疾乃居之。

[2] 天子六寝，路寝一，小寝五。郑玄注引《玉藻》曰："朝，辨色始入。君日出而视之，退适路寝听政。使人视大夫，大夫退，然后适小寝，释服。"则路寝以治事，小寝以时燕息焉。（《周礼·天官·官人》注）

适室，北宫之室谓之下室，东西宫之室则谓之侧室。

四宫相背于外，四室相对于内，与明堂、宗庙同制。

其所异者，唯无太室耳。"

古之房屋格局，前边为堂，后边则东房西室。《仪礼·既夕礼》云："士处適寝，寝东首，于北牖下。"此谓人寿终时之情形。

又，《丧大记》云："君、夫人卒于路寝。大夫、世妇卒于適寝。内子未命，则死于下室，迁尸于寝。士、之妻皆死于寝。"

（4）属纩

《丧大记》云："属纩以俟绝气。"郑注云："纩，今之新绵，易动摇，置口鼻之上以为候。"

（5）君、友问疾

有疾，国君、朋友皆当问疾。故《丧大记》云："君于大夫疾，三问之，士疾，一问之。"

又，《丧大记》云："寝东首于北牖下。"孔疏云："东方生长，故东首，乡生气。疾者恒在北牖下，若君来视之，则暂移南牖下，东首，令君得南面视之。"又，《论语·雍也》云："伯牛有疾，子问之，自牖执其手。"皇侃疏云："君子有疾，寝于北壁下，东首。今师来，故迁出南窗下。"此牖即南牖也，弟子欲尊其师，故为非礼。

（6）祷五祀

《论语·述而》云："子疾病，子路请祷。子曰：'有诸？'子路对曰：'有之。诔曰：祷尔于上下神祇。'子曰：'丘之祷久矣。'"

2. 始死

（1）复

复，即民间所谓招魂也。《丧大记》郑注云："复，招魂复魄也。"病人刚死，即由小臣以死者之朝服，从东南屋檐登上屋脊中央，面北呼喊"皋某复"，共三次。然后，将朝服从前檐扔下来，下面有人接住，拿到室中，盖在死者身上。招魂者则从后檐西北角下房。然《礼记·檀弓上》云："君复于小寝、大寝、小祖、大祖、库门、四郊。"则尊者所复之地广，不限于屋顶也。

招魂所用之衣。《礼记·丧大记》云："君以卷，夫人以屈狄，大夫以玄赪，世妇以襢衣，士以爵弁，士妻以税衣。"《礼记·杂记上》亦有类似规定。盖招魂之衣须与死者爵位相当。又，《丧大记》云："复衣不以衣尸，不以敛。"郑注云："复者，冀其生也，若以其衣袭、敛，是用生施死，于义相反。"

招魂呼死者名字。《丧大记》云："凡复，男子称名，妇人称字。"若天子、诸侯，则曰"天子复""某甫复"。

关于复之用意。《檀弓》云："复，尽爱之道也，有祷祠之心焉。望反诸幽，求诸鬼神之道。北面，求诸幽之义也。"孙希旦曰："尽爱之道，谓尽爱亲之道也。祷祠，祷于神，以祈亲之生，《士丧礼》疾病，'行祷五祀'，是也。复，亦所以求亲之生，故曰'有祷祠之心'。人子于亲之将死，至情迫切，所以求其生者无所不至，故复与祷为事不同，而其为心一也。复者北面，北者，幽阴之方也。人死则有鬼神之道，鬼神处于幽阴，故望其方而求之也。"复，后世以为尽爱也，与祷祠之心同，然上古之人，则不过确证其死而已，乃至惧其未死也。

（2）迁尸

招魂后迁尸。于室中南窗下设床，下莞上簟，移尸其上，尸之首在南。去除招魂之衣和所穿之衣，用敛衾覆盖，以便于沐浴。

（3）楔齿、缀足

《仪礼·士丧礼》云："楔齿用角柶，缀足用燕几。"郑注云："为将含，恐其口闭急也。"故用角柶置于上下齿之间。郑注又云："为将屦，恐其辟戾也。"为了防止尸体双脚僵硬后不直，不便穿鞋，故用燕几拘持之。燕几两端有足，正好卡住双脚。

角柶，长六寸，两头屈曲，可用来支樘的角质匙。

（4）设奠、帷堂

迁尸后即设奠。古人以为刚死之人魂无所依，故设奠以凭依之。奠用脯醢醴酒，奠于尸东。《仪礼·士丧礼》云："小敛之奠，设于尸东。"而《礼记·檀弓》云："小敛之奠，子游曰：'于东方。'曾子曰：'于西方，敛斯席矣。'小敛之奠在西方，鲁礼之末失也。"

帷堂则指在堂上用布帷遮起来，盖因为此时尸体还未入殓，恐人嫌恶。《檀弓》云："曾子曰：'尸未设饰，故帷堂，小敛而彻帷。'仲梁子曰：'夫妇方乱，故帷堂，小敛而彻帷。'"

（5）讣告

主人派人向国君和上级官员报丧。主人，一般指死者的嫡长子。通常由主人的伯父或叔父代命人向亲戚朋友报丧。诸侯、卿大夫、士死，还要向其他诸侯国的君臣报丧。

（6）众亲入哭位哭泣

尸在室时，主人及众亲皆入哭位哭泣。哭位：主人在尸东，众主人（主人的庶昆弟）在主人之后，妇人（指主妇）在尸西，与人夹尸而哭。众妇人在室外堂上，面朝北哭泣，众兄弟在堂下，面亦朝北。

（7）君及宾客吊、襚

吊是慰问家属，襚是给死者用于大小敛的衣、被。国君不亲自吊襚，其派使者来吊时，先撤去堂帷，主人出迎于寝门之外。使者转达国君问候，主人乃哭拜稽颡成踊。宾离开时，主人拜送于门外。若大夫以下来吊襚时，主人均不出门迎送。

（8）设铭

铭即旌铭。据《士丧礼》，铭用一尺长、三寸宽的黑布条与二尺长、三寸宽的红布条连接起来，于红布条上写着"某氏某之柩"，挂在竹竿上，树立于西阶上，殡后，将铭置于殡上。出殡时，张举在柩前为旗幡，祭奠时倚放在灵座之右，入葬时覆盖在棺盖上。

汉代天子的铭旌"画日、月、升龙"，有表引灵魂升天之意。汉代旌幡上端往往画有日月，书死者籍贯、姓名或"某氏某之柩"。上至天子，下至一般官僚，普遍使用铭旌，常有炫耀之意。《金瓶梅》说到西门庆丧葬时，其铭旌书作"诰封武略将军西门公柩"。《红楼梦》中的秦可卿卒，因其夫的关系，其铭旌上则书作"奉天洪建兆年不易之朝诰封一等宁国公冢孙妇防护内廷紫禁道御前侍卫龙禁尉享强寿贾门秦氏恭夫人之灵柩"，共四十六个字。

铭旌的使用主要限于官员，平民之丧，不用铭旌。铭有标识之意，与名同。《檀弓》云："铭，明旌也。以死者为不可别已，故以其旗识之。"郑注《士丧礼》云："铭，明旌也。杂帛为物，大夫士之所建也。以死者为不可别，古以其旗识之。"

（9）浴尸

濯发曰沐，澡身曰浴。甸人在两阶之间偏西处掘一浅坑，用于倾倒沐尸之水。在庭中西墙上垒灶，用以烧沐尸之水。沐尸的用具陈放在西阶上，尸体沐浴所需用的衣服则陈放在东房。沐浴用淘米水，《丧大记》云："君沐粱，大夫沐稷，士沐粱。"淘过的米留作饭含用。沐发用盘，浴尸用盆。沐浴后，为尸体剪指甲、剃须、梳头，再穿上内衣。修剪下的头发指甲之类，则盛于小袋中，待大殓时置入棺内。

（10）饭含

主人为尸饭含，于其口内之左、中、右处各放一枚贝，用米填满。天子、诸侯不用贝，而用珠玉。用米填口曰饭，用珠、玉、贝塞口曰含。

历代关于饭含都有严格的等级规定。春秋时，"天子以珠，诸侯以玉，大夫以碧，士以贝"（《公羊传》文五年何注），《周礼·地官·舍人》郑注云："君用粱，大夫用稷，士用稻，皆四升实之。"汉代时，"天子饭以珠，含以玉；诸侯饭以珠，含以璧；卿大夫、士饭以珠，含以贝"（《后汉书·礼仪下》李贤注引《礼·稽命征》），刘向也提到，"天子含以珠，诸侯以玉，大夫以玑，士以贝，庶人以谷实"（《说苑·修文》）。唐代则规定，"一品至于三品，饭用粱，含用璧；四品至于五品，饭用稷，含用碧；六品至于九品，饭用粱，含用贝"（《新唐书·礼乐十》）。明代规定较简略，"饭含，五品以上饭稷含珠，九品以上饭粱含小珠"（《明史·礼志》）。

饭含习俗起源较早，在已发掘的殷商墓中多半有含玉、贝的现象。不过，此习俗会引起盗墓，因此，魏晋以后提倡薄葬，含玉贝的习俗虽犹有依礼实行者，但在民间则常为铜钱所取代。

关于饭含之目的，《公羊传》文五年注云："孝子所以实亲口也，缘生以事死，不忍露其口。"《礼记·檀弓下》云："饭用米贝，弗忍虚也。不以食道，用美焉尔。"孔颖达疏云："饭用米、贝，不忍虚其口也。饭食，人所造作，为亵。米、贝，天性自然，为美。"

（11）袭

为尸体穿衣曰袭。商祝在尸床上铺好祭服和襚衣共三件，移尸于其上，为尸穿上，再设瑱、幎目、穿屦，设韐、带、笏，设决、握，然后用冒把尸体套起来。

（12）设重、燎

重，用以悬重鬲的木架，树于中庭。鬲中盛饭含之余米所煮之粥，谓之重鬲，悬于重之两旁。然后用苇席把重包里起来，再将铭旌挂在上面。未葬以前，以重为神主。夜晚，庭中设燎照明。至宋以后，重为魂帛所取代。

3.小敛

（1）陈小敛衣

始死之次日天明，陈设小敛衣于东房中，衣领在南。第一排衣从西向东排列，第二排则由东向西排列，第三排与第一排相同。先陈绞，其次缁衾，其次祭服，其次散衣。祭服与散衣共十九套。亲朋所襚，接在散衣之后，虽然尽数陈设，但不全用。

（2）陈小敛奠

小敛奠用脯醢醴酒，均用功布覆盖，陈放于东堂下。设盘、盥于小敛奠之东，以备敛尸者洗手。苴绖、腰绖、牡麻绖置于堂下东阶东，以备小敛后众亲变服。床第夷衾放在堂下西坫南。

西堂下亦设盆巾。寝门之外陈设一鼎，鼎中盛一豚，解为四体，鼎有鼏以盖鼎。鼎西有一素俎，俎上有匕。

（3）小敛

室中铺席，下莞上簟。商祝先在席上铺放绞，其次缁衾，其次散衣，其次祭服。将尸体抬至铺好的衣服上，然后将十九套衣服一层层裹好，最后用衾、绞包扎。《丧大记》云："君锦衾，大夫缟衾，士缁衾，皆一，衣十有九称。"

（4）冯尸、变麻

主人即位于户内，跪于尸东，主妇跪于尸西，用手抚摸尸体当心处，踊，是为冯尸。然后主人入东房，括髮袒衣，众主人亦除冠而免。妇人在西室髽，带麻于房中。再与众亲一道将尸体抬至堂中所设床第上，用夷衾覆盖好。至此，尸由室中迁至堂上。事毕，主人穿上衣服，着首绖，系腰绖。

（5）设小敛奠。

将鼎中之豚装在俎上，然后将俎与脯醢醴酒奠于尸东。

（6）送宾、代哭

奠后，主人拜送宾客于门外。《丧大记》云："妇人迎客、送客不下堂，下堂不哭。男子出寝门见人，不哭。"众亲依亲疏之序，轮流哭泣。《士丧礼》郑注："代，更也。孝子始有亲丧，悲哀憔悴，礼防其以死伤生，使之更哭，不绝声而已。人君以官尊卑，士贱以亲疏为之。三日之后，哭无时。"

（7）致襚

小敛后若有致襚者，摈者出请入告，主人待于东阶下，摈者出告，并迎襚者入门。襚者至中庭，面向北致词，主人拜稽颡。襚者自西阶升堂，由尸足处绕至尸东，置衣于尸东床上，降自西阶。出，主人拜送。朋友来襚，仪节如小敛前。

（8）设燎

夜晚，于庭中设火把照明。

4. 大敛

（1）陈大敛衣

始死之第三日天明，陈大敛衣于东房中，排列法与陈小敛衣同。先陈绞、紟，其次二衾，其次君襚，其次祭服，其次散衣，其次庶襚。凡三十套，紟不在数。

（2）陈大敛奠具

东堂下设杆，与坫齐，杆上陈设大敛奠所用物：两瓦甒、四甀豆、两笾、四角觯、二木柶、二素勺。奠席在杆北，敛席在杆东。

（3）为殡具

在堂上当西阶处掘坑，坑深与棺口平齐。棺从大门抬进，从西阶升堂，置于坑中。熬黍、熬稷及鱼腊设于西堂下，西坫南。

（4）陈鼎

陈三鼎于寝门外，合豚之左右体升于鼎，铸鱼或鲋鱼九条，腊左胖。每鼎配有俎、匕。

（5）大敛

撤去小敛奠，帷堂，靠东序铺设敛席，商祝把绞、紟、衾、衣按顺序铺于席上，然后移尸于衣上，将大敛衣三十套逐层包裹尸身，并用紟、衾、绞捆扎。敛后撤帷，主人主妇冯尸。

按《士丧礼》所记，尸体从沐浴后至大敛毕，共用衣五十三套：明衣裳一，袭衣三。小敛衣十九，大敛衣三十。《丧大记》云："君陈衣于庭，百称，北领，西上。大夫陈衣于序东，五十称，西领，南上。士陈衣于序东，三十称，西领，南上。"则君、大夫、士所用大敛衣之数不同。

（6）入殡

将尸体放入坑中之棺内，加上棺盖。将盛有熬黍、熬稷的四只筐置于棺之四周，筐上加鱼腊。《仪礼·士丧礼》郑注云："熬所以惑蚍蜉，令不至棺旁也。"然后坑上用木板搭成屋顶状，用泥涂封，再将铭旌挂在殡上。

（7）设大敛奠

大敛奠设于室中西南角，即奠位也。

（8）设宾、就次

大敛奠后，宾去，主人拜送于门外。其后主人入门，与众兄弟哭殡。哭后，众兄弟离去，主人亦拜送于门外。宾客去后，众亲出殡宫，关上门，各就其丧次。按与死者的亲疏关系，丧次分为倚庐、垩室二种。服斩衰者居倚庐，居者以草为床，土块作枕，不脱绖带，哀哭无定时。《丧大记》云："父母之丧，居倚庐，不涂，寝苫枕块，非丧事不言。"服齐衰者居垩室，以泥涂壁，用蒲席。大功之次有帷帐，小功、缌麻之次有床笫。

5.成服

（1）成服

自始死至大敛，丧家忙于敛尸及迎送吊襚之宾，无暇备办丧服，众亲唯用首绖、腰带而已。自大敛之明日始，众亲均须按亲疏关系穿戴丧服，谓之成服。

（2）拜君命及众宾

既殡之明日，主人、主妇回拜来吊唁者，先君后宾，然棺中之赐不拜。《士丧礼》郑注云："尊者加赐，明日必往拜谢之。

棺中之赐，不施己也。"此殆后世谢孝之礼。

（3）朝夕哭

自殡之明日，每日早晚众亲皆至殡宫，站在各自的位置上哭。《士丧礼》云："妇人即位于堂，南上，哭。丈夫即位于门外，西面北上。外兄弟在其南，南上。宾继之，北上。"又云："卿大夫在主人之南。诸公门东，少进。他国之异爵者门西，少进。"此为主人、亲戚、宾客之哭位。

（4）朝夕奠

同时每天早晚都设奠哭泣。朝夕奠用脯醢醴酒，设于西室内西南角，第一次朝奠时，先撤去大敛奠，此后每次设奠都撤去前一次所奠之物。此外还有朔月奠，即每逢初一或十五，祭奠之物要较平时丰盛，用特豚、鱼腊、黍稷。

6. 入葬

（1）筮宅

既殡后，着手选择葬地。古时有公共墓地，掌管墓地的冢人划定墓兆，挖去土表。筮日朝哭之后，主人及众亲皆至墓兆，然后占筮此墓兆是否吉利。吉则使人修挖墓穴，若不吉，则另择墓地。

（2）视椁及明器

殡后十日，主人授椁材于工匠。工匠作成后，在殡宫门外将椁合拢起来，主人亲自察看。将制作明器所用材料陈列于殡宫门外西侧，主人遍视之，然后哭。献素、献成亦同。素，未漆明器；成，已漆之明器。

（3）卜葬日

士三月而葬。葬前一月之下旬，卜葬日。先卜下月下旬之刚日；若不吉，则卜下月中旬之刚日。葬日确定后，遍告众宾。

（4）启殡

启殡，将棺柩从殡中抬出，准备入葬。启殡前一日，夕哭后，有司请期于主人，然后遍告众宾。启殡之日，天未明，先至祖庙中预先陈设朝祖之具和朝祖之奠，然后至殡宫，撤去宿奠，将铭旌挂于重上，再将棺柩抬出，用夷衾覆盖。

（5）朝祖

朝祖乃死者在葬前向祖宗告别的仪式，犹如生前将出行必先告于父母，"出必告"也。《檀弓下》云："丧之朝也，顺死者之孝心也。其哀离其室也，故至于祖考之庙而后行。殷朝而殡于祖，周朝而遂葬。"陈澔云："子之事亲出必告，反必面，今将葬而奉柩以朝祖，固为顺死者之孝心，然求之死者之心，亦必自哀其违离寝处之居，而永弃泉壤之下，亦欲至祖考之庙而诀别也。殷尚质，敬鬼神而远之，故大敛之后，即奉柩朝祖而遂殡于庙；周人则殡于寝，及葬则朝庙也。"后世因家庙狭小，难于周转，而改用魂帛代柩。

（6）君及宾客赗赠

祖奠后，君及宾客赠送财货器物。凡赠送之物，马匹曰赗、衣被曰襚，钱财曰赙。君派使者来赗，摈者出请，入告主人，主人释杖迎于庙门外。宾客来赗，摈者出请，入告主人，主人不出迎而待于位。

（7）设大遣奠

启殡之明日为葬日。葬日天明，陈五鼎于庙门外，羊、豕、鱼、腊、鲜兽各一鼎。柩车东南陈设四豆四笾。撤祖奠，设大遣奠于柩车之西，主人哭踊。撤大遣奠，并取羊豕之下体分别用苇席裹好，载于车中。随葬器物依次排列于门外道上。

（8）发引

商祝执功布指挥众人引枢车前往墓地。主人袒衣哭踊跟随枢行，出宫门时主人再踊，踊后穿衣。

（9）入圹

圹即墓穴。枢车至圹，随葬物品陈列于墓道两旁。众人执绋，下棺。主人赠死者玄纁一束，置于圹中。明器陈放棺旁，然后加棺饰，再放置苞筲于棺椁之间，其他随葬品也一并放入。然后铺设椁盖板、抗席、抗木，最后封土为墓。

7. 葬后

（1）反哭

葬毕，不待墓筑好，主人与众亲、众宾先回祖庙哭泣，然后主人拜送宾客，众亲至殡宫哭踊。送走众亲后，主人就倚庐。

（2）虞祭

虞祭前后凡三次，共计四日。首虞在入葬之日，《檀弓下》谓"葬日虞，弗忍一日离也"，隔一日再虞，再虞之明日进行三虞。虞祭乃安神祭，即将死者的神主安放于寝宫，目的使死者灵魂有所归，不致成为游魂野鬼。

或以初虞在下葬后的柔日，即天干记日中的乙、丁、己、辛、癸日中举行，再虞也用柔日，三虞在再虞之次日即刚日举行。

（3）卒哭

三虞之后隔一日，即第六日，举行卒哭祭。卒哭者，终止无时之哭，惟有朝夕哭也。《仪礼·既夕礼》郑注云："始朝夕之间哀至则哭，至此祭止也，朝夕哭而已。"卒哭为吉祭，《檀弓下》云："卒哭曰成事。是日也，以吉祭易丧祭。"郑注云：

"祭以吉为成，卒哭吉祭。"祭时有祝祠，曰："哀子某，来日某，隮附尔于尔皇祖某甫，尚飨。"

卒哭祭，加上次日的祔庙礼，大约需两天时间；再加上虞祭，共计七天时间；再加上三月安葬的九十天，总共近一百天时间，故称百日卒哭。卒哭祭是斩衰服、齐衰服、大功成人服、小功成人服变服的时间节点，也是齐衰三月服、缌麻服除服的时间节点。

（4）祔庙

祔庙，为死者的神主入庙而举行的祭祀仪式。卒哭之明日，奉死者之神主入庙，依昭穆之次，附于死者祖父之后。祔祭之后，神主仍反于寝，至大祥乃正式迁于庙。

《檀弓下》云："殷练而祔，周卒哭而祔。孔子善殷。"孙希旦云："殷练而祔，于练祭之明日而祔也。周卒哭而祔，于卒哭之明日而祔也。祔毕，主皆还于寝，至三年丧毕，而后祭于庙，则殷周之所同也。"

（5）小祥

丧后一周年时，即十三月第一天，举行小祥祭，又称练祭，即周年忌日祭。孝子除首绖，戴练布冠，故又谓之练祭。小祥之后，孝子可以吃菜和水果。《礼记·间传》云："期而小祥，练冠、縓缘，要绖不除。男子除乎首，妇人除乎带。"

（6）大祥

丧后二周年时，即二十五月第一天，举行大祥祭。孝子除丧服，改用朝服、缟冠。大祥祭后，可用酱醋以调味，且可食肉。《间传》云："期而小祥，食菜果；又期而大祥，有醯酱。"《丧大记》云："祥而食肉。"三年服中，臣为君大祥后除服，无禫。

（7）禫

《仪礼·士虞礼》云："中月而禫。"郑玄以为与大祥隔一月举行禫祭，即二十七月而禫；而王肃以为与大祥同月，即二十五月而禫。禫之言澹，澹然平安也，胡培翚云："谓哀痛惨切之念至此渐平，向之夙夜不安者至此稍安也。"禫祭后，始著吉服，至此三年之丧毕。

父在为母服齐衰杖期，其祥、禫之时间又不同。《礼记·杂记下》云："若期之丧，十一月而练，十三月而祥，十五月而禫。"

（二）葬法

葬法指埋葬死者的方法，包括土葬、火葬、天葬、水葬等多种类型。其根本上可分为两类：其一，保护死者的尸体，如土葬、悬棺葬，以及埃及、佛教常见的对尸体进行干燥和防腐处理的办法；其二，消灭死者的尸体，如火葬、天葬、树葬等。

1. 土葬

土葬是中国古代社会最为普遍的葬法，中国人的鬼神信仰与之有莫大的关系。土葬之法，通常在土中挖掘坑穴，将尸体掩埋其中，故又叫"埋葬"。

古人采用土葬，其道理何在呢？《礼记·郊特牲》云："魂气归于天，形魄归于地。"《祭义》云："众生必死，死必归土，此之谓鬼。骨肉毙于下阴为野土，其气发扬于上，为昭明、焄蒿、凄怆。"又，《韩诗外传》云："人死曰鬼，鬼者归也。精气归于天，肉归于地。"在中国古人看来，人死后，其骨肉将归于土，可见，土葬是最有道理的。

土葬尚有一层道理，大概与"葬也者，藏也"的观念有关。《礼记·檀弓上》云："葬也者，藏也；藏也者，欲人之弗得见也。是故衣足以饰身，棺周于衣，椁周于棺，土周于椁，反壤树之哉？"在古人看来，不独葬是为了藏尸，至于敛尸、棺椁这些做法，都可归因于同样的观念。正是基于这种观念，《檀弓上》的作者对墓上封树的做法提出了批评，因为墓以藏尸，盖欲隔绝阳世与冥间，故"欲人之弗得见"；今若于墓上筑坟，虽欲表哀，则终不免将阳世与冥间沟连起来，自然达不到藏尸的目的，反而启人以觊觎之心也。

因此，《吕氏春秋》从另一个角度对"藏也者，藏也"做出了解释。其《孟冬纪》云：

> 凡生于天地之间，其必有死，所不免也。孝子之重其亲也，慈亲之爱其子也，痛于肌骨，性也。所重所爱，死而弃之沟壑，人之情不忍为也，故有葬死之义。葬也者，藏也，慈亲孝子之所慎也。慎之者，以生人之心虑。以生人之心为死者虑也，莫如无动，莫如无发。无发无动，莫如无有可利，则此之谓重闭。古之人有藏于广野深山而安者矣，非珠玉国宝之谓也，葬不可不藏也。葬浅则狐狸掘之，深则及于水泉。故凡葬必于高陵之上，以避狐狸之患、水泉之湿。此则善矣，而忘奸邪盗贼寇乱之难，岂不惑哉？譬之若瞽师之避柱也，避柱而疾触杙也。狐狸水泉奸邪盗贼寇乱之患，此杙之大者也。慈亲孝子避之者，得葬之

情矣。善棺椁，所以避蝼蚁蛇虫也。

可见，《吕氏春秋》完全是站在儒家孝道的立场来理解藏尸乃至棺椁之法。

按照此种理解，土葬又可引申出棺椁之法。《檀弓上》云："有虞氏瓦棺，夏后氏堲周，殷人棺椁，周人墙置翣。"据前所说，古人制棺椁实兼二义：其一，勿使肌肤亲土，以尽生者之孝心。其二，为使人勿恶，此乃葬之藏尸义。不过，后世亦有裸葬者，如汉武帝时之杨王孙，徒尚薄葬，而不明圣人制棺椁之孝亲义也。

又有学者从后世厚葬之风，推测土葬缘于氏族时代的"公墓"与"邦墓"之等级区别，以为土葬能够体现出死者之身份、等级、地位的差别。

不过，在某些少数民族那里，如藏族，则视土葬为最坏的葬法，故对凶杀或受刑而死的囚犯才用土葬，较诸天葬灵魂之飞升，则以被埋葬之人永远不可能转世也。诚若是说，土葬又有借尸骨不朽以寄托人们对永生之向往的意义。

2. 火葬

葬法的不同，直接影响到人们不同的精神信仰。譬如，对土葬来说，因尸骨相对不易朽坏，且埋葬有定所，决定了古人对待神灵的态度，譬如，神灵须有主而为凭依，子孙只能感格自家的神，"神不歆非类，民不祀非族"，以及迁墓、墓祭等做法。若就火葬而言，因尸骨很快被焚毁，故古人以肉体为灵魂之寓所，灵魂可以在不同肉体间迁转，从而派生出灵魂之转世或轮回的观念。可见，土葬与火葬两种葬法的不同，根本在于表现了灵魂与肉体的不同关系。

火葬，又称"焚尸""火化""熟葬"。作为一种葬法，有学者认为火葬最早盛行于古印度，后随佛教传入中国。其实，火葬在中国由来已久。据今所见考古资料，远在新石器时代，中国就出现了火葬。至商代，已有关于火葬的明确文字记载，如汤欲自焚以求雨，而殷墟出土的甲骨卜辞中亦有焚人求雨的祭神活动，这大概可以看作火葬的一种特殊形式。

春秋战国时，火葬习俗在少数民族中流行起来。《墨子·节葬下》云："秦之西有仪渠之国者，其亲戚死，聚柴薪而焚之，熏上，谓之登遐，然后成为孝子。"《荀子·大略篇》也记载氐羌民族有火葬习俗，"氐羌之虏也，不忧其系垒也，而忧其不焚也"。此外，《列子·汤问篇》《吕氏春秋·义赏篇》等都有类似关于火葬的记载。

秦汉以后，火葬仍在周边少数民族中盛行。这种情况一直延续到唐代，可以说，火葬作为不同于汉族土葬观念的葬俗，而始终在少数民族和一些高僧中实行。不过，五代以后，火葬开始成为上层贵族的一种葬法。据《新五代史·晋高祖皇后李氏传》，后晋亡国后，晋出帝和部分皇室贵族为契丹人掠往建州，李太后临终遗言："我死焚其骨，送范阳佛寺，无使我为虏鬼也。"帝从其言，"焚其骨，穿地而葬焉"。又据《新五代史·晋高祖安太妃传》，安太妃卒于辽阳迁徙建州途中，死后焚尸，并"南向扬之，庶几遗魂得返中国也"。

至宋代，火葬之俗达到高潮，并成为汉族不少城市和乡村民众的主要葬法，对后世产生了巨大影响。此时火葬之法主要有两种：其一，先焚尸，再收殓以安葬，现在已发现许多这种火葬墓。不过，这种火葬方式并不占重要地位。其二，焚尸后，抛其骨灰，通常抛洒于水中。

儒家素以保全遗体为孝，故火葬之俗，毫无疑问有悖于儒家阐扬的孝道。因此，历代朝廷都对之加以严禁。宋初建隆三年（962），诏令禁止火葬，"王者设棺椁之品，建封树之制，所以厚人伦而一风化也。近代以来，遵用夷法，率多火葬，甚衍典祀，自今宜禁之"[1]。元代统治者亦是如此，据《大元圣政国朝典章》"禁约焚尸"条载：

> 至元十五年正月，行台准御史台咨承奉中书省札付，近准北京等路父母身死，……以火焚之，……除从军应役并远方客族、诸色目人，许从本俗，不须禁约外，据土著汉人拟合禁止。如遇丧事，称家有无，置备棺椁，依理埋葬，以厚风俗。及据礼部呈随路庙院寄顿骸骨，合无明立条教，以革火焚之弊。

其后朱明作为汉人王朝，对火葬更是严厉禁止。洪武三年（1370），太祖"令天下郡县设义冢，禁止浙西等处火葬、水葬。凡民贫无地以葬者，所在官司择近城宽闲地立为义冢。敢有徇习元人焚弃尸骸者，坐以重罪，命部着之律"[2]。洪武五年（1372），太祖谕礼部云："古者掩骼埋胔之令，近世狃元俗，死者或以火焚，而投其骨于水。伤恩败俗，莫此为甚。其禁止之。若贫无地者，所在官司择宽闲为义冢，俾之葬埋。或有宦

---

[1] 王偁：《东都事略》卷2。

[2] 《盛湖志》卷3。

游远方不能归葬者，官给力费以归之。"[1]

并且，朝廷在法律上订立严厉的惩罚措施。宋代法律规定，"诸残害死尸，及弃尸水中者，各减斗杀罪一等"，又，"诸穿地得死人，不更埋，及于冢墓熏狐狸而烧棺椁者，徒二年；烧尸者，徒三年，缌麻以上尊长各递加一等，卑依各依凡人递减一等。若子孙于祖父母、父母，部曲、奴婢于主坟冢熏狐狸者，徒二年，烧棺椁者流三千里，烧尸者绞"。[2]

至于儒家学者，更是对此大加挞伐。王安石曰："父母死，则燔而捐之水中，其不可，明也；禁使葬之，其不可亦明也。然而吏相与非之乎上，民相与怪之乎下，盖其习之久也，则至于戕贼父母而无以为不可，顾曰禁之不可也。呜呼！吾是以见先王之道难行也。"[3] 程颐亦曰："古人之法，必犯大恶则焚其尸。今风俗之弊，遂以为礼，虽孝子慈孙，亦不以为异。……可不哀哉！"[4] 胡寅则曰："自佛法入中国，以死生转化，恐动世俗千余年间，特立不惑者，不过数人而已。"[5]

那么，如此这般"甚愆典礼""悖逆不孝"的火葬习俗为什么能够风行一时，甚至屡禁不绝呢？大概出于如下原因：

其一，佛教的影响。宋人有云："自释氏火葬之说起，于是死而焚尸者，所在皆然。"[6]

---

[1] 《明史·礼志十四》。

[2] 《宋刑统》卷18，"残害死尸"条。

[3] 《王文公文集》卷32，《闵习》。

[4] 《二程遗书》卷2下，《二先生语二下》。

[5] 《斐然集》卷20，《悼亡别记》。

[6] 永亨：《搜采异闻录》卷3。

其二，无赀土葬。火葬花费相对较低。

其三，葬地难觅。火葬多流行于经济发达、耕地相对较少的地区。

其四，统治者禁而不严。宋、元两代虽皆有禁止之文，但具体执行起来并不严格，因此，即便在宋都汴京、临安与元大都，火葬习俗都盛极一时。

3. 天葬

天葬，又称"鸟葬""兽葬"或"野葬"等，盛行于藏族、蒙古族、门巴族等民族。《孟子·滕文公上》云：

> 盖上世尝有不葬其亲者。其亲死，则举而委之于壑。他日过之，狐狸食之，蝇蚋姑嘬之。其颡有泚，睨而不视。夫泚也，非为人泚，中心达于面目。盖归，反蔂梩而掩之。

据孟子所说，人类最初大都采取弃尸荒野的办法，而任由鸟兽食之。此殆天葬之最初源头，故又名野葬或鸟葬、兽葬。《易·系辞》中有"葬之中野"之说，正谓此种葬法。至其所以如此，其缘由或与人类对死者最初的恐惧或厌恶态度有关。其后受孝道观念的影响，始有葬亲之礼。

天葬以西藏的鸟葬最为著名。康熙时的《西藏志》对天葬有较详细的记载，曰：

> 西藏凡人死，不论老少男女，用绳系成一块，膝嘴相连，两手交插腿中，以平日所著旧衣裹之，盛以

毛代。……其尸放二、三日或五、七日，背送剐人场，缚于柱上，碎割喂鹰，骨于石臼内杵碎，和炒面搓团喂狗。剐人之人，亦有牒巴管束，每割一尸，必得银钱数十枚。无钱则弃尸于水，以为不幸。

大概水葬亦是野葬之一种，故可以与天葬并行。

按照藏人的解释，天葬是为了让死者的灵魂得以升入"永生世界"，而吃尸的鹫鹰则是往来于上界和人间的灵性动物。

关于天葬的起源，学术界众说纷纭，莫衷一是。大致有如下观点：

其一，天葬传自印度的"野葬""林葬"，亦有学者认为天葬起源于佛教"舍身饲虎，割肉贸鸽"的教说。

其二，天葬自古以来就存在于中国，后来天葬与佛教的某些内容结合起来，而带上了佛教的色彩。

其三，天葬分为"原始天葬"和"人为天葬"两个阶段，前一阶段的天葬与原始民族的食人陋习有关，后一阶段则是西藏原始宗教即苯教介入的结果。

其四，来自中亚古代民族，尤其是拜火教的影响。

除藏族外，中国的土族、普米族、怒族、羌族、拉祜族、畲族、裕固族等，也有天葬习俗。至于蒙古族的天葬，则为"野葬"或"弃葬"。其具体做法有两种：其一，当人死后，用白布裹身，将尸体载于勒勒车或负于马背上，驱之使行，尸体坠处即为葬地。其二，将尸体运往喇嘛事先指定的葬地，一任鹰犬啄食，三日后往视，若已被鸟兽食尽，则认为死者灵魂已升入天堂，举家皆大欢喜；否则，认为死者生前的罪过未消，必须请喇嘛诵经祈祷，替死者消灾、忏悔，直至尸体为鸟兽食尽为止。

4. 水葬

所谓水葬，指一种将死者遗体投入江河湖海的葬法。在汉人那里，主要是沿海渔民或海员实行水葬。其方法则是将死者直接投入海中，也有将棺材放在海边，等待潮水上涨，任棺材冲入大海。此外，若将火化后的骨灰投入水中，亦可视为水葬的某种变异形式。

至于在少数民族那里，藏族以及受藏族文化影响的门巴族，水葬比较流行。直到今日，譬如拉萨河边尚有水葬台。在藏人看来，水葬是一种较卑贱的葬法，多用于夭折的孩子或患传染病而死的贫民，此外，乞丐、光棍、孕妇生子而亡或其他非正常死亡者，亦常实行水葬。按照藏人的习俗，若正常人死亡行水葬，则须将尸体割碎，以便鱼将尸体吃掉，道理同于天葬中鹰吃尸体；至于非正常死亡者，则不得实行肢解，用皮革裹严，整尸弃之河流，以避免沾污河神之口。

5. 悬棺葬

所谓悬棺葬，即将尸体置入棺内，凌空悬挂于悬崖峭壁上的葬法。此葬法本为古越人的习俗，大约盛行于古闽越、山越、瓯越、骆越等百越族，以及五溪蛮、夷人、僚人、仡佬、高山等民族中。今人在江西贵溪仙岩、福建武夷山、重庆忠县卧马函、重庆奉节县夔峡、风箱峡、四川珙县麻塘坝螃蟹溪山崖等地，曾发现大批战国至秦、汉之际的古代悬棺葬遗物。

悬棺葬大都选择在临江面海的悬崖峭壁上，或于崖壁凿孔，橡木为桩，尺棺置放在崖桩拓展出来的空间；或在崖壁上开凿石龛，尸棺置入龛内；或利用悬崖上的天然岩沟、岩墩、岩洞置放尸棺，棺木距水面十几米到几十米不等，有的甚至高达几百米。

此种葬法很早见于中国古书，据三国时吴沈莹《临海水土异物志》记载，"父母死亡，杀犬祭之，作四方函以盛尸。饮酒歌舞毕，仍悬着高山岩石之间，不埋土中作冢也。"又，据唐张鷟《朝野佥载》卷14所记，"五溪蛮父母死，于村外阁其尸三年而葬，……尽产为棺，于临江高山半肋凿龛以葬之。自山上悬索大柩，弥高者以为至孝。殁死有棺而不葬，置之岩穴间，高者绝地千尺，或临大河，不施蔽盖。"不过，"悬棺"一名，大根源于梁陈间顾野王"地仙之宅，半崖有悬棺数千"一语。[1] 1946 年，中国学者考察四川珙县、兴文悬棺葬时，始将此名作为专称。

6. 树葬

所谓树葬，即将死者置于深山或野外的大树上，任其风化；后来稍做改进，将死者陈放于专门制作的棚架上。由于置放尸体后任其风化，故树葬亦称"风葬""天葬""挂葬""木葬""空葬"或"悬空葬"。

关于树葬，颇见于古代文献。据《魏书·失韦传》记载失韦国习俗，"父母死，男女聚哭三年，尸则置于林树上"。又据《周书·异域上》，莫奚人的葬俗亦是"死者则以苇薄裹尸，悬之树上"。

不过，今日亦有"树葬"之名，体现了现代人的生态环保

---

[1] 《太平御览》卷47引。

观念。具体办法则是将骨灰深埋在某棵树下，或者将骨灰撒在土壤里，上面种上一棵树作为纪念。

7. 腹葬

所谓腹葬，乃将死者分而食之的葬法。此种葬法极少见，仅见于国外的某些原始部落，而我国有些少数民族早期亦曾有过。据苗族传说，最初死人不兴埋葬，大家都拿米分着吃，认为只有吃了死人肉，死者的亲戚才会繁荣昌盛，大家才会长命安康，人财两旺。但是，后来有个叫子更的人，眼见守寡的母亲将自己辛苦抚养长大，死后不愿分尸给大家吃，便用牛肉代替，而将母亲尸体土葬了。后来大家觉得这个法子不错，于是苗族形成了土葬的习俗。

腹葬有生腹葬和熟腹葬。生腹葬是非洲贝拉尔族人独有的一种葬法，即生吃死者的尸体。熟腹葬则见于巴西的土巴厘人部落，即将尸体烤熟了来吃。

（三）葬式

葬法指对尸体的埋葬方式，葬式则是对尸体的处理过程，包括一次葬、二次葬、屈肢葬、俯身葬等类型。不同的葬式，关系着人们不同的信仰与习惯。

1. 一次葬

学术界通常认为，土葬是最典型的一次葬式，至于火葬、水葬、悬棺葬、树葬等大部分葬法，亦属一次葬。

就中国古代来说，土葬又颇符合儒家讲的"古不修墓""不

"封不树""入土为安"之说。不过，古礼在葬前又有"殡"这一步骤，"殡"至下葬的时间长达三月，而诸侯则至五月，天子有七月，如此漫长的时间，充分表明中国古代的土葬其实是二次葬。

2. 二次葬

所谓二次葬，指对死者的尸体和遗骨进行两次或两次以上分别处理的葬式。其通常的做法，是将死者先停放或暂埋于一个地方，等尸体腐烂殆尽，再收拾骨殖进行埋葬，故又可称为"洗骨葬"或"捡骨葬"。

《墨子》曾记载了捡骨葬的习俗：

> 楚之南有炎人国者，其亲戚死朽其肉而弃之，然后埋其骨，乃成为孝子。（《墨子·节葬下》）

《后汉书·东沃沮传》提到居于东北的沃沮人时说道：

> 其葬作大木椁，长十余丈，开一头作户，新死者均假埋之，才使覆形，皮肉尽，用取骨置椁中。家人皆共一椁，刻木如生，随死者为数焉。

明人陈倪《使琉球录》记载高山族习俗云：

> 死者以中元前后迁，溪水浴其尸，去其腐肉，收其骨骸，骨以布帛缠之，裹以茅草衬土而摈，上不起坟。

《贵州通志·苗蛮》亦记载：

> 人死葬亦用棺，至年余即延亲族至墓前，以牲酒
> 致祭，发冢开棺，取枯骨洗葬，至白为度，以布裹骨
> 复埋一二年余，仍取洗刷至七次乃止。

此外，赵翼在其书中专设"洗骨葬"一条：

> 江西广信府一带风俗，既葬二三年后，辄启棺洗
> 骨使净，别贮瓦缸内埋之。……按《南史·顾宪之传》，
> 宪之为衡阳内史，其土俗人有病，辄云先亡为祸，乃
> 开冢剖棺，水洗枯骨，名为除祟。则此俗由来久矣。[1]

许多原始文化认为，死者通往冥府须历经许多中间过程，因此，人死后尸体尚未完全腐烂，仍须待若生人，须供饮食，留置家中，由家属陪侍。譬如，爪哇巴厘岛人认为死者要经过42天才会完全离家；按照罗马尼亚的旧俗，死者葬后须定期掘出骨头，以酒及水清洗后置入亚麻布袋内，送到教堂作第二次埋葬。

关于二次葬的目的，至少有如下两点：

其一，便于同氏族的成员在死后合葬在一起。上古公共墓地的存在，表明了二次葬的必要。后世仍有公墓，至少也是夫妻合墓，都表明了二次葬的必要。据《三国志·魏书·东夷列传》记载，三国时的东沃沮人，"其葬作大木椁，作十余丈，

---

[1] 赵翼：《陔余丛考》卷32，"洗骨葬"条。

开一头作户。新死者皆假埋之，才使覆形，皮肉尽，乃取骨置椁中，举家共一椁”。又据《隋书·地理志》，隋代的左人死后，先瘗埋于村旁，"待二三十年丧，总葬石窟"。又据乾隆《贵州通志》卷7，清代贵州的黑苗，"人死殓后，停于寨旁，或二十年，合寨共择一期，百数十棺同葬"。凡此，皆见二次葬有合葬的目的。

其二，原始人相信血肉是此世间之物，故只有在肉体腐烂之后将尸骨埋葬，死者的灵魂才能进入另一个世界。因此，较长时间葬期的存在，其实是为了使肉体腐烂，从而使灵魂得以从肉体脱离出来。种种丧葬仪式都表明，人死后另有灵魂存在，但是，尸体的可惧可厌，表明灵魂继续以某种方式停留在尸体中。正因如此，鬼通常具有可怖的形象，即表明其与尸体的神秘关系。据《梁书·顾宪之传》所记衡阳土俗，"山民有病，辄云先亡为祸，皆开冢剖棺，水洗枯骨，名为除祟"。尸体葬后尚能为祟，盖缘于其对死者血肉的厌惧。

二次葬俗除了合葬、洗骨葬等方式外，并在火葬、悬棺葬、树葬中都有不同程度的体现。此外，宋时先火葬而后水葬或土葬，以及悬棺葬中的一些合葬墓、树葬中的先树葬后土葬等，皆属二次葬。另外，土葬中的改葬、归乡葬等，亦属二次葬。

3. 屈肢葬

仰身直肢这种葬式，在土葬或悬棺葬、树葬等葬法中最为普遍，但在考古发现和各种文献材料中，还盛行一种屈肢葬式。这种葬式应该主要流行于新石器时代，直到春秋战国时依然相当盛行，甚至到了晚唐，考古发掘中仍能发现这种葬式。至于在一些少数民族中，则长时间实行屈肢葬的形式。直至解放前夕，中国西北、西南地区的一些少数民族还盛行屈肢葬，此外，台湾高山族的一些支系以及西南的独龙、洛巴民族，至今还采用屈肢葬式。

这种葬式通常用布带一类东西对尸体进行捆扎，分蹲式和卧式两种。蹲式取生人蹲坐姿势，双手拳缩，股、胫骨紧贴，臀部不着地；至于卧式，又分仰卧、侧卧、俯卧三种。

屈肢葬源于西北少数民族。西周之后，王室东迁，西北诸族东进，屈肢葬俗开始在关中地区流行开来，并逐渐扩大到中原各诸侯国中。春秋战国时，此种盛行于秦人中的屈肢葬，逐渐成为各诸侯国都实行的葬俗，甚至有学者认为，屈肢葬是辨别是否秦墓的重要标志。

屈肢葬不仅在考古中屡有发现，在历史文献中也颇见记载。据《北史·高车传》所载，"其死亡葬送，掘地作坎，坐尸于中，张臂引弓，佩刀挟鞘，无异于生，而露坎不掩"。

关于屈肢葬的目的，大致有如下几点观点：

其一，尸体屈肢，所占墓圹较小，可节省人工与空间。

其二，屈肢是休息或睡眠的自然姿态。在云南独龙族人看来，死是一种不醒的长眠，故死后取屈肢葬式，正是仿效其面朝火塘侧身屈肢睡眠的姿态。

其三，此种姿势将尸体用绳捆扎，以达到阻止死者灵魂离开，而向生人作祟。

其四，此种姿势像胎儿在母体中的样子，象征着人死后回到其所生的胎胞之中。

其五，屈肢葬取像于跽坐时侍奉尊长之礼，因此，屈肢葬早期曾是奴隶的葬式。犹如在后世男女合葬墓中，女子取侧身屈肢葬式，表达了同样类似的观念。

4. 俯身葬

所谓俯身葬，指死者采用扑倒的姿势，分为俯身直肢、俯身侧肢与俯身屈肢三种。俯身葬大概与仰身葬起于同时，到了新石器时代，与仰身葬一起成为当时的基本葬式。夏商之时，尤为流行，但到了春秋战国时，此葬式基本消失。

俯身葬的目的大致有二：

其一，通过这种葬式，人死后面向地下便于进入另一世界。

其二，早期主要是奴隶的葬式，后来常常用于凶死或不正常死亡的葬仪中。

5. 割体葬

在许多民族中，亲人去世后，经常割去指骨或趾骨以示哀痛，或者以此加强与死者的联系，减少恐惧、焦虑，此即割体葬。

这种葬式在我国较少见，只是在新石器时代的遗址中，发现有此类现象。譬如，属于新石器时代仰韶文化的西安半坡遗址的一些墓葬中，死者的肢骨、指骨多不全，其残缺部分可在随葬的陶器或填土中发现。此外，在甘肃永昌鸳鸯池、青海乐都柳湾、福建闽侯昙石山、黑龙江密山新开流等地的新石器时代遗址墓葬中，发现有保存完好的儿童骨架，却独缺手指骨和足骨，或者从死者身上割下的指骨、脚趾骨等被搁在人头骨的顶部及随葬的小灰陶罐中。

不过，此葬式目的还不大清楚，大致有这样几种说法：

其一，割体葬是上古人们用人作牺牲的一种变形。换言之，人类最初以婴儿为牺牲，敬奉给神灵，后来仅用其手指或脚趾当作祭品，最后才改用其他动物来代替人类作牺牲。

其二，随葬陶罐及填土中所发现的指骨、趾骨，其实并不属于死者，而是死者的亲属自残的结果。据国外民族学的调查资料，不少民族那里流行过伤残自己的肢体以追悼亡人的习俗。譬如，日本北部的虾夷人在葬亲时割破自己的前额，美国西部草原的喀罗人参加葬礼时，要割掉自己的手指、戳破大腿和头皮，使每个人都呈鲜血淋漓状。

其三，当时人们的灵魂信仰认为，采用各种截割尸体的方法，而不以完尸入葬，从而使"鬼魂"因失去载体而无法回归人世。这类情形在民族学和民俗学资料中比比皆是，譬如，若妇女连生数子均同病夭折，有些地区便认为是"冤鬼捣乱"，须割其体而葬之，以示其灵魂不再投生。

（四）殉葬与厚葬

灵魂不灭的观念自然蕴涵着厚葬的做法，即将生前所用器物带入彼世。不仅如此，厚葬还伴随着人殉的做法。《墨子》中有这样的记载：

> 昔者越之东有輆沐之国者，其长子生，则解而食之。谓之"宜弟"；其大父死，负其大母而弃之，曰鬼妻不可与居处。（《节葬下》）

不过，按照墨子的意思，上古时人们是实行薄葬的。但是，此处"鬼妻"之说，却恰恰表明了上古习俗是厚葬。盖因死者之物皆是鬼物，妻为鬼妻，故不可为生人所有，且鬼在冥世亦须有资，因此，此等之物皆当从死者于地下。

按照列维－布留尔的说法，原始人有一种其于"互渗率"的思维方式，而把"属于死人的一切东西随死人一起埋葬，或者简单地把这些东西毁坏"[1]。他说道：

> 按照我们的观点，这些风俗包含了一种同时被想象和被感觉的特殊的互渗。人使用过的物品，他穿过的衣服，他的武器，他的饰物，乃是他自身的一部分，乃是他自己，正如他的唾液、指甲屑、头发、大便一样，尽管是在较小的程度上。某种东西通过他这个人转移到这些东西里面来了，而这些东西就可说是成了他的人身的继续，从神秘的意义上说，这些东西今后就与他分不开了。[2]

在原始人看来，既然这些死者生前拥有的东西与他分不开，就只能将他们统统作为死者的随葬品。可见，随葬品的本质就因为它们是"鬼物"。列维－布留尔因此还举了中国人的厚葬习俗为例，"从前在中国，死一个人会弄得倾家荡产。后来，贵重物品与死者一同埋葬的风俗逐渐废除了，但并不是完全绝迹"[3]。

《礼记·檀弓上》中有这样一段话：

> 有子问于曾子曰："问丧于夫子乎？"曰："闻之

---

[1] 列维－布留尔：《原始思维》，商务印书馆，1981，第314页。

[2] 列维－布留尔：《原始思维》，第318、319页。

[3] 列维－布留尔：《原始思维》，第317页。

矣，丧欲速贫，死欲速朽。"有子曰："是非君子之言
也。"曾子曰："参也闻诸夫子也。"有子又曰："是非
君子之言也。"曾子曰："参也与子游闻之。"有子曰：
"然，然则夫子有为言之也。"曾子以斯言告于子游。
子游曰："甚哉！有子之言似夫子也。……南宫敬叔
反，必载宝而朝。夫子曰：'若是其货也，丧不如速
贫之愈也。'丧之欲速贫，为敬叔言之也。"曾子以子
游之言告于有子，有子曰："然，吾固曰非夫子之言
也。"曾子曰："子何以知之？"有子曰："昔者夫子
失鲁司寇，将之荆，将应聘于楚。盖先之以子夏，又
申之以冉有，以斯知不欲速贫也。"

"丧欲速贫，死欲速朽"，疑是时人流行之语，当在孔子弟
子的诠释中，则完全赋予了新的意义。本来"丧"与"死"相
并而言，皆与丧葬之礼有关，但在有子、子游的解释中，"丧"
被诠释成"去位"，则"丧欲速贫"与"死欲速朽"成了完全
不相干的两句话。其实，我们不妨结合列维－布留尔的理论，
"丧欲速贫"不过描述了上古人的厚葬习俗而已。

原始人此种厚葬习俗，还可以进一步理解一切民族共有的
"所有权"观念。换言之，我的物品不仅死后不能被人占有，
而且，生前也不能被人占有，这就构成了财产所有权观念的神
秘源头。因此，直到今日，很多地方都有类似观念，如果死者
临终前将某些物品赠送给他人，无论是财产，还是私人用品，
那么，活人则可以继续使用并拥有。

由此，我们可以理解很多民族那里普遍存在的"人殉"习
俗。列维－布留尔说道：

> 有关服丧的大量风俗的来由，特别是在某些原始民族中间强加给寡妇的那些常常是如此残酷、复杂和经久的风俗的来由，也应当在死人与作为所有权而与他神秘地联系着的那种东西之间的持久的互渗中去寻找。……应当认为，寡妇和她的亡夫之间保持着极强的联系。……严格地说，这些后果必须导致寡妇追随亡夫而死。……在印度，在远东，尤其是在中国，寡妇在亡夫坟上自尽的事仍然十分普遍。……妻子在神秘的意义上说仍是亡夫的财产，要中止这种互渗，必须举行专门的仪式。[1]

我们还可以进一步理解"转房婚"，亦即寡妇内嫁的制度，因为女子在根本上不过是某个家族的财产，所以，基于殉葬同样的理由，寡妇也应该由家族的继承人继续拥有。

然自周以后，人们对鬼神的态度趋于"疑"，故兼用祭器与明器。明器之法固然有利于生者的利益，同时也表明"鬼物"观念的反转，甚至动摇了整个世间道德的基石。正因如此，当儒家提倡孝道时，不可避免要复活古已有之的厚葬之俗。只不过内中的意义不一样，后世的厚葬不仅仅表现为随葬物品的丰厚，而且表现为封树之制的提倡。

可以说，上古之厚葬主要是出乎对死者的讳忌，后世之厚葬则是要表达生者的孝心，尤其是经过儒家思想的主张，这种习俗背后的新内涵被强化了。

孝作为中国伦理中极为重要的观念，其起源可以追溯至上

---

[1] 列维-布留尔：《原始思维》，第322—326页。

古时。甲骨文中即有"孝"字，《说文》释为"善事父母者，从老省，从子，子承老也"。后来，虞舜以孝而称圣人，其中固有出于儒家对历史的虚构的成分，但至少表明，至迟在春秋战国时期，经过儒家的提倡，孝成了一种普遍的伦理要求。

孝包括生孝，也包括死孝。儒家主张"事死如事生，事亡如事存"（《荀子·礼论篇》），因此，孝的观念是很自然地引出厚葬的做法的。而且，死孝又称追孝、享孝，较之生孝更为重要，所以，《国语·周语》有"言孝必及神"的说法。《中庸》有一段话称颂舜之"大孝"：

> 舜其大孝也与！德为圣人，尊为天子，富有四海
> 之内，宗庙飨之，子孙保之。

可见，舜被视为"大孝"，不仅在于始终敬事顽父，而且在于其能以天子承事宗庙也。基于这种对孝的理解，早期儒家的代表人物，如孔、孟、荀等，都大力提倡厚葬，而墨子则假托上古习俗，针锋相对地提出了薄葬的主张。

这种观念尤其表现在汉代诸帝对其陵庙的营建上。《晋书·索綝传》云：

> 时三秦人尹桓、解武等数千家，盗发汉霸、杜
> 二陵，多获珍宝。帝问綝曰："汉陵中物何乃多邪？"
> 綝对曰："汉天子即位一年而为陵，天下贡赋三分之，
> 一供宗庙，一供宾客，一充山陵。汉武帝飨年久长，
> 比崩而茂陵不复容物，其树皆已可拱。赤眉取陵中物

不能减半，于今犹有朽帛委积，珠玉未尽。此二陵是
俭者耳，亦百世之诫也。"

汉廷标榜以"以孝治天下"，故诸帝营建山陵皆不遗余力，极
尽厚葬之能事。然而，西汉末年的赤眉之祸，反贻后世不孝之
讥。其后魏武提倡薄葬，正以此为殷鉴也。

三、祭祀

丧葬与祭祀不同。按照生民原初的观念，人由灵魂与肉体
两部分构成，其死亡则意味着灵魂与肉体的分离，肉体归于土
而渐灭，灵魂则升于天而不朽。而对于中国古人来说，基于对
灵魂与肉体关系的特殊理解，则立主以依神，而岁时致祭其历
代祖先。

（一）丧祭与吉祭

祭祀有丧祭与吉祭之别。大致以死者下葬为分界，葬前对
死者的祭祀为丧祭，又名凶祭，葬后对死者的祭祀则为吉祭。
《礼记·檀弓下》云：

既反哭，主人与有司视虞牲，有司以几筵舍奠于
墓左，反，日中而虞。葬日虞，弗忍一日离也。是月
也，以虞易奠。卒哭曰成事，是日也，以吉祭易丧祭，

明日，祔于祖父。其变而之吉祭也，比至于祔，必于
是日也接，不忍一日末有所归也。殷练而祔，周卒哭
而祔。孔子善殷。

虞祭，安神之祭也，则神来矣。卒哭祭，止哭之祭也，则亲逝
而送终矣。葬意味着灵魂与肉体的彻底分离，此前肉体犹存于
此世，灵魂尚有凭依，故种种脯醢之奠，不过寄托生者之哀思
而已；此后肉体销归于尘土，灵魂无所归，故设虞祭以宁神，
至此，所祭之对象与葬前不同，盖于桑主前祭神矣。至于卒哭
之祭，意在表明无时之哭至此结束。前此尚以亲柩在前，唯致
其哀情而已；后此则亲已不在，其哀当降杀，而事神之敬心
生矣，此所以为吉祭也。

葬之日，既奠于墓，又祭于家，此日乃鬼与神之分途。此
前为丧祭，盖祭鬼也；此后为吉祭，盖祭神也。虞祭尚为丧
祭，盖迎神而神始来矣；而卒哭为吉祭，盖神已在矣。故丧
祭所以送往，而吉祭所以迎来也。送往者，送骨肉之归于土，
而鬼留于阴间也；迎来者，迎魂气之依于祖，而神至于阳世也。
故鬼神者，所以别阴阳也。

丧祭又名奠。《礼记》云：

奠以素器，以生者以哀素之心也。(《檀弓下》)

孔颖达疏云："奠，谓始死至葬之时祭名，以其时无尸，
奠置于地，故谓之奠也。"《释名·释丧制》云："奠，丧祭也。"
盖丧祭者，哀亲之弃于壤也，质直无华，此所以奠以祭也。

（二）散齐与致齐

齐，读作斋。古人祭祀前皆有准备仪式，亦即斋戒，目的在于祭祀时与神灵的沟通。《礼让·祭义》云："致齐于内，散齐于外。"孙希旦云："致齐于内，专其内之所思也。散齐于外，防其外之所感也。"又，《祭统》云："君子之齐也，专致其精明之德也，故散齐七日以定之，致齐三日以齐之。定之之谓齐，齐者精明之至也，然后可以交于神明也。"

何谓"防其外之所感"？《祭义》郑注云："散齐七日不御、不乐、不吊耳。"可见，散齐相当于涂尔干所说的"积极膜拜"，体现为一套禁忌体系，目的在于将人从凡俗生活中超脱出来。对此，涂尔干说道：

> 一个人倘若还带有凡俗生活的印迹，他就不能与他的神建立亲密的联系；反之，刚刚在仪式中获得了神圣性的人，也不能马上回到他的日常事务中去。因此，仪式的休息日是普遍意义上的禁忌的一种特殊情况，它也将神圣事物与凡俗事物隔离起来，使之互不相容。……消极膜拜只不过是实现目标的一种手段，它是达到积极膜拜的条件。……他通过摆脱凡俗世界的活动，逐步接近了神圣世界；他抛弃了那些贬低其本性的卑贱琐碎的和血，使自己得到了纯化和圣化。[1]

---

[1] 爱弥儿·涂尔干：《宗教生活的基本形式》，上海人民出版社，1999，第403—405页。

可见，涂尔干对"消极膜拜"的规定正是《祭义》中所说的"散齐"。

那么，何谓专其内之所思？《祭义》云：

> 齐之日，思其居处，思其笑语，思其志意，思其所乐，思其所嗜。齐三日，乃见其所为齐者。

可见，致齐的具体做法，乃"思其居处，思其笑语，思其志意，思其所乐，思其所嗜"，即想象所祭神灵生前的一切观念和行为。如此通过三天的致齐，神灵就活生生地呈现在眼前，到了祭祀时，"祭如在，祭神如神在"，如此就自能与神灵真正实现沟通，"以其恍惚以与神明交"。

不过，涂尔干提到的"积极膜拜"，似乎指一种纯粹的祭祀活动，而非《祭义》所说的进入祭祀前的准备阶段，即"致齐"。但我们在佛教的观想或称名念佛那里，倒可以看到某种与"致齐"类似的活动，即通过持续地专注于神灵或佛、菩萨的意念活动，从而使神灵或佛、菩萨呈现于眼前。

《祭义》描述了祭祀时神灵在场的景象：

> 祭之日，入室，僾然必有见乎其位；周还出户，肃然必有闻乎其容声；出户而听，忾然必有闻乎其叹息之声。

孙希旦云："入室，谓始祭时也。僾然，髣髴有见之貌。周还出户，谓朝事之时，出户而事尸于堂也。出户而听，谓祭毕，尸将谡而主人出户也。"凡此，皆人与神灵相沟通时的场景。

《荀子·礼论》亦有类似说法：

> 卜筮视日，齐戒修涂，几筵、馈荐、告祝，如或
> 飨之；物取而皆祭之，如或尝之；毋利举爵，主人
> 有尊，如或觞之。宾出，主人拜送，反易服，即位而
> 哭，如或去之。哀夫！敬夫！事死如事生，事亡如事
> 存，状乎无形影，然而成文。

亲已逝矣，然祭必格神。所以能格神者，关键在于致齐而
"状乎无形影"。唯神灵应人之精诚所感而至，方能做到"事
死如事生，事亡如事存"。可见，丧祭之不同亦于此可见：丧
礼不过自尽其哀戚之心，而祭礼则终须求于无形影之中也。

祭祀时能如此以诚敬之心感格神灵，平日自能孝亲。故
《祭义》云：

> 是故先王之孝也，色不忘乎目，声不绝乎耳，心
> 志嗜欲不忘乎心。致爱则存，致悫则著。著、存不忘
> 乎心，夫安得不敬乎！

可见，平日事亲与祭祀时事神，都是出乎同样的意念活动，
"生则敬养，死则敬享"。

至迟到了唐代，《礼记》中关于散齐和致齐的仪式要求已
著为律令。唐律规定：

> 即入散斋，不宿正寝者，一宿笞五十；致斋，不

宿本司者，一宿杖九十；一宿各加一等。中、小祀递减二等。[1]

诸大祀在散斋而吊丧、问疾、判署刑杀文书及决罚者，笞五十；奏闻者，杖六十。致斋者，各加一等。[2]

又，唐《祠令》规定：

散斋之日，斋官昼理事如故，夜宿于家正寝，惟不得吊丧问疾，不判署刑杀文书，不决罚罪人，不作乐，不预秽恶之事。致斋惟视祀事得行，其余悉断。

日本《神祇令》亦有同样的禁令，唯增加"食肉"之禁。

（三）明器与祭器

丧葬时死者之随葬物品，有祭器与明器。案《仪礼·既夕礼》云："陈明器于乘车之西。……苞二，筲三。筲三：黍、稷、麦。瓮三：醯、醢、屑，幂用疏布。……用器：弓矢、耒耜、两敦、两杅、槃匜，匜实于槃中，南流。无祭器。有燕乐器可也。役器：甲、胄、干、笮。燕器：杖、笠、翣箑。"据此，死者随葬物甚多，除明器、祭器外，尚有燕器、役器等。

明器，又称"冥器"，即冥世所用之器物。《仪礼·既夕》云："陈明器于乘车之西。"郑注云："明器，藏器也。"则明器

---

[1] 《唐律疏议·职制》，"大祀不预申期"条。

[2] 《唐律疏议·职制》，"大祀在散斋吊丧问疾"条。

又称藏器。《礼记·檀弓上》谓"明器，鬼器也。"则明器又称鬼器。《周礼·春官·冢人》云："及葬，言鸾车像人；及窆，执斧以莅，遂入藏凶器。"郑注云："凶器，明器。"则明器又称凶器。明器乃专为随葬而制作的器物，一般用陶土、竹木和石头制成，亦有部分用玉和金属以及纸等制成。《礼记·檀弓下》云："涂车刍灵，自古有之，明器之道也。"宋以后，纸明器开始流行，而传统的以陶、木、石等制成的明器逐渐减少。明代，还流行铅、锡制作的明器。

祭器，则指古人祭祀时所用的器物。若与明器相对，祭器又似可包括所有具有实用价值的陪葬器物。

1. 三代用明器之法

明器之法，孔子曾一言以蔽之，谓"备物而不可用也"。《礼记·檀弓下》云：

> 孔子谓："为明器者，知丧道矣，备物而不可用也。"哀哉！死者而用生者之器也，不殆于用殉乎哉！"其曰明器，神明之也。"涂车、刍灵，自古有之，明器之道也。孔子谓"为刍灵者善"，谓"为俑者不仁"，不殆于用人乎哉！

郑注云："俑，偶人也。有面目机发，有似于生人。"观郑玄之意，所谓俑者，不独面目像人，且能"机械发动踊跃"（贾疏引皇侃语），盖太过像人，所以孔子讥"为俑者不仁"。若明器者，如涂车、刍灵之属，唯像其形而已。

《檀弓上》又云：

> 孔子曰："之死而致死之，不仁而不可为也；之死而致生之，不知而不可为也。是故，竹不成用，瓦不成味，木不成斫，琴瑟张而不平，竽笙备而不和，有钟磬而无簨虡，其曰明器，神明之也。"

关于"备物而不可用"，此段言之尤详。盖无论琴瑟、竽笙、钟磬之类，只是徒具日常器物之形，而不可用，盖无其实也。犹古人对待死者，既不视之为死物，又不视之为生物，而尊之为神，则神之所用器物，称为明器，盖以不生不死之物视明器也。

又，《檀弓上》云：

> 仲宪言于曾子曰："夏后氏用明器，示民无知也；殷人用祭器，示民有知也；周人兼用之，示民疑也。"曾子曰："其不然乎！其不然乎！夫明器，鬼器也；祭器，人器也；夫古之人，胡为而死其亲乎？"

此段言明器与祭器之分。仲宪与曾子皆孔门弟子，然而对明器的理解却大不相同。仲宪以为，夏人以人死后无知，故以不堪用之器送之；而殷人以人死后犹有知，故以有用之器送之；至于周人，不能确定亡人是否有知或无知，故兼用祭器与明器，表明了周人对待死后世界的疑惑态度。此种对鬼神的不同态度，显然无关乎孝道。

仲宪这种说法，或许更接近历史的真实，但对于世俗伦理来说，却是极为危险的。因为对儒家来说，其以孝道为核心的伦理，很大程度上是建立在对死后世界之信仰的基础之上，换言之，人死后必须存在于彼岸世界，才可能保证此世对于亲人的诚敬之心。因此，曾子重新构建了对明器与祭器的意义，认为明器属于彼世所用之器物，故又称鬼器；而祭器则属于此世所用之器物，故又称人器。按照这种解释，彼岸世界的存在被预设为无须证明的前提了。

《檀弓上》又云：

> 宋襄公葬其夫人，醯醢百瓮。曾子曰："既曰明器矣，而又实之。"

郑注云："言名之为明器，而与祭器皆实之，是乱鬼器与人器。"殷人本用祭器，故以醯醢实之，故曾子讥之不知明器。曾子的批评，同样是维护鬼器存在的合法性。

2. 两重世界与灵魂不朽

人类之初，本未有死。因为在当时人们看来，死亡完全是偶然的，是可以避免的，而不死才是必然的。故最初尚无"灵魂不朽"的观念，亦无"两重世界"的观念。因此，此时虽或有天界，但人亦可往来于天人之间。今观嫦娥奔月之神话，则知人天之隔离，遂使凡人之死亡成为必然。

随葬物的产生，表明上古人们意识到死亡是必然的，于是相信存在两个世界，换言之，虽然人在此世的肉体消亡了，但灵魂仍然在另一个世界生活。"两重世界"观念的形成，表明了灵魂离开转瞬即逝的此世时而在另一个世界永生不朽。可以说，世界上所有民族都经历了这样一个共同观念的构建过程。

那么，两个世界之间是一种什么关系呢？从原始人对随葬物的使用来看，大概有这样两种说法：

其一，人们总是从此世去想象彼世的生活，因此，死者在彼世使用的器物与此世并无不同。早期的随葬物，无论是古礼所说的"祭器"，还是"人殉"制度，都意味着人死后将此世之物带入彼岸。

其二，两个世界的差异，最后导致完全相反的阴间和阳世，因此，体现在随葬物上，带到彼岸的一定是完全不同于此岸的东西，《檀弓下》说的"备物而不可用"，就是描述了"明器"的这种特点。尤其体现在死后岁时之祭中，所供奉死者之物，更是体现了"鬼器"不能为凡人所用的特点。

虽然，不同民族的灵魂观念颇不同。对此，钱穆曰：

> 西方古民族，均有对于人死以后灵魂存在之信仰。如古埃及人，谓人死，灵魂即离肉体之躯壳而去。若他日灵魂重返躯壳，其人仍可复生。彼邦古代，对于金字塔之建造，木乃伊之保存，均由此一信念而起。……其次如古希腊人，亦有灵魂信仰。……大抵苏氏与柏氏，均信惟有哲学家死后，其灵魂能离开肉体，去到一个眼不能见的世界，与诸神共处。……如是，则灵魂应是先在者，谓在其人肉体未生以前，已有此灵魂。又灵魂是不灭者，谓其人肉体既死之后，此灵魂仍存在。是佛家之轮回说、投胎说，在希腊古哲人中，亦有此等类似之意见也。……较后于希腊、创始于犹太的基督教，乃及更后之回教，同样信有天国，信有别一世界存在，同样把灵魂与肉体分开。即至近代西方哲学兴起，远从康德以来，其思想路径，

都仍沿袭此一传统，故多把世界分成两截看，一为永
恒的，一为变灭的。或说一是精神的，一是物质的。
近代西方哲学界唯心、唯物之争，其实亦仍是古西方
人灵肉分别观之变相也。[1]

可见，近现代西方思想中的二元论，若溯其远源，则与各
民族共同经历的"两重世界"观念有关。

不过，唯有佛教，以"空空"为教，故无灵魂观念，更无
灵魂流转于肉体而不灭之说。

（四）丧义与祭义

曾子曰："慎终追远，民德归厚。"（《论语·学而》）慎终者，
丧也；追远者，祭也。曾子此说，可见儒家之重丧祭，且以
为布政施教之根本。然丧祭之事，古已有之，非待儒家而后起。
盖孔子损周文用殷质，所制之礼有古今不同。其中多有礼文之
相同者，而礼意则有古今之不同，至于丧祭亦然。大致言之，
丧葬之目的在于尽量远离死者，或以惧，或以恶；而祭祀之
目的则在于尽量接近死者，盖欲以祈福也。丧祭之古义，实不
外乎此。

其后，丧祭经过儒家之重新阐释，获得了新的意义。对儒
家来说，丧葬之目的在于哀死者之远去而不忍弃亲于壤，故夫
子谓"丧礼，哀戚之至也"（《檀弓下》），又谓"其往也如慕，
其反也如疑"（《檀弓上》《问丧》皆有此语），可见，丧礼之今

---

[1]　钱穆：《灵魂与心》，广西师范大学出版社，2004，第84、85页。

义，与古义正相反也。至于祭祀之目的，则在于思慕亲人而常思有以承顺之，故"孝子终身慕父母"，"弗忍一日离也"（《檀弓下》），"君子有终身之丧"（《祭义》），盖不以亲之有死而易其慕亲之心。故祭祀之时，则"斋之日，思其居处，思其笑语，思其志意，思其所乐，思其所嗜"，"僾然必有见乎其位"，"肃然必有闻乎其容声"，"忾然必有闻乎其叹息之声"。（《祭义》）则祭礼之今义，不过在朝朝暮夕之间，而不欲片刻有所分离也，亦与古义不同。

可见，无论丧义与祭义，儒家对礼意的阐释，实与旧礼不同。然若通古今言之，则丧祭之义，不过"事死如事生，事亡如事存"而已。

《檀弓》一篇，颇言礼之古今义，今举其中所涉丧祭诸礼制，以明儒家改制之用心所在。

1. 始死与招魂

《檀弓上》云："始死，充充如有穷。"又谓颜丁善居丧，"皇皇焉如有求而弗得"。充充者，穷急之貌。皇皇者，即栖栖也，心无所依之貌。古人以孝子当终身思慕父母，今父母一朝而去，则穷急无所依，念念不舍，其情貌自如此。观幼儿小时之念父母，亦类此。可见，儒家以始死时人之居丧仪节，乃出于事生之孝心，与事神不同。

古人对死之了解，与今人绝不同，盖以灵魂之离开肉体为死亡。而灵魂之进出，则在鼻息进出之间，故临终乃有"属纩"一节，盖藉以观气息之有无，而知灵魂之所在也。

气息既无，古人犹不信亲之死，故有招魂之礼，即复也。《檀弓下》云：

> 复，尽爱之道也，有祷祠之心焉。

孔疏云："始死招魂复魄者，尽此孝子爱亲之道也。非直招魂，又分祷五祀，冀精气之复反，故云'有祷祠之心焉'。言招魂之时，于平生馆舍求魂欲反，又于五祀祷请求之，复与五祀，总是祈祷，故云'祷祀之心焉'，以总结之。"此种解释亦以复礼出于孝子爱亲之心，"爱之欲其生也"。

然亲之复生，虽为可喜之事，毕竟甚为可怖之事，故疑上古人类之招魂，不过欲确证其亲之死亡而已，与"属纩"之意同，而绝无祷祠之心焉。虽然，《檀弓》中对招魂之解释，深合儒家之孝道观念焉。

2. 虞与卒哭

《檀弓上》云：

> 孔子在卫，有送葬者，而夫子观之，曰："善哉为丧乎！足以为法矣，小子识之！"子贡曰："夫子何善尔也？"曰："其往也如慕，其反也如疑。"子贡曰："岂若速反而虞乎？"子曰："小子识之，我未之能行也。"

此处提到两种对虞祭的理解。子贡"速反而虞"的说法，应该是虞祭之古义。盖人之灵魂，生时依于肉体，死后，亦未遽去之，然犹有重、奠以依神。至葬后，肉体销归于尘土，而神始真无所依矣，故须速行虞祭以安神，否则，不免孤魂野鬼矣。是以葬事虽未毕，而主人与有司乃速反而行虞祭。可见，中国人之鬼神观念与西人实大不同。

孔子赞卫人"其往也如慕，其反也如疑"，盖死者虽归于阴间，犹怀思亲事生之心，故孔疏云："言慕如小儿啼呼者，谓父母在前，婴儿在后，恐不及之，故在后啼呼而随之。今亲丧在前，孝子在后，恐不逮及，如婴儿之慕。疑者，谓凡人意有所疑，在傍徨不进。今孝子哀亲在外，不知神之来否，如不欲还然，故如疑。……哀亲在彼，是痛切之本情，反而安神，是祭祀之末礼。"孔疏之语，颇能体现儒家"事死如死生"之态度。不过，孔疏谓"孝子哀亲在外，不知神之来否，如不欲还然，故如疑"，而郑注则以为，"疑者，哀亲之在彼，如不欲还然"，孔疏稍失郑注意，盖郑注尤得儒家尚质之义也。此段明孔子重痛切之本情，至于鬼神之存亡，则弗措意焉。

《檀弓下》又云：

> 葬日虞，弗忍一日离也。是月也，以虞易奠。

郑注云："弗忍其无所归。"案郑氏之说似与经文之本意不同。盖"弗忍一日离"，犹孝子之思慕父母也，乃事生之情；若郑氏说，则以神待死者，乃不欲神之无所依而已。可见，郑氏说为古义，而经文则为儒家新义。孙希旦谓"不忍一日离亲之神也"，得经文之意也。

虞后又有卒哭祭。虞祭乃对死者而言，盖自肉体下葬，则鬼归而神来矣。卒哭祭则对生者而言。盖前乎卒哭者，皆哀亲之亡也；后乎卒哭者，则以敬事亲之神矣。是以卒哭者，卒无时之哭也，至此哀情渐杀，而敬意生焉。

《檀弓下》云：

卒哭日成事，是日也，以吉祭易丧祭，明日，祔于祖父。其变而之吉祭也，比至于祔。必于是日也接，不忍一日未有所归也。殷练而祔，周卒哭而祔，孔子善殷。

孔疏云："今既卒无时之哭，唯有朝夕二哭，渐就于吉，故云成事，祭以吉为成故也。"则对生者而言，卒哭祭乃吉凶之转折点，体现在人情上，则哀情渐杀矣。卒哭之明日有祔，盖死者至葬后而为神，而生者至卒哭后而事神之心生，于是，不论自死者而言，抑或自生者而言，死者皆为神矣，故乃祔于庙而以神事之矣。

因此，虞祭到卒哭祭，就死者而言，乃由鬼到神的转折；就生者而言，则由事鬼之哀情到事神之敬意的转折；体现在仪式的性质上，则为丧祭到吉祭的转折。卒哭之为吉祭，盖此时死者已为神矣，故哀痛之情渐杀而止也。孔子所以善殷，盖殷人练而祔，死者成神不若周人之速也，是以犹得以孝子之情事之；若周人卒哭而祔，则死者之成神为早，是以卒哭之后，不免因敬神而远其亲矣。孔子尚质，欲以事生之心事死者也；若周人尚文，则以事神之心事死者也。

又云：

卒哭而讳，生事毕而鬼事始已。既卒哭，宰夫执木铎以命于宫曰："舍故而讳新。"自寝门至于库门。

葬前，生者犹以孝亲之心事死者，此"生事"也。葬后，则以敬鬼神之心而事死者，此"鬼事"也。卒哭而后有讳，盖周人以讳事神也。

且就虞祭与卒哭祭而言，儒家似乎更重视卒哭祭，故就三年之丧而论，其变服、除服多据卒哭祭为界限。此亦见儒家事生尚质之精神也。

3.奠

人甫死，即有奠，此后至葬日，莫不有奠焉。盖奠颇能体现古人之鬼神观念，然观乎儒家对奠之阐释，则以人虽死而未葬，犹以事生之意待死者也。

《檀弓上》云：

> 曾子曰："始死之奠，其余阁也与？"

余阁者，生时庋阁上所余食物也。盖人老及病，饮食须臾不可离身，故就近置于室内庋阁上。至其始死，仓猝间不能准备新食物，故以余阁者奠之。人生时不可离开食物，至其死，鬼神亦依于食物，所以用余阁者，犹事死如事生之意，以老者常不离于饮食也。

然就奠之古义而言，或与古人对鬼神之理解有关。盖人之灵魂不独依于肉体，亦依于饮食，至死后，犹当以奠依神。孙希旦云："鬼神依于饮食，始死即设奠，所以依神也。"可见，奠以依神，古义也；以亲老生时不离食物，死后亦以此事之，则儒家之新义也。

又云：

> 奠以素器，以生者有哀素之心也。唯祭祀之礼，

主人自尽焉尔，岂知神之所飨，亦以主人有齐敬之心也。

葬前奠，葬后祭，一则哀亲，一则敬神，此祭、奠之不同也。虽然，无论祭与奠，儒家皆以为本乎生者之心，非关乎死者之魂灵也。是以奠出于哀素之心，固孝子之情也，至于祭，亦出于内在之情，犹孟子"义内"之旨也。

就奠而言，因生者哀痛其亲，而不假修饰，所以用奠，与古人制丧服之意同。就祭而言，所以稍饰其器者，盖亦因敬神之心使然。儒家讲礼制与人情，亦以内外而别之也。

又云：

始死，脯醢之奠；将行，遣而行之；既葬而食之，未有见其飨之者也。自上世以来，未之有舍也，为使人勿倍也。

自始死以至于既葬，乃至种种祭祀仪式，莫不具食物以享死者，所以然者，盖以死者之魂灵不灭，而常存于彼世也。此种对死者的观念，显然与儒家后来的解释不同，盖子游以祭奠之礼非出于人情，而出于人们对鬼神的理解，质言之，鬼神即存于彼世，则自当有食物以享之。虽然，子游"为使人勿倍也"之语，则又有"圣人神道设教"之意焉。

4. 君临臣丧

《檀弓下》云：

君临臣丧，以巫祝、桃茢，执戈，恶之也，所以
异于生也。丧有死之道焉，先王之所难言也。

《礼记·杂记》云："君于卿大夫，比葬，不食肉，比卒哭，
不举乐。"《檀弓》又记智悼子卒，晋平公犹燕饮，而杜蒉谏之。
《公羊传》于仲遂卒，讥鲁宣公"犹绎"，皆以君于臣卒当有
恩礼也。

故君闻大夫丧，当去乐卒事而往，礼也。然《檀弓》则于
臣临臣丧一节，记有"以巫祝、桃茢，执戈"之事，其意则
以人死有可恶之道也。故郑注云："人之死，有如鸟兽死之状。
鸟兽之死，人贱之。圣人不明说，为人甚恶之。"盖君临臣丧，
斯为恩也；然人类之于死亡，自然有一种厌恶或恐惧之情，故
以巫祝、桃茢、执戈，即是为了驱逐此种负面情感。正如子游
论柳翣之制，其意亦在消除此种情感。然而，就儒家之崇尚亲
亲而言，又不能明说，故《檀弓》以为，"丧有死之道焉，先
生之所难言也"。可以说，古礼中的某些仪式，本来是有其古
义的，但对儒家来说，既不能废其仪式，只好对其重新阐释，
或者避而不谈。

不过，后世颇有学者不明礼有古今之义，遂妄加訾议《檀
弓》中之诸多记载。如宋刘敞即断然以《檀弓》所记桃茢之举
为非礼，乃周末之事，曰："君臣之义非虚加之也，寄社稷焉尔，
寄宗庙焉尔，寄人民焉尔，夫若是其孰轻，故君有庆臣亦有庆，
君有戚臣亦有戚。《书》曰：'元首明哉！股肱良哉！尊卑异而
已矣。'虽于其臣亦然，故臣疾君亲问之，臣死君亲哭之，所
以致忠爱也。若生也而用，死也而弃；生也而厚，死也而薄；

生也而爱，死也而恶，是教之忘生也，是教之背死也。"[1] 显然，刘氏这种说法，完全是站在儒家君臣之道的立场，却对古礼本身缺乏透彻的了解。

清人孙希旦之论则颇精妙，其《礼记集解》中云：

> 君于大夫士之丧，于殡敛必往焉，临其尸而抚之，其于君臣之恩谊至矣。然必用巫祝、桃茢者，盖以死有渐灭之道，先王之所不忍言，故必有所恃，以祛其疑畏，正所以使其得尽吊哭之情也。

在孙氏看来，所以备巫祝、桃茢者，最终还是为了全君臣之道，此种理解正是建立在古义之基础上。

5. 朝庙

《檀弓下》云：

> 丧之朝也，顺死者之孝心也。其哀离其室也，故至于祖考之庙而后行。殷朝而殡于祖，周朝而遂葬。

此段对朝庙礼的解释带有明显的儒家色彩。盖死者生时，"出必告，反必面"，此孝子之情也；至死后下葬，将永弃其亲于泉壤之下，故朝庙而后葬，亦事死如事生也。

至于朝庙礼之古义，则未可知。观殷人朝而殡于祖，则显然无儒家孝亲之义。祖者，神之所居也，今朝而殡于祖，则神

---

[1]　卫湜：《礼记集说》卷18。

之也，若是，其子孙将不复以哀心事之，而以事神之敬心处之焉。清孙希旦云："殷人以死则为神，鬼神以远于人为尊，故朝而遂殡于祖庙。"此说盖得之。

四、魂魄、鬼神与阴阳

鬼神之说，古书虽颇有记载，然历来学者多未有得其理者。今据古时丧祭仪式，以论其究竟。

（一）魂与魄

古人常兼言魂魄。昭二十五年《左传》云：宋公享昭子，赋《新宫》，昭子赋《车辖》。明日宴，饮酒，乐，宋公使昭子右坐，语相泣也。乐祁佐，退而告人曰："今兹君与叔孙其皆死乎！吾闻之：'哀乐而乐哀，皆丧心也。'心之精爽，是谓魂魄。魂魄去之，何以能久？"盖宋公与昭子形体虽在，然魂魄已失，故不久于人世。可见，魂魄指人心而言，即"心之精爽"也。

又，宣十五年《左传》刘康公曰："不及十年，原叔必有大咎，天夺之魄矣。"刘向《新序》云："龙降于堂，叶公见之，失其魂魄。"《云笈七签》云："主管精魄谓之心。"凡此，皆就心言魂魄也。

又，昭七年《左传》子产曰："人生始化曰魄，既生魄，阳曰魂。"杜预注云："魄，形也。阳，神气也。"孔疏云：

　　人之生也，始变化为形，形之灵者名之曰魄也。既生魄矣，魄内自有阳气。气之神者，名之曰魂也。魂魄神灵之名，本从形气而有。形气既殊，魂魄亦异。附形之灵为魄，附气之神为魂也。附形之灵者，谓初生之时，耳目心识，手足运动，啼呼为声，此则魄之灵也。附气之神者，谓精神性识，渐有所知，此则附气之神也。是魄在於前，而魂在於后，故云"既生魄，阳曰魂"。魂魄虽俱是性灵，但魄识少而魂识多。《孝经说》曰：魄，白也。魂，芸也。白，明白也。芸，芸动也。形有体质，取明白为名。气唯嘘吸，取芸动为义。郑玄《祭义》注云："气谓嘘吸出入者也。耳目之丘明为魄。"是言魄附形而魂附气也。

此处孔颖达于魂魄之说，分疏甚为明白。盖人之生也，有形有气，皆可感知者也。形指人之身体，气则指呼吸而言。然形之灵曰魄，如"耳目心识，手足运动，啼呼为声"之类；气之神曰魂，如"精神性识"之类，皆"心之精爽"。

　　《礼记·郊特牲》云："魂气归于天，形魄归于地。"昭七年孔疏云："人之生也，魄盛魂强。及其死也，形消气灭。《郊特牲》曰：'魂气归于天，形魄归于地。'以魂本附气，气必上浮，故言'魂气归于天'；魄本归形，形既入土，故言'形魄归于地'。"又，《檀弓》载吴季札语云："骨肉归复于土，命也。若魂气则无不之也，无不之也。"《礼运》云："及其死也，升屋而号，告曰皋某复，然后饭腥而苴熟，故天望而地藏也。体魄则降，知气在上。"知气，即魂气也。可见，人至死后，魂气归于天，而形魄归于地。今人犹有魂消魄散、失魂落魄之词，足见魂魄之不同。

又，《小雅·甫田之什·宾之初筵》疏云：

> 昭七年《左传》称"人生始化曰魄，既生魄，阳
> 曰魂"，则魂魄小异耳。《礼记》注云："复招魂复魄。"
> 是魂魄相将之物也。然人死精气有遗而留者，有发而
> 升者，相对故留者为魄，发者为魂。

据此，魂、魄皆"精气"，盖因魄归形，魂附气，故至人死后，魂气飞升，而形体犹在殡，故魄"遗而留"，唯至葬后始灭尽也。钱穆曰："人之死，魄随形埋归于地，魂则随气散播于天，古人之魂气，仍可常在，流传于后世千万年之下，故曰归于天。"[1] 此所谓"魂气归于天"，盖指不朽之古圣贤永远留存于人心，此又另一义也。

（二）鬼与神

案，鬼神之名义，《尔雅·释训》云："鬼之为言归也。"《易·系辞》曰："阴阳不测之谓神。"盖以骨肉必归于土，故以"归"言之；魂气无所不通，故以"不测"名之。其实鬼神之本，则魂魄是也。

昭七年《左传》载伯有为厉之事，子产曰："鬼有所归，乃不为厉，吾为之归也。"又曰：

---

[1]　钱穆：《灵魂与心》，第96页。

人生始化曰魄，既生魄，阳曰魂。用物精多，则魂魄强。是以有精爽，至于神明。匹夫匹妇强死，其魂魄犹能冯依於人，以为淫厉。况良霄，我先君穆公之胄，子良之孙，子耳之子，敝邑之卿，从政三世矣。郑虽无腆，抑谚曰"蕞尔国"，而三世执其政柄，其用物也弘矣，其取精也多矣。其族又大，所冯厚矣。而强死，能为鬼，不亦宜乎？

子产所说，体现了古人关于鬼的基本观念。人有魂魄，其死则为鬼神。然凡人以骨肉归于土，其鬼亦必消亡。唯强死者，其魂魄能为厉鬼，或如伯有，世有权势，用物精多，其魂魄亦强，故能为厉鬼。

又，文二年《左传》载跻僖公事，夏父弗忌为宗伯，乃为解说曰："吾见新鬼大，故鬼小。"案，"故鬼"指闵公，而"新鬼"指僖公，盖闵公以嫡先立，而僖公虽为庶兄，然后立。至文公继位，于禘祭时升其父僖公于闵公之上，故为逆祀。钱穆则以为，新鬼、故鬼之说，体现了春秋时人对鬼的认识，即"历时既久，鬼亦必萎缩而尽也"，"人死为鬼亦暂时事，终必渐灭以尽，不能在人世常有作用"[1]。钱氏此说，虽未必合乎经义，然其理则然也。

至于神，常与鬼通言，其义则一也。若分别而论，神自与鬼有不同处。钱穆谓其大端有二：[2]

其一，就精神感召言。普通祭祀感召，只限家庭血属之间。

---

[1] 钱穆：《灵魂与心》，第86页。

[2] 钱穆：《灵魂与心》，第86、87页。

若生前不相亲，死后即无从感召。但如忠臣义士孝子节妇，其人生前有一段精气，感人至深。即在其死后，虽非其血属亲人，只要意气相通，心神相类，亦可相互感召。此等人虽死犹生，故谓之神。神之作用，广大悠久，与鬼之仅能通灵于其家庭亲属之间者不同。

其二，就魂气作用言。古来伟人，其身虽死，其骨虽朽，其魂气当已消散于天壤之间，不再能团聚凝结。然其生前之志气德行，事业文章，依然在此世间发生莫大之作用。则其人虽死如未死，其魂虽散如未散，故亦谓之神。此其赫然常在人心目间者，实与仅能啸于梁，降于某地，凭于某人之身而见呼为鬼者之作用，大异不同。

可见，鬼与神之不同，在于鬼之存在时间较短，所感召者唯其血脉相通之亲属耳；至于神之存在时间则更久远，甚至不朽，而所感召者亦不限于亲属，乃全体人民所共宗奉也。

1. 鬼神与魂魄

古人之鬼神观念与魂魄有关。《礼记·祭义》云：

> 宰我曰："吾闻鬼神之名，不知其所谓？"子曰："气也者，神之盛也。魄也者，鬼之盛也。合鬼与神，教之至也。众生必死，死必归土，此之谓鬼。骨肉毙于下，阴[1]为野土。其气发扬于上，为昭明、焄蒿、凄怆，此百物之精也，神之著也。因物之精，制为之

---

[1] 阴，化也，掩也。孙希旦云："昭明，谓其光景之著见也。焄蒿，谓其香臭之发越也。凄怆，谓其感动乎人，而使人为之凄怆也。"

极，明命鬼神，以为黔首则，百众以畏，万明以服。"

盖人之生时有形有气，其精爽者曰魂曰魄。至人死后，其形毙于下，魄则为鬼；其气发扬于上，魂则为神。魂魄不过一己之知识，而鬼神则为知识之对象，故可祭祀之也。

又，昭七年《左传》孔疏云：

人之生也，始变化为形，形之灵者名之曰魄也。既生魄矣，魄内自有阳气。气之神者，名之曰魂也。魂魄神灵之名，本从形气而有。形气既殊，魂魄亦异。附形之灵为魄，附气之神为魂也。附形之灵者，谓初生之时，耳目心识，手足运动，啼呼为声，此则魄之灵也。附气之神者，谓精神性识，渐有所知，此则附气之神也。是魄在于前，而魂在于后，故云"既生魄，阳曰魂"。魂魄虽俱是性灵，但魄识少而魂识多。《孝经说》曰：魄，白也。魂，芸也。白，明白也。芸，芸动也。形有体质，取明白为名。气唯嘘吸，取芸动为义。郑玄《祭义》注云："气谓嘘吸出入者也。耳目之丘明为魄。"是言魄附形而魂附气也。人之生也，魄盛魂强。及其死也，形消气灭。《郊特牲》曰："魂气归于天，形魄归于地。"以魂本附气，气必上浮，故言"魂气归于天"；魄本归形，形既入土，故言"形魄归于地"。圣王缘生事死，制其祭祀；存亡既异，别为作名。改生之魂曰神，改生之魄曰鬼。《祭义》曰："气也者，神之盛也。魄也者，鬼之盛也。合鬼与神，教之至也。""死必归土，此之谓鬼。""其气发扬于上"，"神之著也"。是故魂魄之名为鬼神也。《檀弓》记延陵季子之哭其子云："骨肉归复于土，命也。若魂气则无不之也。"《尔雅·释训》云："鬼之为言归也。"《易·系辞》曰："阴阳不测之谓神。"以骨肉必归于土，故以"归"言。魂气无所不通，故以"不测"名之。其实鬼神之本，则魂魄是也。

据此，人生时有形气之殊，遂有魂魄之异。至人死后，形消气灭，而魂魄亦有鬼神之不同。可见，魂魄与鬼神之关系，盖因人之存亡而有异耳，故孔疏曰："其实鬼神之本，则魂魄是也。"皆根源于人类有"两重世界"之观念耳。

《祭义》又云："气也者，神之盛也；魄也者，鬼之盛也。"盖魂魄就人生时而言，此其盛也；至死后，魂魄消散，犹气之极稀薄者，此所以有鬼神也。

2. 祭祀与感格之理

基于人类普遍的"两重世界"观念，死亡不仅意味着形体的消亡，同时也意味着呼吸之终止。然而，就儒家所崇尚的土葬而言，死亡则表现为一个漫长的过程。盖从始死至葬前，魂气升于天，乃设重以主其神；形体犹在殡，故有脯醢之奠，然不过享其鬼而已。葬后，形体销亡，乃设桑主以依其神，此时唯有吉祭，盖祭其神而已。

故就祭祀以考察鬼神，其理甚明。大略有如下数端：

其一，鬼有形质。盖鬼乃形魄之消散，有可见之理，然毕竟属阴物，故白昼不能见；亦有一定重量，然必较常人为轻，"新鬼大，故鬼小"也。民间多流传种种见鬼之事，正以此理也。

若神则无形质，故《祭义》有散齐、致齐之法，欲人于恍惚中与神明交，然神之不可见，亦由此可见矣。

其二，鬼多可怖，而神则可亲。鬼与形魄相关，故民间所描述鬼之种种可怖状，皆缘于对尸体的恐惧。

若神则魂气为之，故古来便有种种求神祈福之举，且观《祭义》所述神之形状，"祭之日，入室，僾然必有见乎其位；周还出户，肃然必有闻乎其容声；出户而听，忾然必有闻乎其叹息之声"，则神之来格，与平日父母之在左右，实无有二，又焉有恐惧之理？

其三，鬼神存在时间有长短不同。鬼乃形魄所为，故至下葬后，随着形魄之消亡，鬼亦无留存此世之理。唯有两种情形，如强死者为厉，或仙家练气之士，其魄能寓于他人躯壳中，暂不得消散。

神非形魄，故有不灭之理。故上至天子，下至士庶人，皆得立主以依神，岁时则祭之。后人修其诚敬之心，而神莫不感而格焉。

朱子尝论鬼与仙之同源，深明此理。

光祖问："先生所答崧卿书云云。如伊川又云：'伯有为厉，别是一理。'又如何？"曰："亦自有这般底。然亦多是不得其死，故强气未散。要之，久之亦不会不散。如漳州一件公事：妇杀夫，密埋之。后为祟，事才发觉，当时便不为祟。此事恐奏裁免死，遂于申诸司状上特批了。后妇人斩，与妇人通者绞。以是知刑狱里面这般事，若不与决罪偿命，则死者之冤必不解。"又曰："气久必散。人说神仙，一代说一项。汉世说甚安期生，至唐以来，则不见说了。又说锺离权、吕洞宾，而今又不见说了。看得来，他也只是养得分外寿考，终终久亦散了。"[1]

贺孙云："应人物之死，其魄降于地，皆如此。但或散或微，不似此等之精悍，所谓'伯有用物精多，则魂魄强'是也。"曰："亦是此物禀得魄最盛。又如今医者定魄药多用虎睛，助魂药多用龙骨。魄属金，金西方，主肺与魄。虎是阴属之最强者，故其魄最盛。魂属木，木东方，主肝与魂。龙是阳属之最盛者，故其魂最强。龙能驾云飞腾，便是与气合；虎啸则风生，便是与魄合。虽是物之最强盛，然皆堕于一偏。惟人独得其全，便无这般磊魄。"因言："古时所传安期生之徒，皆是有之。也是被他炼得气清，皮肤之内，肉骨皆已融化为气，其气又极其轻清，所以有'飞升脱化'之说。然久之渐渐消磨，亦渐尽了。渡江以前，说甚吕洞宾、锺离权，如今亦不见了。"[2]

朱子以为，若古之神仙，能练形练气，其魄常能不散，又能借形以寓魂。就其得形而言，则近乎鬼；就其寓形而言，则近乎神。仙鬼不依乎感格而自存，故魂销魄散，神仙亦终有个灭尽之时。

其四，鬼者，归也，盖鬼随形魄之消亡而终归于阴间；神者，来也，则神随人之精诚而常来于阳世。子游谓"丧事有进

---

[1]《朱子语类》卷3。

[2]《朱子语类》卷63。

而无退"，则知人之欲远鬼也；《左传》谓"神不歆非类，民不祀非族"，《论语》谓"非其鬼而祭之，谄也"，则见人之欲近神，此所以有感格之理也。

（三）阴与阳

宋以后，学者好以阴阳言鬼神。盖阴阳之义，本缘于"两重世界"的原始观念，故以此岸为阳世，而以彼岸为阴间。先秦以降，颇以往来、屈伸以说鬼神之情状，究其实，不过言人死后之分途，即形躯之归于土，而魂气之升于天也。

宋人据《易传》"一阴一阳之谓道"之说，遂于气上分阴阳，以鬼神乃阴阳二气之良能。周濂溪《太极图说》云：

> 无极而太极，太极动而生阳，动极而静，静而生阴。静极复动，一动一静，互为其根。分阴分阳，两仪生焉。阳变阴和，而生水火木金土。五气顺布，四时行焉。五行一阴阳也，阴阳一太极也，太极本无极也。五行之生也，各一其性。无极之真，二五之精，妙合而凝。乾道成男，坤道成女。二气交感，化生万物，万物生生而变化无穷焉。

濂溪糅合儒道两家的太极、阴阳与五行观念，而构造出一整套宇宙论体系，可以说，在宋儒那里，阴、阳两个概念完全消除了早期儒家的丧祭内涵。

不过，濂溪未曾谈到鬼神概念。其后，程伊川、张横渠则依此宇宙论架构，而将阴阳与鬼神联系起来。程伊川曰：

以形体谓之天，以主宰谓之帝，以功用谓之鬼神，以妙用谓之神。

《易》说鬼神，便是造化，只气便是神。

鬼神者，造化之迹也。

基于此种对鬼神的理解，伊川甚至对丧祭中鬼神的存在提出了存疑：

或问鬼神之有无，曰：吾为尔言无，则圣人有是矣；为尔言有，尔得不于吾言求之乎？

伊川又进而否定了神仙的存在：

问神仙之说有诸？明道曰：若说白日飞升之类，则无；若言居山林间，保形炼气以延年益寿，则有之。譬如一炉火，置之风中，则易过；置之密室，则难过。有此理也。

同时又有张横渠，其论阴阳与鬼神，似较伊川更精。横渠曰：

鬼神者，二气之良能也。

鬼神，往来屈伸之义。

物之初生，气日至而滋息。物生既盈，气日反而游散。至之谓神，以其伸也。反之谓鬼，以其归也。

天地不穷，寒暑耳。众动不穷，屈伸耳。鬼神之实，不越乎二端，其义尽矣。

　　气有阴阳，推行有渐有化，合一不测为神。

伊川所言，不过以功用为鬼神而已，语义尚含混。横渠则直以屈伸为此两种功用，即气之反为鬼，而气之伸为神，如此屈伸往来，以见阴阳不测之神。儒家如此言神，则自不须西方的"造物主"观念。

　　其后朱熹论鬼神，多推本伊川、横渠之说，然而，其中又颇杂汉唐注疏家之语，即以死生丧祭以论鬼神也。朱子曰：

　　人生初间是先有气，是魄在先。形既生矣，神发知矣，既生形后，方有精神知觉。子产数句说得好。

显然，此段乃阐释《左传》所载子产之说。朱子又曰：

　　鬼神不过阴阳消长而已，亭毒化育，风雨晦明皆是。在人则精是魄，魄者，鬼之盛也。气是魂，魂者，神之盛也。精气聚而为物，何物而无鬼神。

此说乃糅杂汉唐注疏与程、张之说也。又曰：

　　神伸也，鬼屈也。如风雨雷电初发地，神也。及风止雨过，雷住电息，则鬼也。
　　草木方发生来是神，雕残衰落是鬼。人自少至壮是神，衰老是鬼。鼻息呼是神，吸是鬼。
　　魄属鬼，气属神。如析木烟出，是神；滋润底性是魄。人之语言动作是气，属神；精血是魄，属鬼。发用处皆属阳，是神；气定处皆属阴，是魄。知识处是神，记事处是魄。人初生时气多魄少，后来魄渐盛；到老，魄又少，所以耳聋目昏，精力不强，记事不足。某今觉阳有余而阴不足，事多记不得。小儿无记性，亦是魄不足。好戏不定迭，亦是魄不足。

因言魂魄鬼神之说，曰："只今生人，便自一半是神，一半是鬼了。但未死以前，则神为主；已死之后，则鬼为主。纵横在这里。以屈伸往来之气言之，则来者为神，去者为鬼；以人身言之，则气为神而精为鬼。然其屈伸往来也各以渐。"

此数说盖本于横渠"鬼神，往来屈伸之义"之语，而推论于天地间万事万物，以为莫不有鬼神、魂魄与阴阳也。

第四讲

天人与感应

天人关系乃中国思想中极其重要的问题，大致近于现代哲学讨论的人与自然的问题。然而，古人对天人关系的处理，颇与今人不同，而涉及中国思想中极为核心的"感应"概念。

一、西方人对"感应"观念的研究

（一）弗雷泽的"感应巫术"

最早注意到此问题之重要性的学者，当属英国人类学家詹姆斯·乔治·弗雷泽（James George Frazer），他在其最重要的著作《金枝》中将原始人的巫术界定为"交感巫术"，并区分为"顺势巫术"与"接触巫术"两种类型。

所谓"顺势巫术"，亦称模拟巫术，这种巫术基于"同类相生"或果必同因的"相似律"，即仅仅通过模仿，就能实现任何巫师想做的事情。至于"接触巫术"，则基于一种"接触律"或"触染律",即"物体一经互相接触,在中断实体接触后还会继续远距离的互相作用"[1],换言之,巫师相信他能够通过接触一个物体,来对另一个物体施加影响。

不论相似律,还是接触律,都属于心理学讲的"联想律"。就此而言,巫术的基础跟科学并无根本分别,其问题只是在于,原始人把本来正确的规律作了一种错误的运用而已。对此,弗雷泽说道:

> 巫术是一种被歪曲了的自然规律的体系,也是一套谬误的指导行动的准则;它是一种伪科学,也是一种没有成效的技艺。……"顺势巫术"所犯的错误是把彼此相似的东西看成是同一个东西;"接触巫术"所犯的错误是把互相接触过的东西看成为总是保持接触的。"[2]

按照弗雷泽关于两种巫术的解释,原始人其实对"联想律"这种心理规律作了某种错误的运用,但就其思维方式而言,其实与科学并无根本分别。可以说,弗雷泽假定了人类思维具有某种一般性,不仅不同民族有着相同的智力结构,而且原始人与现代人也有着相同的智力结构,即所谓"'人类思维'的相同性"。[3] 因此,弗雷泽很自然地站在进化论的立场,即将原始思维与现代思维的差异视为幼童与成人的高低不同。正

---

[1] 弗雷泽:《金枝》,中国民间文艺出版社,1987,第19页。

[2] 弗雷泽:《金枝》,第19、20页。

[3] 列维－布留尔:《原始思维》,第10页。

因如此，原始人不可能像现代人那样正确地运用联想律，更多是出于某种幻觉而做出的错误联想。显然，弗雷泽这种思维方式的进化论立场，还是值得推敲的。因为这不过是我们现代人的看法，但在原始人自己看来，把两个完全不相干的事物联系起来，是因为它们本来就存在着某种真实的联系。现代人愿意把因果关系运用到我们认为相似或相近的事物之上，但原始人同样也是这么看的，换言之，现代人认为如此不相干的两个事物，但在原始人那里却并非如此，而是真实感受它们之间的内在关系。

我们还可以进一步推论，在原始人那里，天人之间并不存在今人眼中那般悬绝的距离，而是浑然一体，密不可分，天人之间的关系与同类事物之间的因果关系并无不同。正因如此，古人才会认为天人之间能够相互感应，而习惯于科学思维的现代人却无法感受到这种关系。

不过，弗雷泽强调巫术与科学在思维上的相似性，还是可以理解的。无论顺势巫术还是接触巫术，弗雷泽都称为"交感巫术"，这是一个科学能够理解的概念。所谓"交感"，就是强调两个事物之间存在着某种不可感知的相互作用，这与近代物理学中的"力"或"以太"概念非常接近。对此，弗雷泽说道："两者都认为物体通过某种神秘的交感可以远距离地相互作用，通过一种我们看不见的'以太'把一物体的推动力传输给另一物体。这与现代科学为了与此完全相同的目的，即为了说明物体怎样通过似乎是空无一物的空间而发生物理作用，便假定有这样一种'以太'，并没有多大的区别。"[1]

---

[1] 弗雷泽：《金枝》，第21页。

1. 顺势巫术

顺势巫术，又称模拟巫术，其最常见的应用，则是"通过破坏或毁掉敌人的偶像来伤害或消灭他的敌人。他们相信，敌人在其偶像受创伤的同时，本人也受到伤害，在偶像被毁掉的同时，本人也会死去"[1]。而在中国古代，这种巫术通常称为"巫蛊"，不仅民间颇用其法，而且常常成为后妃争宠夺嫡的政治手段。

此外，顺势巫术也常常用于善良的愿望，大致有这样几种方式：

其一，收养子女。许多民族都有通过"模拟诞生"收养子女的办法。通常由女人把要收养的孩子放在其衣服里，然后推拉此孩子，使其从衣服中钻出来，通过这种办法，就可将此小孩视作其亲生儿子。譬如，古希腊神话中的天后赫拉就通过这种方式，收养了成年英雄赫拉克勒斯。

其二，防治病痛。西方人治疗黄疸病、痉挛等病症，即用此法。此外，中国人普遍有吃血补血、吃肝补肝的说法，背后就包含了顺势巫术的原理。

其三，图腾繁衍。原始人在田间进行男女的交合，希望以此促进农作物的生长。《史记》称孔子乃"野合"而生，或许可从此种角度进行理解。

其四，各种禁忌。在喀尔巴阡山区的胡祖尔人那里，当猎人吃饭时，妻子不可以纺纱，否则猎物将会像纺锤一样转来转去，以至猎人难以击中它。在印度的比拉斯普尔，当村长召集会议时，任何出席者不得转动纺锤，否则，讨论将如纺锤一

---

[1] 弗雷泽：《金枝》，第21页。

样转圈，永远得不到结果。至于食物禁忌，则常常出于顺势巫术的原理。譬如，马达加斯加的士兵禁吃刺猬肉，因为刺猬一遇惊吓就缩成一团，这将使吃刺猬肉的人有一种胆小畏缩的性格。中国人则多忌讳包含"4"的数字，因为与死同音；不过，现在又多喜欢"8"这个数字，因为迎合了时人求"发财"的普遍心理。

其五，避祸禳灾。通过模拟的方式来冲掉某种灾难的预兆，即用假灾祸来代替真灾祸。譬如，中国人讲破财消灾，就是基于这种原理。又据《北史·魏北纪第五》所载，"是岁二月，荧惑入南斗，众星北流，群鼠浮河向邺。梁武跣而下殿，以禳星变。及闻（北魏孝武）帝之西，惭曰：'虏亦应天乎？'"此盖以下殿以禳去国之灾也。

2. 接触巫术

"接触巫术"最为熟悉的例证，弗雷泽认为，"莫如那种被认为存在于人与他的身体某一部分（如头发和指甲）之间的感应魔力"[1]。这种迷信可以说是遍布全球。具体来说，此种原理的应用包括如下方面：

其一，保护牙齿。在很多民族那里，牙齿即便脱落以后，依然保持着与他本人的某种感应关系，所以必须要小心保护，以免落到别有用心的人手里。譬如，萨塞克斯的一位女仆对于把幼儿脱落的乳牙扔掉一事表示强烈抗议，在她看来，如果它们被一些动物找到并咬噬，那么孩子长出的新牙将同那只动物的牙一样。这种说法非常普遍，以致很多习俗都曾有意识地运

---

[1] 弗雷泽：《金枝》，第58页。

用这种原理来换牙，使旧牙换上更好的新牙，通常的办法是将脱落的乳牙故意掉到老鼠易于发现它们的地方，譬如屋顶或床下，以便能够换上一颗如老鼠一样坚硬的牙齿。同时，人们还常常念着如下的祷文："耗子，把你的铁牙给我吧，我将把我的骨牙给你。"

其二，保护脐带和胞衣。在澳大利亚西部地区的某些部落里，人们相信一个人游泳技巧的优劣，取决于出生时他的脐带是否被她母亲扔进水里。脐带或胞衣常常被看成人的第二灵魂，或者替身。譬如，古墨西哥人经常把一个男孩的脐带交给一个士兵，让他把脐带埋在战场上，以便这个男孩能因此获得战斗的激情，但女孩的脐带则必须埋在炉灶边，据说这样可以激励她热爱家庭和善于烹调。

其三，对脚印施法。这种巫术也是全球性的。譬如，澳大利亚东南地区的土著人认为，如果把石英石、玻璃、骨头或木炭等的锋利碎片放入某人的脚印中，就可以使他跛足。类似的做法流行于欧洲各地，并用来捕获猎物，譬如，德国猎手会把一根取自棺材的钉子插入猎物刚留下的足迹，据说这样可以防止它逃跑。

从上述弗雷泽对两类巫术的考察，我们可以看到，感应包括两个基本特征：其一，彼此感应的两个事物在经验上具有相似或相近的特征。虽然，这种特征不一定符合现代人的标准。其二，事物之感应关系的建立，同时依赖于人的心理能力。

但是，弗雷泽更主要强调了第二个特征，即将事物之间的感应关系纯粹看成基于人的心理活动，即联想律。换言之，这种关系不是事物本身所固有的，而是外在于事物的。弗雷泽认为，原始人由此建立起来的世界图景，不过是人类处于幼年阶段的错误思维的结果，因此，最终将为正确地理解事物之真实规律的科学所取代。这种说法，不免彻底取消了感应关系的实在性，也否定了感应思维在人类精神活动史上的重要性。

可见，弗雷泽根本没有"社会实在"的概念。正因如此，后来的法国人类学派则从"社会实在"的角度重新理解了"感应"这种人类精神活动方式。

（二）涂尔干的"类"概念

在埃米尔·涂尔干（Emile Durkheim）与马塞尔·毛斯（Marcel Mauss）那里，"感应"并没有作为一个特殊的现象来考察，然而，当他们在分析图腾制度时，引入了一个极其重要的概念，即"类"的概念，此概念使我们能够在一种更坚实的基础上来了解"感应"这种经验。

当我们想到"类"这个概念时，呈现出来的常常是近代科学所描画出来的那种意义，尤其是被扭曲成某种纯粹经验的概念。而在涂尔干看来，科学常常不加反思地运用一些概念，并且洋洋自得于这样一种对概念的运用，相反，在我们的日常生活中，甚至在原始人对概念的使用中，反而包含了更多的真理。因此，涂尔干力图通过对"类"概念的分析，批评那些来自科学的常识见解，亦即他所说的"经验论"或"还原论"立场。透过这样一种批评，我们可以看到古人与现代人在精神世界上的巨大差异和内在关联。

其实，我们若对康德哲学有一定的了解，就不难发现涂尔干学说里面那种浓厚的先验论背景。[1] 涂尔干这种先验论倾向，早在其博士论文《社会分工论》一书中已露其端倪，而其最重要的著作《宗教生活的基本形式》一书中，更是宣称他站在康德的先验论立场，他说道：

> 先验论的基本命题是：知识是由两类要素构成的，它们不仅不能相互还原，而且分别处在相互叠置的不同层次。我们的假设将不做任何修正，坚决贯彻这一原则。[2]

可以说，涂尔干试图通过其对宗教的研究来解决康德的范畴问题，即范畴这种不杂于经验的概念如何必然地运用于经验的对象。[3] 涂尔干在此书中更是把与先验论相对立的经验论贬斥为"还原论"，即将那些先天的东西（如范畴）还原为某种经验的东西。

就"类"这个完全为经验论所玷污的概念而言，康德保持了相当的谨慎，而使用别的概念，譬如"范畴"，准确地说，是用"纯思维规定"来代替"类"。涂尔干似乎大胆得多，他试图通过对原始人宗教生活的考察，而恢复"类"概念最原初

---

[1] 关于康德与涂尔干的比较研究，国外不乏其人。然而，从帕森斯（Talcott Parsons）开始，却似乎根本把问题的方向搞错了。因为在帕森斯看来，涂尔干那种寻求"范畴"之社会根源的努力，不过是一种认识论上的相对主义。

[2] 涂尔干：《宗教生活的基本形式》，上海人民出版社，2006，第16页。

[3] 在涂尔干看来，似乎康德并没有真正解决他自己提出的问题，或许，他感到有进一步循着康德的思路走下去的必要。然而，不少研究者紧紧抓住涂尔干对先验论的少许微词，而认为涂尔干与康德的范畴理论有着根本的不同。

的意义。

"类"在近代科学那里所具有的意义，往往与科学自身的精确性要求联系在一起，我们从中可以看到科学分类的繁复多样，以及分类标准的经验性特征，可以说，在某种意义上，"类"概念构成了科学之为科学的一个本质性特征。但是，原始人同样也有"类"的概念，区别仅仅在于，原始人用以分类的标准不完全依据经验特征而已。然而，这种区别却使那些知识进化论者产生这样的见解，即原始人不过处于前科学思维的阶段，或者说，处于人类知识较低积累的阶段。但在涂尔干看来，这种差别并非量的不同，而应该是质的不同，且绝非谬误与真理的不同。可以说，原始人的知识代表了另一种真理类型，同样是一种有效描述他们的生活世界的方式。

那么，原始人是如何构建他们的"类"概念呢？他们又是如何借助"类"概念来描述他们的生活世界呢？

涂尔干认为，原始人所以把某两个事物归为一类，不是因为事物的那些经验性特征，而是因为人们事先已认定这两个事物是一类了。换言之，我们正是先确定两个事物属于同一类型，然后才去寻找它们之间相似的那些经验特征。譬如，生物学正是把人与猴这两种在古人看来绝不相类的生物划为哺乳类，我们才能够找到到底是哪些经验特征使我们确认它们是同一类。因此，当原始人把某种事物视为自己的图腾时，他们同样能够找出很多相似的经验特征。

既然原始人（其实现代人也是如此，只不过科学家常常否认这一点）预先设定了一个类的概念，那么，某种具体的类概念到底是从何而来呢？如果类概念不是来自经验，那又是来自何处呢？涂尔干认为，这来自原始人的内心，即一种对集体力量无比崇敬的心情。

简单地说，在原始人那里，个人生活与集体生活是分开的，且常常是交替进行的，这种状况很容易让原始人把集体生活神秘化，从而最终使原始人相信，集体生活或者这种生活中的个体背后有一种本身超凡的力量在支配着，所以他们才能够进入到集体生活所特有的"欢腾"状态中。[1] 于是，原始人产生了对这样一种力量的崇拜，并将之神圣化。当这种崇敬的心情对象化为某个具体事物时，这个事物就成了图腾。只是现代人常常不明白这一过程，总以为这个作为图腾的事物本身有着某种令人崇敬的特征，才会让人们产生崇敬之心。其实，我们把一切关系都搞颠倒了。

正因为人们对事物的崇敬源于内心那种持久的心情，所以，他们崇敬的对象常常不止于某个单一的事物，还会把这种心情扩展到其他相似的事物上去。这样，他们很自然地认为这些被崇敬的事物背后有某种一般的、共同的力，正是这种力才使得人们崇敬这些事物。既然这些事物背后包含着这种共同的、神圣的、本质的力，于是，这些事物就被原始人看作属于同一个类。原始人正是因为经验到这种遍布在一切事物之中的神圣力量，所以，他们不仅把外部世界看成一个整体，而且把自身与世界看成一个整体，正因如此，原始人的精神世界是一种浑沌状态，中国古人所追慕的"天人合一"或"浑然与物同

---

[1] 涂尔干：《宗教生活的基本形式》，第285—290页。其实，从先验论的角度来看，集体生活必须与个体生活分开，界限愈是分明，集体生活就愈加纯粹，就愈能对世俗生活中的个体产生一种吸引力。因此，当后世集体生活失去那种高居于世俗之上的神圣性时，就不免流于形式化，从而也不再可能成为生活在世俗中的个体的精神向往。

体"的境界，不过是对这种曾经有过的浑沌时代的美好记忆而已。浑沌时代是一切民族共有的历史经验，但是，这个时代不是一个能够在外部经验上确证的考古学意义上的时代，而是一个民族在内心中不断经验、不断重塑的真实历史。可以说，只要一个民族那种崇敬之心未泯，就在不断重复着这种浑沌经验。

后来，随着氏族的交往及交往的扩大，姻亲部族出现了，于是，人们相互承认对方的图腾，也就承认了世界有着两种或数种不同的神圣力量。这样，人们逐渐把事物划分为两类、三类以至更多。譬如，中国古代的"五行"观念，其实代表了一种世界分类的图景。[1] 显然，中国古人这种分类绝不是基于一种经验的特征，今人往往惑于《尚书·洪范》中关于"水曰润下""金曰从革"的说法，以为这是一种经验的描述。其实不然，这不过是原始人对他们的生活世界中某种神圣力的体验，然后再借助一些经验的表征来描述这种力量。否则，我们就很难理解原始人在涉及具体的事物时，往往撇开那些更为易见的经验特征，反而把肝与木、脾与土这些在经验上相去甚远的事物看作是一类。可见，某些事物所以被划分为同一类，是因为它们之间具有内在的亲和性，这用涂尔干的话来说，就是它们都分享一个共同的神圣本原，如此，原始人的"类"概念就这样产生出来了。

那么，涂尔干关于"类"概念的分析，如何能为中国人的"天人感应"经验提供更合理的解释呢？

---

[1] 涂尔干：《原始分类》，上海人民出版社，2000，第67—80页。涂尔干在这本小册子中对中国的各种分类法，如五行、八卦、四季等，都做了一番描述。

前述已经表明，原始人正是因为经验到许多事物都包含一种共同的神圣力量，所以才被视为同类。同样，对于古代中国人来说，天与人被看成是一个共同的类，即天是人的祖先，而人是天的子孙。正因如此，人们无时无刻都可以感受到天的存在，《易传》讲"天垂象，见吉凶"，就是强调上天的任何自然现象对人类都是有意义的，都关联着人类的一举一动。人们如此关注上天的种种变化，正是表明了人类最源初的"天人合一"状态。即便到了后世，圣人依然上法天道，制订了种种法度来规范人类的行为，对此，《易·系辞》中说道：

> 圣人有以见天下之赜，而拟诸其形容，象其物宜，是故谓之象。圣人有以见天下之动，而观其会通，以行其典礼，系辞焉以断其吉凶，是故谓之爻。极天下之赜者存乎卦，鼓天下之动者存乎辞，化而裁之存乎变，推而行之存乎通，神而明之存乎其人，默而成之，不言而信，存乎德行。

此处对圣人的理解，大致近于能直接与上天交通的巫师或祭司，这是一切民族都曾经有过的角色。可以说，圣人能够开创为后世景仰的千秋功业，恰恰因为圣人有与上天一体交融的密切关系，故较常人更能上察天意。

可见，上古时，天与人之间的距离是非常近的，正因如此，天与人之间那种感应关系实在很自然。古人绝对不会像今人一样，以一种客观的态度去审视我们外部的自然。正如图腾崇拜所表明的那样，人们将某物视为崇拜的图腾，同时又把它当成自己的祖先，这样一种亲人之间的感应关系，直到今天仍能为我们在亲朋密友中反复经验到。因此，我们凭什么怀疑古人那种感应经验的真实性呢？

可见，首先是因为人具有了一种崇敬感，人们才会经验到一种无所不在的力量，才会把具有这种力量的事物看作同一类，才能够在同类事物中体会那中彼此相应、息息相关的关系。同样，在中国古人那种"天人感应"的经验背后，有着一种更为深刻的基础，即天人之间那种浑然一体的亲密关系。

因此，弗雷泽的局限就非常明白了。其错误包括这样几点：第一，弗雷泽把感应了解为事物之间的经验关系，从而把巫术与科学加以简单的类比；第二，弗雷泽把事物间的感应当成纯粹主观的产物，即依赖于心理学意义的联想律而建立起来的关系，而没有看作内在事物本身的客观联系；第三，弗雷泽完全颠倒了感应的实质，事物间产生感应是因为它们本属于同类，而不是因为它们在经验上的相似或相近才会有感应。

（三）列维－布留尔的"互渗率"概念

列维－布留尔（Lucien Lévy-Bruhl）是法国人类学派的另一代表人物，一方面他深受弗雷泽《金枝》的影响，另一方面，他又站在法国社会学派的立场，发挥了涂尔干的理论，并对泰勒、弗雷泽为代表的英国人类学派进行了批评。就"感应"问题而言，布留尔的论述包含这样几个要点：

其一，感应是原始人特有的一种思维，即所谓"原始思维"。与弗雷泽不同，原始思维不同于文明人的思维，不是因为人类智力在幼年期的不成熟所致，而是区别于文明人的另一种思维。这种区别的根源在于，因为"集体表象"在原始人那里具有重要得多的支配性。

关于这个问题，按照列维－布留尔的思考，首先，为什么相距遥远的民族中间却存在着相同的制度、信仰和风俗？显然，这是一个可在经验上确证的事实。但是，英国人类学派将原因归于人类有着共同的心理结构或智力机能，至于后来的传播论则认为，这是一次性创造之后的文化通过交流和传播的结果。就此而言，法国社会学派似乎更接近英国人类学派的立场。其次，当英国人进一步引申他们的立场时，列维－布留尔就不再同意了。在他看来，这种共同的心理结构或智力机能，绝不意味着原始思维只是人类童年时期那种较幼稚、不成熟的阶段，原始人与现代人的差别只是思维方式的不同，而非思维能力的高低不同。对此，他批评道："英国人类学派追随着自己首领的榜样，一贯竭力指出'野蛮人'的思维与'文明人'的思维之间的联系；他们甚至竭力解释这种联系。然而，正是这种解释妨碍了他们前进。"[1] 第三，思维方式之所以不同，关键在于"集体表象"在原始人那里始终是思考的重心所在，即以"集体表象""先于个体，并久于个体而存在"，它"在集体中是世代相传的，它在该集体中的每个成员身上留下深刻的烙印"，因此，"集体表象"只是加于个人身上，而不可能成为个体的心理学意义上的思考对象。[2]

第二，明确强调了渗透在事物之中的那种神圣力量的实在性质，列维－布留尔称为"神秘性质"，并视为构成事物本质的一部分。

---

[1] 列维－布留尔：《原始思维》，第9页。

[2] 同上，第5页。

对原始人来说，"集体表象"表现为"神秘性质"。[1] 在现代人身上，固然时刻都有"集体表象"在发生作用，但我们更多的是从经验的角度去了解事物及其相互关系。原始人则不同，他们并不看重甚至无视事物在经验方面的特征，而把事物中那种"神秘性质"看成最重要的特征。因此，在原始人那里，事物及其相互关系呈现出一种完全不同的面貌，对此，布留尔说道：

> 原始人周围的实在本身就是神秘的。在原始人的集体表象中，每个存在物、每件东西，每种自然现象，都不是我们认为的那样。我们在它们身上见到的差不多一切东西，都是原始人所不予注意的或者视为无关紧要的。然而在它们身上原始人却见到了许多我们意想不到的东西。[2]

而且，原始人不是把来自"集体表象"的"神秘性质"看成主观的东西，而是视为内在于事物本身的客观性质，"当原始人感知这个或那个客体时，他是从来不把这客体与这些神秘属性分开来的"[3]，"对他们来说，这些存在物和客体的神秘力

---

[1]　对此，列维－布留尔说道，"集体表象给这一切客体平添上神秘的力量"（同上，第30页），"应当考虑到通过集体表象给他们的每一知觉带进去的那个因素。不管在它们的意识中呈现出的是什么客体，它必定包含着一些与它分不开的神秘属性"（同上，第34页）。

[2]　同上，第28页。

[3]　同上，第34页。

量、神秘性质才是它们的最重要属性"[1]。

第三，更明晰地界定了"感应"的内涵。不同事物由于包含了共同的、客观的"神秘性质"，从而非常紧密地结合在一起，因此，一个事物的变化（感）引起另一个与之具有"互渗"关系的事物的变化（应），这是再自然不过的了。

在原始人那里，事物之间的关系不是从经验方面进行了解，而是被看作事物所包含的"神秘性质"之间的关系，列维－布留尔说道：

> 我们叫作经验和现象的连续性的那种东西，根本不为原始人所觉察，他们的意识只不过准备着感知它们的倾向于消极服从已获得的印象。相反的，原始人的意识已经预先充满了大量的集体表象，靠了这些集体表象，一切客体、存在物或者人制作的物品总是被想象成拥有大量神秘属性的。因而，对现象的客观联系往往根本不加考虑的原始意识，却对现象之间的这些或虚或实的神秘联系表现出特别的注意。原始人的表象之间的预先形成的关联不是从经验中得来的，而且经验也无力来反对这些关联。[2]

列维－布留尔提出"互渗律"概念，藉此来概括原始思维的法则或原则。所谓"互渗律"，描述了事物之间或人与事物之间那种基于"神秘性质"的相互关系，它包括各种形式，"如

---

[1] 同上，第55页。

[2] 同上，第68、69页。

接触、转移、感应、远距离作用，等等"[1]。譬如，今人是严格将肖像与原型区别开来，但原始人却认为原型与肖像之间的关系服从"互渗律"的法则，从而紧密地结合在一起，因此，对肖像的影响实际上就是对原型本身的影响，"对他来说，形象是与原本互渗的，而原本也是与形象互渗的，所以，拥有形象就意味着在一定程度上保证占有原本"[2]。

基于其"互渗律"理论，列维－布留尔重新阐释了弗雷泽的"感应巫术"。他认为，感应巫术是"与原始人的思维的集体表象联系着的，与支配这些集体表象的互渗律联系着的"[3]。譬如，妻子不孕，丈夫之所以撵走她，是因为他害怕互渗，即会因此影响到他家果园或农作物的收成。

列维－布留尔在《原始思维》一书中，不仅引述了相当多的中国材料，而且其理论也深受中国古人的启发。当他接触到司马迁《史记》对"天人感应"的描述时，大大刺激了他对原始人思维的研究。不仅列维－布留尔如此，而且，很多人类学家在引证原始人的材料时，同时也相当多地使用中国古代的材料，这对于我们在理解中国古代经典时，提出了一个非常重要的思路，即将人类学、民族学的研究成果与经典诠释进行互证。因为中国作为一个文明高度发达的早熟民族，却走了一条非常独特的道路，因为它大量保留了被西方人视作文明前史的因素。可以说，自周秦以降，以孔子代表的儒家对上古思想进行改造时，并没有割断与史前文明的关系，而是对之进行了创

---

[1]　同上，第71页。

[2]　同上，第222页。

[3]　同上，第289页。

造性的转化，使之成为新文明的组成部分。

二、感应的一般原理

《说文》解"感"作"动人心也"，此说实可涵盖古人对"感"的一切解释。感又称"感应"，物来感人，人心则动以相应，古人正是如此把人与外部世界的关系领会为"感"这种方式。[1]

《易·咸卦》阐明了天地万物相感的道理。《咸》之下卦是艮，上卦是兑，艮象少男，兑象少女，少男少女最易相感，《易》盖以此说明天地万物之不得不感。兑又有悦义，艮有止义，男女之相感，悦而后止，不感则阴阳不调。而《易·序卦传》云：

> 有天地然后有万物，有万物然后有男女，有男女
> 然后有夫妇，有夫妇然后有父子，有父子然后有君臣，
> 有君臣然后有上下，有上下然后礼义有所措。

此段文字在思想史上颇受重视。不少学者据此认为，男女之间那种纯粹出乎自然的相悦相感，就是夫妇关系的基础，而夫妇关系又是整个家庭的基础，至于整个社会、政治诸秩序莫不出

---

[1] 列维－布留尔将"感"看作原始人与外部世界打交道的一种普遍方式，这种方式根本区别于现代人的思维，而不再视作人类心智进化过程中某些幼稚、非正常的心理现象。这种理论对于破除欧洲中心论有着巨大的意义，从而使东方人乃至整个原始人的生活与观念获得某种独立的价值，而不再被看作处于人类进化序列中的较低阶段。

乎此。此说体现了一种还原论的逻辑，即将家庭还原为夫妇，又将夫妇还原为男女，至于礼义，则实为后起。然考诸古礼古俗，夫妇关系实不止于男女，家庭关系亦不止于夫妇。

首先就男女关系而言，古人于悦慕之情外，所重者犹有礼焉。盖男女因感而交合，因礼而有别。若男女相悦相感即成婚，则与穿墙逾穴之徒又何异？而莽荒时代之抢亲习俗或稍近之。且就现代思想言所必称、未有专制气息之先秦而论，亦未必尽然，如《诗》谓"取妻如之何，匪媒不得"（《齐风·南山》），《礼记》则谓"男女无媒不交，无币不相见"（《坊记》），《公羊传》亦谓"婚礼不称主人"（隐二年）[1]，皆强调男女相接之际犹有别焉。故古人讲究六礼完备而后成夫妇，情文俱至，非若近世之陋俗可比。

《礼记·大传》云："亲亲也，尊尊也，长长也，男女有别，此其不可得与民变革者也。"《丧服小记》亦云："亲亲、尊尊、长长、男女之有别，人道之大者也。"王国维遂谓男女有别为周代制度之大纲，而派生出同姓不婚之制。[2] 其所以然者，盖惩于上古乱伦之习俗也。[3] 是以古人别男女，非止泛言"男女

---

[1] 《春秋》僖十四年，"季姬及鄫子遇于防，使鄫子来朝"。何休注云："礼，男不亲求，女不亲许。鲁不防正其女，乃使女遮鄫子淫泆，使来请已，与禽兽无异。"故"婚礼不称主人"，即以婚姻之实在礼而不在情也，否则，虽人君承宗庙、社稷之重，犹不免蒙淫泆之恶名。此说可看作中国文明对上古抢亲陋俗的一种蔑弃，殊不料今人乃袭用经西人转手之陋俗，且自谓进步，真不知是何言也。

[2] 王国维：《殷周制度论》，收入《王国维遗书》，上海书店出版社，1996。

[3] 《春秋》哀十二年，孟子卒。《公羊传》云："其称孟子何？讳娶同姓，盖吴女也。"何注云："礼，不娶同姓，买妾不知其姓，则卜之。为同宗共祖，乱人伦，与禽兽无别。"《礼记·坊记》据此云："取妻不取同姓，以厚别也。"《曲礼上》

授受不亲",尤谨于门内异性亲属之交接也。故《礼记》云:

> 夫礼者,所以定亲疏,决嫌疑,别同异,明是非
> 也。(《曲礼》)

孔颖达释"别同异"云:"本同今异,姑姊妹是也;本异而今同,世母叔母及子妇是也。"可见,古人所说的男女之"别"首先体现在异性亲属之间,即主张男子与姑姊妹、伯叔父母及子妇之间当谨而有礼。故《礼记》谓"姑姊妹女子子已嫁而反,兄弟弗与同席而坐,弗与同器而食"(《曲礼》),此别"本同而今异"之男女;又谓"诸母不漱裳"(《曲礼》),"嫂叔之无服也,盖推而远之也"(《檀弓》),此别"本异而今同"之男女。

男女之别如此,故尤当谨于婚媾之时,此人道之所始。故《礼记·郊特牲》云:

> 男女有别,然后父子亲。父子亲,然后义生。义
> 生,然后礼作。礼作,然后万物安。

其实,即便就《咸》卦而言,男女相感尚有别种意思,即强调感之贞正。盖就卦之取象而言,少阴与少阳之相感,方为正道,而非太阴与少阳相感,亦非少阴与太阳相感。[1] 又,男

亦云:"取妻不取同姓。"皆以其乱人伦也。

[1] 古时以男女相感之贞正,责任首要在于女子。《诗·周南·汉广》云:"南有乔木,不可休息。汉有游女,不可求思。"《毛传》遂谓女子当有贞洁之行,使男子"无思犯礼,求而不可得也",孔疏明其义云:"无求犯礼者,谓男子不思犯礼,由女贞洁使之然也。所以女先贞而男始息者,以奸淫之事皆男唱

下女上，象男取女须亲迎，否则为私奔矣，亦强调男女相感当有正道。[1]《咸》卦又特别借九四爻来说明感之贞正的道理，爻辞云：

> **贞吉，悔亡。憧憧往来，朋从尔思。**

虞翻曰："失位，悔也。应初动得正，故'贞吉而悔亡'矣。憧憧，怀思虑也。之内为来，之外为往。欲感上隔五，感初隔三，故'憧憧往来'矣。兑为朋，少女也。艮初变之四，坎心为思，故曰'朋从尔思'也。"马融曰："憧憧，行貌。"王肃曰："憧憧，往来不绝貌。"[2] 程颐则曰："感者，人之动也，故皆就人身取象。拇取在下而动之微，腓取先动，股取其随，九四无所取，直言感之道。不言咸其心，感乃心也，四在中而居上当心之位，故为感之主而言。感之道贞正则吉而悔亡，感不以正则有悔也。又四说体居阴而应初，故戒于贞。感之道无所不通，有所私系则害于感通，乃有悔也。圣人感天下之心，如寒暑雨旸无不通、无不应者，亦贞而已矣。贞者，虚中无我之谓也。'憧憧往来，

而女和。由禁严于女，法缓于男，故男见女不可求，方始息其邪意。"

[1] 亲迎之礼，其义甚大。《毛传》谓《螽斯》之诗乃所以"止奔"，盖亲迎为男先女，私奔则女就男也，故程子云："夫阳唱阴和，男行女随，乃理之正。今阴来交阳，人所丑恶，故莫敢指之。"（《河南程氏经说》卷3，《诗解》）此其义一也。又，亲迎之礼乃"合二姓之好"（《礼记·哀公问》），重妃匹之正也，故《春秋》讥不亲迎，以其"不重妃匹，逆天下之母若逆婢妾"（桓三年何休注）。此其义二也。又，隐二年何注云："礼所以必亲迎者，所以示男先女也。"《礼记·郊特牲》明此义云："男子亲迎，男先于女，刚柔之义也。天先乎地，君先乎臣，其义一也。"则亲迎之礼又所以正夫妇之道，此其义三也。

[2] 孙星衍：《周易集解·咸卦》。

朋从尔思',夫贞一则所感无不通,若往来憧憧,然用其私心以感物,则思之所及者有能感而动,所不及者不能感也,是其朋类则从其思也。以有系之私心,既主于一隅一事,岂能廓然无所不通乎。"[1] 可见,古人尤重感之以正。而正者,有礼以别之谓也,否则,终不免有乱伦之忧矣。

至于夫妇之间,亦当有别。《内则》云:"礼始于谨夫妇。"[2]《郊特牲》云:"出乎大门而先,男帅女,女从男,夫妇之义由此始也。"此夫妇有别之义也。今人多不能区别"男女有别"与"夫妇有别"之不同。前者本乎上古之乱伦禁忌,而后者则取《毛传》《大学》"齐家"之义,盖以为正夫妇之道乃天下化首也。

《毛诗序》谓《关雎》之义在"乐得淑女以配君子,忧在进贤,不淫其色",此说颇能发明夫妇有别之义。《毛传》释云:

> 后妃说乐君子之德,无不和谐,又不淫其色,慎固幽深,若关雎之有别焉,然后可以风化天下。夫妇有别则父子亲,父子亲则君臣敬,君臣敬则朝廷正,朝廷正则王化成。

而郑玄笺云:"挚之言至也,谓王雎之鸟,雌雄情意至然而有

---

[1] 程颐:《伊川易传·咸卦》。

[2] 《内则》云:"夫妇之礼,唯及七十,同藏无间。"孔疏云:"夫妇唯至七十同处居藏,无所间别,以其衰老,无所嫌疑故也。"是以夫妇之间,因有男女之事而常别,故有礼以谨于夫妇之间,使内外而有别。《内则》又云:"为宫室,辨外内。男子居外,女子居内,深宫固门,阍、寺守之,男不入,女不出。"圣人制礼如此,非所以别男女,实藉以正夫妇之道也。

别。"《毛诗》以关雎比夫妇，夫妇之能相感相悦，犹雎鸟"雌雄情意至厚"也；而妇之不淫其色，此夫妇之所以有别，若雎鸟然。[1] 故夫妇之道当取法乎关雎，"情挚而有别"，此《大学》齐家之所始也。[2]

《毛传》与《易传》这两段话，句式非常相近，但意思却相差甚远。《易传》言男女相感乃夫妇、父子、君臣之始，而礼义为后起；《毛传》则言夫妇之道与男女之情无涉，盖自男女相感之始，即当以礼相亲、相敬，不独男女有别，夫妇亦须有别，而父子、君臣之道之得正，实肇基于此。《毛传》义与《公羊传》"正始"之义相同，皆以王化当"自近者始"。而《论语》言"近取譬"，《大学》言"齐家"，皆与此义相通。故《易传》言男女相感，若不通之以《毛传》别夫妇之义，颇嫌片面，着落到现实中则弊端极大。[3] 俗语谓夫妇"相敬如宾"，即本

---

[1] 女有美色，男子悦之，此情之自然。然过度为淫，故孔疏谓"男过爱女谓淫女色，女过求宠是自淫其色"，则男女俱有淫矣。然其所淫有不同，故古礼欲防正之，乃以男子之德在普施，女子之德在幽居，皆所以止男女之过爱也。然《关雎》专言女子之淫者，盖夫妇之无别，责任首在于女子，故观后世之女祸，常起自后妃恃爱而专宠，而妨君王普施之德，终至男女俱淫矣。故孔疏曰："妇德无厌，志不可满，凡有情欲，莫不妒忌。"女子之性情常在于专宠专爱，而基督教乃绳世人以妇人之道，遂有一夫一妻之制，狭陋殊甚。故《毛诗》以《关雎》乃言"后妃之德"，谓女子当有幽闲贞专之德，常居深宫以自处也。而程子释《江有汜》之诗，以为"美人君当使妾媵均承其泽"，又谓"水之分流，兴夫人之不专君子"。(《河南程氏经说》卷3，《诗解》) 故古代后宫有"以时进御"之礼，盖本诸此。

[2] 《仪礼·士相见礼》郑玄注云："士挚用雉者，取其耿介，交有时，别有伦也。"贾公彦疏云："交接有时，至于别后，则雄雌不杂，谓春交秋别也。"此义亦同《毛传》。

[3] 今人尚质，唯情是重，至于混男女之情与夫妇之情为一，则不得不强调性爱在夫妇生活中的重要性，至于夫妇之不谐亦常因于此，而出墙、偷香之事不

诸《毛传》义也。

其实，当与《咸卦》配合一起看的应该是《家人卦》。《咸卦》言男女相感，而《家人卦》则言正夫妇之道，其象辞云：

> 家人，女正位乎内，男正位乎外。男女正，天地
> 之大义也。家人有严君焉，父母之谓也。父父，子子，
> 兄兄，弟弟，夫夫，妇妇，而家道正。正家而天下
> 定矣。

男女为家人，则彼此为夫妇矣。男主外，女主内，各有所正，此男女之所以别也，而天下之定实始乎此。[1] 此段可与《毛传》相发明。[2]

此外，现代学者对"感"的理解实在太过狭窄。除男女、夫妇之相感外，尚有父子、兄弟、朋友、君臣之相感。俗语中有"感恩"一词，即谓父子、兄弟、朋友与君臣之间皆得以情义相固结也。至于人神（鬼）、君民及天人之间，虽有霄壤之隔，亦能相感。今之学者专以男女论相感之道，可见其偏颇。

独为情之自然，亦理所当然也。

[1]　宋欧阳修《新五代史》别立《家人传》，其意即取诸此。盖以为治国之本系乎夫妇之道正，至于忽微之际皆须谨焉。故《春秋》隐元年纪履緰来逆女，何注云："《春秋》正夫妇之始也。夫妇正，则父子亲。父子亲，则君臣和。君臣和，则天下治。故夫妇者，人道之始，王教之端。"

[2]　《礼记·郊特牲》云："天地合，而后万物兴焉。夫昏礼，万世之始也。"又云："男女有别，然后父子亲。父子亲，然后义生。义生，然后礼作。礼作，然后万物安。无别无义，禽兽之道也。"可见，男女之合，犹万物之所以生，至于万物之所以安，则男女当有别焉。《昏义》云："男女有别，而后夫妇有义；夫妇有义，而后父子有亲；父子有亲，而后君臣有正。"亦此义也。

盖现代学者之意图至为明显，即欲由男女相感而引出男女平等之说，而后世君权、父权渗入其中，则男女始不能平等，故不能相感。不过，观其所论，实不能证成其说。盖君民、人鬼、天人之相感，至于父子、兄弟、君臣之间，实不必有一平等之前提。而近世平等之说兴，而个人之间反生一不可逾越之鸿沟，遑论其相感乎！

古人关于"感"之观念尤盛于两汉，此即具有意识形态色彩的"天人感应"学说。然其渊源则甚早，可追溯至春秋之时。至于古人论父子、君臣关系，亦常以天人为比，皆取其敬畏之意。[1] 故其敬而能有别，其亲而能相感，非若西域思想对待自然之偏执也。故唯天之尊不可及，故人君乃能于不睹不闻之际常听命焉，此古人之所以奉天也；唯民之卑不可敌，故人君常能观民志、顺民情，此古人之所以教民也。可见，古人论感应，其亲莫近于夫妇，其严莫远于君民、天人，然皆有尊尊、亲亲二义存焉。

中国传统之政治或可由此得观焉。《毛诗》以"风"为六义之一，盖"风"本采自民间而讽上，此民之感闻于上也，而朝廷施政之根本在此。《论语》训"政"为"正"，又谓"君子之德风，小人之德草，草上之风必偃"，此君之感化于下也，而民之移风易俗有赖乎此。上下相感，故能成其治。由此亦见民"风"之成，实朝廷所造就也，如《周南》《召南》二诗，以见王者之化被于南国。历代政治尤重敦厚民俗，即如秦

---

[1] 礼固然以敬为主，如《礼记·曲礼》谓"毋不敬，俨若思，安定辞"；然敬中亦不废亲近之意，故又谓"贤者狎而敬之，畏而爱之。爱而知其恶，憎而知其善"，至于"宦学事师，非礼不亲"，则有礼而后有亲，亲不可纯以自然情感视之。可见古人制礼，本有情义兼尽之意。

始皇之偏任法治，然睹越俗之淫泆，犹能刻石会稽以戒之。至于《大学》言君"一言兴邦""一言丧邦"，《论语》比君上之德为风，皆可见古人所以重教化也，而视乎今日放任自流之姿态，实迥异矣。上以政教风下，下以民情讽上，上下相感若此，故《易·咸卦》乃曰："圣人感人心而天下和平。"

至于民间祭祀鬼神，亦言人神之相感。如《礼记·祭义》论"专其内之所思"云：

> 斋之日，思其居处，思其笑语，思其志意，思其所乐，思其所嗜。斋三日，乃见其所为斋者。

古人在祭祀前必有斋戒。斋戒有致斋与散斋之不同：散斋即《礼记》所谓"七日戒"（《礼器》及《坊记》），具体做法是"防其邪物，讫其嗜欲，耳不听乐。心不苟虑，必依于道。手足不苟动，必依于礼"（《祭统》）；致斋则指"三日宿"，具体做法即此所言"思其居处，思其笑语，思其志意，思其所乐，思其所嗜"。而孔子谓"祭如在，祭神如神在"（《论语·八佾》）。如此经过十日的斋戒，神明宛然在前，至祭祀时，祭者乃得"以其恍惚以与神明交"。故《祭义》又云：

> 祭之日，入室，僾然必有见乎其位；周还出户，肃然必有闻乎其容声；出户而听，忾然必有闻乎其叹息之声。

此段话颇生动描述了祭祀时人与神相感时的情形。荀子也有一段类似的说法，《荀子·礼论》云：

> 卜筮视日，齐戒修涂，几筵、馈荐、告祝，如或
> 飨之；物取而皆祭之，如或尝之；毋利举爵，主人
> 有尊，如或觞之。宾出，主人拜送，反易服，即位而
> 哭，如或去之。

可见，在古人看来，人在祭祀时与鬼神相感，同生时事奉父母并无区别。故《荀子》谓"事死如事生，事亡如事存"，此人神相感之道也。

其实，关于"感应"的问题，不仅广泛见于中国古代典籍，而且，在现代人类学、民俗学那里也有着广泛而深入的研究。在弗雷泽、列维－布留尔等人的研究中，强调了"感应"两个最为重要的特征：第一，"感应"是原始人区别于现代人的特有思维；第二，这种思维以一种不同于现代人的思维方式了解事物之间的关系，原始人有意或无意地忽视了事物之间在经验特征上的关系，而力图建立一种所谓内在的、本质的关系。如果我们能够将这些成果引入对中国古代社会的研究，尤其是运用到对古代文献材料的阐释，应该非常有突破性。

通过上述对古代典籍中相关文献的梳理，并结合人类学的成果，我们就感应问题可以达成如下几点结论：第一，所谓一般感应的原理，在于如何理解事物之间的联系。当事物彼此隔绝、互为限界时，感应是不可能的；只有当事物之间互相敞开，自我消融，彼此之感应方为可能。换言之，事物间的感通、交融乃至浑然一体，不是相互联系的结果，反而是那些联系的前提。[1] 时下所谓交往或对话理论，首先已设定了彼此之

---

[1] 《礼记·曲礼》云："天子祭天地，祭四方，祭山川，祭五祀，岁遍。诸侯方祀，

间的限界，然后又要求双方越出这种限界，这样一个任务在逻辑上是不成立的。第二，中国古人不仅把天人关系领会为一种感应关系，而且把人与人之间的所有关系（如夫妇、父子、兄弟、朋友、君臣）皆领会为一种感应关系，从而为对古代社会的一切制度和观念的阐释奠定了基础。

基于这种对感应的了解，今人在此问题上的偏差就显而易见了。感应之可能是彼此限界的消除，今人却强调了夫妇双方的平等、自主。"自我"在中国思想中从来是一消极概念，不论是儒家的"克己"，还是道家的"无我"，乃至外来佛家的"空空"，其主旨都是对自我之否定。唯有泯除自我，彼此之感应才有可能，而今人囿于"五四"运动以来的流俗观念，一味强调双方之平等，以之作为感通之基础。[1] 因此，感应之第

祭山川，祭五祀，岁遍。大夫祭五祀，岁遍。士祭其先。"又云："非其所祭而祭之，名曰淫祀。淫祀无福。"可见，不同的人只能祭祀特定的对象。朱熹对这段话的解释，颇可印证我们这里的结论。《朱子语类》卷3云："自天地言之，只是一个气。自一身言之，我之气即祖先之气，亦只是一个气，所以才感必应。"又云："如子祭祖先，以气类而求。以我之气感召，便是祖先之气，故祭之如在，此感通之理也。"又云："如天子则祭天，是其当祭，亦有气类，乌得而不来歆乎！诸侯祭社稷，故今祭社亦是从气类而祭，乌得而不来歆乎！今祭孔子必于学，其气类亦可祭。"可见，人只能祭祀与自己"气类"相通的鬼神，如祖先与自己同气，故能感通，至于天子、诸侯所祭祀之自然神，亦因为气类相近使然。而人类自近现代以来，不仅以人与自然各为限界，至于人与人之间，亦因各有人格、权利，而彼此扞格不通。

[1] 对此，无须理论之抽象考察，且各人就切身之实际经验体会之，便可发现男女、夫妇之相感，皆起于彼此距离之近，近到你中有我、我中有你，乃至无分彼我、无所谓彼我的地步，如此，一举手，一投足，无时无刻都感到彼此心意相通，无须言语，无须示意，默默之间，无所不喻。至于距离稍远，乃有自我之产生，有你，有我，彼此诉说，相互倾听，于是有误会，有澄清，有盟誓，有咒诅，有修辞之艺术，亦有解释之艺术，种种机巧皆由自我而起。

一原理实在于消除距离、泯灭自我而已。近世由于平权观念深入人心，不独一般普通人之间不能相感通，乃至夫妇之间亦横生隔阂，同床异梦，不相感通。现代学者强调夫妇之间因为感情而感通，但我们在现实中却更多发现感情不和而不相感通，乃至彼此分道，真是莫大之吊诡。

三、灾异与谴告

《易》以男女相悦为感应之取象，并进而推之政治，乃至天下万物，故又曰："天地感而万物化生，圣人感人心而天下和平。观其所感，而天地万物之情可见矣！"天人之间能够相感，表明天与人之间距离很近。正因为如此，天垂象，见吉凶，上天垂示的任何现象都在向人昭示着某种东西，或凶或吉，或祸或福，故人也应该修德以应天象。

这种道理在汉儒那里表现为一种政治学说，即"天人感应"理念。什么叫"天人感应"呢？就是将自然现象与人事联系起来，认为人的某种行为通常会导致某种自然现象，故人也应该根据自然现象的某些提示，或灾或异，来调整自己的行为。

譬如，隐九年，"三月癸酉，大雨，震电"。对于此条，公羊家怎样解释呢？《传》曰："大雨震电，何以书？记异也。何异尔？不时也。"此条有两层意思：其一，三月是周历的三月，相当于今日所用夏历的正月，故大雨震电是"不时"，是不应该在冬天出现的自然现象；其二，这种"不时"的现象又不能像现代人所理解的那样，仅仅视为一种自然现象，而是看成由人事导致的"异"象。何休对之解释道：

震雷电者，阳气也。有声名曰雷，无声名曰电。周之三月，夏之正月，雨当水雪杂下，雷当闻于地中，其雉雊，电未可见，而大雨震电，此阳气大失其节，犹隐公久居位不反于桓，失其宜也。日者，一日之中也。凡灾异一日者日，历日者月，历月者时，历时者加自文为异。发于九年者，阳数可以极，而不还国于桓之所致。

紧接着下一条为"庚辰，大雨雪"，《传》对此条的解释更见感应之义："庚辰，大雨雪，何以书？记异也。何异尔？俶甚也。"对此，何休解释道：

俶，始怒也。始怒甚，犹大甚也。盖师说以为平地七尺雪者，盛阴之气也。八日之间，先示隐公以不宜久居位，而继以盛阴之气大怒，此桓将怒而弑隐公之象。

前条所记"大雨震电"为异象，表示隐公不宜久居位也；此条所记"大雨雪"亦属异象，然为阴气盛之象，表示桓公将怒而弑隐公也。

《公羊传》又谓"异大乎灾"。定元年"霣霜杀菽"，《传》云："何以书？记异也。此灾菽也，曷为以异书？异大乎灾也。"何休注云："菽，大豆。时独杀菽，不杀他物，故为异。"案，霜当并杀谷物，而独杀菽，伤害虽小，然为异也。可见，《公羊》以异大于灾，与其对人类伤害的大小无关，而重在背后的意义。

又，宣十五年"冬，蝝生"，《传》云："未有言蝝生者，此其言螽生何？螽生不书，此何以书？幸之也。幸之者何？犹曰受之云尔。受之云尔者何？上变古易常，应是而有天灾，其诸则宜于此焉变矣。"螽生，乃蝗虫之灾。此时螽生，《公羊》以为原因在于"变古易常"，即上天借此表达对鲁宣公实行"初税亩"的不满。可见，《公羊》实将灾异与人间政治联系在一起。

自然现象有常有异，从今人的眼光来看，皆可从自然本身得到解释。然而，在古人看来，莫不与人事相关：自然现象之常，则表明人事之和洽，而异表明人事之失序。《春秋》正是通过对特定自然现象的书与不书，来表达上天对人间不合理事情的态度。

对此，董仲舒说道：

> 天地之物有常之变者，谓之异，小者谓之灾。灾常先至而异乃随之。灾者，天之谴也；异者，天之威也。谴之而不知，乃畏之以威。《诗》云："畏天之威。"殆此之谓也。凡灾异之本，尽生于国家之失。国家之失乃始萌芽，而天出灾害以谴告之，谴告之而不知变，乃见怪异以惊骇之，惊骇之尚不知畏恐，其殃咎乃至。以此见天意之仁而不欲陷人也。谨案灾异以见天意。天意有欲也，有不欲也。所欲所不欲者，人内以自省，宜有惩于心，外以观其事，宜有验于国。故见天意者之于灾异也，畏之而不恶也，以为天欲振吾过，救吾失，故以此报我也。（《春秋繁露·必仁且智》）

"天人感应"的学说渊源甚早，可追溯到春秋以前。至春秋战国时，开始盛行，如墨子的明鬼，邹衍的五德终始说，都注重以天权来限制君权。这种精神亦体现在儒家思想中，《春秋》便多言灾异谴告之事，其中颇书日蚀星陨、山崩地裂、鹢退鹦巢等灾异现象，"以此见悖乱之征"，其目的则在警诫人君。至汉代，公羊家更是惩于秦王朝专暴的弊病，遂发挥《春秋》经传的精神，而假借灾异来诫惧人主，使之自敛，而不复为纵恣专横之事。

董仲舒于此多有发明，认为《春秋》之旨在于"屈民而伸君，屈君而伸天"（《春秋繁露·玉杯》），"屈天地而伸义"（《春秋繁露·精华》），盖以义统天，而以天权制君权也，实际上，都是以儒家伦理道德来限制君权。可以说，无论汉儒讲天意，还是宋儒明天理，目的都是想要限制君权，防止人间的君王妄作威福。

在董仲舒那里，以天来限制君权大致有三方面内容：

其一，公羊家通过对《春秋》"元年春王正月"的解释，强调以"天之端正王之政"，因此，王者应该上法天道，行仁义之政，否则就会导致革命。对此，董仲舒说道："故夏无道而殷伐之，殷无道而周伐之，周无道而秦伐之，秦无道而汉伐之，有道伐无道，此天理也。"（《春秋繁露·尧舜不擅移》）可见，儒家是认可诛伐无道之革命，视为"天理"。

其二，新政权的建立，必须改制。王者改制的道理，目的在于表明其政权的合法性，即受命于天，而非受命于人。换言之，天是世俗权力合法性的来源。

其三，汉儒宣扬"天人感应"之说，欲以灾异来谴告人君，从而达到限制君权的目的。

而且，公羊家讲"天人感应"，不言祥瑞，而专言灾异，亦可见限制君权的旨趣。对此，董仲舒《贤良对策》如此说道：

> 臣谨案《春秋》之中，视前世已行之事，以观天人相与之际，甚可畏也。国家将有失道之败，而天乃先出灾害以谴告之，不知自省，又出怪异又警惧之，尚不知变，而伤败乃至。以此见天心之仁爱人君而欲止其乱也。自非大亡道之世者，天尽欲扶持而全安之。事在强勉而已矣。强勉学问，则闻见博而知益明；强勉行道，则德日起而大有功，此皆可使还至而有效者也。《诗》曰"夙夜匪解"，《书》云"茂哉茂哉！"皆强勉之谓也。（《汉书·董仲舒传》）

董仲舒于此将灾异的道理说得相当明白，就是要防止人君胡作非为，而使之"强勉"以法天道。但是，法天道，行仁义，一般的君王常常不可能做到，所以，儒家学者要借上天垂示的灾异现象来使人君"强勉行道"，由此也体现了上天的仁爱之心。今人多不明公羊家言灾异之旨，皆以迷信诋之，实属轻躁。

孔子曰："畏天命，畏大人，畏圣人之言。"（《论语·季氏》）今人却要征服自然，否定权威。但是，在古人看来，统治者无所畏惧，则不免无恶不作，如秦始皇以武力夺取天下，不信天命，无所不用其极，如此上行下效，百姓自然也无所畏惧，终不免放恣邪行，无礼义，无廉耻。圣人倡"天人感应"之说，不过欲以神道设教，而约束君权也。然而，这也是根植于人的一种素朴的思维方式，即类推。什么叫类推呢？这是一种原始人就有的思维方式，即由此类现象而联系到彼类的能力。盖天象与人事本不同类，但人们却能睹江河之流逝而叹生命之无常，观大自然之壮美而心灵得以净化，都是基于人类的这种类推能力。

天人感应学说在汉代政治中起到极重要的作用。至汉元帝时，这种学说达到极盛，当时每有灾异，皇帝必下诏自责求言。《汉书·元帝纪》中载有如下两段话：

> 夏，四月，乙未，晦，茂陵白鹤馆灾。诏曰："乃者火灾降于孝武园馆，朕战栗恐惧。不烛变异，咎在朕躬。群司又未肯极言朕过，以至于斯，将何以寤焉！百姓仍遭凶阨，无以相振，加以烦扰乎苛吏，拘牵乎微文，不得永终性命，朕甚闵焉。其赦天下。"

> 三月，壬戌，朔，日有蚀之。诏曰："朕战战栗栗，夙夜思过失，不敢荒宁。惟阴阳不调，未烛其咎。屡敕公卿，日望有效。至今有司执政，未得其中，施与禁切，未合民心。暴猛之俗弥长，和睦之道日衰，百姓愁苦，靡所错躬。是以氛邪岁增，侵犯太阳，正气湛掩，日久夺光。乃壬戌，日有蚀之，天见大异，以戒朕躬，朕甚悼焉。其令内郡国举茂材异等贤良直言之士各一人。"

不独汉代朝廷重视灾异谴告之说，其后迄于清末，历代朝廷都相信"天人感应"的政治意义。

公羊家的兴起，多鉴于春秋以来之乱局，而发改制之先声。公羊家们所改定的制度，尤其是灾异谴告说中包括的政治思维，不仅影响到传统的中国政治，而且多少成为近代变法、革命思想的滥觞。

第五讲

仁德与孝亲

　　中国人讲的德性有仁义礼智信，又称为"五常"之性。其中，仁又可涵盖其他四者，其余德性皆可会归于仁。"仁"作为中国思想中的特有概念，与时下流行的"爱"有绝大的不同，而属于一种宗教性质的情感。至于古人讲的"爱"，首先是孝亲之心，即对父母的爱。

　　因此，古人重视仁德，一方面，因为仁德根植于人们最自然的情感中，即孝亲之心；另一方面，人们从小浸润在家庭血缘关系中，常常自然会培养出一种对亲属、社会与国家的道德情感。换言之，古人把仁德与孝亲联系起来，关键在于两点：其一，孝亲之心是自然之情；其二，孝亲之心包含着一般性的社会原则，即对父母的爱能扩充到对他人的爱，即"泛爱众，而亲仁"。

　　仁德与孝亲能够联系起来，根本在于中国社会的基本结构，即"家庭—宗族—国家"这种三位一体的结构。在这种结构中，孝亲乃家庭内部的原则，六纪则是宗族或社会中的原则，而仁德成为国家乃至天地的普遍原则。

一、善端与扩充

在孟子那里，关于"恻隐之心"有两种不同的表述：

> 恻隐之心，仁之端也；羞恶之心，义之端也；辞
> 让之心，礼之端也；是非之心，智之端也。(《孟子·公
> 孙丑上》)
> 恻隐之心，仁也；羞恶之心，义也；恭敬之心，
> 礼也；是非之心，智也。(《孟子·告子上》)

所谓"端"，按照《说文》的解释，乃"端绪"之义。意思是说，当视某点为"端"的时候，实际上假设了线的存在；正是因为有线，某点才成为线的开始，即作为"端"。因此，当孟子以"恻隐之心"为"仁之端"时，意味着"恻隐之心"是仁德的"端绪"，而"仁德"则是"恻隐之心"的延伸或扩充。

关于第一段话，整个上下文是这样：

> 人皆有不忍人之心。先王有不忍人之心，斯有不
> 忍人之政矣。以不忍人之心，行不忍人之政，治天下
> 可运之掌上。所以谓人皆有不忍人之心者，今人乍见
> 孺子将入于井，皆有怵惕恻隐之心。非所以内交于孺
> 子之父母也，非所以要誉于乡党朋友也，非恶其声而
> 然也。由是观之，无恻隐之心，非人也；无羞恶之心，
> 非人也；无辞让之心，非人也；无是非之心，非人也。
> 恻隐之心，仁之端也；羞恶之心，义之端也；辞让
> 之心，礼之端也；是非之心，智之端也。人之有是四

端也，犹其有四体也。有是四端而自谓不能者，自贼
者也；谓其君不能者，贼其君者也。凡有四端于我者，
知皆扩而充之矣。若火之始然，泉之始达。苟能充之，
足以保四海；苟不充之，不足以事父母。

此段话强调了两点：其一，"恻隐之心"是一种与生俱来的自
然情感。孟子在此设喻极其精审，体会"乍""孺子""将"三
字，此喻关系到孟子整个性善论之成立。其二，"仁"根植于
这种情感，"恻隐之心"这种善端扩充开来，就成了仁德。由此，
我们体会到中国人讲的伦理道理的整个基石所在。

关于第二段话，其上下文是这样：

公都子曰："告子曰：'性无善无不善也。'或
曰：'性可以为善，可以为不善，是故文武兴则民好
善，幽厉兴则民好暴。'或曰：'有性善，有性不善，
是故以尧为君而有象，以瞽瞍为父而有舜，以纣为兄
之子且以为君，而有微子启、王子比干。'今曰'性
善'，然则彼皆非欤？"孟子曰："乃若其情则可以
为善矣，乃所谓善也。若夫为不善，非才之罪也。恻
隐之心，人皆有之；羞恶之心，人皆有之；恭敬之心，
人皆有之；是非之心，人皆有之。恻隐之心，仁也；
羞恶之心，义也；恭敬之心，礼也；是非之心，智
也。仁义礼智，非由外铄我也，我固有之也，弗思耳
矣。故曰：求则得之，舍则失之。或相倍蓰而无算者，
不能尽其才者也。《诗》曰：'天生蒸民，有物有则。
民之秉彝，好是懿德。'孔子曰：'为此诗者，其知

道乎！故有物必有则，民之秉彝也，故好是懿德。'"

在此，我们先要明确一点，即"性"不是指人身上一种现存属性，如我们常说的品德，而是指一种导致或造就这种品德的倾向或能力。

公都子举了三种当时关于人性的观点，但是，都不过是从一种统计学的角度说明人之为善为恶的倾向。而孟子则运用了这样一种逻辑：首先，人皆有"恻隐之心"这种自然表现；然后，指出这种"恻隐之心"就是仁，亦即仁的表现；最后，这表明性是善的。否则，如果人没有那种为善的倾向，也就是性善，怎么可能会有善的表现呢？换言之，当某人做了一件善事时，孟子认为是因为此人内在有一种做善事的倾向或愿望；而公都子则认为，某人做善事，仅仅是因为其行为符合某种外在的善的准则，而内心的愿望是不可能通过统计学的方法加以确定的，或者说，仅仅凭借统计学方法来判定的话，必然把善的原因归之于外部的准则，而不是人性。

不过，这两段话至少说明了这样一点，"善端"的概念，不仅意味着扩充的可能性，即都有"恻隐之心"等"四端"，而且也意味着，性之所以为善，就在于有一种要去扩充善端的内在要求。

孟子又进一步从社会的层面去考察这种扩充的必然性。《孟子·梁惠王上》云：

> 曰："臣闻之胡龁曰：王坐于堂上，有牵牛而过堂下者。王见之，曰：'牛何之？'对曰：'将以衅钟。'王曰：'舍之。吾不忍其觳觫，若无罪而就死地。'对

曰：'然则废衅钟与？'曰：'何可废也？以羊易之。'
不识有诸？"曰："有之。"曰："是心足以王矣。百
姓皆以王为爱也，臣固知王之不忍也。"王曰："然，
诚有百姓者。齐国虽褊小，吾何爱一牛？即不忍其觳
觫，若无罪而就死地，故以羊易之也。"曰："王无异
于百姓之以王为爱也。以小易大，彼恶知之？王若隐
其无罪而就死地，则牛羊何择焉！"王笑曰："是诚
何心哉！我非爱其财，而易之以羊也，宜乎百姓之谓
我爱也。"曰："无伤也，是乃仁术也，见牛未见羊也。
君子之于禽兽也，见其生，不忍见其死；闻其声，不
忍食其肉。是以君子远庖厨也。"王说曰：《诗》云'他
人有心，予忖度之'，夫子之谓也。夫我乃行之，反
而求之，不得吾心。夫子言之，于我心有戚戚焉。此
心之所以合宜王者，何也？"曰："有复于王者曰：'吾
力足以举百钧，而不足以举一羽；明足以察秋毫之末，
而不见舆薪。'则王许之乎？"曰："否。""今恩足以
及禽兽，而功不至于百姓者，独何与？然则一羽之不
举，为不用力焉；舆薪之不见，为不用明焉；百姓
之不见保，为不用恩焉。故王之不王，不为也，非不
能也。"曰："不为者与不能者之形，何以异？"曰："挟
太山以超北海，语人曰'我不能'，是诚不能也。为
长者折枝，语人曰'我不能'，是不为也，非不能也。
故王之不王，非挟太山以超北海之类也；王之不王，
是折枝之类也。老吾老，以及人之老，幼吾幼，以及
人之幼，天下可运于掌。《诗》云：'刑于寡妻，至于
兄弟，以御于家邦。'言举斯心，加诸彼而已。故推

> 恩足以保四海，不推恩无以保妻子。古之人所以大过
> 人者无他焉，善推其所为而已矣。今恩足以及禽兽，
> 而功不至于百姓者，独何与？权然后知轻重，度然后
> 知长短。物皆然，心为甚，王请度之。"

此段话充分表达了孟子的仁政思想，而其逻辑理路在于对善端的扩充。在孟子看来，既然君王能够在牛上自然表现出"不忍之心"，为何不能在羊上体现出来呢？同理，既然凡人能够在亲上自然表现出孝心来，为何不能在他人身上体现出来呢？可见，"善端"这个概念，不仅意味着扩充的可能性，而且意味着扩充的必然性。换言之，正因为古代社会呈现出"家庭—宗族—国家"这种结构，所以，人就能够将家庭中的那种自然就有的孝亲之心，必然地扩充为国家乃至宇宙天地间的仁德。

二、仁性爱情

今人谈情说爱，首先感受到的是男女之间的情爱，然后是父子兄弟之情，最后才是对于家国之情。人们这种内心感受，固然出乎人情之自然，同时也反映了后世礼崩乐坏的社会现实。但是，当我们考察中国传统社会时，发现的却是一种完全不同的情形，即古人首先看重的是家庭中的父子、兄弟之情，至于男欢女爱这类自然情感，常常不具有正面的价值。对此，我们将要探究这样一个问题，即古人为何首重父子、兄弟之情，这样一种态度在今世的崩溃意味着什么？

前面已经表明，情感本是自然的，然而，古人独重孝弟之情，关键在于中国传统社会这样一个"家庭—宗族—国家"结构中，孝弟这种自然情感能够引申出某种普遍价值。在这种基本结构中，宗族对于确立这种家庭情感的重要性，并实现由爱到仁的过渡，起到了关键性的作用。而在涂尔干那里，他把同业公会这种中间组织看作道德的根本，看作培育普遍价值的场所。在中国古代，宗族曾经就是扮演类似功能的中间组织，然而，随着宗族在现代社会转型中的崩溃，家庭虽然还保留着父子、兄弟、夫妇这些自然情感，但由于中介的断裂，这些情感失去了普遍的意义，即不再成为社会道德的基础。

《论语》上有这样一段话：

> 其为人也孝弟，而好犯上者，鲜矣。不好犯上，而好作乱者，未之有也。君子务本，本立而道生。孝弟也者，其为仁之本与！

这段话乃有子所言，却无疑代表了孔子的思想。有子在此是要强调孝弟是为仁之"本"，即行道之"本"，如果人能务本，自然不会去做那犯上作乱之事。这段话虽明白易懂，却包含了我们所要探究问题的答案所在。

对此，我们先要对其中的两个概念做一番辨析。"本"这个概念，与我们通常说的"本质"不同，也不同于"基本"这个概念，大概近乎人们常说的"根本"一词。[1] 按照《说文》

---

[1] 当我们使用"本质"这个概念时，通常将之与"现象"对立起来，通常认为"现象"背后有使此种显现成为可能的东西，这就是"本质"。本质总是要显现而为现象，不过这种显现有真与假的不同。至于"基本"或"基础"这个概念，

的说法，木下为本，就是说，本即是根的意思。而本之为根，就在于它能够生木。木是由本而来，无本之木则死，故木相对于本来说，又可称为末。本末之关系，常常又被表述为体用之关系，它是中国思想中最重要的概念之一，古人正是藉此将生活领会成"生生不息"之流。因此，当我们说某物为某物之"根本"时，意思不过是说某物能够凭自身产生出某物来。因此，有子说"本立而道生"，就是说，孝弟之为"本"，就在于人们从中能体会出先王之道。

此处还涉及"道"这个概念。治哲学者常常将"道"理解为某种非常玄虚的东西，或者相当于西方人讲的现象界之规律。其实，儒家讲的"道"，常常就是指"先王之道"。那么，什么是"先王之道"呢？《论语》在此说得很明白，即人们只要不犯上作乱，便是行道，换言之，指的是先王所施设的一套长幼尊卑的伦理秩序，犯上作乱便是破坏了这种秩序。

基于对"本"与"道"这两个概念的辨析，我们不难明白，古人为何如此重视孝弟之情。人们只要本诸孝弟之情，自不会去犯上作乱，自能从中体会到长幼尊卑的道理。问题的关键在于：孝弟必须视为"本"，这样，有本自有末，伦理秩序的建立才能出于人情之自然，或者说，儒家讲的那套长幼尊卑的伦理秩序，是符合人情的。

犹如建造房屋所打的地基。地基不是房屋，但对于房屋来说，却又是不可或缺的必要条件。然而，房屋与地基毕竟是两个完全不同的东西，因为地基上不一定有房屋，或者有了房屋亦可被摧毁，但地基还在那里。人们不会因为此处有某个地基，就一定要在上面建一个相应的房屋，或者，即便人们想要在上面建造某个东西，也不一定就是人住的房屋，也可能是牛棚或马厩之类别的东西。可见，房屋不是由地基而来，地基对于房屋只是必要条件而已，相对于奠立其上的房屋而言，它总是停留在一个不可说、不可见的世界。

然而，今人却不再能体会到这套长幼尊卑的伦理秩序中所包含的人情因素，反而认为这是有悖于人情的。其中缘由大概有两方面：其一，今人接受了西方那种平等、自由的观念，而根本不认同儒家那套长幼尊卑的伦理秩序；其二，情感的多元化。所谓多元化，便不是说人们不再认为父子、兄弟之情不重要，而是这种情感失去了过去作为"本"的地位，而与家庭中的其他情感相并列。

孟子讲"老吾老以及人之老，幼吾幼以及人之幼"，此语大家都很熟悉，乃是孟子劝导齐宣王行仁政的办法。我们仔细体会孟子的意思，包括两点：

首先，人皆有所爱，但这种情感只是私于一处而不及其余，或者说，人皆知道老吾老、幼吾幼，却不能将这种态度推及他人之老幼身上。因此，孟子劝导齐宣王，既然知道爱牛，为什么就不知道爱天下百姓呢？若能将充这种对牛的爱扩充到百姓身上，便是"行仁之术"。孟子在此只是强调这种"扩充"的可能性，至于如何扩充，却语焉未详。到了宋代，如何扩充的问题，就发展为一套完整的心性修养工夫理论。

在此，孟子区别开两个概念，即爱与仁的不同，就是说，老吾老、幼吾幼只是"爱"，而老人之老、幼人之幼才可称得上是"仁"。孟子正是基于这样一种对概念的分疏，从而表明了这样一点：仅仅有"爱"是不够的，还必须由之扩充开来，推及他人，以进于"仁"。[1] 孟子希望君王推行"仁政"，其根

---

[1] 我们在生活中常常看到这样的情形，某人对妻子尽爱，对父母尽孝，然而到了社会中，却常常褊狭自私，不能顾及他人的利益，有时甚至是一幅阴狠残忍之小人形象。这似乎与悖于有子"本立而道生"之语。其实，小人之所以不仁，不是因为他没有爱，而是因为他不能视此爱为"本"，故爱亦不能扩

据和方法都在于此。

其次，孟子设譬亦颇讲究。孟子只是要人扩充其老吾老、幼吾幼这样一种亲情，而不是别的自然之情。这里有两方面原因：一方面，亲情较其他情感更自然，这种情感不难体会到，至于别的情感，譬如朋友之情，施及的范围虽广泛，却是由兄弟之情派生而来；另一方面，亲情能够扩充开来，这与中国传统社会的伦理特征有关，即传统伦理要求人们从家庭的角度去处理其他社会关系，这是古人重视亲情的原因。此外，譬如男女之情，虽似更自然，尤其对于今人来说如此，却不具有一种扩充的可能性。换言之，对于中国人来说，我只能像对待自己的父子兄弟一般去对待他人，而绝不可能像对待自己的情人一般去对待他人，就是说，父子、兄弟之情可以扩充开来，而男女之爱情则不具有这种可能性。[1]

可见，圣人将仁与爱区别开来，正是要求人们将那种自然

充为仁。故希特勒虽于犹太人则残暴不仁，但亦能施爱于孺子也。近世的小说家常常将这种情形当成人的矛盾性格，欲以此表明社会与个人的必然冲突。然观金圣叹评《水浒传》，可知古时的小说家虽如此描写，其中却寓有一种史家书法：梁山好汉本性不差，皆孝友慈爱之辈，而作者所以叙其犯上作乱之事，目的却不在于暴官府之恶，而纯出乎圣人一般痛惜之情，即惜乎民之不能"本"其良善之资以进于仁，亦痛乎官之不能教民、抚民之过。可见，《水浒》虽属小说家者流，然推本孔子《麟经》遗意，其目的亦在于佐助王道，以成太平之治世也。

[1] 此处仅就中国人而言，至于对西方人来说，男女之情是否具有一种扩充的性质，则似乎是一难以判定的问题。在西方的艺术作品中，通常可以看到对男女之情的褒扬，这在中国是极少见的，而大多视为一种淫奔之作。不仅如此，男女之情中那种"献身"的态度，可以在基督徒对上帝的关系中得到体现，此外，这种献身精神还大量体现在西方式的日常生活中，譬如，将世俗工作视作一种"职责"，以及将规范神圣化的态度等，直到新中国前三十年，犹有献身革命、忘我工作之类的说法，皆可看成这种献身精神的体现。

情感扩充开来，以进于仁。[1] 通过上面的比较，我们不难发现，仁与爱虽然都是某种情感，但爱仅仅限于情感直接表达的狭小范围，而仁所施及的对象则要宽泛得多。既然仁是由爱扩充而来，那么，仁与爱的区别只是情感所施及范围大小的不同，即一种量的区别，抑或还是有更多的、质上的区别呢？至于宋儒尤其重视仁与爱的根本不同，到底是为什么呢？

显然，仁与爱有着质上的根本不同。为什么呢？我们不难体会到，当情感自然萌发时，人心与对象的关系，可以视作某种未曾分离的浑沌状态。[2] 但是，当我们将这种情感扩充到其他对象时，则必然要从情之自然所及的对象中抽身开来。如何抽身呢？抽身就是要与原来的对象保持一种距离，正是通过与对象的距离感，我才能顾及旁边的其他对象，并将这种情施扩充开来。毫无疑问，当此之时，这种施诸其他对象的情感根本不同于前面那种沉迷于对象的情感，而是一种有距离的爱。正是在这种距离感中，我才可能有广泛的爱，这就是"博爱"。质言之，距离使博爱成为可能，韩愈称"博爱之谓仁"，是很有道理的。

可见，作为博爱的"仁"与纯粹自然情感的"爱"，不仅有一种量的不同，而且有一种质的不同。在自然之爱中，我

---

[1] 古人常常强调先王制礼作乐乃本诸人情，其中的道理就在于礼乐乃是由人情之自然扩充而来。正如男女之爱不扩充便不能体会到其中的献身精神，父子、兄弟之情不经扩充便不能体会到其中的等级尊卑。仁在本质上不只是对此种情感的扩充，而且将此种情感蕴涵的理展露出来，即所谓"差等之爱"。

[2] 譬如，西方人通过男女之间的性爱经验，将这种关系描述为一种"迷狂"状态。中国人虽不大看重男女之间的情爱，但是，类似"迷狂"的经验却不能说没有，尤其是先秦典籍中对孝子守丧时那种哀痛不已的描述，同样体现了心物之间的浑沌关系。

与对象处于一种源初的未曾分离状态，自己沉浸在这种情感之中，可以说，这是一种忘我的爱，视对象为一切的爱，因而是一种献身的爱；而在博爱中，我超然于对象之上，将爱如雨露般普施于芸芸众生，故能无所不爱，可以说，这种爱是一种清明的爱，一种虽有哀乐却不与的爱。

基于这种仁与爱的分别，宋儒认为圣人之情乃"情顺万物而无情"。此语的意思是说，圣人能情顺万物，所以无情，然并非真的无情。所以如此，关键在于圣人以"顺"的态度对待事物。盖此物之来感，我以一情应之，彼物之来感，我亦以一情应之。我之情并非执定不移，既不离乎物，亦不即乎物，不即不离，若即若离，完全随物而生。故我能不私其情，情亦不系于物，故能顺乎万物。情既不系于物，心则不为情所累，故能无情。因此，圣人之情乃是怒其所当怒，喜其所当喜，或者说，理所当怒便怒，理所当喜便喜，故宋儒又将这种顺乎自然之情称为循理之情。可以说，圣人之无情，不是指一种枯木死灰的内心状态，而是因其心时时刻刻保持与对象的距离，虽观照万物而无所留其影，应无所住而生其心，内心始终如明镜一般，是名无情，然非真无情也。因此，圣人之仁即是无情。

可见，仁与爱有着质的不同。然在宋儒看来，汉唐儒家在此问题上的毛病就是"以爱言仁"。所以如此，大概受了孔子以"爱人"说仁的影响，当然也与汉唐儒家一贯以"生之自然"说性说情的倾向有关。

就《论语》而言，其中言及"爱人"者有两处：

子曰："道千乘之国，敬事而信，节用而爱人，使民以时。"（《论语·学而》）

> 君子学道则爱人，小人学道则易使也。(《论语·阳货》)

显然，孔子此处所说的"爱人"，绝非对妻、子的爱，亦非对父母、兄弟的爱，当然更不可能指男女之爱，而是对关系较疏远之他人的爱。可见，孔子讲的"爱人"，不是指一种自然之情，而是已经扩充到他人身上的"仁"。正因如此，这里"爱人"的主体都是"君子"，亦即为政者，与"小人"对父母妻子的自然之爱有根本不同。

孟子亦讲"爱人"：

> 仁者爱人，有礼者敬人。爱人者，人恒爱之；敬人者，人恒敬之。(《孟子·离娄下》)
>
> 仁者无不爱也，急亲贤之为务。(《孟子·尽心上》)
>
> 仁者以其所爱及其所不爱。(《孟子·尽心下》)

孟子更是明确将"爱人"界定为"无所不爱"，且将之与"仁者"结合起来。当然，孟子讲的"所不爱"，其内涵不同于基督教所说的仇敌，而是指那些我的爱当渐次施及的关系较疏远者。显然，对亲近之人的爱，可以纯粹出于一种自然之情，凡人都可以做到；但对于疏远者的爱，则需要通过道德上的扩充功夫，这只有仁者才能做到。尤其对于君子或大人而言，因为其所施政的对象是百姓，则必须具备这种不同于自然情爱的"仁德"。

可见，"仁"本质上就是一种"差等之爱"，其中包括两方面意思：其一，"仁"根植于以孝亲为核心的自然情感；其二，这种情感需要提升，即通过对自然情感的扩充来实现，这就是"仁"。可以说，早在孔、孟以"爱人"说仁时，已经充分展示了这两方面的内涵。

那么，对于我们这个时代来说，如何进行个人德性的培养呢？是否同样应该诉诸某种具有道德性质的情感，抑或只是像西方伦理学所主张的那样，完全排斥个人的情感，纯粹出于某种义务感或理性算计，从而服从某种普遍规范的要求？这个问题的探讨，似乎还是在悬而不决之中。

三、"民胞物与"和"万物一体之仁"

"仁德"扩充至极，则是宋儒讲的"民胞物与"与"万物一体之仁"。"民胞物与"之说，出于张载《西铭》，其曰：

> 乾称父，坤称母，予兹藐焉，乃混然中处。故天地之塞，吾其体；天地之帅，吾其性。民吾同胞，物吾与也。大君者，吾父母宗子；其大臣，宗子之家相也。尊高年，所以长其长；慈孤弱，所以幼〈吾〉幼。圣其合德，贤其秀也。凡天下疲癃残疾、惸独鳏寡，皆吾兄弟之颠连而无告者也。于时保之，子之翼也；乐且不忧，纯乎孝者也。违曰悖德，害仁曰贼；济恶者不才，其践形，唯肖者也。知化则善述其事，穷神则善继其志。不愧屋漏伪无忝，存心养性伪匪懈。恶旨酒，崇伯子之顾养；育英才，颖封人之锡类。不弛

劳而底豫，舜其功也；无所逃而待烹，申生其恭也。

体其受而归全者，参乎！勇于从而顺令者，伯奇也。

富贵福泽，将厚吾之生也；贫贱忧戚，庸玉女于成也。

存，吾顺事，没，吾宁也。

《西铭》讲"民吾同胞，吾物与也"，此说很容易让人与墨子的"兼爱"等同起来。程门弟子杨龟山就有这种误解，其《寄伊川先生》中有云：

> 《西铭》之书发明圣人微意至深，然而言体而不及用，恐其流遂至于兼爱，则后世有圣贤者出，推本而论之，未免归罪于横渠也。（《龟山集》卷16）

因为墨子讲"兼爱"，根本不同于儒家讲的"差等之爱"，关键在于，墨子没有把那种普遍的爱根植于家庭中的父子、兄弟之情，没有意识到家庭作为中国传统社会之基本单位的意义。

后来，程颐和朱熹都以为，《西铭》阐述了道学极其重视的"理一分殊"之说，并使儒、佛根本区别开来。换言之，程、朱都认为《西铭》讲的是儒家的"差等之爱"，而不是墨子的"兼爱"。按照这种说法，《西铭》把爱分成四个层次：

第一层，家庭。即父母兄弟。

第二层，宗族。张载谓"尊高年，所以长其长；慈孤弱，所以幼吾幼"，此以族之高年比于家之长，以族之孤弱比于家之幼，犹孟子"老吾老以及人之老，幼吾幼以及人之幼"，则家与族同构也。

第三层，国家。张载谓"大君者，吾父母宗子；其大臣，宗子之家相",此以国之大君比于族之宗子,以国之大臣比于族之家相,则族与国同构也。

第四层,天地。张载谓"乾称父,坤称母",又谓"天地之塞,吾其体;天地之帅,吾其性。民吾同胞,物吾与也",此以天地为我之父母,则宋儒讲的"万物一体之仁",亦不过根植于家庭中子女对父母的情感。

在宋儒看来,普天下都是一个仁之理,然此理又无所不在,故在家中体现为孝弟,在族中体现为尊慈,在国中体现为君臣,这表明在传统社会这样一个"家—族—国"的同构体中,那种发端于家庭的父子兄弟之爱能够扩充到社会、国家乃至天地之中,其发用虽各不同("分殊"),但根本上却都是仁的表现("理一")。

后来,程颢《识仁篇》谓"仁者,浑然与物同体",又谓"《订顽》(即《西铭》)意思,乃备言此体",即在天地层次上讲"仁",同时又以不同层次的爱都是同一个本体的不同表现。

到了明代,王阳明《大学问》则直接讲"万物一体之仁"。其中说道:

> 大人者,以天地万物为一体者也。其视天下犹一家,中国犹一人焉。若夫间形骸而分尔我者,小人矣。大人之能以天地万物为一体也,非意之也,其心之仁本若是,其与天地万物而为一也,岂惟大人,虽小人之心亦莫不然,彼顾自小之耳。是故见孺子之入井,而必有怵惕恻隐之心焉,是其仁之与孺子而为一体也。孺子犹同类者也,见鸟兽之哀鸣觳觫,而必有不忍之心,是其仁之与鸟兽而为一体也。鸟兽犹有知觉

者也，见草木之摧折而必有悯恤之心焉，是其仁之与草木而为一体也。草木犹有生意者也，见瓦石之毁坏而必有顾惜之心焉，是其仁之与瓦石而为一体也。是其一体之仁也，虽小人之心亦必有之。是乃根于天命之性，而自然灵昭不昧者也，是故谓之"明德"。小人之心既已分隔隘陋矣，而其一体之仁犹能不昧若此者，是其未动于欲，而未蔽于私之时也。及其动于欲，蔽于私，而利害相攻，忿怒相激，则将戕物纪类，无所不为，其甚至有骨肉相残者，而一体之仁亡矣。是故苟无私欲之蔽，则虽小人之心，而其一体之仁犹大人也；一有私欲之蔽，则虽大人之心，而其分隔隘陋犹小人矣。故夫为大人之学者，亦惟去其私欲之蔽，以明其明德，复其天地万物一体之本然而已耳。非能于本体之外，而有所增益之也。

阳明提出了"大人"与"小人"的概念。"大人"与"小人"皆有"一体之仁"，此其相同者也。若论其不同，则"小人"因其私欲之蔽，其仁心唯发见于小处，如仅能爱其父母妻子者也；"大人"则不同，其仁心不仅发见于"将入于井"的孺子，亦能发见于哀鸣觳觫的鸟兽，至于摧折之草木、毁坏之瓦石，故能"与天地万物为一"。可见，阳明对"大人"与"小人"的分别，实本于宋儒区别仁、爱的一贯主张。

可见，宋明儒者不仅继承了孔、孟对"仁"的基本理解，即强调扩充基于血缘关系的孝弟之心的必要性，而且，把这种扩充视为一种无限的过程，从而将"万物一体"的人生至高境界都奠基于这种自然情感之上。

四、气禀之偏全（正）、通塞、厚薄与清浊

中国素来是一个等级社会。这种等级源于两个方面：其一，氏族或宗族内部的等级；其二，征服者与原住民之间的等级。

就前者而言，依照血缘关系的亲疏远近，族人体现为不同等级的政治、社会地位。譬如，嫡子与庶子在财产和爵位的继承上，就有相当大的不同。显然，这种等级尊卑的差异，是"亲亲"原则的体现。就后者而言，被征服者在政治上天生卑贱的地位，通常被视为野人或奴隶，不能享有国人所具有的政治权利，包括当兵的资格。儒家讲的君子与小人，其实最初源于征服者与原住民之间的等级关系。

在柏拉图设计的理想国中，从事不同等级工作的城邦公民，天生是由金、银、铜、铁这些不同的材质铸造而成的，这就注定了他们社会、政治地位的差异，并且是不可能改变的。类似的理论在很多民族那里都可以看到。譬如，孔、孟都把君子与小人理解为"德"上的差别，但在春秋战国时期，这也意味着"位"上的差别。问题在于，君子与小人是否同时意味着材质上的差别呢？这在孔、孟那里似乎并无明确的说法。尤其是当时随着封建社会的瓦解，以及传统贵族地位的衰落，君子、小人在"位"上的差别变得不那么重要，相反，更多指"德"上的差别。如果仅就"德"而言，意味着不少政治、社会地位较低的人，依然可以通过后天的修养成为道德上的君子。

但是，直到汉代，董仲舒在讨论人性时，依然主张不同人在天生材质上的区别。《春秋繁露·实性》中说道：

> 天之所为，止于茧麻与禾，以麻为布，以茧为丝，以米为饭，以性为善，此皆圣人所继天而进也，非情

性质朴之能至也，故不可谓性。……圣人之性，不可以名性；斗筲之性，又不可以名性；名性者，中民之性。中民之性，如茧如卵，卵待覆二十日，而后能为雏；茧待缲以涫汤，而后能为丝；性待渐于教训，而后能为善。善，教训之所然也，非质朴之所能至也，故不谓性。……圣人于言，无所苟而已矣。性者，天质之朴也，善者，王教之化也；无其质，则王教不能化，无其王教，则质朴不能善。

董仲舒论性，显然与宋儒不同，而是将人之材质视为性，故区别了圣人之性、中民之性与斗筲之性。至于善，则为后起，即通过后天对人天生材质的改造而使人成就其善。可以说，董氏这种说法，代表了儒家一贯的精神，即人在材质上虽有差别，但后天的教化则需要通过变化材质来实现。

所以，用今人的话来说，儒家既讲血统，又不唯血统。故君子、小人既可体现为天生材质上的不同，同时，又是个人后天努力而成就的结果。因此，儒家讲的道德修养，就是如何从先天不那么美好的材质入手，一步一步变化自己材质的过程。本来材质是最不可能变化的，正如人所属的等级也无法改变，然而随着旧有等级制度的崩溃，儒家必须论证这种材质的差别能够通过后天的努力而得到改变。

可以说，周秦以后，儒家的道德修养实际上把等级制度的两个方面结合起来：一方面，以扩充亲爱之心为基本内容；另一方面，消除君子与小人之间的先天差别。这两个方面实际上是一个过程，即将基于血缘的自然情感越出旧有的血族群体即宗族的范围，而扩大到一般人（野人）。正因如此，儒家所重视的"仁德"，既包括宗族内部的自然情感，又表现为推己及人的差等之爱。

那么，如何实现这样一种扩充呢？就此处讨论的"材质"（亦称为气质或气禀）概念而言，如果用纯哲学的语言来表述，就是当我们作为一个自然的存在，试图超越自身时，如何克服由自然带来的种种局限？此问题亦可表述为伦理学的语言：我们如何不仅仅爱自己的亲人，而且还能爱他人？此问题若表现在宋儒那里，就是我们如何消除气质上的障碍，把对父兄的孝弟之情扩充到对他人，乃至对天地万物的"一体之仁"？

下面，我们仅就朱子对此问题的讨论进行分析。朱子的考虑包括三点：

其一，天理无所不在，其落于人、物之中则为性。就是说，不独人之性善，物之性亦善，人、物皆内在有一种为善的要求，犹如虎狼之仁、蝼蚁之义，非独人为然。

其二，人、物在气禀上有偏正的不同，故人得仁义礼智之全体，而物则只得仁义礼智之一端；又有通塞的不同，故唯人能通，故能扩充；而物则塞，故虽有善端，而不能扩充。

> 得其正通者为人，得其偏且塞者为物。……彼贱而物者，既梏于形气之偏塞而无以克其本体之全矣。唯人之生，乃得其气之正且通者，而其性为最贵，故其方寸之间，虚灵洞彻，万理咸备。（《朱子语类》卷4）

其三，人在气禀上则有清浊、美恶之不同，故有的人扩充起来易，有的人却难。

> 然其通也，或不能无清浊之异；其正也，或不有

无美恶之殊。故其所赋之质，清者智而浊者愚，美者贤而恶者不肖。(《朱子语类》卷17)

其四，人在气禀上又有厚薄之不同，故有的人气力悠长，有的人则气力促短，如人之富贫、贵贱、寿夭皆与之有关。

问："性分、命分何以别？"曰："性分是以理言之，命分是兼气言之。命分有多寡厚薄之不同，若性分则又都一般。此理，圣愚贤否皆同。"(《朱子语类》卷1)

敬子问自然之数。曰："有人禀得气厚者，则福厚；气薄者，则福薄。禀得气之华美者，则富盛；衰飒者，则卑贱；气长者，则寿；气短者，则夭折。此必然之理。"(《朱子语类》卷1)

今以图示之，如下：

```
      ┌偏塞（物）      ┌美（贤）
气质┤              ┌正┴恶（不肖）
      └正通（人）┤              ┌厚（富、寿、贵）[1]
                    └通┬清（智）┴薄（贫、夭、贱）
                        └浊（愚）
```

---

[1] 《中庸》云："故大德者，必得其位，必得其禄，必得其名，必得其寿。"

第六讲

道统与异端

对于我们这个多元主义、个性张扬的时代，"异端"已经是非常陌生的概念了，然而在古代，此概念曾经非常重要地影响着人们生活的方方面面。其实，即便就现在来说，"异端"在某种意义上并未消失，譬如，多元主义的美国就不断宣称某些宗教或意识形态为"异端"，并且通常指斥那些信奉普遍主义的意识形态为异端。

多元主义与实证科学常常是相伴而生，正因如此，多元主义获得了某种真理的外衣。譬如，统计学规律被普遍用来解释人们的意识、言语与行动，在实证科学看来，人的一切都是偶然的、个性的，因而就其自身是有价值的，所以，即便人的某种异乎寻常、甚至是灭绝人伦的行为，一旦能够找到某种个体心理的依据，于是就获得了原宥，甚至是可以理解的。如此，一切普遍的标准都丧失了，剩下的只是偶然以及无限次偶然的相似出现。当个别、偶然得到尊重之时，便是普遍、价值的失落，最多也不过是少数对多数的服从。[1] 可以说，当我们如

---

[1] 统计学把普遍与偶然还原为多数与少数，很自然就有所谓多数人暴政的理论。

此关注个体和少数的存在时，却必然使我们这个社会充斥着杂乱、失范和不道德。

然而，当我们回到自己的日常生活时，情形却完全不同。当我们还尚幼小的时候，常常会聆听到来自长辈的教训，告诉某某是正确的，某某是不能做的。长辈的经验相对于后辈来说，具有一种指引的意义。换言之，善恶是非的标准是通过先人无数次的经验确定了的，这种经验相对于后辈来说永远是先在的，当个体言行符合这个标准时就是正道，反之则是异端。因此，异端绝非指某种少数人的观念和行为，而是指那种偏离无数先辈的普遍经验的言行。

中国人与西方人似乎对异端的态度不一样。现代思想把过去疯人院、精神病归因于正统对个性压抑的结果，其实，这不过是多数对少数的暴政，多数窃居了普遍的名义而对少数进行专政。正因如此，当多元主义宣称一切个体的行为与心理都是正常的时候，却有着更多的人成了精神病，更多的人在寻求着心灵的抚慰。相反，当中国古人不断重申对离经叛道的谴责时，人们只是小心地约束着自己的言行，不断反省内心中的那些不符合伦常的念头，从而根本上杜绝了任何精神失常可能性。或许，西方文化在其根柢中就是一种多元主义，所以才不断生产出越来越多的精神病和疯人院。那些呼吁宽容的思想家，可能压根儿没想到，恰恰这种宽容使多数窃居了正义之名，从而导

民主政治就是一种最典型的多数人暴政，它把一切古老、崇高的价值仅仅视为某种简单的多数，不论是简单多数，还是三分之二多数，皆如此。当然，与之相反的极权政治，同样把自己的权力运作建立在消除异己的基础上，把普遍性仅仅理解为一致同意，而没有从传统来寻求自己的合法性，就此而言，与民主政治并无本质的区别。

致了对少数人的压抑和暴政。

一、异端考

"异端"一词，出自《论语·为政》一篇："攻乎异端，斯害也已。"然而，历来学者颇有不同的解释，特别在今人看来，孔子讲的"异端"并不同于西方中世纪讲的异己之学。

就字词的解释而言，历来就有不同说法。

其中，"攻"有两说：其一，治也。古人谓"他山之石，可以攻玉"，即用此义。又如后人言治学、治经，则习人之善，亦此义。何晏、皇侃、朱子皆持此说。其二，攻击。《论语》中"小子鸣鼓而攻之""攻其恶，毋攻人之恶"，即用此义。又，孙弈《示儿编》、赵翼《陔余丛考》、明太祖俱主此说。

至于"异端"，殆有三说：

其一，他技。《大学》云："若有一个臣断断兮，无他技。"郑玄注云："他技，异端之技也。"又，《公羊》文十二年云："惟一介断断焉，无他技。"何休注云："他技，奇巧异端也。孔子曰：'攻乎异端，斯害也已。'"则郑、休俱以异端为他技。又，戴东原云："端，头也。凡事有两头谓之异端。言业精于专，兼攻两端，则为害耳。"亦与此说同。

其二，异己者。汉儒始以异己者为异端，如范升称习《左氏春秋》者为"攻乎异端"，陈钦则称斥《左氏》者为异端。其后，何晏谓"善道有统，殊途而同归。异端，不同归者也"，韩愈遂以异端与佛老并言，而程子以佛老比于杨墨，朱子则明谓"异端非圣人之道，而别为一端，如杨墨是也"，盖引孟子为辟异端之始。

其三，一端。郑玄为通儒，袁绍门下客并有才说，各执一端以难之，而玄依方辩对，衷之以道，故无不摧破之。盖执一端者，则不免以异己者为异端，唯以中道自处，则无所谓异端也。观今日辩论赛，常设正方与反方，不过执一端以相攻，各逞口舌之利耳，非所以求真理者也。

"已"亦有二说：其一，语辞。皇本、高丽本"已"下有"矣"字，则"也已矣"三字连文，皆语辞，犹"吾末如之何也已矣"。其二，止也。孙弈、焦循、钱大昕持此说。

结合对字词的不同解释，整句意思大致有如下数种：

其一，何晏《论语集解》："攻，治也。善道有统，故殊途而同归。异端，不同归者也。"皇疏之说略同，曰："攻，治也。古人谓学为治，故书史载人专经学问者，皆云治其书、治其经也。异端，谓杂书也。言人若不学六籍正典，而杂学于诸子百家，此则为害之深。"

其二，朱子《论语集注》："异端非圣人之道，而别为一端，如杨墨是也。其率天下至于无父无君，专治而欲精之，为害甚矣。"

其三，孙弈《示儿编》："攻如'攻人之恶'之攻。已如'末之也已'之已。已，止也。谓攻其异端，使吾道明，则异端之害人者自止。"韩愈以后，大多采取此种解释。明太祖云："攻如攻城。已，止也。攻去异端，则邪说之害止，而正道可行矣。"钱大昕谓此说胜于古注。

其四，焦循《论语补疏》："《韩诗外传》云：'别殊类使不相害，序异端使不相悖。盖异端者各为一端，彼此互异，惟执持不能通则悖，悖则害矣。有以攻治之，即所谓序异端也。其害也已，所谓使不相悖也。"

　　其五，宋翔凤《论语发微》："《公羊》文十二年传'惟一介断断焉无他技'，何休注：'断断，犹专一也。他技，奇巧异端也。孔子曰："攻乎异端，其害也已。"'"按，断断、专一，即《中庸》之"用中"，《大学》之"诚意"。

　　其六，《路史发挥》："异端之害道，在所攻矣。圣人且不攻之者，非不攻之也，攻之则害尤甚也。"蔡节《论语集说》与此略同。

　　韩愈以后，儒家多以佛老为异端，然对待异端的态度则不同，大致有二：其一，攻治。宋儒多有早年出入二氏之迷途者，其后得返归六经，故其辟异端者，常有入室操戈之便，可谓"不入虎穴，焉得虎子"。其二，攻击。道学家以孟子辟杨墨自任，且以佛老之害有甚于杨墨者。今人习染于多元主义，故颇不慊于宋学之辟异端。持此说者乃征诸古史，以孔子时无异端，故无所攻焉，至于后世之辟异端者，盖纯出乎一己之狭陋也。

　　故《荀子》所记孔子诛少正卯事，或以为孔子辟异端之证据，或以此事乃荀子所托，其事未必实有。据《荀子·宥坐》记载：

　　　　孔子为鲁摄相，朝七日而诛少正卯。门人进问曰："夫少正卯，鲁之闻人也，夫子为政而始诛之，得无失乎？"孔子曰："居！吾语女其故。人有恶者五，而盗窃不与焉：一曰心达而险，二曰行辟而坚，三曰言伪而辩，四曰记丑而博，五曰顺非而泽。此五者有一于人，则不得免于君子之诛，而少正卯兼有之。故居处足以聚徒成群，言谈足以饰邪营众，强足以反是

> 独立，此小人之桀雄也，不可不诛也。是以汤诛尹谐，文王诛潘止，周公诛管叔，太公诛华仕，管仲诛付里乙，子产诛邓析、史付，此七子者，皆异世同心，不可不诛也。《诗》曰：'忧心悄悄，愠于群小。'小人成群，斯足忧矣。"

《礼记·王制》虽未载其事，然亦谓有此等可杀之人：

> 析言破律，乱名改作，执左道以乱政，杀。[1]作淫声、异服、奇技、奇器以疑众，杀。行伪而坚，言伪而辩，学非而博，顺非而泽，以疑众，杀。[2]假于鬼神、时日、卜筮以疑众，杀。[3]此四诛者，不以听。凡执禁以齐众，不赦过。

可见，《荀子》有五诛，《礼记》有四诛，而异端所指大致相近。故无论孔子诛少正卯事之真假，然儒家对待异端之态度，则无疑矣。

其后至战国时，百家诸子之说并起，互相攻讦，自居大道，而斥异己者为异端。故彼此异己者之相互攻驳，较后世尤甚，

---

[1] 郑注云："析言破律，巧卖法令者也。乱名改作，谓变易官与物之名，更造法度。左道，若巫蛊及俗禁。"陈澔云："剖析言辞，破坏法律，所谓舞文弄法者也。变乱名物，更改制度，或挟异端邪道，以罔惑于人，皆足以乱政，故在所当杀。"

[2] 孙希旦云："行诈伪之事而守之坚固，则持之而难变；为诈伪之言而辞理明辨，则攻之而难破；习学非违之昼而见闻广博，则可以謏闻动众；顺从非违之事而文饰光泽，则足以拒谏饰非。此心术之邪，学术之偏，而其才又足以济其奸者，后世若宋之王安石盖如此。"

[3] 孔颖达云："妄陈邪术，恐惧于人；假托吉凶，以求财利。"

如庄子之讥孔、孟子之辟杨墨、荀子之同门相攻，至韩非，乃尽非十二子，更后则有秦政之焚书、汉武之黜百家言、宣章之定五经同异，皆以学术纷争于下，实无益于治道，故定之以皇极焉。

其间最有代表者，莫过于孟子辟杨墨。孟子曰：

> 世衰道微，邪说暴行有作，臣弑其君者有之，子弑其父者有之。孔子惧，作《春秋》。《春秋》，天子之事也。是故孔子曰："知我者其惟《春秋》乎！罪我者其惟《春秋》乎！"圣王不作，诸侯放恣，处士横议，杨朱、墨翟之言盈天下。天下之言，不归杨则归墨。杨氏为我，是无君也；墨氏兼爱，是无父也；无父无君，是禽兽也。公明仪曰："庖有肥肉，厩有肥马；民有饥色，野有饿莩。此率兽而食人也。"杨、墨之道不息，孔子之道不著，是邪说诬民，充塞仁义也。仁义充塞，则率兽食人，人将相食。吾为此惧，闲先圣之道，距杨、墨，放淫辞，邪说者不得作。作于其心，害于其事；作于其事，害于其政。圣人复起，不易吾言矣。昔者禹抑洪水而天下平，周公兼夷狄驱猛兽而百姓宁，孔子成《春秋》而乱臣贼子惧。《诗》云："戎狄是膺，荆、舒是惩，则莫我敢承。"无父无君，是周公所膺也。我亦欲正人心，息邪说，距诐行，放淫辞，以承三圣者。岂好辩哉！予不得已也。能言距杨、墨者，圣人之徒也。（《滕文公下》）

可见，儒家所指异端，非仅如今人所谓纯学术也，实以其害必至于伤风败俗、离经叛道，遂目为异端。然较诸《荀子》《礼记》之诛异端，孟子徒以利口距杨墨耳，可谓宽容之至。至于西方之异端裁判，则近于向来之暴尪、焚巫，则实残虐莫甚矣。[1]

故愈上于古，对异端益加严厉，而愈下于今，对异端渐趋宽容。浸于今世，则有所谓多元主义，于是人各执一端，彼此亦不以为非，然中道亦不复有矣。

二、十六字心传

异端与"正统"相对，即凡不符合"正统"的言行和学说为异端。那么，"正统"如何确立呢？在中国，"正统"从来是与"先王之道"联系在一起的。

"先王之道"与时王之法制不同。盖时王之法制往往牵扯于某种特定利益，亦受当时情势所限，故常常处于变化之中，与不偏不易的"先王之道"不同。而且，前王与后王的法制未必能相通，故需要通过变易旧制来体现新命。道则不然，董仲舒谓"天不变，道亦不变"，一语道出了"先王之道"的实质。正因如此，前圣、后圣其心能同，否则，必为异端。至于孟子许孔子为"圣之时者"，并非以为道可变，而是以孔子为继周之"素王"，故有改制以应天命之义而已。

---

[1] 据《礼记·檀弓》记载，"岁旱，穆公召县子而问然，曰：'天久不雨，吾欲暴尪而奚若？'曰：'天久不雨，而暴人之疾子，虐，毋乃不可与！''然则吾欲暴巫而奚若？'曰：'天则不雨，而望之愚妇人，于以求之，毋已疏乎！'徙市则奚若？'曰：'天子崩，巷市七日；诸侯薨，巷市三日。为之徙市，不亦可乎！'"然此种古俗，早已绝迹于吾国矣。

因此，道在前圣、后圣之间能够千古承递，若薪火之相传，从而构成了一传道的谱系，此即"道统"。同宗之人共奉同一始祖，并尊敬出于此始祖的嫡长子，以为百世不迁的宗子，如此代代相传，因为有着共同的血脉，故列祖列宗得以联贯成一谱系；道统亦然，盖自伏羲、神农以下，彼此相承的先王之道将前圣、后圣联贯成一谱系，如此诸圣（犹宗子）构成传道的道统，乃至一切政治、学术（犹族人）皆得统摄于共同的先王之道。

儒家的"道统"观念可追溯至《古文尚书·大禹谟》的十六字心传："人心惟危，道心惟微。惟精惟一，允执厥中。"此相传为舜帝以命禹语。对此，朱子解曰：

> 人心是知觉，口之于味，目之于色，耳之于声底，未是不好，只是危。若便说做人欲，则属恶了，何用说危？道心是知觉义理底；"惟微"是微妙，亦是微隐。"惟精"是要别得不杂，"惟一"是要守得不离。"惟精惟一"，所以能"允执厥中"。（《朱子语类》卷78）

> 程子曰："人心人欲，故危殆；道心天理，故精微。惟精以致之，惟一以守之，如此方能执中。"此言尽之矣。惟精者，精审之而勿杂也；惟一者，有首有尾，专一也。此自尧舜以来所传，未有他议论，先有此言。圣人心法，无以易此。（《朱子语类》卷78）

显然，宋儒完全站在心性功夫的角度，而对"先王之道"作了重新阐释。在朱子看来，前三句为功夫，后一句为效验。质言之，朱子实际上把守正与持中联系起来。若我们回到当时对"皇极"[1]的争论，此种解释蕴涵着朱子某种政治立场，即君王不可能在正邪两党之间保持中立，而只有认同、支持君子一党，才是中道。

后来随着疑古之风起，《古文尚书》被断为伪经，而"十六字心传"的地位受到动摇。然而，考《论语·尧曰》所记，尧命舜有"允执其中"四字，此实"十六字心传"所本，故亦不能完全为伪。[2]故朱子直接以"十六字心传"为历圣相传之道。其《中庸章句序》云：

> 盖自上古圣神继天立极，而道统之传有自来矣。其见于经，则"允执厥中"者，尧之所以授舜也；"人心惟危，道心惟微，惟精惟一，允执厥中"者，舜之所以授禹也。尧之一言，至矣，尽矣！而舜复益之以三言者，则所以明夫尧之一言，必如是而后可庶几也。

可见，"十六字心传"乃尧、舜、禹相传之心法，正因如此，道统之建立才得以可能。清初古文家要颠覆《古文尚书》，其后果则是导致道统说的动摇，并危及儒家思想在中国文化中的正统地位。

---

[1] 《论语》以北极为众星拱向，垂裳而天下治，则君王超然于党争之上，得无为而治也。然至北宋中期以后，君王虽犹譬为北极，然不能不动，盖牵扰于党争故也。

[2] 不过，后来有学者干脆以《论语》此段中亦为伪者。

道统观念的另一个来源，则出于孟子。《孟子·离娄下》云：

> 孟子曰："舜生于诸冯，迁于负夏，卒于鸣条，东夷之人也。文王生于岐周，卒于毕郢，西夷之人也。地之相去也，千有余里；世之相后也，千有余岁。得志行乎中国，若合符节。[1] 先圣后圣，其揆一也。"

孟子以舜与文王"其揆一也"，盖亦道之同也。《离娄下》又云：

> 禹、稷当平世，三过其门而不入，孔子贤之。颜子当乱世，居于陋巷，一箪食，一瓢饮，人不堪其忧，颜子不改其乐，孔子贤之。孟子曰："禹、稷、颜回同道。禹思天下有溺者，由己溺之也；稷思天下有饥者，由己饥之也；是以如是其急也。禹、稷、颜子，易地则皆然。"

此又以禹、稷、颜回同道，且"易地则皆然"，亦道统说的另一渊源。

又，《礼记·祭义》云：

> 曾子曰："夫孝，置之而塞乎天地，溥之而横乎四海，施诸后世而无朝夕。推而放诸东海而准，推而

---

[1] 中国素来称外国为夷，而外国亦多有不慊者。譬如，越南使臣来华，以称"夷"为贬辞，而刘逢禄即以孟子"圣人生夷"之说折之。其后英人亦不欲称"夷"，清廷亦用此说折之。

放诸西海而准，推而放诸南海而准，推而放诸北海
而准。《诗》云：'自西自东，自南自北，无思不服。'
此之谓也。"

曾子重孝，故以孝道乃"放诸四海而皆准"，此亦道统说
之渊源也。

宋儒则推本孔、孟、《礼记》之说，如程明道、陆象山俱
谓东海、南海圣人之心同，五峰则有传心之说，皆欲成立道统
说也。陆象山云：

东海有圣人出焉，此心同也，此理同也；西海有
圣人出焉，此心同也，此理同也；南海北海有圣人出
焉，此心同也，此理同也；千百世之上有圣人出焉，
此心同也，此理同也；千百世之下有圣人出焉，此心
同也，此理同也。(《陆九渊集》卷36，《年谱》)

由此看来，《古文尚书》即便为伪，亦不足以动摇儒家之
道统说也。

除儒家外，佛教虽判分大乘与小乘，然又谓有一贯之佛说，
因随顺众生根器之异，遂有不同说法，至于佛之本怀，皆圆通
无碍也。其后佛教传至中国，更发展出极精密的传法祖统，譬
如，禅宗五祖、六祖之传法，以及历代祖师之心心相印，俱与
此有关。可以说，佛家的判教主张以及法统之建立，亦出于"辟
异端"的态度，与儒家殆无二致。

三、行道、明道与传道

综上所言，道统之建立，乃基于如下三个因素：

首先，道乃人所共由。无论《中庸》所说的"达道"，还是马克思主义主张的"放之四海而皆准"的普遍真理，皆强调人类有某种普遍的道路。正因如此，后人不在先王开辟的道路上行走，就是异端。

其次，道乃万古长存。所谓"天不变，道亦不变"，否则，不断变化又要求普遍遵行的，那就只能是法制而已。可惜，今人多不能发明此义，而视"与时俱进"为当然。

第三，道虽人所共由，唯圣人之所行为道；道虽万古长存，唯圣人之所明为道。故行道、明道皆系于圣人，而凡人不与焉。三代以后，道虽不行，犹赖圣人而使道明于世，数千年间，前圣、后圣之道同，犹薪火之相传，此为传道。故前后相承之圣人构成了传道的谱系，亦即道统。

"异端考"一节，论道乃人所共由；"十六字心传"一节，则论道之万古长存。然道统之成立，尚须满足第三点，即须有传道之圣人，否则，万古犹漫漫长夜矣。道不行于世，举世为乌云蔽日，唯赖圣人明道，世间遂有一隙之明。孔子曰：

> 文王既没，文不在兹乎？天之将丧斯文也，后死者不得与于斯文也；天之未丧斯文也，匡人其如予何？（《论语·子罕》）

又曰：

天生德于予，桓魋其如予何？（《论语·述而》）

孔子盖以圣德自居，故以明道自任也。

孟子则曰：

> 五百年必有王者兴，其间必有名世者。由周而来，七百有余岁矣。以其数则过矣，以其时考之则可矣。夫天未欲平治天下也，如欲平治天下，当今之世，舍我其谁也？（《孟子·公孙丑下》）

赵岐注云："名世，次圣之才，物来能名，正于一世者，生于圣人之间也。孟子自谓能当名世之士，时又值之，而不得施，此乃天自未欲平治天下耳，非我之愆。"孟子以五百年必得王者而行此道，其间有名世者，乃孟子自任，盖谦辞也。

孟子又曰：

> 由尧舜至于汤，五百有余岁，若禹、皋陶则见而知之，若汤则闻而知之；由汤至于文王，五百有余岁，若伊尹、莱朱则见而知之，若文王则闻而知之；由文王至于孔子，五百有余岁，若太公望、散宜生则见而知之，若孔子则闻而知之。由孔子而来至于今，百有余岁，去圣人之世，若此其未远也，近圣人之居，若此其甚也，然而无有乎尔，则亦无有乎尔。（《孟子·尽心下》）

287

朱子《集注》云："此言虽若不敢自谓已得其传，而忧后世遂失其传，然乃所以自见其有不得辞者，而又以见夫天理民彝不可泯灭，百世之下，必将有神会而心得之者耳。"盖孟子之世，道虽不得行，然去圣人未远，故犹或得闻道也。今据朱子之说，孟子虽不得于齐君而不能行道，然犹以明道自任也。

孔孟之后，儒者如董仲舒、司马迁、王通等，皆有传道意识。司马迁曰：

> 先人有言："自周公卒五百岁而有孔子。孔子卒后至于今五百岁，有能绍明世，正《易传》，继《春秋》，本《诗》《书》《礼》《乐》之际？"意在斯乎！意在斯乎！小子何敢让焉。（《太史公自序》）

盖司马迁以为，其修史之业可比诸孔子作《春秋》。此乃司马迁之传道意识。

四、韩愈与道统的建立

中唐时，韩愈作《原道》一篇，其中有云：

> 尧以是传之舜，舜以是传之禹，禹以是传之汤，汤以是传之文、武、周公，文、武、周公以是传之孔子，孔子传之孟轲，轲之死，不得其传焉。

韩愈在此叙述了尧、舜、禹、汤、文、武、周公、孔子、孟子这样一个传道的谱系，而自任传道之责，可以说是道统论的真正建立者。

韩愈之后，程伊川在为其兄明道所作《墓表》中说道：

> 周公没，圣人之道不行；孟轲死，圣人之学不传。
> 道不行，百世无善治；学不传，千载无真儒。……
> 先生生千四百年之后，得不传之学于遗经，志将以斯
> 道觉斯民。(《河南程氏文集》卷11)

伊川一方面肯定了韩愈所建立的传道谱系，另一方面却剥夺了韩愈在谱系中的位置，而推乃兄明道先生直接上承孟子。这样，伊川就直接赋予此时兴起的道学运动以传道的使命。

至朱子，乃推本伊川之说，作《中庸章句序》云：

> 自是以来，圣圣相承，若成汤、文、武之为君，
> 皋陶、伊、傅、周、召之为臣，既皆以此而接夫道统
> 之传。若吾夫子，则虽不得其位，而所以继往圣、开
> 来学，其功反有贤于尧舜者。然当是时，见而知之者，
> 惟颜氏、曾氏之传得其宗。及曾氏之再传，而复得夫
> 子之孙子思，则去圣远而异端起矣。……故程夫子兄
> 弟者出，得有所考，以续夫千载不传之绪。

在伊川那里，道统谱系里的诸圣有行道与明道之分，即以周公以上为行道，孔子以下，因为道不行于世，故圣圣相传只是学，

即明道而已，则宋之道学可上溯至孔孟。[1] 而朱子所叙道统之传，有君有臣，位虽不同，而所任传道之责则无有二。大概宋之道学发展到朱子，道学家虽居臣位，然道不在君而在臣，臣不独明道而已，亦有行道之责，即致君尧舜以行道之责。此为伊川与朱子对道统的不同理解。

朱子《韶州州学濂溪先生祠记》中谓"有濂溪先生者作，然后天理明而道学之传复续"，则将宋之承继道统者，由明道而上溯至濂溪。《沧洲精舍告先圣文》又谓"千有余年，乃曰有继。周、程授受，万理一原"，则明确将北宋诸儒补进道统中去了。

道统说的最后完善，则为朱子之弟子黄榦，其撰《徽州朱文公祠堂记》云：

> 尧、舜、禹、汤、文、武、周公生而道始行；孔子、孟子生而道始明。孔、孟之道，周、程、张子继之；周、程、张子之道，文公朱先生又继之。此道统之传，历万世而可考也。（《勉斋集》卷19）

黄榦一方面扩大了道统的范围，即将宋以来周子、二程、张子、朱子诸贤所代表的道学加入到传道谱系中；另一方面又继承了伊川的说法，即以行道与明道来区分道统中的圣贤。如此，朱子所赋予道学那种特殊的行道责任消失了，大概黄榦有感于

---

[1] 其实在韩愈那里，已据道之行不行以区分传道谱系，"由周公而上，上而为君，故其事行；由周公而下，下而为臣，故其说长"。（《原道》）

庆元之事而道终不得行于后世故也。

五、道学与党禁

三代以前，道在于君，故君得行道于世。三代以后，道在于臣，不在于君，故道不行于世，唯臣得明道而已。故宋代道学的任务，乃怀抱与君王"共天下"之理想，而期行道于世耳。北宋时，王安石因君臣相得而行道，则行道之主体尚在臣；至南宋朱子，则首重经筵，期以致君行道，则君既为尧舜，故行道之主体在君。

汉唐以降，朝廷莫不王霸杂用，其用人也，亦未严分清浊，而兼取君子与小人，君王则居中以御之，使各尽才德。迄自两宋以还，君子自为一党，小人亦自为一党，泾渭分明，各以国是自居，而君王不复能建中矣。此后，正邪常不两立，党争亦愈演愈烈，驯至现代，其祸有不可甚言者。至此，传统儒家之政治思想遂为一大变矣。

"皇极"一词，出于《尚书·洪范传》：

> 凡厥庶民，无有淫朋；人无有比德，惟皇作极。凡厥庶民，有猷有为有守，汝则念之。不协于极，不罹于咎，皇则受之。……无偏无陂，遵王之义；无有作好，遵王之道；无有作恶，遵王之路。无偏无党，王道荡荡；无党无偏，王道平平；无反无侧，王道正直。会其有极，归其有极。

此言臣庶不得结党，而惟以君王为"极"。汉唐儒盖以"大中"训"极"，然自道学家视之，以为此训不免有"含容姑息，善恶不分"之病。[1]

如朱子释"皇极"云：

> 皇，君也；极，标准也。皇极之君，常滴水滴冻，无一些不善。人却不齐，故曰"不协于极，不罹于咎"。（《朱子语类》卷79）

> 皇极非大中，皇乃天子，极乃极至，言皇建此极也。东西南北，到此恰好，乃中之极，非中也。但汉儒虽说作"中"字，亦与今不同，如云"五事之中"，是也。今人说"中"，只是含胡依违，善不必尽赏，恶不必尽罚。如此，岂得谓之中？（《朱子语类》卷79）

可见，朱子以"正"训极，而与汉儒以"中"训极不同。所谓"正"，乃"无一些不善"，至于"中"，则不免"含胡依违，善不必尽赏，恶不必尽罚"之病。然道本有"中"与"正"二义。盖人言"中"，则不免于乡愿；言"正"，又不免偏于一端，乃至于党同伐异，任性使气。可见"中正"之道为难。

古者自有邪正，而君王居中以御之，尚不为大害。若各自结党，则君王不复居中，斯其为大害矣。故就政治之理想而言，臣子自当守正，君王则以建中为上，斯为大善。

---

[1] 李心传：《道命录》卷7下。

故宋代之有党禁，与道学严分君子、小人有莫大关系。君子、小人各自为党，自是其所是，非其所非，至于国之是非，常亦不外乎本党之是非，而君王遂不复能超然居中焉。自是，君王常为一党所裹胁，两党争于下，而君王亦不得不党同伐异，失调和之权，遂使两党常成水火之势，直欲除尽异己而后快。

六、清儒之辟异端与尊异端

孟子以后，韩愈可谓"辟异端"之第一人。[1] 韩愈《原道》既从正面建立儒家之道统，又从反面辟除西域释氏之学，乃至于提出"人其人，火其书，庐其舍"之法。

古文运动的另一个代表人物欧阳修，亦主张"辟异端"，其所撰《本论》谓"佛法为中国患千余岁"，而辟佛之法在于"修本"。《本论》有云：

> 尧、舜、三代之际，王政修明，礼义之教充于天下，于此之时，虽有佛无由而入。及三代衰，王政阙，礼义废，后二百余年而佛至乎中国。由是言之，佛所以为吾患者，乘其阙废之时而来，此其受患之本也。补其阙，修其废，使王政明而礼义充，则虽有佛无所施于吾民矣，此亦自然之势也。

---

[1] 其间尚有董仲舒"罢黜百家，独尊儒术"之说，然其所尊不过儒术，而所黜不过道术而已，故董子未有明确的"道统"观念。

又云：

> 佛于此时，乘其隙，方鼓其雄诞之说而牵之，则民不得不从而归矣。又况王公大人往往倡而驱之曰：佛是真可归依者。然则吾民何疑而不归焉？幸而有一不惑者，方艴然而怒曰：佛何为者，吾将操戈而逐之！又曰：吾将有说以排之！夫千岁之患遍于天下，岂一人一日之可为？民之沈酣入于骨髓，非口舌之可胜。然则将奈何？曰：莫若修其本以胜之。

永叔最后指出，"礼义者，胜佛之本也"，盖其主张以礼义辟佛也。

此后兴起的道学运动皆主张辟佛，但重在学理上辟佛。其中，大致有两种理路：其一，以横渠、朱子为代表，着重以虚实论辟异端；其二，以程子、象山、阳明为代表，着重在义利论辟异端。

明亡，士大夫归咎于心学之牵引异端，且袖手谈心性，而无半策以济时难，终致误国。其后，攻宋学者亦以其杂于佛老而辟之，而佛老遂不振，直至近代，藉清儒之尊异端，其势乃得以复张。

清季，康长素、章太炎之辈，欲挽中国之沦亡，或主维新，或主革命，至彼等效法异域之学术，则无有异也。自此以往，吾国思想不复有"辟异端"之主张，而竞相向异域寻求真理。自晚清洋务运动以来，初不过师夷以制夷而已，继则慕以向风，终则托钵矣，于是，向之所宝重者，如数千年道德学术等，今乃弃之若敝屣矣。

　　盖孟子辟杨墨，以其害至于无父无君，而人不免沦为禽兽。宋人辟佛老，以其追求清净寂灭，自私自利，其害则至于置世间人事不顾，而使山河大地绝灭殆尽，盖反人类也。至于今日，种种异端杂然纷陈于吾国，然其害何在？人多见其小疵，而不见其害终有浮于佛老杨墨者。当此之时，天不复吾人之天，吾之神栖于异文；地不复吾人之地，吾之骨寓于异乡，盖彻里彻外一奴隶而已。

第七讲

道理与法制

理大还是法大？近数十年来，随着当代中国法制建设的开展，竟然成为一个问题？

中国人是讲道理的。那么，道理在哪里？或者说，在什么样的情况下讲道理，而不是讲法制？道理与法制一样，都是一种约束人们的规范，但其规范性与法制不一样，范围要广泛得多。就法制而言，人们只要不违法，那就可以不受法的制约，而可以在法之外自由自在。然而，不为法所制约，绝对不等于就可以为所欲为，因为还有道理在约束自己。法的效力总是有边界的，而道理却是无所不在的。因此，绝无在道理之外的自由，只有在道理之内的自由，只有不逾道理这个矩，才能随心所欲，此所谓"心安理得"也。

譬如，斗嘴打架，乃人们常有的事，除了在少数情形下，法律都是不闻不问的。此时，裁决两人争斗的办法，便是讲道理，谁都说过"你讲不讲理"之类的话，由此可见，道理的效力是无所不在的。

对于人们的言行乃至思虑，道理具有普遍的约束力，所以如此，就因为道理根植于人心。盖人的言语、行为、思虑莫不由乎心，故自然受到源出于心的法规的约束。此种法规乃自然而然，西人称之"自然法"，而中国则称为礼。相反，法制却是人为制定出来，依靠暴力才能强制人们服从和遵守，西人称之成文法。法制较道理为后起，且仅仅划定其中一块区域，作为自己作用的范围。

因此，新的问题出现了：道理之效力是仅仅作用于法律之外的那部分，从而作为法律的补充，抑或道理仍然具有普遍的有效性，乃至成为指导法律的基本原则？

一、刑与礼、法

自西周以来，礼（德）与法（刑）之关系，便素来为人所重，如"明德慎罚""德主刑辅""出礼入刑"诸说，大概代表了周人的普遍见解。

按照《礼记》的说法，"礼不下庶人，刑不上大夫"（《曲礼上》），则礼、刑作为两种不同的规范而适用于不同的对象，即礼为大夫所守，而刑则施于庶人。然而，这种说法意味着礼与刑的分离。汉初贾谊对"刑不上大夫"的重申，以及后世法律中的"八议"条款[1]，都反映了礼刑分离这种现实，即贵族

---

[1]　"八议"源于《周礼》之"八辟"，魏明帝时始入律，乃"刑不上大夫"原则的体现，对后世法律的制订与实施影响极深。《礼记·曲礼》孔疏释"八议"云："一曰议亲之辟，谓是王宗室有罪也。二曰议故之辟，谓与王故旧也。三曰议贤之辟，谓有德行者也。四曰议能之辟，谓有道艺者也。五曰议功之辟，谓有大勋立功者也。六曰议贵之辟，谓贵者犯罪，即大夫以上也。郑司农云：'若

阶级当以礼自律，而不应以刑相加。

大致对后人来说，礼与刑似乎本不相涉，而刑与法却从来结合在一起。其实不然，若追溯到礼最初的渊源，即作为巫术或宗教中的仪轨与禁忌时，却可以看到这些仪轨与禁忌带有强烈的惩戒色彩。换言之，最初的刑罚源于对违背巫术、宗教禁忌与仪轨之行为、言语乃至思虑的惩戒。[1]《礼记·曲礼》中如此说道：

> 振书、端书于君前，有诛。倒策、侧龟于君前，有诛。

孔疏云："诛，责也。"在后人的解释中，"诛"更多仅限于言语上的"责罚"。但是，上古人们常常会相信，这些细小的过错足以引起灾难性的后果，如神灵之不享，因此，"诛"最初很可能包含肉体上的"诛杀"举措。可见，后人"失礼入刑"或"礼刑合一"的说法，正反映了上古时的情形。对于上古人们来说，凡是不符合礼的言行，都要加以惩戒，故与礼仪三百、威仪三千相对，刑也有正刑三百、科条三千。因此，诸如"战战兢兢，如临深渊，如履薄冰"之类的说法，与其说反映了上古圣贤在从事道德修持时的谨慎小心，还不如说每一个

今之吏墨绶有罪先请者。'案汉时墨绶者是贵人也。七曰议勤之辟，谓憔悴忧国也。八曰议宾之辟，谓所不臣者，三恪二代之后也。"而且，唐时官吏有罪，常可以当赎，未必处以真刑。然至明以后，皇帝常以一己之私忿惩杖责群臣，遂使具有保护贵族特权的"八议"名存实亡，而且，徒流之罪亦常附加以杖刑。

[1] 涂尔干《社会分工论》认为，刑法的本质在于道德惩戒，此亦"礼刑合一"之意也。

普通人对非礼所产生的灾难性后果的担忧以及对伴随而来的惩戒（天谴与刑罚）之畏惧。[1]

可见，刑最初与礼结合在一起，凡是不符合礼的言语、行为与思虑，都要受到刑的惩罚。因此，较诸法的出现，刑要早得多。不过，据典籍所记载，刑的产生似乎较晚。《尚书·吕刑》云："苗民勿用灵，制以刑。惟作五虐之刑，曰法。"[2] 又曰："皇帝清问下民，鳏寡有辞于苗。德威惟畏，德明惟明。乃命三后，恤功于民。伯夷降典，折民惟刑。"《尧典》曰："象以典刑，流宥五刑，鞭官刑，朴作教刑，金作赎刑。眚灾肆赦，怙终贼刑。"又曰："女作士，五刑有服，五服三就。五流有宅，五宅三居。"后来，儒家还有"象刑"之说，盖以真刑为后起，最早不过起于唐虞之世。但无论如何，刑当早于法，最初与礼结合在一起。

法在本质上是成文法，即由少数人宣示出来，并要求大多数人遵守，是为法。[3] 法所以成文，就是要为人所知。在法家那里，法为臣民所知，竟然成为臣民的强制性义务。如商鞅提出，法由君王颁布，而普告天下之民，"民敢忘主法令之所谓名，各以其忘之法令明罪之。……有敢剟定法令一字以上，罪死无赦"（《商君书·定分篇》）。这是强烈强调了成文法的宣

---

[1] 直到清代都保存有"失仪"罪名。《大清律·礼律》"失仪"条云："凡祭祀，及谒拜园陵，若朝会行礼差错，及失仪者，罚俸钱半月。其纠仪官，应纠举而不纠者，罪同。"

[2] 此处所言的"法"，当作"得法"解。孔安国传云："惟为五虐之刑，自谓得法。"孔颖达疏云："曰法者，述苗民之语，自谓所作得法，欲民行而畏之。"

[3] 梅因《古代法》认为，成文法出现以前，一切国家都曾经历过一个秘密法时期，即法律仅为极少数人掌握。

示实质。不过，后世之法制思想莫不强调这一点，即要求人民必须学习法，否则，自罹刑网乃咎由自取。[1] 然而，儒家却主张，"不教而杀谓之虐，不戒视成谓之暴"（《论语·尧曰篇》）。两者似有根本不同，因为儒家认为人民不知法而犯法，其咎在政府，盖人民本身没有自觉学习法的义务。而礼则不同，它不是被宣示出来的，而是人们在生活中逐渐习染而成，本质上是一种自然法。可以说，政府对非礼的惩罚乃天经地义，盖非礼才真正是"知法犯法"，而违法不过是"不知法而犯法"。

成文法的产生，应该在春秋末年。不过，成文法的产生，一开始就受到圣贤们的强烈批评。据《左传》昭六年记载：

> 三月，郑人铸刑书。叔向使贻子产书，曰："始吾有虞于子，今则已矣。昔先王议事以制，不为刑辟，惧民之有争心也。犹不可禁御，是故闲之以义，纠之以政，行之以礼，守之以信，奉之以仁。制为禄位，以劝其从；严断刑罚，以威其淫。惧其未也，故诲之以忠，耸之以行，教之务，使之以和，临之以敬，莅之以强，断之以刚。犹求圣哲之上，明察之官，忠信之长，慈惠之师，民于是乎可任使也，而不生祸乱。民知有辟，则不忌于上，并有争心，以征于书，而徼幸以成之，弗可为矣。夏有乱政，而作《禹刑》；商有乱政，而作《汤刑》；周有乱政，而作《九刑》。三辟之兴，皆叔世也。今吾子相郑国，作封洫，

---

[1] 有明一代，即以普法为教化的重要内容。至今犹有此意，且有"法盲"之说。然法律条文愈益烦苛，除少数专家外，皆不免于"法盲"也。

立谤政，制参辟，铸刑书，将以靖民，不亦难乎？《诗》
曰：'仪式刑文王之德，日靖四方。'又曰：'仪刑文王，
万邦作孚。'如是，何辟之有？民知争端矣，将弃礼
而征于书，锥刀之末，将尽争之。乱狱滋丰，贿赂并
行。终子之世，郑其败乎？肸闻之：'国将亡，必多
制'，其此之谓乎！"

据叔向所言，早在夏时，就已出现了成文法。子产铸刑书，历
来备受法制主义者所推崇，至于叔向针对法制的批评，却多
置若弗闻。在叔向看来，法制固然禁民为非，然而，一旦成之
于文，而公之于众，百姓反而知道何所趋避，这不仅有悖于将
法制公之于众的初衷，而且对于人心风俗的破坏，却是显而易
见的。其后，秦虽因立法制而强盛一时，而在贾谊看来，秦亡
之教训实导源于此类法制主义及由此而来的颓风败俗，此种看
法，奠定了此后儒家思想在礼法问题上的基调。

又，据《左传》昭二十九年记载：

冬，晋赵鞅、荀寅帅师城汝滨，遂赋晋国一鼓铁，
以铸刑鼎，著范宣子所为刑书焉。仲尼曰："晋其亡
乎！失其度矣。夫晋国将守唐叔之所受法度，以经纬
其民，卿大夫以序守之，民是以能尊其贵，贵是以能
守其业。贵贱不愆，所谓度也。文公是以作执秩之官，
为被庐之法，以为盟主。今弃是度也，而为刑鼎，民
在鼎矣，何以尊贵？贵何业之守？贵贱无序，何以为
国？且夫宣子之刑，夷之搜也，晋国之乱制也，若之
何以为法？"

孔颖达疏云："范宣子制作刑书，施于晋国，自使朝廷承用，未尝宣示下民。今荀寅谓此等宣子之书，可以长为国法，故铸鼎而铭之，以示百姓。犹如郑铸刑鼎，仲尼讥之，其意亦与叔向讥子产同。"可见，不论是子产铸刑书，还是晋铸刑鼎，都谈不上订立新法，只不过是把已经存在的旧法公之于众而已。正是在这一点上，遭到了叔向、孔子的强烈批评，他们都认为成文法不利于法律的有效实施，而且还破坏了立法者的权威。[1]

自此以后，刑与法结合起来，而旧有的礼则逐渐失去了刑的功能。并且，随着国家权力的不断扩张，与贵族生活密切相关的礼，渐渐退居为道德层面的自我约束。

二、《春秋》决狱

汉武帝"罢黜百家，独尊儒术"，儒家尊奉的《春秋》取得了普遍规范的效力。秦法既烦且苛，此盖上古"礼刑合一"之遗意。其后刘邦以宽简取天下，文、景又尚黄老无为之术，至汉宣以后，儒家经义渐次入法，而法律遂亦趋烦苛。然较诸嬴秦之徒尚法制，汉人则稍回归于"礼刑合一"之精神，而终

---

[1] 其实，圣贤们反对成文法，可能还有更深一层的动机：因为旧法实际上是礼，礼乃自然法，故无须公布。因此，当政府将一种基于习俗的准则作为法典而加以宣示，与其说是对此准则的保护，还不如说彻底动摇了此准则的道德基础，从此，百姓之所趋避唯有利害而已。其实，在很多情形下，礼义上升为法制，不一定就意味着有着更强的约束力，反而把某种无条件的绝对命令变成有条件的约束。

能通行于后世也。

《春秋》决狱，武帝时已颇行之。《汉书·食货志》谓"公孙弘以《春秋》之义绳臣下取汉相"[1]，《五行志》谓"使仲舒弟子吕步舒持斧钺治淮南狱，以《春秋》谊颛断于外，不请"，《兒宽传》谓"（张）汤由是乡学，以宽为奏谳掾，以古法义决疑狱，甚重之"。其后，历朝颇有其事，如《魏书·刑罚志》谓"太平真君六年，以有司断法不平，诏诸疑狱，皆付中书依古经义论决之"，《高允传》谓"以经义断诸疑事，三十余载，内外称平"。

汉人以《春秋》为"万世之刑书"，又以为"礼义之大宗"，观《太史公自序》所引董仲舒可知。故《春秋》所以决狱，既出于上古"礼刑合一"之精神，又因汉人对《春秋》之理解有关。《尚书》有"出礼入刑"之说，汉人遂据以论《春秋》之旨。汉陈宠曰：

> 礼之所去，刑之所取，失礼则入刑，相为表里者也。（《后汉书·陈宠传》）

明方孝孺亦曰：

> 故礼之与刑，异用而同归。出乎礼则入乎刑，法

---

[1] 公孙弘以儒术缘饰吏事，其对《春秋》的阐释，与汉法之严酷相合，而与仲舒"原心论罪"之说颇不同。然据《盐铁论·刺复》，御史谓"公孙丞相以《春秋》说先帝，遽即三公，处周、邵之列，据万里之势，为天下准绳，衣不重彩，食不兼味，以先天下，而无益于治"，盖讥儒家仁义之无用，而文家亦攻御史专尚峻文，为之解免之辞。可见，公孙弘未必尽取汉法之严酷也。

之所不能加者，礼之所取也。《春秋》，圣人用刑之书也，而一本乎礼。酌乎礼之中，参乎其事之轻重，断以圣人书法之繁简，则《春秋》之旨可识，而天下难处之变可处矣。(《逊志斋》)

其后，清公羊学勃兴，又颇张扬此论。刘逢禄曰：

> 或称《春秋》为圣人之刑书，又云五经之有《春秋》犹法律之有断令。而温城董君独以为礼义之大宗，何哉？盖礼者刑之精华也，失乎礼即入乎刑，无中立之道，故刑者礼之科条也。……《春秋》显经隐权，先德而后刑，其道盖原于天。……夫刑反德而顺于德，亦权之矣。……矫枉者弗过其正则不能直，故权必反乎经，然后可与适道。……故持《春秋》以决秦汉之狱，不若明《春秋》以复三代之礼，本末轻重，必有能权衡者，以君子之为亦有乐乎此也。(《刘礼部集》卷4，《释特笔例》)

龚自珍亦曰：

> 在汉司马氏曰：《春秋》，礼义之大宗也；又曰："《春秋》明是非，长于治人。晋臣荀崧踵而论之曰：公羊精悫，长于断狱。九流之目，有董仲舒一百二十三篇。其别《公羊决狱》十六篇，颇佚亡。其完具者，发为公羊氏之言，入名家。何休数引汉律，入法家。而汉廷臣援《春秋》决赏者比比也，入礼家

矣，又出入名法家。或问之曰：任礼任刑，二指孰长？
应之曰：刑书者，乃所以为礼义也，出乎礼，入乎刑，
不可以中立。抑又闻之，《春秋》之治狱也，趋作法
也，罪主人也，南面听百王也，万世之刑书也。决万
世之事，岂为一人一事，是故实不予而文予者有之矣。
（《春秋决事比自序》）

可见，《春秋》既为礼书，又为刑书。而《春秋》所以为刑书，
盖本其为礼书也。

考《汉志》有《公羊董仲舒治狱》十六篇，《七录》作《春
秋断狱》五卷，《隋书·经籍志》作《春秋决事》十卷，《唐
志》作《春秋决狱》，《崇文总目》作《春秋决事比》，并十卷。
王应麟《困学纪闻》谓董子《春秋决狱》，其书不传，《太平
御览》载二事，《通典》载一事，故《应劭传》谓《春秋决狱》
二百三十二事，今仅见三事而已。

东晋成帝咸和五年（330），散骑侍郎乔贺妻于氏上表引
其例，云：

　　时有疑狱曰："甲无子，拾道旁弃儿乙养之以为
子，及乙长，有罪杀人，以状语甲，甲藏匿乙，甲
当何论？"仲舒断曰："甲无子振活养乙，虽非所生，
谁与易之？《诗》云：'螟蛉有子，蜾蠃负之。'《春秋》
之义，父为子隐。甲宜匿乙，而不当坐。"（《通典》
卷69）

《太平御览》卷640引二例，其一云：

　　甲父乙与丙争言相斗，丙以佩刀刺乙，甲即以杖击丙，误伤乙，甲当何论？或曰："殴父也，当枭首。"论曰："臣愚以父子至亲也，闻其斗莫不有怵怅之心，扶杖而救之，非所以欲诟父也。《春秋》之义，许止父病进药于其父而卒，君子原心赦而不诛。甲非律所谓殴父，不当坐。"

可见，《春秋》决狱之精神在于"原心定罪"。在巫术、宗教中，心之有愆，神明有咎，而加诛焉，此为自然之理。上古之礼刑合一，盖本诸此。故《盐铁论》谓《春秋》之治狱，论心定罪，志善而违于法者免，志恶而合于法者诛。故其治狱，时有出于律之外者。

　　此外，汉世以《春秋》决狱之事，颇载于史籍。《史记·梁孝王世家》载：

　　太后谓帝曰："吾闻殷道亲亲，周道尊尊，其义一也。安车大驾，用梁孝王为寄。"景帝跪席举身曰："诺。"罢酒出，帝召袁盎诸大臣通经术者曰："太后言如是，何谓也？"皆对曰："太后意欲立梁王为帝太子。"帝问其状，袁盎等曰："殷道亲亲者，立弟。周道尊尊者，立子。殷道质，质者法天，亲其所亲，故立弟。周道文，文者法地，尊者敬也，敬其本始，故立长子。周道，太子死，立嫡孙。殷道，太子死，立其弟。"帝曰："于公何如？"皆对曰："方今汉家法周，周道不得立弟，当立子。故《春秋》所以非宋

宣公。宋宣公死，不立子而与弟。弟受国死，复反之
与兄之子。弟之子争之，以为我当代父后，即刺杀兄
子。以故国乱，祸不绝。故《春秋》曰：'君子大居
正，宋之祸，宣公为之。'臣请见太后白之。"袁盎等
入见太后："太后言欲立梁王，梁王即终，欲谁立？"
太后曰："吾复立帝子。"袁盎等以宋宣公不立正，生
祸，祸乱后五世不绝，小不忍害大义状，报太后。太
后乃解说，即使梁王归就国。而梁王闻其义出于袁盎
诸大臣所，怨望，使人来杀袁盎。袁盎顾之曰："我
所谓袁将军者也，公得毋误乎？"刺者曰："是矣！"
刺之，置其剑，剑著身。视其剑，新治。问长安中削
厉工，工曰："梁郎某子以此知而发觉之，发使者捕
逐之。独梁王所欲杀大臣十余人，文吏穷本之，谋反
端颇见。太后不食，日夜泣不止。景帝甚忧之，问公
卿大臣，大臣以为遣经术吏往治之，乃可解。于是遣
田叔、吕季主往治之。此二人皆通经术，知大礼。来
还，至霸昌厩，取火悉烧梁之反辞，但空手来对景帝。
景帝曰："何如？"对曰："言梁王不知也。造为之者，
独其幸臣羊胜、公孙诡之属为之耳。谨以伏诛死，梁
王无恙也。"景帝喜说，曰："急趋谒太后。"太后闻之，
立起坐餐，气平复。故曰：不通经术知古今之大礼，
不可以为三公及左右近臣。

又，《史记·隽不疑传》载：

始元五年，有一男子乘黄犊车，建黄旐，衣黄襜褕，著黄冒，诣北阙，自谓卫太子。公车以闻，诏使公卿、将军、中二千石杂识视。长安中吏民聚观者数万人。右将军勒兵阙下，以备非常。丞相、御史、中二千石至者并莫敢发言。京兆尹不疑后到，叱从吏收缚。或曰："是非未可知，且安之。"不疑曰："诸君何患于卫太子！昔蒯聩违命出奔，辄距而不纳，《春秋》是之。卫太子得罪先帝，亡不即死，今来自诣，此罪人也。"遂送诏狱。天子与大将军霍光闻而嘉之，曰："公卿大臣当用经术明于大谊。"由是名声重于朝廷，在位者皆自以不及也。

又，《汉书·终军》载：

元鼎中，博士徐偃使行风俗。偃矫制，使胶东、鲁国鼓铸盐铁，还，奏事，徙为太常丞。御史大夫张汤劾偃矫制大害，法至死。偃以为《春秋》之义，大夫出疆，有可以安社稷，存万民，颛之可也。汤以致其法，不能诎其义，有诏下军问状，军诘偃曰："古者诸侯国异俗分，百里不通，时有聘会之事，安危之势，呼吸成变，故有不受辞造命颛己之宜；今天下为一，万里同风，故《春秋》'王者无外'。偃巡封域之中，称以出疆何也？且盐铁，郡有余藏，正二国废，国家不足以为利害，而以安社稷存万民为辞，何也？"又诘偃："胶东南近琅邪，北接北海，鲁国西枕泰山，东有东海，受其盐铁。偃度四郡口数、田地，率其用器食盐，不足以并给二郡邪？将势宜有余，而吏不能也？何以言之？偃矫制而鼓铸者，俗及春耕种赡民器也。今鲁国之鼓，当先具其备，至秋乃能举火。此言与实反者非？偃已前三奏，无诏，不惟所为不许，而直矫作威福，以从民望，干名采誉，此明圣所必加诛也。'枉尺直寻'，孟子称其不可；今所犯罪重，所就者小，偃自予必死而为之邪？将幸诛不加，欲以采名也？"偃穷诎，服罪当死。

又，《孔丛子》载：

> 梁人取后妻，后妻杀夫，其子又杀之。孔季彦返鲁过梁。梁相曰：此子当以大逆论。礼，继母如母，是杀母也。季彦曰：若如母，则与亲母不等，欲以义督之也。昔文姜与杀鲁桓，《春秋》去其姜氏，传曰：绝不为亲，礼也。绝不为亲，即凡人尔。且夫手杀重于知情，知情犹不得为亲，则此下手之时，母名绝也。方之古义，是子宜以非司寇而擅杀当之，不得为杀母而论以逆也。梁相从其言。

然至晚清，刘师培《儒学法学分歧论》、章太炎《检论·原法篇》深嫉儒家经义断狱之论。

三、以礼入法与准《五服》以制罪

（一）准五服制罪

随着西周封建制的实施，宗族成为中国最基本的政治、社会单位。然至春秋中晚期，周天子不复能维系封建秩序，从而导致了宗法制的瓦解，随后出现了成文法，即便如此，宗法原则依然渗透在国家法律之中。此后两千余年，此种局面未有改变，甚至得到加强。

嬴秦虽专尚法制，然其中亦包含有宗法的原则。首先，体现为亲属的株连。其次，法律中容纳了尊卑相犯的内容。

> 1. "殴大父母，黥为城旦舂"，"殴高大父母，比大父母"，若殴父母，量刑当更重。然若"擅杀子，黥为城旦舂"，可见秦律中有尊卑相犯的内容。
> 2. "子告父母，臣妾告主，非公室告，勿听"，若父母告子，则官府即行缉拿。

就现有资料来看，秦律只是重视直系血亲的尊卑，至于旁系亲属的尊卑，及非血缘关系亲属在名分上的尊卑，一般不予承认与支持。据《秦简·法律答问》，"父盗子，不为盗"，则以至亲故也；然"今假父盗假子，何论？当为盗"。又，"士仕甲无子，其弟子以为后，与同居，而擅杀之，当弃市"，则或非血亲，或只旁系血亲也。

汉代亦有株连之刑，体现在亲属相犯方面，则加大直系亲属间尊卑相犯在量刑上的差别。秦律，子告父，官府不予受理，汉律则以不孝罪之。汉武帝元朔五年（前124），衡山王太子刘爽告父刘赐谋反，刘赐自杀，而"太子爽坐告王父不孝，弃市"。

此时，丧服服叙已影响到法律。据应劭《风俗通义》载：

> 女子何侍为许远妻，侍父何阳素酗酒，从远假求，不悉如意，阳数骂詈。远谓侍曰："汝翁复骂者，吾必揣之。"侍曰："类作夫妇，奈何相辱。揣我翁者，搏若母矣。"其后阳复骂远，远遂揣之，侍因上搏姑耳再三。下司徒鲍昱，决事曰："夫妻所以养姑者也，今远自辱其父，非姑所使，君子之于凡庸，尚不迁怒，况所尊重乎？当减死论。"

魏晋以后，由于东汉以来"坞壁"制度和魏晋门阀政治的发展，使家族制度得到恢复，"准五服制罪"正是这一趋势在国法上的体现。至西晋泰始四年（268），所颁《泰始律》提出"峻礼教之大防，准五服以制罪"，标志着"以礼入法"成为后世法律制度的基本原则。

（二）十恶

"十恶"之名的出现，体现了礼法合一的精神，即凡视为"十恶"之罪者，皆根本违背了儒家的基本伦理。《周礼》云："断五刑之讼，必原父子之亲、君臣之义。"又云："凡制五刑，必即天伦。"《唐律疏议》云："五刑之中，十恶尤切，亏损名教，毁裂冠冕，特标篇首，以为明诫。"故沈之奇曰："此条所载，皆无君无亲，反伦乱德，天地所不容，神人所共愤者。故特表而出之，以为世戒。"[1]

据《唐律疏议》所言，汉《九章》中已有"不道""不敬"之目，则"十恶"源于汉律也。[2] 至北齐、北周，已有十种重罪之条。[3] 隋《开皇律》首创"十恶"之名，而稍有增损。[4]《大业律》于十条更为刊除，唯存其八。唐武德间，仍遵用开皇之制。兹据唐律，"十恶"的具体规定如下：

1. 谋反。谓谋危社稷。

2. 谋大逆。谓谋毁宗庙、山陵及宫阙。

3. 谋叛。谓谋背国从伪。

---

[1] 沈之奇：《大清律辑注》，《大清律集解附例》，法律出版社，2002，第8页。

[2] 刘俊文则举《尚书·康诰》"元恶大憝，矧惟不孝、不友，……速由文王作罚，刑兹无赦"、《尚书大传》"降、叛、寇、贼、劫、略、夺、攘、矫者，其刑死"、《周礼·地官·大司徒》"以乡八刑纠万民：一曰不孝之刑，二曰不睦之刑，三曰不姻之刑，四曰不弟之刑，五曰不任之刑，六曰不恤之刑，七曰造言之刑，八曰乱民之刑"数语，以为周时已有后世"十恶"中的不孝、不睦、叛降之目。又据湖北云梦地睡虎地秦墓所出《法律答问》，中有"免老告人以为不孝，谒杀，当三环之不？不当环，亟执勿失"一条，案三环即三原也，则不孝在秦律中亦属不赦之重罪。

[3] 北齐所立重罪十条为反逆、大逆、叛、降、恶逆、不道、不敬、不孝、不义。

[4] 隋改重罪十条为"十恶"，并将叛、降两条合并，另增不睦一条，又于前三条各加"谋"字，成为谋反、谋大逆、谋叛。

4. 恶逆。谓殴[1]及谋杀[2]祖父母、父母，杀伯叔父母、姑、兄、姊、外祖父母、夫、夫之祖父母。又据《疏议》，自伯叔以下，即据杀讫，若谋而未杀，自当"不睦"之条。

5. 不道。谓杀一家非死罪三人[3]，支解人，造畜蛊毒、厌魅。

6. 大不敬。谓盗大祀神御之物、乘舆服御物；盗及伪造御宝；合和御药，误不依本方及封题错误；若造御膳，误犯食禁；御幸舟船，误不坚固；指斥乘舆，情理切害及对捍制使，而无人臣之礼。

7. 不孝。谓告言、诅詈[4]祖父母、父母，及祖父母、父母在，别籍异财，若供养有阙；居父母丧，身自嫁娶，若作乐，释服从吉；闻祖父母、父母丧，匿不举

---

[1] 据清律，妻殴夫者，但殴即坐，杖一百；夫愿离者，听；致折伤以上，各加凡斗伤三等；至笃疾者，绞决；死者，斩决；故杀者，凌迟处死。若妾殴夫及正妻者，又各加一等。

弟、妹殴兄姊者，杖九十，徒二年半。伤者，杖一百，徒三年。折伤者，杖一百，流三千里。刃伤及折肢，若瞎其一目者，绞。死者，皆斩。若侄殴伯叔父母、姑，及外孙殴外祖父母，各加一等。其过失杀、伤者，各减本杀、伤罪二等。故杀者，不分首从，皆凌迟处死。

殴祖父母、父母，及妻、妾殴夫之祖父母、父母者，皆斩；杀者，皆凌迟处死。过失杀者，杖一百，流三千里；伤者，杖一百，徒三年。

[2] 据清律，谋杀如是亲属者，已行者（不问已伤未伤），不分首从，皆斩；已杀者，皆凌迟处死。

[3] 据清律，当凌迟处死，财产断付死者之家，妻、子流二千里。为从加功者斩。

[4] 凡骂缌麻兄姊，笞五十；小功兄姊，杖六十；大功兄姊，杖七十；尊属各加一等。若骂同胞期亲兄姊者，杖一百；伯叔父母、姑、外祖父母，各加一等。并须亲告乃坐。

骂祖父母、父母，及妻妾骂夫之祖父母、父母者，并绞。须亲告乃坐。

哀；诈称祖父母、父母死。

8. 不睦。谓谋杀[1]及卖缌麻以上亲属，殴、告夫及大功以上尊长、小功尊属。

9. 不义。谓杀本属府主、刺史、县令、见受业师，吏、卒杀本部五品以上官长，及闻夫丧匿不举哀，若作乐，释服从吉及改嫁。

10. 内乱。谓奸小功以上亲、父祖妾，及与和者。

子孙本以恭谨孝顺为主，故对父母有不逊侵犯的行为，如骂詈、告言、供养有等，皆为社会和法律所不容，其罪尤重。《孝经·五刑章》云："五刑之属三千，而罪莫大于不孝。"《周礼》以"不孝"为乡八刑之一，汉律则处斩枭，北魏不逊父母处以髡刑，太和诏书犹以为太轻，令更详制。齐、隋以后，"不孝"更成为十恶不赦的重罪，标明于卷首的名例中。

至于殴以上的行为，更属不能容忍的重罪，较"不孝"犹重。汉律、宋律皆罪至枭首，唐、宋、明律皆为斩决，《清现行刑律》改为徒刑。元律稍轻，殴伤祖父母、父母处死刑，其他朝代的法律不问有伤无伤、伤轻伤重，只要有殴的行为，便可成立此罪。

若致父母于死，则罪加一等。唐、宋死刑止斩、绞二种，盖殴罪已至斩刑，故罪无可加，仍止于斩。至元、明、清律，则罪至凌迟。《清现行刑律》废除凌迟一刑，将杀死父母改为斩决，则殴骂父母者，亦不得不分别减一等，改为绞及绞监候。

---

[1] 谋杀如是亲属者，已行者，首杖一百，流二千里；为从，杖一百，徒三年。已伤者，首绞；为从，加功、不加功并同凡论；已杀者，不问首从，皆斩。

（三）亲属株连

中国古无族刑。《尚书·大禹谟》称皋陶时"罚弗及嗣，赏延于世"，《公羊传》昭二十年则谓"善善及子孙，恶恶止其身"，可见，春秋以前似无族刑。《汉书·刑法志》云："秦用商鞅，造参夷之诛。"是时族刑已不限于宗亲，乃及于母党、妻党。不过，战国时实施族刑，目的则在打击贵族力量。

汉代因循秦旧，亦有夷三族法，一般用于谋反罪。较常用的族刑，一般指族一家而已，包括父母、兄弟、妻子。东汉的禁锢，则将范围扩大到五服之亲。

其后，历代刑律皆有株连缘坐之法，其罪名与范围则有不同。据《通典》卷167载：

> 刘宋时，薄道举为劫，按律，周亲（期亲）当谪戍补兵，而堂弟代公、道生为大功亲，母则为期亲。何承天以为妇人有三从之义，当从其子，不补兵。

可见，据南朝律法，劫盗之罪亦株连其亲，可见其严苛。至于北魏，初时刑罚更是严酷，以至有夷五族之惨。所谓五族，大概指父、母、妻族及儿女姻亲之家。至孝文、武以后，刑罚大为减轻，甚至较南朝为文明，并影响及于隋唐及后世法律。

隋唐时，株连之法即"缘坐"的规定，不过唯限于谋叛以上之"十恶"重罪，及造蓄蛊毒、采生折割人之罪，乃缘坐其亲属。据《唐律疏议》卷17《贼盗律》，凡犯谋反及大逆者，主犯皆斩，其缘坐范围如下：

　　父子年十六以上皆绞，十五以下及母女、妻妾、祖孙、兄弟、姊妹若部曲、资财、田宅并没官，男夫年八十及笃疾、妇人年六十及废疾者并免；伯叔父、兄弟之子流三千里，不限籍之同异。

　　此外，又有一类恶言谋反者，因"词理不能动众，威力不足率人"，主犯虽斩，其缘坐范围及处罚皆轻，据《唐律疏议》，"父子、母女、妻妾并流三千里，资财不在没限"，则祖孙、伯叔、侄子、部曲俱不在缘坐范围。

（四）亲属相犯

　　古代法律遵循不平等的原则，即尊卑相犯在定罪和量刑上是不平等的。通常尊者犯卑者较凡人罪轻，而卑者犯尊者较凡人罪重。

　　1. 卑幼犯尊长
　　（1）殴詈尊长
　　据唐律，包括妻殴詈夫、殴缌麻兄姊、殴兄姊、殴詈祖父母父母、妻妾殴詈夫父母、妻妾殴詈故夫父母、殴詈夫期亲尊长诸条，具体规定如下：

　　　　詈祖父母、父母者绞，殴者斩。詈伯叔父母、姑、外祖父母，徒一年；殴者，徒三年。詈兄姊，杖一百；殴者，徒二年半。殴缌麻兄姊，杖一百，小功、大功各递加一等，尊属者又各加一等。

妻妾詈夫之祖父母、父母者，徒三年；（须舅姑告，乃坐。）殴者，绞。妻殴夫，徒一年，伤重者加凡斗三等；[1] 媵、妾犯者，各加一等。妻殴詈夫之期亲以下、缌麻以上尊长，各减夫犯一等；（减罪轻者，加凡斗一等。）妾犯者，不减。

殴嫂者，加凡人一等；夫之弟、妹殴兄妾，以凡人论。妻之子殴伤父妾，加凡人一等；妾子殴伤父妾，又加二等。

（2）故杀伤与过失杀伤

今律区分故杀伤与过失杀伤，而古代法律又于故杀伤中区分谋杀，但谋即坐，不待真犯也。唐律中相关规定如下：

谋杀期亲尊长、外祖父母、夫、夫之祖父母、父母者，皆斩。（犯奸而奸人杀其夫，所奸妻妾虽不知情，与同罪。）谋杀缌麻以上尊长者，流二千里；已伤者，绞；已杀者，皆斩。过失杀祖父母、父母者，流三千里，伤者徒三年。

殴兄姊，伤者徒三年；折伤者，流三千里；刃伤及折支，若瞎其一目者，绞；死者，皆斩。殴伯叔父

---

[1] 案，凡斗殴人者，笞四十；伤及以他物伤人者，杖六十；伤及拔发方寸以上，杖八十。若血从耳目出及内损吐血者，各加二等。折齿、毁缺耳鼻、眇一目及折手足指，若破骨及汤火伤人者，徒一年；折二齿、二指以上及髡发者，徒一年半。诸斗以兵刃斫射人不著者，杖一百；若刃伤及折人肋，眇其两目，堕人胎，徒二年。折跌人支体及瞎其一目者徒三年；损二事以上，及因旧患令至笃疾，若断舌及毁败人阴阳者，流三千里。斗殴杀人者绞，以刃及故杀人者斩。

母、姑、外祖父母，各加一等。过失杀伤者，各减本
杀伤罪二等。殴缌麻以上兄姊、尊属，伤重者加凡斗
一等，死者斩。

诸妻妾殴夫之祖父母、父母者，绞；伤者，皆斩。
过失杀者徒三年，伤者徒二年半。妻殴夫，伤重者加
凡斗伤三等，（须夫告乃坐。）至死，斩；媵及妾犯
者，各加一等。（加者，加入于死。）过失杀伤者，各
减二等。

唐律于殴父母、祖父母已处极刑，至故杀、谋杀等以上罪，
则已无刑可加矣。至明、清律，则创凌迟之刑，故相关律文略
有调整。今据清律，具体规定如下：

谋杀祖父母、父母，及期亲尊长、外祖父母、夫、
夫之祖父母、父母，已行者，皆斩；已杀者，皆凌迟
处死。谋杀缌麻以上尊长，已行者，杖一百，流二千
里；已伤者，绞；已杀者，皆斩。其尊长谋杀卑幼，
已行者，各依故杀罪，减二等；已伤者，减一等；
已杀者，依故杀法。

一般来说，法律在处理卑幼犯属长问题上，不分故伤、误
伤与故杀、误杀，仅在具体执行时灵活处理，由皇上钦定裁决。
《春秋》原心论罪，如董仲舒即有论，然后世多不主其说。
《刑案汇览》2：11a－12a 载例云：

樊魁与弟樊沅争斗，持刀吓砍，伊母王氏夺刀，

自行划伤。

此案依律为斩立决，后因情可矜悯，才改斩候，秋审由实改缓，并因定一新例："其误伤祖父母、父母律应斩决者，仍照本律定拟，援引樊魁案内钦奉谕旨，恭候钦定。"[1]

误杀父母亦当凌迟。《刑案汇览》44：25ab 载例云：

> 白鹏鹤因向嫂白葛氏借灯油不遂，出街嚷骂，白葛氏赶出门首理论，白鹏鹤拾起土块向嫂掷击，适母白王氏出劝，误伤殒命。刑部按子杀父母凌迟处死律问拟。奉旨以遥掷土坯误伤其母，非其思虑所及，与斗殴误杀者究属有间，着改为斩立决。

其后因此定一新例，即子孙误伤祖父母、父母致死者，仍照律拟定，但准援引白鹏鹤案内钦奉谕旨恭候钦定。

甚至因父母被人殴击，子救父母情急，而误伤父母致死，亦须依律凌迟处死，然后请旨核减。《刑案汇览》44：25ab 载例云：

> 邓逢达被戚兴按扑在地，戚拾石欲殴，邓子光维用刀将戚兴戳伤，戚兴仍抵住邓逢达不放，邓光维情急用刀向戳，不意戚将腿揶开，收手不及，误将父右腹戳伤毙命。有司以父被殴势在危急，救父误伤，情有可悯，照子殴杀律拟凌迟，奏请减为斩立决，奉旨

---

[1] 《清律例》卷28《刑律》，《斗殴》下，"殴祖父母父母"条，道光五年续纂例。

照准。

至于过失杀伤父母，虽较误伤、误杀罪为轻，判罚仍重。唐、宋、明、清律过失伤者徒三年，过失杀者流三千里。乾隆时，乃定例过失杀祖父母、父母绞立决，较前律更重。《大清律》注解释此律之精神云：

> 过失虽出无心，而子孙……于祖父母、父母当敬
> 慎不应至于过失，故凡人收赎，而子坐流徒，即臣子
> 于君父不得称误之义也。

儒家主张人子事奉父母，须"先意承志"，"听于无声，视于无形"，不独论心，而敬慎所至，其行迹亦应无有不当。故常人不免有善与不善之差，至于事奉父母，唯至于至善而后可。

又，《清律例汇辑便览》卷26《刑律》，"戏杀谋杀过失杀人"条引例云：

> 徐张贵随父徐国威淘井，父在井底挖泥，子在井
> 上循环提桶。提至井身一半，桶梁脱落，泥桶坠井，
> 致毙父命。

此案依例绞决，然情有可悯，改为绞候。

（3）违犯教令

案，《唐律疏议》规定违犯教令之罪如下：

> 诸子孙违犯教令及供养有阙者，徒二年。（谓可

从而违，堪供而阙者。须祖父母、父母告，乃坐。）

若子孙违犯教令，祖父母、父母殴杀者徒一年半，以刃杀者徒二年，故杀者各加一等。嫡、继、慈、养杀者，又加一等。过失杀者，各勿论。

若父母为了子孙而气忿自尽，子孙逃不了逼死父母之责任。明律原有子孙威逼祖父母、父母致死，比依殴祖父母、父母律问斩而奏请定夺的条文。清律更具体，凡子孙不孝致祖父母、父母自尽之案，如审有触忤干犯情节，以致忿激轻和窘迫自尽者，即拟斩决。若并无触犯情节，但行为违犯教令，以致抱怨轻生自尽者，但拟绞候。

《刑案汇览》44：7a－8a 载例云：

> 栗松年因妻做饭迟延，加以殴詈。母李氏出而喝阻，不听。李氏欲禀官送究，松年叩头央求，不允。随即赴县呈控，回家以后才晓得父母首告忤逆，应问遣戍，虑无人侍养，心生追悔，愁急莫释，投井自尽。有司以李氏之死虽非抱怨轻生，但事由于首告究由违犯教令所致，依律拟绞候。

一般来说，此类违犯教令而致父母自尽的案子，不论性质如何，向来都是按律办理，从未量从宽减。不过，若子孙品行端方，平日无忤逆实迹，或可减刑。

若父母并非故意寻死，但与子孙直接过失有关，子孙也须负同样刑事责任。《刑案汇览》44：5a－6a 载例云：

> 陈汶选令子陈自廓取茶给饮，因茶不热，倾泼在地，当向斥骂，并取棍向殴，自廓畏惧跑出房外，汶选持棍赶殴，因地上被茶泼湿，滑跌在地，挝伤脑后殒命，刑部以陈父虽自行跌毙，但陈自廓不俯首就责，畏惧逃跑，以致伊父追赶滑跌身死，实属违犯教令，照子违犯教令致父自尽例拟绞候。

在此例中，子孙并无大过失，才能比照子孙违犯教令致父母自尽例拟绞，倘有触忤干犯情节，但当比照触忤父母致忿激轻生例，而问拟斩决。若父母之死，非自行跌毙，而由于子孙的过失，那更不能按子孙违犯教令父母自尽例办理，而须比照子孙过失杀父母例问拟绞决。

这表明，对古人来说，父母身体绝对不可侵犯，法律上重视客观的事实远过于主观的原因。父母被子孙殴杀，这是客观事实，是逆伦的案子，便须按律治罪。子孙有心干犯逞凶，自属罪有应得，便是无心误伤误杀，也与故意杀害同罪，甚至父母一时心狭自寻短见，或自行跌死，只要父母的死伤因子而起，不问谁是谁非，也不问有心无心，或意料所及否，便逃不了杀伤父母的罪名。所以如此，是因为服纪攸关，子孙有顺无违，天下原无不是的父母。故《春秋》"原心定罪"之精神，并不适用于子孙触犯父母、祖父母的行为。

（4）告言亲属

《论语》有"子为父隐，父为子隐"之说，《公羊传》文十五年则谓"父母之于子，虽有罪，犹若其不欲服罪然"，何休即引孔子此说以父子相隐乃"崇父子之亲"也。此种精神在秦汉以后法律中皆有体现，唐律具体相关规定如下：

诸告祖父母、父母者，绞。（谓非缘坐之罪及谋叛以上而故告者。）即嫡、继、慈母杀其父，及所养者杀其本生，并听告。

告期亲尊长、外祖父母、夫、夫之祖父母，虽得实徒二年，其告事重者减所告罪一等；即诬告重者，加所诬罪三等。告大功尊长各减一等，小功、缌麻减二等；诬告重者，各加所诬罪一等。

告缌麻、小功卑幼，虽得实，杖八十；大功以上，递减一等。诬告重者，期亲减所诬罪二等，大功减一等，小功以下以凡人论。

（5）犯旁系尊长

据《唐律疏议》，犯旁系尊长相关规定如下：

告期亲尊长，虽得实徒二年。告大功尊长各减一等，小功、缌麻减二等。

殴兄姊者，徒二年半；伤者，徒三年；折伤者，流三千里；刃杀及折支，若瞎其一目者，绞；死者，皆斩；詈者，杖一百。伯叔父母、姑、外祖父母，各加一等。即过失杀伤者，各减本杀伤罪二等。

殴缌麻兄姊杖一百，小功、大功各递加一等，尊属者又各加一等。伤重者各递加凡斗伤一等，死者斩。即殴从父兄姊准凡斗应流三千里者，绞。

谋杀期亲尊长，斩。谋杀缌麻以上尊长，流二千里；已伤者，绞；已杀者，斩。

清律的相关规定如下：

> 凡同姓亲属相殴，虽五服已尽，而尊卑名分犹存
> 者，尊长减凡斗一等，卑幼加一等。至死者，并以凡
> 人论。

> 凡卑幼，殴本宗及外姻缌麻兄姊，杖一百；小功，
> 杖六十，徒一年；大功，杖七十，徒一年半；尊属
> 又各加一等。折伤以上，各递加凡斗伤一等；笃疾者，
> 绞；死者，斩。若尊长殴卑幼，非折伤，勿论。至
> 折伤轻上，缌麻减凡人一等，小功减二等，大功减三
> 等；至死者，绞。其殴杀同堂弟妹、堂侄及孙者，杖
> 一百，流三千里；故杀者，绞。

（6）妻妾犯夫父母

唐律规定，诸妻妾詈夫之祖父母、父母者，徒三年；（须
舅姑告，乃坐。）殴者，绞；伤者，皆斩；过失杀者徒三年，
伤者徒二年半。

（7）犯业师

唐律规定，殴伤见受业师，加凡人二等。死者，各斩。《疏
议》以为，若殴无品博士，加凡人二等，合杖六十；若折一齿，
则加二等，徒二年。若所殴为九品受业师，合杖八十；折一齿，
则再加二等，总四等，合徒三年。若殴五品博士，亦于本品上
累加之。

考唐博士之设置，国子学博士为正五品上，太学博士为正
六品上，四门学博士为正七品上，律学博士为从八品下，书
学博士从九品下，算学博士从九品下；京都及大都督府置经

学博士，从八品上；中、下都督府及上州学置经学博士，从八品下；中州学置经学博士，正九品上；下州学置经学博士，正九品下；各县学置博士，均无品。又据民国初年学校设置，则县设小学，省设中学，京师设大学，则大学教授为五品，犹厅级也；中学高级教师，犹大学副高，则七品，处级也；小学特级教师，则犹大学讲师，八品也，科级也。依此而定刑律，则殴讲师者，至少加凡人四等。

2. 尊长犯卑幼

据唐律，相关规定如下：

> 告。告缌麻、小功卑幼，虽得实，杖八十；大功以上，递减一等。诬告重者，期亲减所诬罪二等，大功减一等，小功以下以凡人论。

> 伤。尊长谋杀卑幼，各依故杀罪减二等；已伤者，减一等；已杀者，依故杀法。尊长殴卑幼折伤者，缌麻减凡人一等，小功、大功递减一等，死者绞。即殴杀从父弟妹及从父兄弟之子孙者流三千里，若以刃及故杀者绞。

> 妻妾殴子孙之妇令废疾者，杖一百；笃疾者，加一等；死者，徒三年；故杀者，流二千里。妾，各减二等。过失杀者，各勿论。

> 妾殴夫之妾子，减凡人二等；殴妻之子，以凡人论。若妻之子殴伤父妾，加凡人一等。妾子殴伤父妾，又加二等。（至死者，各依凡人法。）

> 杀。尊长谋杀卑幼，各依故杀罪减二等；已杀者，

依故杀法。尊长殴卑幼至死者，绞。若殴杀弟妹及兄弟之子孙、（曾、玄孙者，各依本服论。）外孙者，徒三年；以刃及故杀者，流二千里。过失杀者，各勿论。

在中国宗法社会，"子不教，父之过"，家长对子女有扑责之权，族长对于族人亦有责罚之权，此实民间自治之关键。据《说文》释"父"字云："矩也，家长率教者，从以举杖。"可见，父以杖教子，乃古义也。又，《吕氏春秋》云："家无怒笞，则竖子婴儿之有过也立见。"《颜氏家训》则云："笞怒废于家，则竖子之过立见，刑罚不中，则民无所措手足，治家之宽猛，亦犹国焉。"凡此，足见古人莫不视棍棒教子为当然。

然而，扑责子孙常不免有殴伤致死之失，这在法律上当如何处理呢？

大概古时父之于子有生杀之权的，而到后来则受到限制，甚至若扑责至死，须受国法制裁。《白虎通·诛伐》云：

> 父煞其子死，当诛何？以为天地之性人为贵，人皆天所生也，托父母气而生耳。王者以养长而教之，故父不得专也。《春秋传》曰：晋侯煞世子申生。

可见，至迟至汉时，人们认为父已无权杀子。

按照北魏律，祖父母、父母忿怒以兵刃杀子孙者处五岁刑，殴杀者四岁刑，若心有爱憎而故杀者各加一等。唐、宋律不问理由如何，杀死子孙者皆处徒罪，子孙违犯教令而杀之，也只能较故杀罪减一等，如殴杀徒一年半，刃杀徒二年。若子孙并未违犯教令而杀之，便是故杀。且违犯教令也是指"可从而违"

的正命，否则，仍算故杀。

元、明、清法律较唐律宽容得多，父母并非绝对不得杀子孙，除了故杀并无违犯之子孙外，子孙有殴骂不孝的行为，被父母杀死，是可以免罪的。即使非理杀死也得无罪，或罪甚轻。

《刑案汇览》44：1a—2a 载例云：

> 王起长子王潮栋恨弟王潮相不肯借钱，持刀赶砍。王起将王潮栋拉回，缚其两手，向其斥骂，王潮栋回骂。王起气忿莫遏，将王潮栋活埋。吉林将军照子孙违犯教令，父母非理殴杀律拟罪。刑部以子骂父，系罪犯应死之人，与故杀并未违犯教令之子不同，亦与非理殴杀违犯教令之子有间，依律勿论。

所谓"非理殴杀"，指扑责以外的残忍虐待或杀害。明清时，对于"非理殴杀"者，虽有罪，但处罚甚轻，止杖一百，如《清现行刑律》规定处十等罚，罚银十五两。

若有罪者情节严重，非理殴杀亦无罪。《续增刑案汇览》12：4ab 载例云：

> 李增财因子李枝荣屡次行窃，央同外人帮忙，将李枝荣捆住，用铁斧背连殴，致伤两肋。李枝荣喊嚷滚转。李增财随即将李枝荣两脚筋割断，身死。刑部以李增财因子屡次行窃，至使割断脚筋身死，与非理殴杀不同，从宽免议。

而违反教令与否，并不需要法律上加以认定，只要父母声称即可，不一定要说明原因，提供证据。如清律明文规定"父母控子，即照所控办理，不必审讯"，盖"天下无不是的父母"也。

子孙若不肖，法律不仅承认父母具有一定的责罚权，且给予父母以送惩权，请求地方政府代为执行。如父母告子女不孝，官府一概照准，甚至未必合乎实情。张鹫《朝野佥载》卷1载有一事，颇能说明父母有生杀之权：

> 唐时李杰为河南尹，有寡妇告子不孝，其子不能自理，但云："得罪于母，死所甘分。"杰察其状，非不孝子，对寡妇说："汝寡居惟有一子，今告之，罪至死，得无悔乎？"寡妇道："子无赖，不顺母，宁复悔乎？"杰曰："审如此，可买棺木来。"此寡妇但云："子无赖，不顺母。"子即处死。

可见，父母欲杀其子，官府皆许之，亦不必要求提出确证。

清代法律给父母以呈送发遣之权，只要子孙不服教诲，且有触犯情节，便可依例请示官府。忤逆不孝的子孙，因父母的呈送，常由内地发配到云、贵、两广等边地，且此类犯人向例不准援赦，即"常赦所不原"，除非遇到特旨恩赦或减等发落，询明犯亲，情愿伊子回家，才有释放的机会。有时父母念子，政府体念亲心，亦可随时释回，不必待恩赦之时。一般来说，呈送者一般为情节较轻者，大抵系因不服管束，或出言顶撞一类情事，至于干犯殴詈之罪，则犯死刑，何止发遣？

可见，直系亲属对子孙本有教养扑责的权利，原不成立伤害罪，唯因子孙不孝或违犯教令，而将子孙杀死，法律上的处分亦极轻，甚至无罪。不过，若子孙无过失而为父母所擅杀，便超出训责的范围，而须负法律上的责任。北魏律规定，祖父母因忿怒以刃杀子孙者五岁徒，殴杀者四岁刑，若有爱憎而故杀者，各加一等。唐、宋律，故杀子孙，殴杀者徒二年，以刃杀者徒二年半。元律，无故以刃杀其子者杖七十七。明、清律，故杀子孙者杖六十，徒一年。《清现行刑律》亦处徒刑一年。显然，这些处罚较常人间的相犯要轻得多，盖常人斗殴，轻则笞杖，重则徒流，至于殴人致死或杀人者，皆得偿命。

3. 夫妻相犯

夫妻在名义上是平等的。《说文》云："妻，与己齐者也。"《释名》云："夫妻，匹敌之义也"。《春秋》主张亲迎，便是此种平等精神的体现。盖婚姻乃"合二姓之好"，故敬妻者，所以敬姻姓之好也。

不过，男女又是不平等的。古人主张女子有"三从"之义，即未嫁从父、既嫁从夫、夫死从子，至于妇职所在，唯侍巾栉、执箕帚而已。[1] 故《尔雅·释亲》云："妇之言服也，服事于夫也。"

妇人的从属地位，主要表现在如下几点：

其一，妇人不得为家长。天无二日，家无二主，妇人即便身为母、祖母之尊，亦不得为一家之主，否则，便是"牝鸡司晨，惟家之索"。

其二，妇人不得继承夫家财产。妇人唯有嫁妆得私有，其嫁在夫家，虽可相当程度使用夫家财产，但若夫死，则不得继

---

[1] "妇"字，从女从帚，古文作帚，本有执箕帚之义。

承遗产，而由其子或嗣子继承。清律规定，妻若改嫁，不得携走夫家之财产，甚至自己的妆奁，亦常由夫家做主。

其三，夫有监护其妇之权。明清法律规定，妇人除犯奸罪及死罪，才有必要收禁在监，其余杂犯，无论轻重，都不收监，而责其本夫收管。

此外，最主要的不平等体现，就是夫妻相犯在定罪量刑上的差异。不过，通常来说，妻犯夫之罪，轻于卑幼犯尊长。唐律中具体规定如下：

> 骂。骂祖父母、父母者，罪与夫同，绞，须亲告乃坐。凡妻妾骂夫之期亲以下，缌麻以上尊长，与夫骂罪同。妾骂夫者，杖八十。妾骂妻者，罪亦如之。若骂妻之父母，杖六十。并须亲告乃坐。然律无妻骂夫之条者，盖以闺门敌体之义恕之也。

> 殴。唐宋律，妻殴夫者徒一年，伤重者加凡斗伤三等（夫亲告乃坐）。按清律，妻殴夫者，但殴即坐，杖一百；夫愿离者，听；致折伤以上，各加凡斗伤三等；至笃疾者，绞决；死者，斩决；故杀者，凌迟处死。若妾殴夫及正妻者，又各加一等。

> 其夫殴妻，非折伤，勿论；至折伤以上，减凡人二等，且须妻自告乃坐。先行审问，夫妇如愿离异者，断罪离异；不愿离异者，验罪收赎。至死者，绞。殴伤妾至折伤以上，减伤妻二等。至死者，杖一百，徒三年。妻殴伤妾，与夫殴妻罪同。过失杀者，各勿论。

> 而妻、妾因殴骂夫之祖父母、父母，而夫不告官擅杀死者，杖一百。若夫殴骂妻、妾，因而自尽身死

者，勿论。祖父母、父母亲告乃坐。若已亡，止科骂夫。或妻有有罪不至死者而夫擅杀，仍绞。

殴妻之父母者，但殴即坐，杖一百；折伤以上，各加凡斗伤罪一等；至笃疾者，绞监候；死者，斩监候。

谋杀。唐律，妻谋杀夫，斩。清律，若谋杀夫，已行者斩，已杀者凌迟。

告。唐、宋律，告期亲尊长处徒刑二年。明、清更严，妻妾告夫与子孙告祖父母、父母同罪，杖一百徒三年，诬告者绞。

又，据《通典》卷 167，刘宋时，有张氏尊夫嘱而剖夫尸，其子亦未制止，张氏与其子皆处死。此亦妻犯夫之例也。

（五）亲属相隐

亲属相告属于亲属相犯的范围，在此问题上，中国古代法律采取了一种迥异于西方法律的做法，即"亲属相隐"。

在古代中国，刑、礼与法三者是合一的。因此，礼是高于法的更为根本之原则，然而，法是国法，礼毕竟只是家规，俗言"忠孝不能两全"，却道明了这样一个事实，即礼与法在某些特殊的情形会发生冲突。古人很早就设想了这种困境，如《孟子》所举舜"窃父而逃"之例，舜之为君为子，有执法之责，又有隐匿之义，弃君位而避世，则两全矣。孔子明确反对"其父攘羊，其子证之"的做法，认为直躬者当顺乎人情，而非顺乎公义也。至若凡庶之人，无执法之责，自当以守义为上。可见，只有在特殊情况下，须礼法兼尽，但通常来说，自当屈礼伸法，亲属有罪而相容隐，这实在是非常自然的道理。故明律总注云："名者名分之尊，义者恩义之重，子于父母，孙于祖父母，纵有过恶，义当容隐，乃竟告发其罪，是灭绝伦理矣，故著为干犯名义之首。"

汉律首创亲属相互隐匿犯罪的制度。汉初，为了防止窝藏犯罪，曾立"首匿相坐法"，不论是否亲属，凡为首藏匿罪犯，均予处罚，"首匿之科，即凡知情藏匿罪人者应处罪"。后来，由于董仲舒等儒家的倡导，地节四年（前66），宣帝诏曰：

> 父子之亲，夫妇之道，天性也，虽有祸患犹蒙死而存之，诚爱结于心，仁厚之至也，岂能违之哉！自今子首匿父母、妻匿夫、孙匿大父母，皆勿坐。其父母匿子、夫匿妻、大父母匿孙，罪殊死，皆上请廷尉以闻。（《汉书·宣帝纪》）

盖《春秋》尚质，故主张"父为子隐"，以为皆出于人之"天性"也。自此，此项伦理原则引入法律之中，使得法律不只是惩罚的工具，而且具备了教化的功能。

不过，此时亲属相隐还只限于直系亲属的范围。唐以后，范围更为扩大，不但包括直系亲属和配偶，而且，只要是同居的亲属，无论有服无服，皆可援用此律，此外，即便不同居的同姓大功以上亲属，以及大功以下的孙媳、夫之兄弟、兄弟妻，还有外亲中的外祖父母、外孙，皆包括在内。至明、清法律，范围更是扩大到妻亲，即岳父母和女婿亦一并列入。不但首匿犯罪的亲属，即便漏泄其事或通报消息与罪人，因而使之逃匿者，亦属无罪。至于不同居的大功以下亲属，虽不在容隐范围，但相容隐及透露消息者，亦得减凡人三等论罪。清律更是加入无服亲一项，亦得减一等。

法律既容许亲属相容隐，而禁止亲属相告讦，同时，自然不要求亲属在法庭上做证人。东晋元帝时，卫展上书，对于"考子正父刑，或鞭父母问子所在"的办法，大不以为然，谓"相隐之道离，则君臣之义废。君臣之义废，则犯上之奸生矣"（《晋书·刑法志》）。宋文帝时，侍中蔡廓建议："鞠狱不宜令子孙下辞明言父祖之罪，亏教伤情，莫此为大。自今但令家人与囚相见，无乞鞠之诉，使民以明伏罪，不须责家人下辞。"朝议赞同其说，于是法律不再要求子孙作证。（《宋书·蔡廓传》）梁武帝时，建康女子任提女，坐诱口当死，其子景慈对鞠辞云母实行此。是时法官虞僧虬启称："案子之事亲，有隐无犯，直躬证父，仲尼为非。景慈素无防闲之道，死有明目之据，陷亲极刑，伤和损俗。凡乞鞠不审，降罪一等，岂得避五岁之刑，忽死母之命！景慈宜加罪辟。"诏流于交州。（《隋书·刑法志》）至唐以后法律，皆明文规定，于律得相容隐的亲属皆不得令其为证，违者官吏有罪，唐、宋时杖八十，明、清时杖五十。明律并规定，原告不得要求被告的子孙、弟、妻及奴婢为证，违者治罪。

法律既许亲属相隐，因此，亲属若相告讦，则自有罪。汉时，衡山王坐告父不孝弃市。（《史记·衡山王传》）晋时，有某女名李忽者，发现其父欲叛国投敌，遂杀其父，然官府认为李忽"无人子之道"，处以死刑。（《太平御览》卷647，引王隐《晋书》）

北魏已有子孙告父母处死刑的规定，至唐以后，更是列为十恶不赦的重罪，处以绞刑。元时法律规定，"诸子证其父，奴讦其主，及妻、妾、弟、侄不相容隐，凡干名犯义为风化之玷者，并禁止之"（《元史·刑法志》）。到了明、清，此罪处罚相对较轻，除诬告仍处绞刑外，得实者只杖一百，徒三年，较《唐律》不分虚实，但告即绞的处罚，则轻多了。

除直系亲属外，其他尊长在容隐范围内者，皆不能告，处罚各有差如下：

1. 告期亲尊长及外祖父母。虽得实，原告亦有罪，唐、宋律徒二年，明、清律则杖一百。

2. 告大功以下亲属。按服制递减：唐、宋律大功徒一年半，小功、缌麻徒一年；明、清律大功杖九十，小功杖八十，缌麻杖七十。

3. 诬告。皆据所诬罪，加重数等罪之，唐、宋律诬告期亲尊长者加所诬罪三等，诬告大功以下者各加所诬罪一等，明、清律则一律加所诬罪三等。

4. 所告属实。除缌麻、小功亲不在相容隐之内，唐、宋论如律，明、清得减本罪三等外，大功以上尊长及外祖父母，明、清又加岳父一项，皆同自首免罪。

此外，按照亲属相隐的原则，尊长告卑幼，亦不合理。因此，除祖父母、父母诬告子孙、外孙及子孙之妇得无罪外，其他尊长告卑幼，则不能无罪。据唐、宋律，尊长告卑幼，虽得实亦有罪，明、清律则仅诬告有罪。

四、复仇行为中的义与罪

中国人素来赞同复仇，如"有仇不报非君子""君子报仇，十年不晚"之类的俗语，足见古人在此问题上的基本态度。然而，复仇往往导致极难控制的后果，即俗语所言"冤冤相报何时了"，即《春秋》所谓"推刃之道"也。

因此，古人在对待复仇的问题上，常常采取某种矛盾的态度：一方面，复仇乃出于人情之自然，故道德上历来主张复仇；另一方面，复仇又不为国法所容，常常以重罪禁止私相复仇。此种矛盾态度，多少反映了后世礼、法分离的总体趋势。

（一）人类学视野中的复仇行为

复仇这种观念和习惯，对于许多民族来说，都曾经是极其普遍的现象：

> 历史上如希腊人、希伯来人、阿拉伯人、印度人，都允许复仇，《摩西法》和《可兰经》都认为复仇是对的。古代日本人法律上许可复仇，并有若干限制。英国在十世纪时，意大利一直到十六、七世纪时还有此见。[1]

所以如此，是因为复仇从来被视作一项神圣的义务。被伤害人可以去寻找他的仇人，并给予同样的伤害，社会上普遍承认

---

[1] 转引自瞿同祖：《中国法律与中国社会》，中华书局，1981，第73页。

这种权利。即使他自己报不了仇，其仇人的生命危险并未因此减少，因为其家属和族人都有为他报仇的义务。因为在原始人看来，不仅族人应当互相扶助，共同御侮，而且认为，个人受到的伤害无异于针对全族的伤害，因此，个人的仇人即全族的仇人，这就扩大为一种联合的责任，即以联合的力量去寻求报复。[1] 至于在中国，如果没有亲属给死者复仇，则死者还会化成厉鬼，亲自来给自己复仇。

而对于原始人来说，复仇观念更是强烈，复仇现象亦更是普遍：

> 譬如，美洲印第安人将一块布浸在死者所流的血里，当作一种纪念品，一直保留到复仇为止。一个澳洲西部的土人，如果他不曾完成他的报仇工作，老妇人会唠唠叨叨地嘲骂他，他的一群妻子会离弃他；如果他不曾结婚，没有一个年轻女人肯答理他；他的母亲会因此常常哭泣，悲哀自己会生出这样一个堕落的儿子；他的父亲也会轻视地不断地责罚他。在波多黎各印第安人（Jibaro Indians）中，当一个小孩的父亲被人杀死时，他长大了，他会明白他对于死去的父亲的责任是怎样的。死者会托梦给他的儿子兄弟，哭着叮嘱他们不要让仇人逍遥事外。如果他的儿子兄弟不为报仇，那么这个含怨的愤怒的冤鬼就会对他的儿子或兄弟不利。这种对冤魂不能休息的信念，无疑是将

---

[1] 即便在中国许多地方，依然保留了这种做法，即刽子手通常由外乡人充任，目的是为了防止死者家属的报复。

复仇看成一种神圣义务的具体表现，使人复仇具有宗教的信仰，对于不复仇的后果的观念，更是强迫人不敢轻视他的神圣义务的一种手段。在阿拉伯人中，亲属复仇的义务，在其他一切义务之上。在有的社会，复仇更与其他的权利相连，在古代斯堪的纳维亚父仇未报他是不能享受继承权的，这样复仇便成为获得某种权利以前所必尽的义务了。[1]

可见，原始人如此强烈的复仇执念，很大程度上是源于对死者的恐惧，而不像后世那样纯粹出于某种道德的义务。

对许多民族来说，复仇的对象通常不限于仇敌本人，也包括与之相关的族人。正因如此，个人之间的仇恨，最终会演变成家与家之间、族与族之间的大规模械斗，这种现象直到今天的农村还可以看到。不过，某些时候，复仇的对象并不如此含混而广泛，往往仅以仇人本身为复仇对象。因此，中国一向有避仇的做法，换言之，只要己身避开，他的家属就不会殃及。不过，这种情况并非绝对。

沈充为吴儒所杀，临死前对吴说道："尔大义全我，我宗族必厚报；若必杀我，汝族灭矣。"其后充子劲果族灭吴氏。[2]

沈林子父为沈预所害，林子与兄报仇，预家男女

---

[1] 转引自瞿同祖：《中国法律与中国社会》，第73页。

[2] 《太平御览》卷481引王隐《晋书》。

> 无长幼悉屠之。[1]

可以说，在某种情形下，因为仇恨太深，即便杀死仇人后，往往意犹未足，一直将仇人亲属尽行杀死才泄恨而去。中国如此，其他民族亦有此现象。譬如，澳大利亚的科奈人（Kurnai）便如此，不仅以仇人的死为满足，而且还要杀戮掉仇人的整个团体。此外，巴西的印第安人的复仇，包括仇人及仇人家属。格灵人（Greens）亦如此，复仇不仅针对仇人的全家，甚至其牲畜也不能逃生。

一般说来，越是处于人类早期，复仇的对象越是广泛而含混。到了后世，复仇对象逐步缩小，仅限于犯罪者本人，最多包括最近的亲属。至于复仇者，往往也越来越限于最近的亲属。

（二）古代中国的复仇观念与法律的限制

儒家历来推崇复仇，如《公羊传》和《礼记》都鼓励复仇，尤其是《公羊传》对齐襄公与伍子胥复仇的肯定，对后世影响极是深远。

中国的复仇观念深受五服制度的影响，一般来说，复仇范围以五服内的亲属为主，此外亦常常包括朋友。此外，按照五服所规定的亲疏远近关系，复仇的责任亦有所不同。最能体现这种复仇观念的经典，莫过于《礼记》中的说法：

> 父之仇，弗与共戴天。兄弟之仇不反兵。交游之

---

[1]《宋书》卷100，沈约自序。

仇不同国。(《曲礼》)

> 子夏问于孔子曰:"居父母之仇如之何?"夫子
> 曰:"寝苫枕干,不仕,弗与共天下也;遇诸市朝,
> 不反兵而斗。"曰:"请问居昆弟之仇如之何?"曰:
> "仕弗与共国,衔君命而使,虽遇之不斗。"曰:"请
> 问居从父昆弟之仇如之何?"曰:"不为魁,主人能,
> 则执兵而陪其后。"(《檀弓上》)

而在《周礼》中,关于复仇有种种规定。譬如,报仇有法定手续,并有专管报仇事务的官吏,只要事先到朝士处登记仇人姓名,将仇人杀死便可无罪。又有调人之官,专司避仇和解的事,并且规定,复仇只能限于一次,不许反复寻仇。

至战国时,复仇之风极盛,并受游侠风气的影响,甚至有抱不平而专为人报仇的刺客。大概直到西汉末年,法律才开始禁止复仇。光武帝建武初,桓谭曾上疏云:"今人相杀伤,虽已伏法,而私仇怨结,子孙相报,后忿深前,至于灭户殄业,……今且申明旧令。"(《后汉书·桓谭传》)可见,东汉以前已有律令禁止复仇了。

据《东观汉纪》引皇甫谧《列女传》,其中记载了赵娥报父仇之事,颇反映了当时的复仇观念:

> 酒泉烈女庞娥亲者,表氏庞子夏之妻,禄福赵君
> 安之女也。君安为同县李寿所杀,娥亲有男弟三人,
> 皆欲报仇,寿深以为备。会遭灾疫,三人皆死。寿
> 闻大喜,请会宗族,共相庆贺,云:"赵氏强壮已尽,
> 唯有女弱,何足复忧!"防备懈弛。娥亲子滑出行,

闻寿此言，还以启娥亲。娥亲既素有报仇之心，及闻寿言，感激愈深，怆然陨涕曰："李寿，汝莫喜也，终不活汝！戴履天地，为吾门户，吾三子之羞也。焉知娥亲不手刃杀汝，而自傲幸邪？"阴市名刀，挟长持短，昼夜哀酸，志在杀寿。寿为人凶豪，闻娥亲之言，更乘马带刀，乡人皆畏惮之。比邻有徐氏妇，忧娥亲不能制，恐逆见中害，每谏止之，曰："李寿，男子也，凶恶有素，如今备卫在身。赵虽有猛烈之志，而强弱不敌，邂逅不制，则为重受祸于寿，绝灭门户，痛辱不轻也。愿详举动，为门户之计。"娥亲曰："父母之仇，不同天地共日月者也。李寿不死，娥亲视息世间，活复何求！今虽三弟早死，门户泯绝，而娥亲犹在，岂可假手于人哉！若以卿心况我，则李寿不可得杀；论我之心，寿必为我所杀明矣。"夜数磨砺所持刀讫，扼腕切齿，悲涕长叹，家人及邻里咸共笑之。娥亲谓左右曰："卿等笑我，直以我女弱不能杀寿故也。要当以寿颈血污此刀刃，令汝辈见之。"遂弃家事，乘鹿车伺寿。至光和二年二月上旬，以白日清时，于都亭之前，与寿相遇，便下车扣寿马，叱之。寿惊愕，回马欲走，娥亲奋刀斫之，并伤其马。马惊，寿挤道边沟中。娥亲寻复就地斫之，探中树兰，所持刀。寿被创未死，娥亲因前欲取寿所佩刀杀寿，寿护刀瞋目大呼，跳梁而起。娥亲乃挺身奋手，左抵其额，右椿其喉，反覆盘旋，应手而倒。遂拔其刀以截寿头，持诣都亭，归罪有司，徐步诣狱，辞颜不变。时禄福长汉阳尹嘉不忍论娥亲，即解印绶去官，弛法纵之。

娥亲曰："仇塞身死，妾之明分也。治狱制刑，君之常典也。何敢贪生以枉官法？"乡人闻之，倾城奔往，观者如堵焉，莫不为之悲喜慷慨嗟叹也。守尉不敢公纵，阴语使去，以便宜自匿。娥亲抗声大言曰："枉法逃死，非妾本心。今仇人已雪，死则妾分，乞得归法以全国体。虽复万死，于娥亲毕足，不敢贪生为明廷负也。"尉故不听所执，娥亲复言曰："匹妇虽微，犹知宪制。杀人之罪，法所不纵。今既犯之，义无可逃。乞就刑戮，陨身朝市，肃明王法，娥亲之愿也。"辞气愈厉，面无惧色。尉知其难夺，强载还家。凉州刺史周洪、酒泉太守刘班等并共表上，称其烈义，刊石立碑，显其门闾。太常弘农张奂贵尚所履，以束帛二十端礼之。海内闻之者，莫不改容赞善，高大其义。故黄门侍郎安定梁宽追述娥亲，为其作传。玄晏先生以为父母之仇，不与共天地，盖男子之所为也。而娥亲以女弱之微，念父辱之酷痛，感雠党之凶言，奋剑仇颈，人马俱摧，塞亡父之怨魂，雪三弟之永恨，近古以来，未之有也。《诗》云"修我戈矛，与子同仇"，娥亲之谓也。

赵娥复仇之事，在东汉灵帝光和二年（179），表明当时复仇已为国法所不容。不过，同时表明复仇观念已深入人心，虽国法也难以一时禁止。正因如此，历朝都对此颁布诏书，屡加严禁。曹魏武帝、文帝及元魏世祖、梁武帝等，都曾下令禁止复仇。曹魏律对复仇的处罚，竟重至诛族。黄初四年（223），文帝诏曰："丧乱以来，兵革未戢，天下之人互相残杀，今海内初定，敢有复私仇者，族之。"(《魏志·文帝纪》)元魏之制尤为严峻，不但报仇者诛及宗族，但是邻伍相助者，亦与同罪。太延四年（438），诏曰："民相杀害，牧守依法平决，不听，私辄杀者诛及宗族，邻伍相助同罪。"(《魏书·世祖纪》)北周对复仇者，亦处死刑，"保定三年夏四月戊午，初禁天下报仇，犯者以杀人论"。(《周书·武帝纪》)可见，此时复仇者竟罪至灭族。

唐、宋以后的法律，亦一律禁止复仇。至于元律，虽一定程度上认可复仇，规定父为人所杀，子殴死仇人，不但无抵罪责任，且杀父之家须付烧埋银五十两。明、清律据元律稍加变通，若祖父母、父母为人所杀，子孙痛忿激切，登时将凶手杀死可免罪，但事后稍迟再杀，便不能适用此律，须杖六十。尤其是已经国法裁定，更不许私相复仇。据清律，若凶犯逃脱未经到官，为被害人子孙所撞见，也只能送官请求依法惩办，不许擅自将仇人杀死，否则照擅杀应死罪人律杖一百。若凶犯已到官拟抵，或遇赦减等发配后潜逃回籍，被子孙杀死者，杖一百流三千里。

法律除积极制止复仇外，还有移乡避仇的办法。移乡之法源于上古，《周礼》便载有"调人"一职。后代法律仿效此种习惯，有会赦移乡的办法。盖凶手拟抵，国法已伸，便义不当复仇，只是若遇到遇赦的机会，被害人的家属自然不甘心，因此，政府为了避免寻仇起见，于是制定此法。据唐、宋律，杀人应死，若会赦免罪，而死家有期以上亲者，则有移乡千里的办法。

虽然历代法律制止复仇，但寻仇之风气仍盛，至于挺身受刑，亦不愿背负忘仇不孝之名。大概法律一方面鼓励民人自取名义，一方面又出乎国法之尊严与执法之便利，终两千余年，复仇屡禁而不绝。

并且，法律本质上乃一道德惩罚，如弃市、枭首之刑，其用意皆在于此，故民人多以手刃仇人为快，以至于显名一时。观赵娥手刃仇人一事，可知社会舆论不仅倾向复仇，而且，执法官吏亦多为此举倾倒。据《后汉书·郅恽传》记载：

> 恽友人董子张者，父先为乡人所害。及子张病，将终，恽往候之。子张垂殁，视恽，歔欷不能言。恽曰："吾知子不悲天命，而痛雠不复也。子在，吾忧而不手；子亡，吾手而不忧也。"子张但目击而已。恽即起，将客遮仇人，取其头以示子张，子张见而气绝。恽因而诣县，以状自首。令应之弶，恽曰："为友报仇，吏之私也。奉法不阿，君之义也。亏君以生，非臣节也。"趋出就狱。令跣而追恽，不及，遂自至狱，令拔刃自向以要恽曰："子不从我出，敢以死明心。"恽得此乃出，因病去。

又据《南齐书·朱谦之传》，朱谦之父昭之为族人朱幼方灯火所焚死，谦之时尚幼，其姊密语之，后遂杀幼方，诣狱自系。别驾孔稚珪，兼记室刘琏，司徒左西掾张融与刺史豫章王曰："礼开报仇之典，以申孝义之情；法断相杀之条，以表权时之制。谦之挥刀酬冤，既申私礼；系颈就死，又明公法。公仍杀之，则成为当世罪人；宥而活之，即为圣庙孝子。杀一罪人，未足引宪；活一孝子，实广风德。"此段最明古人对待复仇之态度，即报仇乃私礼，目的在"申孝义之情"；至于公法禁止复仇，则属"权时之制"。

又据《隋书·列女传》，王子春为从兄长忻及嫂所杀，子春有女三人，舜最长，时长七岁，粲五岁，璠二岁，皆寄食亲戚家。舜阴有复仇之心，姊妹俱长，亲戚欲嫁之，拒不从，密谓二妹："我无兄弟，致使父仇不报，吾辈虽是女子，何用生为？我欲共当报复，汝意如何？"二妹泣从姊命。是夜，姊妹各持刀逾墙而入，杀长忻夫妻以告父墓。诣县请罪，急为谋首。州县不能决，隋文帝闻而嘉叹，特原其罪。

可见，一方面法律严禁复仇，另一方面，社会乃至统治者不但不加罪，反而加以优遇褒奖。譬如，赵娥复仇自首，长尹为之动容，倾城往观之，乡人"为之悲喜慷慨嗟叹"，遇赦后，州郡甚至为之刊石表闾，画像于壁。显贵名流莫不乐与交接，一时尊宠无比。盖就法律立场而论，杀人便应抵罪，然在具体执法过程中，复仇往往得以减免，这本是法外施仁，属于例外。但是，一般人尤其是读书人，却以例外为正，频加赞叹，反以例内为非，大加抨击，认为防阻教化，不足为训。由此可见礼与法的冲突，以及法律与人情的冲突，更可见复仇观念深入人心，牢不可破。

复仇观念如此深入人心，故即便到了现代，复仇现象亦在所多有，譬如，今人有仇，表面上常若无事，然内心中却记恨良久。

五、礼不下庶人与刑不上大夫

《礼记·曲礼》有"礼不下庶人，刑不上大夫"之说，郑玄注云："礼不下庶人，为其遽於事，且不能备物。刑不上大夫，不与贤者犯法，其犯法则在八议轻重，不在刑书。"[1] 宋吕大临则释曰：

> 庶人，愚且贱者也，不可以待君子之事责之；大夫，贤且贵者也，不可以待小人之法辱之。故古之制礼，皆自士始庶人则略而已。大夫有罪，非不刑也，八议所不赦，则刑于隐者。《周官》掌囚，所谓"凡有爵者，与王之同族，奉而适甸师氏，以待刑杀。"是也。

可见，古之礼与法所施设对象不同。盖礼为大夫所设，刑则为庶人所施；大夫循礼，庶人则畏法。故大夫与庶人虽不同，而其守规矩则一也。

西周封建制崩坏，则大夫与庶人之分限亦渐消融，故后世常有刑于大夫者，而礼亦有为庶人制者。此世之大变，而礼与法遂不能不相济以治世。虽然，后世礼法之施行亦有不得同者，观贾谊所论"刑不上大夫"一事，即深明此义。

盖汉初将相功臣出身皆微贱，本无上下尊卑之习。汉高祖六年（前201），叔孙通定朝仪，明君臣尊卑，对强化皇帝权威起了重要作用。但从整个社会来看，不仅民间疏于礼，而且

---

[1] 孙希旦释其说曰："庶人非无礼也，以婚则缁帛五两，以丧则四寸之棺，五寸之椁，以葬则悬棺而窆，不为雨止，以祭则无庙而席于寝。此亦庶人之礼也，而曰'礼不下庶人'者，不为庶人制礼也。制礼自士以上，《士冠》《士婚》《士相见》是也。庶人有事，假士礼以行之，而有所降杀焉。盖以其质野则于节文有所不能习，卑贱则于仪物或有不能备也。"

朝廷之名号混乱，上下尊卑之分尚不严密，譬如，当时诸侯王自称陛下，王妃称后，诸侯之相称丞相，诸侯所用仪制亦多与朝廷相同。此外，这种服制、名号的混乱，实为封建残余的体现。本来封建制下的等级尊卑观念，多体现在诸侯国乃至卿大夫的领地，即便到了秦汉以后的郡县制，地方长官与其臣僚的关系，常常被视为一种君臣关系，这体现了封建制下的双重君主观念。但是，这些做法显然有悖于郡县制下的"大一统"观念，且不利于社会政治秩序的建立和稳固。

贾谊看到了此种观念的危险性，其《新书·等齐》中说道："近习乎形貌，然后能识，则疏远无所放，众庶无以期，则下恶能不疑其上？君臣同伦，异等同服，则上恶能不眩其下？"正因如此，后来发生的"七国之乱"，一方面固然出于诸侯之坐大难制，但另一方面，则由于封建制遗留下来的观念，并未使诸侯王有犯上作乱的意识。

进而，贾谊谈到了服制对维护等级尊卑的重要性。《新书·服疑》中说道：

> 制服之道，取至适至和以予民，至美至神进之帝。奇服文章，以等上下而差贵贱。是以高下异，则名号异，则权力异，则事势异，则旗章异，则符瑞异，则礼宠异，则秩禄异，则冠履异，则衣带异，则环佩异，则车马异，则妻妾异，则泽厚异，则宫室异，则床席异，则器皿异，则饮食异，则祭祀异，则死丧异。故高则此品周高，下则此品周下。加人者品此临之，埤人者品此承之；迁则品此者进，绌则品此者损。贵周丰，贱周谦；贵贱有级，服位有等。等级即设，各处

其检，人循其度。擅退则让，上僭则诛。建法以习之，设官以牧之。是以天下见其服而知贵贱，望其章而知其势，使人定其心，各著其目。

不难想象，人若处于不合适的地位，难保他没有非分之想，因此，有必要通过服制而体现出差别来，从而"使人定其心"，可以说，"礼不下庶人"的作用在于维护这种等级尊卑观念。因此，贾谊认为，"主之与臣，若日之与星。臣不几可以疑主，贱不几可以冒贵。下不凌等，则上位尊；臣不逾级，则主位安。谨守伦纪，则乱无由生"（《新书·服疑》）。

可见，在贾谊那里，礼的作用主要体现在等级尊卑的维护。至于贾谊关于"刑不上大夫"的讨论，同样也是出于这个目的。

文帝时，曾任丞相的绛侯周勃被告谋反，遂逮系长安狱中，不过，最后无罪释放，并恢复爵邑。后来，贾谊因此上疏，提出"刑不上大夫"，建议以礼对待大臣，文帝颇以为然。此后，大臣有罪皆自杀，而不受刑。

贾谊在疏中用"投鼠忌器"譬喻来说明礼敬大臣的重要性。在他看来，君臣一体，如果大臣得不到必要的尊敬，稍有过失便加责罚，投鼠尚知忌器，责罚大臣不免有损于君王的尊严。本来"刑不上大夫"是为了维护贵族的特殊地位，但到了贾谊这里，最后却是为了维护君王的地位。对此，贾谊说道：

古者圣王制为列等，内有公、卿、大夫、士，外有公、侯、伯、子、男，然后有官师、小吏，延及庶人，等级分明，而天子加焉，故其尊不可及也。（《新

书·阶级》）

盖君不尊，臣民不卑，则上狎下，下陵上，人人皆欲天子自为，而祸乱至矣。可见，礼敬大臣之实质，则是"尊王"。

贾谊进而从教化百姓、淳厚风俗的角度，强调了礼敬大臣的重要性。对此，贾谊说道：

> 臣闻之曰：履虽鲜弗以加枕，冠虽弊弗以苴履。夫尝以在贵宠之位，天子改容而尝体貌之矣，吏民尝俯伏以敬畏之矣。今而有过，令废之可也，退之可也，赐之死可也。若夫束缚之，系绁之，输之司空，编之徒官，司寇、牢正、徒长、小吏骂詈而榜笞之，殆非所以令众庶见也。夫卑贱者习知尊贵者之事，一旦吾亦乃可以加也，非所以习天下也，非尊尊贵贵之化也。夫天子之所尝敬，众庶之所尝宠，死而死尔，贱人安宜得此而顿辱之哉！（《新书·阶级》）

贾谊提出"刑不上大夫"，其中有一重要考虑，即保护为政者的形象。中国政治的特点在于，通过树立为官者自身的形象来引导百姓，"政者，正也。子帅以正，孰敢不正"，否则，"上梁不正下梁歪"，因此，若过分暴露为政者之丑，政府又有何权威治理百姓呢？

另一方面，君王若礼敬大臣，则"为人臣者，主丑忘身，国丑忘家，公丑忘私。利不苟就，害不苟去，唯义所在，主上之化也。故父兄之臣诚死宗庙，法度之臣诚死社稷，辅翼之臣诚死君上，守卫捍敌之臣诚死城郭封境"（《新书·阶级》）。因此，君敬大臣以礼，臣自当碎身相报，否则，"主上有败，则困而挺之矣；主上有患，则吾苟免而已，立而观之耳；有便吾身者，则欺卖而利之耳"（《新书·阶级》）。秦末君臣多离叛，缘由便多在于此。可以说，贾谊主张"刑不上大夫"，上则使君臣同心，下则便于百姓之教化。

因此，君王若不能待大臣以礼，大臣不免"犬马自为"，而无礼义廉耻之心，终无尽忠效主之心矣。贾谊说道：

> 故人主遇其大臣如遇犬马，彼将犬马自为也；如遇官徒，彼将官徒自为也。顽顽无耻，奊苟无节，廉耻不立，则且不自好，则苟若而可，见利则趋，见便则夺。主上有败，困而推之矣；主上有患，则吾苟免而已，立而观之耳；有便吾身者，则欺卖而利之耳。人主将何便于此？群下至众，而主至少也，所托财器职业者率于群下也。但无耻，但苟安，则主罢病。
>
> 故古者礼不及庶人，刑不至君子，所以厉宠臣之节也。古者大臣有坐不廉而废者，不谓曰不廉，曰"簠簋不饰"；坐污秽姑姊妹姨母，男女无别者，不谓污秽，曰"帷薄不修"；坐罢软不胜任者，不谓罢软，曰"下官不职"。故贵大臣定有其罪矣，犹未斥然正以呼之也，尚迁就而为之讳也。故其在大谴大诃之域者，闻谴诃则白冠氂缨，盘水加剑，造清室而请其罪尔，上弗使执缚系引而行也。其中罪者，闻命而自弛，上不使人颈盭而加也。其有大罪者，闻命则北面再拜，跪而自裁，上不使人捽抑而刑也，曰："子大夫自有过耳！吾遇子有礼矣。"遇之有礼，故群臣

自喜；厉以廉耻，故人务节行。上设廉耻礼义以遇其臣，而群臣不以节行而报其上者，即非人类也。(《新书·阶级》)

盖为政者乃百姓之表率，一旦有过，狱吏小人折辱之，一方面，固然失去了以前在百姓心目中的光辉形象，甚至影响整个政府的形象，如此上行下效，无所不为。因此，表面上，传统政治运作的关键是选贤任能，实质上不过是树立榜样，上行下效而已。另一方面，为政者当众受辱，不免无廉耻之心，遂自污其行，自甘下流。今罪人出狱，多求有一重新做人的机会，然民俗犹不免另眼视之，彼亦难重新做人，故多重操旧业。可见，刑罚实陷人不能改过也。士人自污若此，便足坏国家之长城。

士可杀，不可辱，中国以后之士人政治实奠基于此。非若现代之文官政治，官无节操，唯有服从而已。

第八讲

良知与至善

《大学》首章云："大学之道，在明明德，在亲民，在止于至善。"所谓"明德"，即孟子所说的"良知"，乃"不学而知"的某种与生俱来的德性，故孟子又称为"善端"。"至善"则不同，乃大学功夫至极的结果，然朱子与王阳明的理解各有不同。朱子以"事理当然之极"（《大学章句》）训之，阳明则以"至善之在吾心"（《大学问》）以明其义，盖朱子在事上言至善，而阳明则在心上言至善，由此而凸显了朱子与阳明学术的根本差异。

然朱子与阳明对"至善"的不同理解，又可溯源于儒家内部对古礼精神的不同把握。古礼之精神本为"尊尊"，此与西周宗法制结构有关，即通过"尊祖敬宗"而使整个宗族抟聚一血缘整体。然自春秋以降，宗法崩坏，社会之基础遂一变而为小家庭，而家庭之基本原则为亲亲，尤以孝道为亲亲之主要表现。《荀子》讲"称情而立文"，即以古礼出乎孝亲之人情也；至于《论语》谓"仁而不仁，如礼何"，以及《孟子》"义内"之说，其意皆在强调古礼之精神为人情，即"亲亲"也。可见，春秋、战国之际，古礼之精神实有一根本转变，即由"尊尊"转至于"亲亲"。

一、古礼之基本精神

《礼记·大传》云："上治祖祢，尊尊也。下治子孙，亲亲也。"盖尊尊以事祖祢，亲亲则以待子孙，尊尊与亲亲二者，实为古代家庭或宗族中的两项基本原则。《大传》又云："圣人南面而治天下，必自人道始矣。……其不可得变革者，则有矣。亲亲也，尊尊也，长长也，男女有别，此其不可得与民变革者也。"至于圣人治理天下，以亲亲、尊尊、长长、男女有别为人道之常，而亲亲、尊尊为其大端。王国维甚至以为，有周一代之政治制度，莫不出于亲亲、尊尊、贤贤、男女有别此四项原则，而亲亲、尊尊亦在其中。可见，小至家庭，大至天下，皆不离乎亲亲、尊尊此两项原则。

公羊家论殷周制度之异，以为周尚尊尊，而殷尚亲亲，可见，周礼之精神在于尊尊，与殷礼不同。不过，春秋中晚期以降，宗法崩坏，构成宗族之基础的小家庭遂脱离宗族之藩篱，而成为社会之基本单位，此后，家庭中之固有伦理，亦即亲亲之精神，遂不为尊尊此种宗族伦理所压抑，而成为社会之普遍伦理准则。观乎《仪礼·丧服》中与诸侯、大夫有关之丧服，多有因尊而压降其服之文，尊尊之义对亲亲之情的克制，极是明显，此实为宗族社会的基本要求。

宗族有大宗，有小宗，小宗乃五世同祖之血缘团体，其性质犹后世之家庭也，大宗则为出于共同始祖之族人。然自秦汉以后，中国家庭之规模恒小，不过两世、三世共居之小家庭而已。小宗之内，或亲或尊，皆可藉孝道而得维系。至于大宗，虽有共同始祖之亲，然皆在五服之外，俗语谓"远亲不如近邻"，可见族人血亲之疏也，则不得不建宗子之尊以统率族人。族人尊祖，又敬出于始祖之世世嫡长子，即宗子也。可见，宗族盖以尊尊为第一原理，与家庭之尚亲亲实不同。《丧服》定族人服宗子，与庶民为国君服同，皆齐衰三月，盖亲虽不过三月，然尊则至齐衰，此等丧服足见孝道之局限，然亦见君道之实质。族人之于宗子，犹庶民之于国君也。

是以就一家而言，能以血亲而相属，而尊道不过见于父子、祖孙之间而已，其余则报矣。此尚属于孝道之内涵。至于一族而言，《大传》谓"四世而缌，服之穷也。五世袒免，杀同姓也。六世，亲属竭矣"，族人间虽有百世而婚姻不通之亲，有合族而食之谊，然毕竟疏矣，故尊大宗为君，服齐衰之等，盖非此不足以抟聚族人也。至一国而言，君以孤寡自处，其子孙自两代、三代以后，乃别自为族，不得称公子、公孙，遑论一国之庶人乎！是以《礼记·礼器》云："天子之堂九尺，诸侯七尺，大夫五尺，士三尺。"上下尊卑之严如此，盖以其亲则疏，而不以血缘相属，是以不得不尊君至极以率众臣民也。

虽然，家庭之中亦有尊尊之义焉，故《丧服》以父为至尊、母为私尊，至于兄之统弟，亦有大宗统小宗之义，皆得为尊也。父子、母子之间，以至亲之故，其尊或出自然。若兄弟之间，亲恩不及父子，四体之等夷亦不若首足之有尊卑，故弟之尊兄，甚难为情也。兄弟尚且如此，至于君之于臣，至于庶民，非尊之至极，实不足以率众；而臣、民之于君王，非卑之至极，亦不足以戴上也。古代国家如此，至于现代之国家，政府与百姓绝无亲缘可言，亲亲之情仅见于家庭，而绝无可能扩充至公众生活。是以政府之自尊又远迈古人矣，而人民虽假以主人之虚名，然其卑亦远逊古人也。唯其如此，人民与政府始能团结一致，万众一心。至于古代之国家，天子尚能亲诸侯，诸侯尚能亲大宗，大宗尚能亲小宗，小宗之内各以其服相系属，上下用情，则周制虽文，然能用亲亲以相缀属，"君有合族之道"，则尊尊之义亦不若现代国家之甚矣。

人类本由血缘而相缀属，则自生民之初，即尚亲亲之义矣，如母子之亲、兄弟之亲皆起源甚早。《礼记·郊特牲》云："男女有别，然后父子亲。"《易传》云："有夫妇然后有父子。"《毛传》："夫妇有别则父子亲。"其意皆同。盖人类由从母而居，渐而至于从父而居，女子出嫁之前，或未能别男女，至其婚后，则有男女之大防。此时子知其父，父亦知其子，如是而生父子之亲。否则，男子若不能确信其子为其所生，如何能亲之爱之？因此，对男子而言，唯其亲生，始能亲其所生矣。此为人之常情。不独古人如此，今人亦何尝不如此？可见，父子之亲殆为后起。儒家讲亲亲之义，尤重父子之亲，非必追溯至母子之亲，盖以人类文明肇始于此也。

更后，人类由亲父而进于尊父。《丧服传》云："野人曰：父母何算焉。"据贾公彦疏，居于国外或城外者为野人，与"都邑之士"相对，盖远于政化也。周礼崇尚等级尊卑，野人居于城外，不为周礼所化，故不知父尊母卑之义。因此，不独今人崇尚男女平等，其实人类早期亦经历过此种阶段，即唯知亲父，而不知尊父。今日概谓父为"父亲"，孰不知父亦当有"父尊"之名。因此，《丧服传》释父服何以斩衰，即谓"父至尊也"。据此，父子之相亲，同时亦有尊父之义矣。

《丧服传》以父子、兄弟为一体，是为至亲，又谓夫妻胖合，亦一体之至亲也。虽然，《丧服》犹以妻为夫服斩衰三年，而夫为妻不过齐衰期年，盖以夫为至尊，故夫妻不平等如此。如是，家庭虽至亲之血缘团体，然无论父子、兄弟、夫妻之间，皆有尊尊之义焉。

可见，儒家言孝道，实兼二义，子女不独亲父亲母，亦当尊父尊母，且以父为至尊，母为私尊，母尊实屈于父尊也。至于夫妻之亲，亦有尊卑，所以能相亲相敬也。此两种意义，虽见于其他民族，然唯儒家始能尽揭诸明白。因此，儒家对古礼精神的把握，实兼尊尊与亲亲二义，若偏重一义，则失礼意矣。

孔子作《春秋》以改制，虽兼取四代之礼，然以尚质为主。此种精神，实与秦汉以后之社会结构相符合。孟子所谓"良知"者，即根本于此种社会结构，在小家庭中，孝亲之心发乎天性，可谓与生俱来，何待后天之学习？并且，此种良知若能扩充开来，足以保四海。然若偏重于亲亲之情，其弊殆有不可甚言者，小则攘羊逸贼，大则窃父配天，非儒家所以求"至善"之道。故尊尊者，古礼中常以之压抑亲亲之情，若泛论其义，则不过以团体之大公以压抑一己之私情耳。如是亲亲与尊尊相济，斯为求至善之要。

二、善与至善

通常对"至善"的理解，多与"善"无别，犹言"极好"。朱子本人即有类似说法，如《朱子语类》卷14云：

至善，只是十分是处。

至善，犹今人言极好。

至善是个最好处。若十件事做得九件是，一件不尽，亦不是至善。

然而，朱子又有非常特殊的解释，即在事上言"至善"：

至善，则事理当然之极也。(《大学章句》)

然德之在己而当明，与其在民而当新者，则又皆非人力之所为，而吾之所以明而新之者，又非可以私意苟且而为也。是其所以得之于天而见于日用之间者，固已莫不各有本然一定之则，程子所谓"以其义理精微之极，有不可得而名"者，故姑以"至善"目之。(《大学或问》)

问至善。先生云："事理当然之极也。""恐与伊川说'艮其止，止其所也'之义一同。谓有物必有则，如父止于慈，子止于孝，君止于仁，臣止于敬，万物庶事莫不各有其所。得其所则安，失其所则悖。所谓'止其所'者，即止于至善之地也。"曰："只是要如此。"(《朱子语类》卷14)

若在事上言"至善"，然事物有千差万别之不同，则每事每物之"至善"当各各不同，如"父止于慈，子止于孝，君止于仁，臣止于敬"之类，换言之，不同事物里面包含的道理不同，则至善亦不同。

朱子又以"莫不各有本然一定之则"为"定理"，又以此

"定理"即"物理",即"至善"之所在。事理既在我心之外,则须通过学习以得之。朱子曰:

> 但其间节目,须当讲学以明之,此所以读圣贤之书,须当知他下工夫处。今人只据他说一两字,便认以为圣贤之所以为圣贤者,止此而已,都不穷究着实,殊不济事。(《朱子语类》卷 14)

不仅一事一物各有其理,即便就一事一物而言,里面犹有种种"节目",当读书讲求以明之。可见,朱子重读书,实与其对"至善"的此种理解有关。若荀子隆礼,亦不得不重圣人之制作,不得不学以得之,其思路即与朱子相近。

至于阳明,其对"至善"之理解,则颇不同。

> 天命之性,粹然至善,其灵昭不昧者,此其至善之发见,是乃明德之本体,而即所谓良知也。至善之发现,是而是焉,非而非焉,轻重厚薄,随感随应,变动不居,而亦莫不自有天然之中,是乃民彝物则之极,而不容少有议拟增损于其间也。少有拟议增损于其间,则是私意小智,而非至善之谓矣。自非慎独之至,惟精惟一者,其孰能与于此乎?后之人惟其不知至善之在吾心,而用其私智以揣摸测度于其外,以为事事物物各有定理也,是以昧其是非之则,支离决裂,人欲肆而天理亡,明德、亲民之学遂大乱于天下。(《大学问》)

> 问:"知止者,知至善只在吾心,元不在外也,

而后志定。"曰:"然。"(《传习录》卷上,陆澄录,第 87 条)

显然,阳明主张在心上言"至善",以为即"良知",且批评朱子"惟其不知至善之在吾心,而用其私智以揣摸测度于其外,以为事事物物各有定理"。

既在心上言"至善",则理一也,且良知本自具足,而万事万物之理,皆出于吾之一心而已。诚如此,自无须事于读书,唯明吾心足矣。《传习录》中颇载阳明否定读书之言论,兹录数条如下:

> 爱问:"至善只求诸心,恐于天下事理有不能尽。"先生曰:"心即理也。天下又有心外之事、心外之理乎?"爱曰:"如事父之孝,事君之忠,交友之信,治民之仁,其间有许多理在,恐亦不可不察。"先生叹曰:"此说之蔽久矣,岂一语所能悟!今姑就所问者言之。且如事父,不成去父上求个孝的理。事君,不成去君上求个忠的理。交友治民,不成去友上、民上求个信与仁的理。都只在此心,心即理也。此心无私欲之蔽,即是天理,不须外面添一分。以此纯乎天理之心,发之事父便是孝,发之事君便是忠,发之交友治民便是信与仁,只在此心去人欲、存天理上用功便是。"爱曰:"闻先生如此说,爱已觉有省悟处。但旧说缠于胸中,尚有未脱然者。如事父一事,其间温凊定省之类,有许多节目,不知亦须讲求否?"先生曰:"如何不讲求?只是有个头脑,只是就此心去人

欲、存天理上讲求。就如讲求冬温，也只是要尽此心之孝，恐怕有一毫人欲间杂；讲求夏清，也只是要尽此心之孝，恐怕有一毫人欲间杂。只是讲求得此心。此心若无人欲，纯是天理，是个诚于孝亲的心，冬时自然思量父母的寒，便自要去求个温的道理；夏时自然思量父母的热，便自要去求个清的道理。这都是那诚孝的心发出来的条件。却是须有这诚孝的心，然后有这条件发出来。譬之树木，这诚孝的心便是根，许多条件便是枝叶。须先有根，然后有枝叶。不是先寻了枝叶，然后去种根。《礼记》言：'孝子之有深爱者，必有和气。有和气者，必有愉色。有愉色者，必有婉容。'须是有个深爱做根，便自然如此"。(《传习录》卷上，徐爱录，第3条)

郑朝朔问："至善亦须有从事物上求者？"先生曰："至善只是此心纯乎天理之极便是，更于事物上怎生求？且试说几件看"。朝朔曰："且如事亲，如何而为温清之节，如何而为奉养之宜，须求个是当，方是至善。所以有学问思辨之功"。先生曰："若只是温清之节、奉养之宜，可一日二日讲之而尽，用得甚学问思辨？惟于温清时，也只要此心纯乎天理之极；奉养时，也只要此心纯乎天理之极。此则非有学问思辨之功，将不免于毫厘千里之谬。所以虽在圣人，犹加'精一'之训。若只是那些仪节求得是当，便谓至善，即如今扮戏子，扮得许多温清奉养的仪节是当，亦可谓之至善矣。"爱于是日又有省。(《传习录》卷上，徐爱录，第4条)

问："圣人应变不穷，莫亦是预先讲求否？"先生曰："如何讲求得许多？圣人之心如明镜，只是一个明，则随感而应，无物不照；未有已往之形尚在，未照之形先具者。若后世所讲，却是如此，是以与圣人之学大背。周公制礼作乐以示天下，皆圣人所能为，尧、舜何不尽为之而待于周公？孔子删述六经以诏万世，亦圣人所能为，周公何不先为之而有待于孔子？是知圣人遇此时，方有此事。只怕镜不明，不怕物来不能照。讲求事变，亦是照时事，然学者却须先有个明的工夫。学者惟患此心之未能明，不患事变之不能尽。"曰："然则所谓'冲漠无朕而万象森然已具者'，其言如何？"曰："是说本自好，只不善看，亦便有病痛。"（《传习录》卷上，陆澄录，第 21 条）

朱子以一事一物各有道理，故须讲求而后得。然而，阳明以为，如此不免以理在外而不在心，其弊至于不务在心上用功夫，而徒务虚文而已。换言之，阳明讲"心即理"，实有本体论的内涵，即强调理在心而不在物；又有工夫论的内涵，即以发明本心为工夫。可见，心学的精神在于，盖以天下之理皆出于吾心一点灵明，故须专在心上用功，使其良知常现常在而已。

因此，就孝亲之事而论，若无诚孝之心，则人子不可能有孝亲的行为，即便有此行为，亦虚伪不实而已。问题在于，人子仅有诚孝之心，其行为是否就能称父母的心意？人子内心虽无愧，然父母却不甚满意，如此是否就达到了至善？朱子重视读书学礼，其原因正在于此。

古人有这样一句话，"百善孝为先，论心不论迹"，平时父母常以此宽慰子女。然而，不论我们通考历代法律之规定，抑或细察百姓之日常言行，不难发现，人子仅有孝心，实未必能遂父母之心，换言之，其心念虽纯然为善，而其行迹却未必达到至善。更简言之，仅有孝心，未必就有孝行。在实际生活中，许多父母常常更看重孝行、孝迹，而不满足于孝心。

因此，朱子从事上讲至善，认为孝亲有许多节目需要学习，就是鉴于孝心未必能达到至善。至于阳明"心即理"之说，不过救弊之论，实非究竟之说也。

三、良知与人情：兼论"大礼议"中明世宗尊崇本生之依据

朱子与阳明的"至善"概念，素来属于心性之学的讨论范围。然而，当我们回到嘉靖初年的"大礼议"事件，则不难发现，这些看似抽象的心性命题，其实与当时的政治现实有着密切的关系，甚至左右到当时议礼诸臣的政治言论和行为。今日学界常常将宋明理学视为汉唐经学以后的新儒学形态，似乎自两宋以后经学已失去了往日的学术影响和政治功能，然而，我们通过对明代"大礼议"事件的重新考察，完全颠覆了这种看法。因为一方面，经学与现实政治的关系更为密切；另一方面，不少心性问题可以置换为经学中的相关问题，而且，通过这种置换，心性学说的政治内涵才得以充分展现出来。

那么，下面就明代"大礼议"一事为例，讨论阳明"至善"学说对现实政治的消极影响。我们将发现，仅仅出乎孝心的行为，不仅不能在现实中达到至善，反而会导致一种灾难性的政

治后果。换言之，仅仅在心上讲至善是不够的，还要在事物上讲求道理，才能达到至善。

阳明的"良知"学说，实出于孟子。孟子以恻隐、羞恶、辞让、是非之心为"四端"，此"四端"乃不学而知、不虑而能的良知良能。后世之说良知者，概莫出此义之外。阳明亦然，即以人情之自然为良知。经学讲圣人"缘情制礼"，其中作为制礼依据的"情"，实为孟子、阳明讲的良知。不过，古人以礼制出于人情，然人情毕竟有善有恶，而良知则纯然善也，是以孟子论道德工夫，不过扩充此四端而已。至于经学的义理立场，既主张礼制乃人情之不容已处，又认为礼制是对人情的克制或约束。可以说，经学与心学，在义理上有着根本的差别，就此而言，朱子对"至善"的理解，更接近经学的立场。

中国讲的"良知"，主要指孝亲之心。盖秦汉以后，中国社会之基本结构即以家庭为单位，因此，良知或孝亲之心不仅是家庭伦理之根本，儒家甚至将之扩充到整个社会、国家之中，成为普遍的伦理准则。阳明讲"至善"，讲"致良知"，其合理性正在于此。然而，孝亲之心的扩充，实有次第的不同，并且，如何扩充，以及扩充到何种地步，实非"良知"所能把握，至于阳明的"致良知"学说，亦绝不包括此种内涵。《论语》云："至于犬马，皆有养，不以敬，何以别乎？"则子之事父，仅仅养而不敬，不足为孝，此为孝心之初发而已。又，《礼记·祭义》云："孝有三，大孝尊亲，其次弗辱，其下能养。"《大庸》云："舜其大孝也与？德为圣人，尊为天子，富有四海之内，宗庙飨之，子孙保之。"《孟子·万章上》云："孝子之至，莫大乎尊亲；尊亲之至，莫大乎以天下养。为天子父，尊之至也；以天下养，养之至也。"此则孝心之发于极致也。

可见，孝亲实有等级之不同。盖天子至于庶人，其孝心无有不同，其良知实无有异也。若就"致良知"而言，则实有不同：庶人致其良知，不过养其亲而已，即便能敬，亦不过敬其为父尊而已；而天子之致良知，不独能尊亲，至于以天下养其父母，斯为大孝矣。可见，不同的人虽然都是致其孝亲之心，但结果却常有不同。

虽然，就天子而言，能以天下养其父母，亦未为至极。《孝经》云："孝莫大于严父，严父莫大于配天，则周公其人也。昔者周公郊祀后稷以配天，宗祀文王于明堂以配上帝。"严父者，尊父也；而尊父之极，则以父配天也。换言之，天子不仅能以天下养其亲，且通过明堂配享之礼，而尊其父为天子矣。明世宗之尊崇本生，挑起持续十余年之久的大礼之争，其理据正在于此。盖人莫不欲尊显其父，至于天子之尊父，必欲至于称宗配天而不止，可谓扩充此良知而至乎极矣。由此可见，世宗之尊崇本生，不过致良知而已。且孝亲为人心之良知，斯为善也，唯其能尊父至极，方为致良知。[1]

自正德十六年（1521）始议崇祀兴献王，至嘉靖十七年（1538）以兴献王称宗祔庙为止，明世宗在其长达十八年尊崇本生父母的过程中，莫不以孝亲之心为依据。下面，我们将对这一过程稍做梳理，将不难发现，世宗本其孝心而致极其良知

---

[1] 嘉靖六年（1527），阳明因张璁、桂萼荐而起复，总督两广及江西、湖广军事。不久，其弟子黄绾亦进京，阳明此时致信黄绾，其中有云："近与诚甫言，在京师相与者少，二君（指黄绾与黄宗明）必须预先相约定，彼此但见微有动气处，即须提起致良知话头，互相规切。"黄绾、黄宗明皆阳明弟子，颇参与嘉靖时之议礼，大概阳明欲二人能致良知，居义理之正，不当以意气与议礼反对派相争也。

的做法，完全合乎心学的理路，然而，这一系列被心学视为正当的做法，却背离尊尊、亲亲并重之礼意，从而最终对晚明政治造成了非常负面的影响。

正德十六年，诏议崇祀兴献王典礼。大学士杨廷和、毛澄等以为，"舜不追崇瞽瞍，汉世祖不追崇南顿君"，无追崇本生父之理，甚至引汉定陶王嗣成帝、宋濮王嗣仁宗故事，以世宗当以孝宗为"皇考"，而以本生父母为"皇叔父母"，如此，则"正统私亲，恩礼兼尽，可以为万世法"。[1] 如此，世宗以

---

[1] 《新五代史》卷20有云："周太祖圣穆皇后柴氏，无子，养后兄守礼之子以为子，是为世宗。守礼字克让，以后族拜银青光禄大夫、检校吏部尚书、兼御史大夫。世宗即位，加金紫光禄大夫、检校司空、光禄卿。致仕，居于洛阳，终世宗之世，未尝至京师，而左右亦莫敢言，第以元舅礼之，而守礼亦颇恣横，尝杀人于市，有司不闻，世宗不问。是时，王溥、汪晏、王彦超、韩令坤等同时将相，皆有父在洛阳，与守礼朝夕往来，惟意所为，洛阳人多畏避之，号'十阿父'。"可见，世宗虽尊为天子，然其对待本生父，既未以天下养，更未尊本生为帝，反而以臣处其父，唯不过稍纵其罪而已。且世宗与太祖为异姓，尚且不私其本生，而戴太祖为父如旧，真得古礼为人后之义也。明臣议礼，未有引世宗事者，不知何故。

欧阳修在宋濮议事中主张父恩不可废，故其论世宗事云："父子之恩至矣！孟子言：舜为天子，而瞽瞍杀人，则弃天下，窃负之而逃。以谓天下可无舜，不可无至公，舜可弃天下，不可刑其父，此为世立言之说也。然事固有不得如其意者多矣！盖天子有宗庙社稷之重、百官之卫、朝廷之严，其不幸有不得窃而逃，则如之何而可？予读周史，见守礼杀人，世宗寝而不问，盖进任天下重矣，而子于其父亦至矣，故宁受屈法之过，以申父子之道，其所以合于义者，盖知权也。君子之于事，择其轻重而处之耳。失刑轻，不孝重也。刑者所以禁人为非，孝者所以教人为善，其意一也，孰为重？刑一人，未必能使天下无杀人，而杀其父，灭天性而绝人道，孰为重？权其所谓轻重者，则天下虽不可弃，而父亦不可刑也。然则为舜与世宗者，宜如何无使瞽瞍、守礼至于杀人，则可谓孝矣！然而有不得如其意，则择其轻重而处之焉。世宗之知权，明矣夫！"可见，欧阳修之许世宗，非许其重大宗也，而许其不绝小宗之亲恩。

藩支入继大统，犹小宗之后大宗，不仅应当降服其生身父母，更遑论追崇本生乎？对此，世宗声称："父母可移易乎？"且以为，如此则无以报答生身父母的"罔极之恩"。[1]支持世宗的张璁则以为，若后大宗，则不免"强夺此父子之亲"。其后，出于"俾朕得申孝情"的理由，最终，世宗得以满足了其追崇

---

[1] 其后，毛澄更录程颐《代彭思永议濮王礼疏》进览，帝不从，命博考前代典礼，再议以闻。案程颐疏云："窃以濮王之生陛下，而仁宗皇帝以陛下为嗣，承祖宗大统，则仁庙，陛下之皇考；陛下，仁庙之適子；濮王，陛下所生之父，于属为伯；陛下，濮王出继之子，于属为姪。此天地大义，生人大伦，如乾坤定位，不可得而变易者也。固非人意所能推移，苟乱大伦，人理灭矣。陛下仁庙之子，则曰父，曰考，曰亲，乃仁庙也。若更称濮王为亲，是有二亲。则是非之理昭然自明，不待辩论而后见也。"又云："执政大臣不能将顺陛下大孝之心，不知尊崇之道，乃以非礼不正之号上累濮王，致陛下于有过之地，失天下之心，贻乱伦之咎。"又云："所继主于大义，所生存乎至情。至诚一心，尽父子之道，大义也；不忘本宗，尽其恩义，至情也。先王制礼，本缘人情。既明大义以正统绪，复存至情以尽人心。是故在丧服，恩义别其所生，盖明至重与伯叔不同也。"又云："臣以为当以濮王之子袭爵奉祀，尊称濮王为濮国太王，如此则敻然殊号，绝异等伦。"

毛澄乃复上疏，略谓："推尊之说，称亲之议，似为非礼。推尊之非，莫详于魏明帝之诏；称亲之非，莫详于程颐之议。"案，程颐疏既谓英宗当以仁宗为父，又谓不当以濮王为亲也，曰："称之于仁庙，乃有向背之嫌；去之于濮王，不损所生之重。"又，魏明帝诏曰："礼，王后无嗣，择建支子以继大宗，则当纂正统而奉公义，何得复顾私亲哉！汉宣继昭帝后，加悼考以皇号；哀帝以外藩援立，而董宏等称引亡秦，惑误时朝，既尊恭皇，立庙京都，又宠籓妾，使比长信，叙昭穆於前殿，并四位於东宫，僭差无度，人神弗祐，而非罪师丹忠正之谏，用致丁、傅焚如之祸。自是之后，相踵行之。昔鲁文逆祀，罪由夏父；宋国非度，讥在华元。其令公卿有司，深以前世行事为戒。后嗣万一有由诸侯入奉大统，则当明为人后之义。敢为佞邪导谀时君，妄建非正之号以干正统，谓考为皇，称妣为后，则股肱大臣，诛之无赦。其书之金策，藏之宗庙，著于令典。"

时廷和、蒋冕、毛纪复上言："三代以前，圣莫如舜，未闻追崇本生父瞽瞍；三代以后，贤莫如汉光武，亦未闻追崇所生父南顿君，惟陛下取法二君。"

生身父母的要求，即称其父母为兴献帝、兴献后。不过，此时父母虽得追崇，犹藩王而已。

其后，世宗欲于兴献帝、后前加"皇"字。[1] 如是，则与正统无别矣。杨廷和等以为，此乃"忘所后而重本生，任私恩而弃大义"。席书、方献夫、桂萼等纷纷上书，言廷和之失，以为廷和之议，既绝武宗之统，又夺兴献之宗，至于继嗣孝宗，又与英宗之事不伦。至嘉靖三年（1524），遂加"皇"字，且称"考"，则兴献帝得称"本生皇考"矣，不过，此时犹考孝宗也。

其间，张璁、桂萼等，更发统、嗣二分之论，以为世宗乃继统，而非继嗣，故不可绝与生身父母之情，故以为当去"本生"二字，而考兴献帝。而世宗则以为"尊称未极"，不足以报"鞠育之恩"，乃用张璁、桂萼之议，伯孝宗而考兴献。[2]

---

[1] 初，世宗得张璁疏，至十月，乃尊兴献王为兴献帝，王妃蒋氏为兴献后，又尊宪宗贵妃帝祖母邵氏为皇太后。十二月，又传谕："兴献帝后皆加称皇字。"然未如愿，犹称孝宗为皇考，慈寿皇太后为圣母，兴献帝后为本生父母，不称皇。其后逾年，不复有他议矣。至三年正月，南京刑部主事桂萼、南京兵部侍郎席书、员外郎方献夫等，其论与张璁等，尊揣帝意，上疏请改称孝宗为皇伯考，兴献帝曰皇考，别立庙大内，正兴国太后之礼，定称圣母。四月，追尊兴献帝曰本生皇考恭穆献皇帝，上兴国太后尊号曰本生圣母章圣太后。七月，世宗用璁、萼言，欲去"本生"字，于是遂有左顺门哭谏事。九月，更定大礼，称孝宗为皇伯考，昭圣皇太后为皇伯母，献皇帝为皇考，章圣皇太后为圣母。

[2] 正德十六年（1521）七月壬子，观政进士张璁上疏，略言："廷议执汉定陶王、宋濮王故事，欲考孝宗叔兴献王。夫汉哀帝、宋英宗皆预养宫中，立为储嗣，其为人后之义甚明。今陛下以伦序当立，循继统之义，非为孝宗后也。且迎养圣母，称皇叔母，则当以君臣礼见，子可以臣母乎？长子不得为人后，兴献王子惟陛下一人，利天下而为人后，恐子无自绝其父母之义。故谓陛下入祖统则可，谓为人后而自绝其亲则不可，盖统与嗣不同，非必夺此父子之

至三年七月，遂有左顺门哭谏之事。

更后，世宗欲为父别立世庙于京师，以尽孝子追慕之情，且世世不迁。[1] 十七年，丰坊上疏，据《孝经》严父配天之说，尊献皇帝为宗，以配上帝。旋以献皇帝为睿宗，并袝于太庙，且大享上帝于玄极殿，以睿宗配享。世宗之尊崇本生父母，至是而极矣。[2]

亲，建彼父子之事情，然后谓之继统。今宜别立皇考庙于京师，以隆尊亲之孝，且使母以子贵，尊与父同，则皇考不失其为父，圣母不失其为母矣。"世宗方扼廷议，得疏大喜曰："此论出，吾父子获全矣。"

[1] 其间，有国子生何渊首请为兴献帝建世室，后又请崇祀兴献帝于太庙。席书、张璁虽赞大礼，然犹绌此说，席书言曰："将置主于武宗上，则以臣先君，分不可僭；置武宗下，则以叔后姪，神终未安。在廷诸臣，于称考称伯异同相半，今袝庙之兴，无人以为可者。"然帝意不可回，五年九月，世庙成。至十五年十月，更定世庙为献皇帝庙。十七年夏，丰坊思效张、桂片言取通显，乃上言："孝莫大于严父，严父莫大于配天，宜建明堂，尊皇考为宗，以配上天。"帝是之，曰："配享皇考称宗，不为过情。"然户部侍郎唐胄疏争，略谓：《孝经》曰：'严父莫大于配天，则周公其人也。'周公制作礼乐，而文王适为其父，故引以证圣人之孝。答曾子之问，非谓有天下者皆必以父配天，然后为孝。成王不以严父之故，废文王配天之祭而移于武王；康王不废文王配天而移于成王。后世乃误识《孝经》之意，而违先王之礼，故宋儒朱熹谓后来第为严父之说所惑。"因忤上意，黜为民。礼部尚书严嵩乃逢上意，言皇考严侑飨，允合严父配天之周道。其后，世宗更以献皇帝称宗袝庙，然念太宗永无侑享，无以谢廷臣，乃改称太宗庙号曰成祖，尊献皇帝庙号为睿宗，遂奉睿宗主袝太庙，跻武宗上。

[2] 案，嘉靖十七年六月，致仕扬州府同知丰坊上疏言："孝莫大于严父，严父莫大于配天。请复古礼，建明堂。加尊皇考献皇帝庙号称宗，以配上帝。"时礼部尚书严嵩不敢正言"配天"说之非，并举后世帝王以父配天故事，以为合乎亲亲之义。然又谓祀太祖于明堂，若以功德论，则当以太宗配；以亲亲论，则可以献皇帝配。末则犹谓"称宗之说，则臣等不敢妄议"。世宗乃下旨，称"皇帝称宗，何为不可？"时户部左侍郎唐胄上疏，驳严嵩前说，曰："后世礼明堂者，皆配以父，此乃误《孝经》之义，而违先王之礼。"且引朱子之说为证，曰："昔有问于朱熹：'周公之后，当以文王配耶？当以时王之父配耶？'熹

综上，可知世宗及议礼诸臣追崇兴献王、后的理据，自始至终，皆本乎基于血缘关系的孝亲之情，而欲扩充之以至乎其极，遂至于称宗祔庙而万世不毁矣。

然而，明宗及议礼诸臣的做法，实违背古礼尊尊之精神。盖人类因血缘而相抟聚，或家庭，或宗族，至于国家，莫不如此，此古礼之有亲亲义也。然个体不过为血缘团体之一分子，故个体之事家庭、事宗族、事国家，皆不得不自卑而尊团体。并且，个体之情感，即便人子之孝亲，亦当因此而受到抑制。是以《丧服》有"压降"原则，如父在为母之类，即当个体情感与团体相冲突时，则应该克制，而不能一味扩充此种情感。换言之，人即便有孝亲这种良知，在某些情况下也是必须克制的，否则，心虽为纯善，而事上则未必为至善，甚至可能是恶。

因此，对世宗而言，既入继为天子，则当以大宗为重。《公羊传》谓"为人后者为之子"，则世宗应当克制其与生身父、母之自然情感，而与孝宗建立起父子关系，更不可为了推尊生身父母，而牺牲后大宗之义，如此才是符合古礼尊尊之精神。

然而，秦汉以后，不论儒家，还是朝廷，都极重孝亲之情，甚至以此对抗尊尊之义。此种态度，与孔子的一些说法有很大关系。《春秋》尚质，即重亲亲之情也。《丧服传》以子为父服三年，乃为至尊之服，而《论语》中孔子却以为，人子三年之服，是因为孝子有"三年之爱于其父母"，故孝子尊父母，乃

曰：'只当以文王为配。'又曰：'继周者如何？'熹曰：'只以有功之祖配，后来第为严父说所惑乱耳。'"世宗怒，下唐胄狱，严嵩乃顺帝意，而主献皇配帝之说。世宗又作《明堂或问》，大略言："文皇远祖，不应严父之义，宜以父配。称宗虽无定说，尊亲崇上，义所当行。既称宗，则当祔庙，岂有太高中四亲不具之礼？"世宗因以献皇配享，而改太宗庙号为成祖。（《明史·礼志》）

出于报恩。至于《荀子·礼论》，则以三年之服出于人情之自然。诸如此类说法，导致了后儒无限扩充孝心的举动，而没有认识到礼意中克制孝心的必要性。明世宗尊崇本生父母导致的消极政治后果，正是传统儒家重视孝道伦理之流弊所在。

与王阳明不同，朱子在讨论与"大礼议"事件类似的濮议时，却持完全相反的态度，即赞同司马光、程颐等人的立场。据《朱子语类》卷107：

> 器之问："濮议如何？"先生曰："欧公说固是不是，辨之者亦说得偏。既是所生，亦不可不略是殊异。若止封皇伯，与其他皇伯等，亦不可。须封号为'大王'之类，乃可。伊川先生有说，但后来已自措置得好。凡祭享礼数，一付其下面子孙，朝廷无所预。"
>
> 亚夫问"濮议"。曰："欧公说不是，韩公、曾公亮和之。温公、王珪议是。范镇、吕晦、范纯仁、吕大防皆弹欧公。但温公又于濮王一边礼数太薄，须于中自有斟酌可也。欧公之说断不可。且如今有为人后者，一日所后之父与所生之父相对坐，其子来唤所后父为父，终不成又唤所生父为父！这自是道理不可。试坐仁宗于此，亦坐濮王于此，使英宗过焉，终不成都唤两人为父！直缘众人道是死后为鬼神不可考，胡乱呼都不妨，都不思道理不可如此。先时仁宗有诏云：'朕皇兄濮安懿王之子，犹朕之子也。'此甚分明，当时只以此为据足矣。"亚夫问："古礼自何坏起？"曰："自定陶王时已坏了。盖成帝不立弟中山王，以为礼，兄弟不得相入庙，乃立定陶王，盖子行也。孔

光以《尚书·盘庚》殷之及王争之，不获。当时濮庙之争，都是不争好。好读古礼，见得古人意思，为人后为之子，其义甚详。"

"濮议"之争，结杀在王陶击韩公，蒋之奇论欧公。伊川代彭中丞奏议，似亦未为允当。其后无收杀，只以濮国主其祀。可见天理自然，不由人安排。

本朝许多大疑礼，都措置未得。如濮庙事，英宗以皇伯之子入继大统，后只令嗣王奉祭祀，天子则无文告。

当时欧阳修主张英宗应该尊崇本生父，其理据亦与后来的明世宗无二，即强调人子的孝亲之心不可阻隔。此种立场，在其所撰《新五代史》中即有充分反映。观《语类》对欧阳修的批评，以及嘉靖时毛澄对程颐的称引，足见程朱理学与阳明心学的差异，亦在礼上得到了体现。

四、致良知：严父莫大于配天

参与议礼诸臣，多与阳明学派有关。[1]甚至有学者认为，大礼议不仅是政治斗争，而且，"实与当时新兴王学及正统朱

---

[1] 其时反对世宗议礼之学者，如吕柟，《明史》称其"仕三十余年，家无长物，终身未尝有惰容。时天下言学者，不归王守仁，则归湛若水，独守程、朱不变者，惟柟与罗钦顺云"。又有邹守益，初究心程朱之学，至正德十三年始师阳明，然其论大礼，实本于朱子也。

学之对立有关"。[1] 当时支持世宗的议礼诸臣，如张璁、桂萼、方献夫、席书、霍韬、熊浃、黄绾、黄宗明等，其中，席书与阳明在师友之间，且力荐阳明入阁，方献夫、霍韬、黄绾、黄宗明则为阳明弟子。至于张璁、桂萼、熊浃，虽与阳明无直接关系，然阳明私下对诸臣的议礼主张，则多有肯定。[2]

除上述八人外，又有阳明弟子陆澄（字原静），曾两次上疏议礼，然而，前后立场迥异，遂因此而取祸谪迁。下面，我们依据陆澄的上疏，以及《传习录》中陆澄的一些记述，对阳明的"致良知"学说与议论诸臣的经学议论之关系进行分析。

正德十六年八月，陆澄上疏云：

继孝宗者武宗也，继武宗者皇上也。礼，为人后

[1] 参见欧阳琛：《王守仁与大礼议》，《新中华半月刊》第20卷。欧阳琛认为，弘治十七年（1490），阳明在《山东乡试录策问》中论礼乐与人情之关系，与十八年后赞礼诸臣的论点，几乎如出一辙。又引阳明与邹谦之书，其中有云："后世心学不讲，人失其情，难乎与之言礼。然良知之在人心，则万古如一日，苟顺吾心之良知以致之，则所谓不知足而为屡，我知其不为蒉矣。"欧阳琛以为，"不啻为当时赞礼者作理论上之阐发矣"。

[2] 沈德符谓"文成（阳明）之附大礼不可知，在其高弟如方献夫、席书、霍韬、黄绾辈，皆大礼贵人，文成无一言非之，言澄言亦不妄"。（《万历野获编》卷20，"陆澄六辨"条）王琼《双溪杂记》则以为，阳明有怨于杨廷和，故支持世宗。章太炎《王文成公全书题辞》则谓"文成诸弟子，……下材如席书、方献夫、霍韬、黄绾争以其术为佞，其是非勿论。要之，谗谄百谀，导其君以专。……此亦文成之蔽也"。霍韬曾以大礼问诸阳明，而阳明亦覆书赞同其主张。《张璁年谱》谓阳明与张璁有远亲关系。今人唐长孺《跋张璁书扇——略述王守仁与张璁的关系》一文，提及张璁所藏书扇有仰慕阳明之语。张宪文则认为，正德十年前后，张璁曾拜访时任南京鸿胪寺卿的王廷相，与之"言谈融洽"，并和之以诗，相得甚欢。（张宪文：《张璁集前言》，《张璁集》，上海社会科学出版社，2003）

者为之子，是皇上非惟武宗之臣，又为后之子也。昔鲁跻僖公，《春秋》讥之，谓先祢而后祖也。夫僖，兄也；闵，弟也。闵先为君，有父道焉；僖以臣继君，有子道焉。夫闵，弟也，而可为僖祢；武宗，兄也，犹不可为皇上祢乎？故今日之礼，当祢武宗无疑也。

（《明伦大典》卷 4）

显然，陆澄初疏中提出的这种主张，既不同于张璁、桂萼，亦不同于杨廷和等，而是据《公羊传》"为人后者为之子"之说，以为世宗当继武宗统，亦兼继武宗嗣。[1] 至嘉靖三年时，大学士蒋冕亦有类似主张。[2]

其后，张璁、桂萼等因议礼而柄用，陆澄又上疏，其中有言：

父子天伦不可夺，礼臣之言未必是，张、桂之言未必非。恨初议之不经，而恤悔无及。

---

[1] 不过，武宗卒时颁布的《武宗遗诏》，提到以世宗入继大统是出于"兄终弟及"的祖训。其后，杨廷和主张世宗继嗣孝宗，正是为了与遗诏中"兄终弟及"的说法相合，以确保世宗入继大统的合法性。可以说，当时陆澄的说法纯属书生之见，不可能得到大多数朝臣的认同。而且，孔子以后儒家基本持《春秋》尚质的精神，皆以弟无后兄之义，《公羊传》中的主张未必符合后世中国社会的实际情况。

[2] 不过，此种主张在当时乃至整个明代，都未受重视。直至清代，开始受到学者的关注。譬如，毛奇龄《辨定嘉靖大礼议》，即主陆澄之说。其后，段玉裁《明史十二论》，亦以世宗当继武宗之嗣以承武宗之统。夏燮《明通鉴》亦主世宗当继武宗后。

然而，这两种截然相反的态度，遂为世人所讥。《明史·陆澄传》谓"最陋者南京刑部主事归安陆澄，初极言追尊之非，逮服阕入都，《明伦大典》已定，璁、尊大用事，澄乃言初为人误，质之臣师王守仁，乃大悔恨。尊悦其言，请除礼部主事。而帝见澄前疏恶之，谪高州通判以去"。[1] 不过，此种对陆澄人格的贬斥，不仅未深究阳明学派的"致良知"学说，而且也不了解阳明本人在此问题上的基本态度。

那么，如何理解陆澄初疏到后疏的转变呢？考诸阳明《传习录》，陆澄实为阳明学派之重要人物，其与阳明之问答，涉及"至善"问题者，有如下数条，可以帮助我们理解陆澄前后态度的不同：

---

[1]　沈德符曰："时张、桂新用事，（陆澄）复疏颂璁、尊正论，云以其事质之师王守仁，谓'父子天伦不可夺，礼臣之言未必是，张、桂之言未必非。恨初议之不经，而怃悔无及。'疏下吏部，尚书桂尊谓澄事君不欺，宜听自新。上优诏褒奖。未几，《明伦大典》成，中载澄初疏甚详，上大怒，责其悖逆云。"（《万历野获编》卷20，"陆澄六辨"条）又，"先忠后佞"条云："陆澄亦以大礼抗疏异议，请告归，及见张、桂大用，又疏诵张、桂之功，谓得之业师王守仁，而始悟前说之非。二人富贵熏心，改口逢世，又诿其责于父师，真悖逆之尤，然其后皆不振。"黄景昉《国史唯疑》卷6则云："陆澄、丰坊并以议大礼谪。久之，诡辞悔罪，仍附和张、桂唾余，希为进身地。卒被圣明洞照，摈勿叙，则何益矣。澄文成高弟，以道学著；坊学士熙子也，以词翰名。枉费机关，自甘沦堕，宜以叛师、悖父之罪罪之。"可见，时人皆不耻陆澄之为人。

桂尊虽引用陆澄，其于阳明则颇诋其学。阳明卒后，尊议其学曰："守仁事不师古，言不称师，欲立异以为名，则大置朱熹格物致知之论。知众论之不予，则为《朱熹晚年定论》之书，号召门徒，互相唱和。才美乐其任意，或流于清谈；庸鄙借其虚声，遂至于纵肆。传习转讹，背谬日甚。讨捕拿贼，擒获叛藩，据事论功，诚有足录。陛下御极之初，即拜伯爵，宜免追夺以彰大信，禁邪说以正人心。"

问："知止者，知至善只在吾心，元不在外也，而后志定。"曰："然。"（《传习录》卷上，陆澄录，第87条）

至善者性也。性元无一毫之恶，故曰至善。止之，是复其本然而已。（《传习录》卷上，陆澄录，第92条）

问："知至善即吾性，吾性具吾心，吾心乃至善所止之地，则不为向时之纷然外求，而志定矣。定则不扰扰而静，静而不妄动则安，安则一心一意只在此处，千思万想，务求必得此至善，是能虑而得矣。如此说是否？"先生曰："大略亦是。"（《传习录》卷上，陆澄录，第93条）

显然，阳明对"至善"的理解，与陆澄议礼后疏的立场是一致的。

阳明学派对"至善"的理解，实出于"心即理"这一基本命题。盖阳明在心上言至善，则功夫只是推扩其本心而已，而万事万物之理莫不在其中，此为"心即理"说的根本内涵。黄宗羲在《明儒学案》中即视"心即理"为议礼诸臣的理论依据，以为阳明和陆澄确然赞同张璁、桂萼之论：

大抵世儒之论，过以天下为重，而不返其本心之所安。永嘉（即张璁）《或问》："天下外物也，父子天伦也。瞽叟杀人，舜窃负而逃，知有父而不知有天下也。"圣人复起，不易斯言。阳明所谓"心即理"也，正在此等处见之。世儒以理在天地万物，故率挽前代以求准则，所以悬绝耳。先生初锢于世论，已而理明障落，其视前议犹粪土也。阳明知永嘉之为小人，不当言责，故不涉论为高。先生已经论列，知非改过，使人皆仰，岂不知嫌疑之当避哉？亦自信其心而已。

梨州谓阳明"心即理"之说与张璁之论同，可谓卓然有见。然而，张璁以世宗之心拟舜之心，以为有父而不知有天下，实不过世儒一曲之见而已，然朱子已不能苟同。至于《公羊传》"不以父命辞王父命"之说，以及《丧服》尊降、压降之例，皆以父子之情当屈于大宗或天下。梨州之说，实未能见及此也。

陆澄又录有"心即理"之说两条：

> 虚灵不昧，众理具而万事出。心外无理，心外无事。(《传习录》卷上，陆澄录，第33条)
>
> 问："名物度数，亦须先讲求否？"先生曰："人只要成就自家心体，则用在其中。如养得心体，果有未发之中，自然有发而中节之和，自然无施不可。苟无是心，虽预先讲得世上许多名物度数，与己原不相干，只是装缀，临时自行不去。亦不是将名物度数全然不理，只要知所先后，则近道。"又曰："人要随才成就，才是其所能为，如夔之乐，稷之种，是他资性合下便如此。成就之者，亦只是要他心体纯乎天理。其运用处，皆从天理上发来，然后谓之才。到得纯乎天理处，亦能不器，使夔、稷易艺而为，当亦能之。"又曰："如'素富贵行乎富贵，素患难行乎患难'，皆

是不器，此惟养得心体正者能之。"（《传习录》卷上，陆澄录，第68条）

盖"心即理"者，以事事物物之理皆出于心，故当在心上用功夫，"只要成就自家心体"，"自然有发而中节之和"，名物度数无须格外讲求。是以就事父一节而论，只要此心纯乎天理，尽其诚孝之心，自然就是至善。

并且，从陆澄的发问来看，最初是主张通过读书以获得应事接物的道理，阳明则主张，只要在心体上用功，以学问犹如磨镜一般，只要心体明，真有个诚孝的心，自然"随感而应，无物不照"的。关于这个道理，下面阳明与陆澄的两段答问，非常明白：

> 问："圣人应变不穷，莫亦是预先讲求否？"先生曰："如何讲求得许多？圣人之心如明镜，只是一个明，则随感而应，无物不照；未有已往之形尚在，未照之形先具者。若后世所讲，却是如此，是以与圣人之学大背。周公制礼作乐以示天下，皆圣人所能为，尧、舜何不尽为之而待于周公？孔子删述六经以诏万世，亦圣人所能为，周公何不先为之而有待于孔子？是知圣人遇此时，方有此事。只怕镜不明，不怕物来不能照。讲求事变，亦是照时事，然学者却须先有个明的工夫。学者惟患此心之未能明，不患事变之不能尽。"（《传习录》卷上，陆澄录，第21条）

> 问："知识不长进如何？"先生曰："为学须有本

原。须从本原上用力，渐渐盈科而进。仙家说婴儿，亦善譬。婴儿在母腹时，只是纯气，有何知识？出胎后，方始能啼，既而后能笑，又既而后能认识其父母兄弟，又既而后能立能行、能持能负，卒乃天下之事无不可能。皆是精气日足，则筋力日强，聪明日开，不是出胎日便讲求推寻得来。故须有个本原。圣人到位天地，育万物，也只从喜怒哀乐未发之中上养来。后儒不明格物之说，见圣人无不知无不能，便欲于初下手时讲求得尽，岂有此理？"又曰："立志用功，如种树然。方其根芽，犹未有干；及其有干，尚未有枝；枝而后叶，叶而后花实。初种根时，只管栽培灌溉，勿作枝想，勿作叶想，勿作花想，勿作实想。悬想何益！但不忘栽培之功，怕没有枝叶花实？"(《传习录》卷上，陆澄录，第31条)

不仅陆澄有此疑问，其余弟子如徐爱等，及当时与阳明论学之顾东桥、罗整庵等，都从读书的角度讨论过"至善"的问题。这些心性学理上的讨论，与"大礼议"诸臣的经学论述实有内在关联。

可见，陆澄最初站在朱子的立场，故有前疏之主张。然而，朱子在心性学上的立场与程颐在濮议中的态度是一致的，即站在大宗的角度，认为必须抑制孝亲之情，因而反对尊崇本生父母。然而，阳明则以孝亲之心为人之本心，是良知，是至善，因此，只要本着良知这个"未发之中"，随感而应，自然"无施不可"。可见，阳明是站在小宗或家庭的角度，而主张推尊自己的生身父母。

　　此后，陆澄大概受到了阳明的影响，导致了他在后疏中的不同立场。关于陆澄的这种转变，是不难在《传习录》中找到理论证据的。然而，作为阳明弟子，陆澄这种转变是非常自然的，但在当时特殊的政治环境下，却不为世人理解，反而得到"富贵熏心，改口逢世"的恶评，亦属无可奈何之事。

第九讲

天理与人欲

　　自古以来，理与欲就始终存在着某种张力，因而成为一切伦理学讨论的主要问题。在西方，通过对义务与欲望的讨论，由此区分出义务论与功利论两种伦理学。而在中国，此问题通常表现为义利之辨，至宋以后，则主要表现为天理与人欲的讨论。此外，此问题又常常体现为礼制与人情的关系，盖情与欲常难相区别也。

　　中、西伦理学处理理、欲关系的思路似乎根本不同。一般来说，西方伦理学或严分理与欲，理中绝不容有欲也[1]，或力图阐明欲中有理，个体对功利的追求能够不期然达到社会公义；而中国伦理学固然严分理与欲，至多不过义利双行、天理人欲同体别用之说而已，并且，又试图从理中引出欲，或归诸命中固有，或归诸行善得报，或归诸大德者所必致。[2]

---

[1] 康德甚至认为，道德行为纯粹出于某种义务感，亦不当杂有任何情感，而孟子则谓"理义之悦我心，如刍豢之悦我口"。

[2] 《中庸》曰："大德必得其位，必得其禄，必得其名，必得其寿。"可见，位禄名寿之类属于功利追求对象，亦可由修德而致。

一、义、利名义考

关于义、利之内涵。义者,《说文》云:"義,己之威儀也。从我,从羊。"则古文"威仪"之仪可作"义";[1] 又,"仁义"之义亦作"义",常与"谊"通,如董仲舒谓"正其谊不谋其利"是也。又,《说文》谓"凡我之属,皆从我","我,从戈手。一曰古文殺字",则"义"字与祭祀中杀羊以祭神有关。

利者,《说文》云:"刀和然后利。《易》曰:'利者,义之和也。'"盖利本为刀之利,后引申为义之利。《易·文言》释"义之和"云:"利物足以和义。"孔颖达疏云:"利为和义,于时配秋,秋既物成,各合其宜。"又云:"君子利益万物,使物各得其宜,足以和合于义,法天之利也。"又云:"利亦非独利贞,亦所利余事多矣,若'利涉大川','利建侯','利见大人','利君子贞'。如此之属,是利字所施处广,故诸卦谓他事之利,不数以为德也。"诸卦皆言利者,盖配义而言也。

可见,古时义与利本不相对立:义在利中,盖利益万物而为义也;利在义中,则行义而后得利。唯至后世,义利乃判然为二矣。

孔子有"见得思义""见利思义"之说,又自谓"富而可求也,虽执鞭之士吾亦为之"(《论语·述而》),犹可窥见上古义、利合一之意。然至后世,求利者常不免害义,故唯守义而已。孔子"罕言利",自谓"饭疏食饮水,乐在其中"(《述而》),又赞颜渊"箪食瓢饮"之乐,皆以求利必害义故也。可

---

[1] 威仪者,殆与事神之仪式有关。人在俗世生活中当无所谓威仪,唯在神圣生活中须有威仪,盖事神尤须谨敬。人之逐利,何所不为,故不暇计其威仪也。

见，当时礼崩乐坏，人皆为逐利之夫，凡所作为皆致礼乐崩坏而已，可见，此时义、利已判而为二，成不两立之势矣。故孔子以义、利判分君子、小子，曰："君子喻于义，小人喻于利。"（《论语·里仁》）

孟子乃极言义、利之辨，曰："鸡鸣而起，孳孳[1]为善者，舜之徒也。鸡鸣而起，孳孳为利者，跖之徒也。欲知舜与跖之分，无他，利与善之间也。"（《尽心上》）此说与孔子同，亦以义、利为君子、小人之别也。

然孟子辨义、利，细民尚不足论，而首对诸侯而言。故其见梁惠王，则曰：

> 何必曰利？亦有仁义而已矣。王曰何以利吾国，大夫曰何以利吾家，士庶人曰何以利吾身，上下交征利，而国危矣！万乘之国弑其君者，必千乘之家；千乘之国弑其君者，必百乘之家。万取千焉，千取百焉，不为不多矣。苟为后义而先利，不夺不厌。未有仁而遗其亲者也，未有义而后其君者也。王亦曰仁义而已矣，何必曰利？（《孟子·梁惠王上》）

又语宋牼曰：

> 先生以利说秦、楚之王，秦、楚之王悦于利，以罢三军之师，是三军之士乐罢而悦于利也。为人臣者，怀利以事其君，为人子者，怀利以事其父，为人弟者，

---

[1] 孳孳，即孜孜，汲汲也，勤勉不懈之意。

怀利以事其兄，是君臣、父子、兄弟终去仁义，怀利以相接；然而不亡者，未之有也。先生以仁义说秦、楚之王，秦、楚之王悦于仁义，以罢三军之师；是三军之士乐罢而悦于仁义也。为人臣者，怀仁义以事其君，为人子者，怀仁义以事其父，为人弟者，怀仁义以事其兄，是君臣、父子、兄弟去利，怀仁义以相接也；然而不王者，未之有也。何必曰利？（《孟子·告子下》）

孟子以为，国君不当言利悦利，至于臣事君、子事父、弟事兄，亦不当怀利，否则，上下交相征利，国之危亡无日矣。

然国君有兴利之义，则为庶民百姓而已。何则？孟子论明君"制民之产"，盖以君子能守义，小人则不能故也。故孟子论仁政，以为国君当为百姓兴利。其曰：

无恒产而有恒心者，惟士为能。若民，则无恒产，因无恒心。苟无恒心，放辟邪侈，无不为已。及陷于罪，然后从而刑之，是罔民也。焉有仁人在位，罔民而可为也！是故明君制民之产，必使仰足以事父母，俯足以畜妻子，乐岁终身饱，凶年免于死亡，然后驱而之善，故民之从之也轻。（《梁惠王上》）

国君虽不自求利，然当为民兴利，盖民无恒产，则无恒心，唯"仓廪实而知礼节"，此实国君教化百姓之先导也。

至于君子，亦不当自求利，乃至于"舍生取义"而后止。孟子曰：

鱼，我所欲也；熊掌，亦我所欲也。二者不可得兼，舍鱼而取熊掌者也。生，亦我所欲也；义，亦我所欲也。二者不可得兼，舍生而取义者也。生亦我所欲，所欲有甚于生者，故不为苟得也。死亦我所恶，所恶有甚于死者，故患有所不辟也。如使人之所欲莫甚于生，则凡可以得生者，何不用也？使人之所恶莫甚于死者，则凡可以辟患者，何不为也？由是则生而有不用也，由是则可以辟患而有不为也。是故所欲有甚于生者，所恶有甚于死者，非独贤者有是心也，人皆有之，贤者能勿丧耳。（《告子上》）

此言君子之自处如此。然亦有廉而伤义者，《孟子·滕文公上》载陈仲子之事：

匡章曰："陈仲子，岂不诚廉士哉！居于陵，三日不食，耳无闻，目无见也。井上有李，螬食实者过半矣，匍匐往将食之，三咽，然后耳有闻，目有见。"孟子曰："于齐国之士，吾必以仲子为巨擘焉。虽然，仲子恶能廉？充仲子之操，则蚓而后可者也。夫蚓，上食槁壤，下饮黄泉。仲子所居之室，伯夷之所筑与？抑亦盗跖之所筑与？所食之粟，伯夷之所树与？抑亦盗跖之所树与？是未可知也。"曰："是何伤哉！彼身织屦，妻辟纑，以易之也"。曰："仲子，齐之世家也。兄戴，盖禄万钟，以兄之禄为不义之禄而不食也，以兄之室为不义之室而不居也，辟兄离母，处于于陵。他日归，则有馈其兄生鹅者。己频顣曰：'恶用是鶃鶃者为哉！'他日，其母杀是鹅也，与之食之，其兄自外至，曰：'是鶃鶃之肉也！'出而哇之。以母则不食，以妻则食之；以兄之室则弗居，以于陵则居之。是尚为能充其类也乎？若仲子者，蚓而后充其操者也！"

盖陈仲子以母之食、兄之室为不义，故不食不居，然其妻所易之粟、于陵所居之室，既非伯夷所为，则亦不义之类耳，故孟子以为，仲子所为，非真能廉也，盖不知类而已。朱子《孟子集注》引范氏之说曰："天之所生，地之所养，惟人为大。人之所以为大者，以其有人伦也。仲子避兄离母，无亲戚君臣上下，是无人伦也。岂有无人伦而可以为廉哉？"则仲子貌似无欲之极，然不过以小廉而伤君臣父子之大义也。故孟子又曰："仲子，不义与之齐国而弗受，人皆信之，是舍箪食豆羹之义也。人莫大焉亡亲戚、君臣、上下。以其小者，信其大者，奚可哉？"（《尽心上》）

孟子又谓君子进事君王，当谋道而不谋食。其曰：

> 士穷不失义，达不离道。穷不失义，故士得己焉。达不离道，故民不失望焉。古之人，得志，泽加于民；不得志，修身见于世。穷则独善其身，达则兼善天下。（《尽心上》）

故君子之事君，不过欲藉君势以兼济天下耳。孟子又曰：

> 昔齐景公田，招虞人以旌，不至，将杀之。志士

不忘在沟壑，勇士不忘丧其元，孔子奚取焉？取非其
招不往也。如不待其招而往，何哉！且夫枉尺而直
寻者，以利言也。如以利，则枉寻直尺而利，亦可为
与？昔者赵简子，使王良与嬖奚乘，终日而不获一禽。
嬖奚反命曰："天下之贱工也。"或以告王良。良曰：
"请复之。"强而后可。一朝而获十禽。嬖奚反命曰：
"天下之良工也。"简子曰："我使掌与女乘。"谓王良，
良不可，曰："吾为之范我驰驱，终日不获一；为之
诡遇，一朝而获十。《诗》云：'不失其驰，舍矢如破。'
我不贯与小人乘，请辞。"御者且羞与射者比。比而
得禽兽，虽若丘陵，弗为也。如枉道而从彼，何也！
且子过矣，枉己者未有能直人者也。（《滕文公下》）

君子虽抱兼济之志，然其处则独善其身，至其出也，犹有道焉。
否则，枉己者又焉能直人哉？可见，孟子以为君子之出处，皆
当有义也。

虽然，亦有异者。孟子论仕有"行可之仕"、"际可之仕"
与"公养之仕"之别，曰：

　　孔子有见行可之仕，有际可之仕，有公养之仕。
于季桓子，见行可之仕也；于卫灵公，际可之仕也；
于卫孝公，公养之仕也。[1]（《万章下》）

---

[1]　赵岐注云："行可，冀可行道也。鲁卿季桓子秉国之政，孔子仕之，冀可得因
之行道也。际，接也。卫灵公接遇孔子以礼，故见之也。卫孝公以国君养贤
者之礼养孔子，孔子故留宿以答之也。"

朱子《集注》云："见行可，见其道之可行也。际可，接遇以礼也。公养，国君养贤之礼也。"盖季桓子乃鲁国执政之卿，孔子仕鲁，乃假以行道也；其仕卫，则以卫灵公能礼遇孔子，而孝公能养贤也。则古君子之出，未必尽以谋道也。

可见，古人居处行止，莫不严乎义利之辨，而不可有一毫之不谨也。

二、两重世界与义利之分合

（一）属神的生活与属人的生活

民族学及人类学的经验考察表明，原始人的生活明显分成两个阶段，即以分散的、较小群体的方式从事采集或渔猎活动，以及在特定时段举行的大型集会，后者时间往往长达几天甚至数月之久。

为了谋食而从事的经济活动总是很乏味的，至于那种分散状态，更是使生活显得单调、萎靡和沉闷，但是，一旦人们聚集在一起，进行那种集体欢腾的活动，一切就完全改变了。他们在集会中，或是喊叫，或是哭嚎，或是狂奔，或是撕咬，总之，他们进入了某种狂欢状态。

涂尔干认为，在集会时，原始人完全处于一种不同于日常生活的状态，那时，一切日常生活的准则都撇开了。人们在这种亢奋甚至迷狂的状态中，不可能意识到自己，或者说，他感到自己为一种别的力量支配，感到自己进入到了另一个世界，"一切都仿佛是他们果真被送入了另一个特殊的世界，一个与他们的日常生活完全不同的世界，一个充满了异常强烈的力量的环境——这力量左右他并使他发生质变。像这样的体验，而且是每天重复、长达几个星期的体验，怎么可能不使他深信确实存在着两个异质的、无法相互比较的世界呢？在一个世界中，他过着孤单乏味的日常生活；而他要突入另一个世界，就只有和那种使他兴奋得发狂的异常力量发生关系。前者是凡俗的世界，后者是神圣事物的世界"。[1] 这样，一个完全不同于凡俗世界且在凡俗世界之上的神圣世界就这样产生了。

我们看到，神圣态度之产生是因为两个世界的分离，然而，这样一种分离却为两个世界的沟通提供了可能性，即人们通过一定的仪式而使自己从凡俗世界中超脱出来，而进入一个神圣的世界。涂尔干认为，两个世界越是保持着一种尖锐的对立，对凡俗的人来说，就越具有一种吸引力，神圣世界就越像是出自内在本性的渴求。

但是，随着人类文明的演进，两段生活的界限就变得模糊了，甚至"必然消解掉其最初形式中的神圣感"。但在原始人那里，集体生活"由于几乎完全集中于确定的时刻，它就能够获得最大的强度和效果，因而使得人们对他们所过的双重生活和他们所享有的双重本性都具有了更加积极的情感"。[2] 其实，这种模糊性的实质在于，随着人类社会的世俗化，集体活动在整个人类生活中越来越退居于一种次要地位，甚至只是在个体性经济生活的夹缝中才得以保留下来，于是，顺应而生的理论把一切关系弄颠倒了。在这种理论看来，过去那种纯粹的、精

[1]　涂尔干：《宗教生活的基本形式》，第289页。

[2]　涂尔干：《宗教生活的基本形式》，第289、290页。

神的、集体的生活不再是少数人的特权，不再驻留于一个非现实的世界，而获得了活生生的内容。我们这个时代的经济生活的重要性，促使理论去说明这种现实的合理性，甚至赋予经济生活以某种高贵的品性。换言之，高贵在古代仅仅属于神的生活，而现在卑污的经济生活也变得高贵了，或者说，人类的精神性可以通过逐食谋利的个体生活体现出来。

即便如此，到了后世的某些民族那里，生活依然还可以区分出某个完全不同的时间段，譬如犹太人的礼拜、佛教徒的结夏等。

（二）神圣生活的经济目的

在原始人那里，神圣生活或仪式性活动通常有经济目的，譬如求雨仪式。显然，这种仪式的经济性，不同于个人性的狩猎、捕鱼及耕作等纯粹的经济活动。因为前者是集体性的、神圣的，后者则是个人性的、世俗的。而且，在原始人看来，能否有效地进行仪式活动是个人活动的保证，因此，原始人在从事任何活动之前，常常都有一番祷神的仪式，譬如，出门祭门神，行路则祭行神，诸如此类，盖原始人以为，凡人之所居皆有神也，故有"五祀"仪式。

由此而衍生出后世处理义、利关系的基本态度：义中有利，利中亦有义。可见上古时义、利之合一也。

此外，像男女交媾这种活动，最初也具有仪式的性质，不完全被当成某种动物性的行为。即便如此，其仪式性的目的，也是出于人种或物种繁衍的世俗需要。然自近代以来，交媾本身被当成纯粹的目的，而把过去婚姻观念贬为一种工具性的态度。显然，这种看法并不了解这种看似工具性的活动本身所包含的神圣性，故无怪乎康德把道德实践贬为某种功利性的活动，而只有审美活动才是纯粹无目的性的。

可以说，在古人那里，性爱以及婚姻的工具性与神圣性是合一的，换言之，古人正是因为将性爱或婚姻视为繁衍的目的，以及视女人为生育的工具，婚姻才具有神圣性。正因如此，男女之合体自有礼焉，而不至于纵欲也。相反，如果像现代人那样，纯粹以性爱或感情本身为目的，而不是工具或媒介[1]，那么，婚姻必然是动物性的，甚至会导致纵欲的消极后果乃至人类的毁灭。

（三）天人交通与天梯、神谕的故事

原始人经常经验到神圣生活与经济生活的存在，并且，两种生活是如此界限分明，所以，原始人很自然会形成两个世界的观念。而且，两种生活具有完全相反的特点，人们也就很自然把两个世界中的一切事物都对立起来。譬如，中国人就用阴、阳概念来概括两个世界的根本特点，就此而言，阴阳观念的产生远远早于我们现在看到的文献材料。

两种生活的界限虽然分明，但是，人们却能时常经验到两种生活，或者经常往来于两个世界，因此，上古民族大都有"天梯"或"天人交通"的神话，其根本原因就在于，这种经验对

---

[1] 婚姻必有媒介，所以远耻也。古人以父母之命、媒妁之言为媒介，今人唯重感情，其实亦不过媒介耳。盖今日男女常相往来，然唯有感情，故婚媾之好乃出于自然。然既为媒介，则当上楼抽梯、过河拆桥，盖婚姻另有神圣目的，焉能再视媒介为目的耶？

于原始人来说是非常真实的。

那么，"天梯"为什么会断了呢？那是因为人们不再能经验到两种生活，因此就不可能往来于两个世界了。所以如此，那是因为神圣生活在世俗生活的挤压下，越来越不重要，所占的时间也越来越短，到了最后，神圣生活彻底消失了，仅仅成了某种抽象的理念，而非具体的经验。换言之，人生的整个时间段都为谋生的活动占据了，神圣的东西蜕变为某种观念或原则而支配着世俗生活。至此，神圣的世界彻底成为虚幻的世界，普通人不再能经验到神圣生活的存在，唯有少数特定的人群，譬如巫师或祭司，担负着沟通两个世界的工作，即将某种来自神圣世界的观念，即神谕，传达给此岸世界中的俗人。如此，俗世生活中的人们通过遵循类似摩西十诫的伦理教条，从而具有了神圣性。但是，到了后来的新教那里，整个世俗生活都被神圣化了，正因如此，具体的神圣生活基本就不存在了。

（四）神圣生活的遗留物

原始人最初常常能经验到神圣生活，但到了后来，神圣生活不再成为此岸的经验，于是出现了专门的神职人员，以便与神交通，目的则是为了取得神谕。

但是，俗世生活中的人们并非没有神圣物，或者来自神谕，或者来自禁忌，这都构成了后世伦理法则的来源。对原始人来说，凡事都当谨慎小心，因为任何细微的疏漏都会影响到与神的交通，甚至引起灾难性的后果。譬如在中国，祭祀前有斋戒，就是出于这个目的。故孔子曰："事如在，事神如神在。"这种诚敬的态度，直接影响到后世的伦理法则，即不仅对神要诚敬，对人也要诚敬。

原始人的禁忌有多种多样，常非今人所能理解。譬如，原始人对处女血的恐惧，而引申出初夜之权。然而，后人无法理解初夜权的宗教涵义，故多否定此种权力。其实，与其说是权力，还不如说是责任，因为只有贵族才能承担女人经血带来的邪恶力量。

三、恩与义

古人讲义，既有公义，亦有私义。古来素有"忠孝不能两全"之说，盖其亲于己有恩，故报之为私义；至于事君尽忠，初为私义，盖食君禄故也，是以唯臣为君服斩，而庶人不过三月而已；唐、宋以后，率土之滨莫非王臣，则不分臣庶，皆当忠于君，遂为公义也。正犹今日，孝亲自为私义，若忠党爱国，则因党国的恩情"比天高，比恩深"，实属公义也。

哀三年，春，齐国夏、卫石曼姑帅师围戚。《公羊传》云：

> 辄之义可以立乎？曰可。其可奈何？不以父命辞王父命，以王父命辞父命，是父之行乎子也。不以家事辞王事，以王事辞家事，是上之行乎下也。

蒯聩欲杀其母南子，而为灵公所逐，灵公死，其子蒯辄继位，而距父不纳。按照《公羊》的说法，蒯辄受命乎灵公而立，重本尊统，乃公义也；至其距父，失父子之恩，则害私义也。

恩、义之所施不同，故常相矛盾。《礼记·丧服四制》云：

"门内之治恩掩义，门外之治义断恩。"孔疏云：

> "门内之治恩掩义"者，以门内之亲，恩情既多，
> 掩藏公义，言得行私恩，不行公义。若《公羊传》云
> "有三年之丧，君不呼其门"是也。"门外之治义断恩"
> 者，门外，谓朝廷之间。既仕公朝，当以公义断绝私
> 恩。若《曾子问》"父母之丧，既卒哭，金革之事无辟"
> 是也。

其掩者，非谓无义也；其断者，非谓无恩也。盖于家庭之中，
当以恩为重；而朝廷之间，则以义为重。此言臣子于恩、义
两难之际，当有所取舍也。故父母有丧，卒哭后不避金革之事，
从公义也；未除服则不与政事，行私恩也。

非独臣子为然，至于为君，董仲舒谓"屈君而伸天，屈民
而伸君"，亦有恩、义之别也。《春秋繁露·玉杯》云：

> 《春秋》之法，以人随君，以君随天。曰：缘民
> 臣之心，不可一日无君。一日不可无君，而犹三年称
> 子者，为君心之未当立也。此非以人随君耶？孝子之
> 心，三年不当。三年不当而逾年即位者，与天数俱终
> 始也。此非以君随天邪？故屈民而伸君，屈君而伸天，
> 《春秋》之大义也。

盖就君王服丧而言，逾年即位，屈君而顺臣民之心，"义断恩"
也；三年称子，屈民而伸其孝子之心，"恩掩义"也。可见，
君之一屈一伸，亦于恩、义之间有取舍也。

古人谓"君臣有义",然君臣之际,实不止于义合,而常有恩焉。故君臣之义,本为私义耳。

桓二年,公会齐侯、陈侯、郑伯于稷,以成宋乱。《公羊传》云:"内大恶讳,此其目言之何?远也。所见异辞,所闻异辞,所传闻异辞。"何注云:

> 所以复发传者,益师以臣见恩,此以君见恩,嫌义异也。所见之世,臣子恩其君父尤厚,故多微辞是也。所闻之世,恩王父少杀,故立炀宫不日、武宫日是也。所传闻之世,恩高祖、曾祖又少杀,故子赤卒不日、子般卒日是也。

此言臣恩君也。臣食君禄,君于臣自有恩,无论其贤不肖也,故《春秋》于母邦之恶皆以内讳。

至于君,亦不自恃为君,故于臣卒常怀隐痛,书之以见君恩也。隐元年,公子益师卒。《公羊传》云:"远也。所见异辞,所闻异辞,所传闻异辞。"何注云:

> 所见者,谓昭、定、哀、己与父时事也。所闻者,谓文、宣、成、襄,王父时事也;所传闻者,谓隐、桓、庄、闵、僖,高祖、曾祖时事也。异辞者,见恩有厚薄,义有深浅,时恩衰义缺,将以理人伦,序人类,因制治乱之法,故于所见之世,恩己与父之臣尤深,大夫卒,有罪无罪,皆日录之,"丙申,季孙隐如卒"是也。于所闻之世,王父之臣恩少杀,大夫卒,无罪者日录,有罪者不日略之,"叔孙得臣卒"是也。于所传闻之

世，高祖、曾祖之臣恩浅，大夫卒，有罪无罪皆不日略之也，公子益师、无骇卒是也。

君恩有厚薄，于所见世之臣恩厚，故臣卒皆日；于所闻世之臣次之，故臣无罪卒日，有罪卒不日；于所见世之臣恩最浅，故臣卒皆不日。可见，书卒者以见君恩，别日与不日者，见王法公义也。

僖十六年，秋，七月，甲子，公孙慈卒。何休注云：

> 日者，僖公贤君，宜有恩礼于大夫，故皆日也。
> 一年丧骨肉三人，故日痛之。

僖公在所传闻世，而录其臣卒且日，盖以僖公贤君，故于臣卒有恩礼也。

故君恩君，君恩臣，而义常见于此。至于外大夫卒葬，《春秋》或有书之者，亦欲明交接之际亦有恩不可忘也。定四年，刘卷卒。葬刘文公。《公羊传》云："刘卷者何？天子之大夫也。外大夫不卒，此何以卒？我主之也。外大夫不书葬，此何以书？录我主也。"何注云：

> 卒者，明主会者，当有恩礼也。其实以主我恩录之，故云尔，举采者，礼，诸侯入为天子大夫，更受采地于京师，天子使大夫为治其国，有功而卒者，当益封其子。时刘卷以功益封，故不以故国而以采地书葬起其事，因恩以广义也。称公者，明本诸侯也。

徐疏云：

> 云因恩以广义也者，谓因有主会之恩，遂举采称
> 公，以广见其本是诸侯之义也。

盖刘卷曾主召陵之会，鲁君与会，相接之际自有礼焉，此所以有恩也，故《春秋》录其卒葬以见义也。

四、存天理，灭人欲

"天理"与"人欲"两个概念出于《礼记·乐记》：

> 人生而静，天之性也。感于物而动，性之欲也。
> 物至知知，然后好恶形焉。好恶无节于内，知诱于外，
> 不能反躬，天理灭矣。夫物之感人无穷，而人之好恶
> 无节，则是物至而人化物也。人化物也者，灭天理而
> 穷人欲者也。于是有悖逆诈伪之心，有淫泆作乱之事。
> 是故强者胁弱，众者暴寡，知者诈愚，勇者苦怯，疾
> 病不养，老幼孤独不得其所，此大乱之道也。

所谓"天理"，据郑玄注，当指天性，即《乐记》所言"人生而静"也。就此而言，"天理"未必就是善。而儒家通常以仁义礼智信为性，颇与《乐记》此说不同。此外，《乐记》又以"感于物而动"为"欲"，则"欲"亦未必是恶，唯至"灭天理而穷人欲"才是恶。

盖人性不能不感物而动，于是有好恶之情，然好恶乃人之自然，故不谓之恶，然恶常由此而起。是以先王制礼作乐，非使人无好恶之情，而使人之好恶有节焉，即对人之自然加以引导、控制，而不至纯粹为自然所趋动，否则，人欲穷而天理灭矣。可见，先秦时，天理与人欲尚未以善恶截然二分也。

宋儒则在意欲或念虑上区分天理与人欲，于是有善恶之两截矣。阳明谓"有善有恶意之动"，正谓此也。佛徒有黑白石之法，正以人之念头非善即恶也，儒家亦然，故以闲邪存诚为修养功夫，盖欲天下人皆超凡入圣也。然于念虑上区别善恶，则作圣之功诚难矣，盖凡人于形迹上虽未必常有恶，念虑上则实难避免。正因如此，念虑之未善，既未必致其形迹有不善，故凡人实不必有"正念头"之功夫也。对于君王则不然，盖其一念之善恶常关系于天下之治安，故不能有丝毫之不谨。故宋人讲"存天理，灭人欲"，首要在于"正君心"，非必欲正天下人之心耳。

在宋儒那里，"存天理，灭人欲"之说出于程颐，曰："人心私欲，故危殆。道心天理，故精微。灭私欲则天理明矣。"（《二程遗书》卷24）到了朱子那里，则有更明确的表述，譬如：

> 孔子所谓"克己复礼"，《中庸》所谓"致中和""尊德性""道问学"，《大学》所谓"明明德"，《书》曰"人心惟危，道心惟微，惟精惟一，允执厥中"，圣贤千言万语，只是教人明天理、灭人欲。（《朱子语类》卷11）
>
> 学者须是革尽人欲，复尽天理，方始为学。（《朱子语类》卷4）

饮食，天理也；山珍海味，人欲也。夫妻，天理也；三妻四妾，人欲也。(《朱子语类》卷13)

古人为学，只是升高自下，步步踏实，渐次解剥，人欲自去，天理自明。(《晦庵集》卷55)

朱子为官四十年，不论上书言事，还是立朝预政，言必称"存天理，灭人欲"，其目的则在于"格君心之非"。在二程那里，虽然极看重君德之成就，但具体来说，还只是要求君王多与正人君子接触，陶冶情性，以收涵养之效而已。到了朱子，对君王的要求更是严格，即君王须时时省察其心，格其心之非，一念之间皆当"存天理，灭人欲"。换言之，君王不仅在行为上要符合道德伦常的要求，而且，即便心中闪现的每一个念头，都必须是纯然善的，用我们熟悉的话来说，就是"狠斗私字一闪念"。

在中国传统政治中，君王的作用非常重要，其一言一行，都关系到百姓之安危与天下之治乱，所以，孔子有"其身正，不令而行。其身不正，虽令不从"的说法，而《大学》则谓"一言丧邦""一言兴邦"。而在君王一身之中，又以心最为根本，因此，对儒家来说，治乱兴废的关键不过在于"惟危""惟微"的君心。朱子在其奏疏中屡屡提及此类道理，譬如，其《戊申封事》首云"盖天下之大本者，陛下之心也"，中云"天下之事千变万化，其端无穷，而无一不本于人主之心者，此自然之理也"，末则云"凡此六事，皆不可缓，而其本在于陛下之一心"。可见，朱子发明《大学》中"正心诚意"的道理，绝非空言论说，多就君心而论也。

孝宗淳熙十四年（1187），得到道学家支持的周必大为相。

同年十月，太上皇高宗驾崩，朝中形势发生了极大变化。次年正月，孝宗诏朱子入都奏事。五月，反对道学的左相王淮罢政。备受鼓舞的朱子遂上五札以论时事，其第五札则专论正心诚意之说。朱子未入都前，曾有人劝诫朱子勿言正心诚意之说，对此，朱子回答："吾生平所学只有此四字，岂可回护而欺君乎！"（《行状》）因此，朱子于此番奏事亦以正心诚意为重点，曰：

> 自今以往，一念之萌，则必谨而察之，此为天理耶？为人欲耶？果天理也，则敬以扩之，而不使其少有壅阏；果人欲也，则敬以克之，而不使其少有凝滞。推而至于言语动作之间，用人处事之际，无不以是裁之。知其为是而行之，则行之惟恐其不力，而不当忧其力之过也；知其为非而去之，则去之惟恐其不果，而不当忧其果之甚也；知其为贤而用之，则任之惟恐其不专，聚之惟恐其不众，则不当忧其党也；知其为不肖而退之，则退之惟恐其不速，去之惟恐其不尽，而不当忧其有偏也。如此则圣心洞然，中外融彻，无一毫之私欲得以介乎其间，而天下之事将惟陛下之所欲为，无不如志矣。（《晦庵文集》卷14，《延和奏札五》）

朱子在此提出了"存天理，灭人欲"，重申了他一贯的理学主张，显然，其用心在于针对人君。

其后，朱子奉祠出都。此时朝中局势又发生了变化，孝宗决意内禅，周必大欲召朱子入都，而朱子上封事，进一步陈述了自己的政治主张，先强调了正君心的重要性：

故人主之心正，则天下之事无一不出于正；人主之心不正，则天下之事无一得由于正。盖不惟其赏之所劝、刑之所威各随所同，势有不能已者，而其观感之间，风动神速，又有甚焉。是以人主以眇然之身，居深宫之中，其心之邪正，若不可得而窥者，而其符验之著于外者，常若十目所视、十手所指而不可掩。此大舜所以有"惟精惟一"之戒，孔子所以有"克己复礼"之云，皆所以正吾心而为天下万事之本也。此心既正，则视明聪听，周旋中礼而身无不正。(《晦庵文集》卷11，《戊申封事》)

朱子以为，君王作为万民之表率，若稍有不慎，则上行下效，所造成的恶果不可估量。既然天下之事系于君王之心，那么，如何正君王之心呢？这就是所谓"存天理，灭人欲"。盖道学之主旨在于由内圣而外王，后世学者多误认道学家对心性问题的关切为空谈，不切实际，实属误解。正因为政治的关键系于人主之心，故道学家发展出一套详尽的内圣之学，这也是程朱道学不同于唐宋古文运动及王安石新学的不同之处。因此，朱子在《戊申封事》对孝宗的心术进行了严厉批评，乃至以"私心"指斥之，可见道学家以道自任的勇气。

其后，至光宗年间，时退居重华宫的太上皇孝宗与光宗失和。绍熙五年（1194）六月，孝宗崩，光宗居丧不尽礼。对于以礼教为国的传统中国来说，这是非常严重的事情。道学家支持的赵汝愚遂拥立宁宗为帝，光宗被迫内禅。新君宁宗即位，朱子因赵汝愚举荐，召为焕章阁待制，任经筵侍讲。朱子开始了其一生中仅有一次在朝为官的经历，不过为时仅四十六日。

道学家尤重经筵。因为在传统的政治设计中，天下治乱之根本系于君王，尤其系于君王之一心，因此，道学家把经筵看作"致君尧舜"的理想机会。宁宗时，朱子所讲内容以《大学》为中心，前后共七次，其重心皆在发明其"正心诚意"之说：

> 臣愿陛下清闲之燕，从容讽味，常存于心，不使忘失。每出一言，则必反而思之曰：此于修身得无有所害乎？每行一事，则必反而思之曰：此于修身得无有所害乎？小而嚬笑念虑之间，大而号令黜陟之际，无一不反而思之，必无害也，然后从之，有害则不敢也。则又夙兴而思之曰：吾于吾亲得无有未厚乎？夜寐而思之曰：吾于吾亲得无有未厚乎？以至于出入起居，造次食息，无时不反而思之，必已厚也，然后守之而勿失，一有未厚，则又恐惧而益加厚焉。念念如此，无少间断，则庶乎身修亲悦，举而措诸天下无难矣。(《晦庵文集》卷15，《经筵讲义》)

可见，朱子讲"存天理，灭人欲"，不仅针对孝宗，而且亦针对宁宗，目的都是为了成就君德。

儒家讲成就君德，其实还有更现实的政治考虑。后世学者多认为儒家谈心性，迂阔而不切于实际，更无济于国事之艰难。其实不然，在朱子那里，其关于心性的讨论与南宋政治有着密切关系，包含了很深的政治洞见。终南宋一朝，奸臣辈出，如高宗时的黄潜善、汪伯彦、秦桧，宁宗时的韩侂胄，理宗时的贾似道等，可以说，南宋国势的江河日下，其根源便在于奸臣误国。因为宋代政治不同于别的朝代，即有奸臣而无权臣，就是说，宋代君王握有绝对权力，只可能被大臣蒙蔽，而有所谓奸臣，但绝不会为大臣所控制，即不会有权臣。因此，用人之不当，便完全是君王的责任。那么，君王为什么会用人不当呢？朱子认为，这便是由于君王心中有私欲在作怪。

> 夫以陛下之聪明，岂不知天下之事，必得刚明公正之人而后可任也哉！其所以常不得如此之人，而反容鄙夫之窃位者非有他也，直以一念之间，未能拗私邪之蔽。（《戊申封事》）

因此，君王只有去除心中之私欲，方能选贤任能，"不求其可喜，而求其可畏；不求其能适吾意，而求其能辅吾德；不忧其自任之不重，而常恐吾所以任之者未重；不为燕私近习一时之计，而为宗社生灵万世无穷之计"（《戊申封事》）。

在朱子看来，当时不仅君王之心不正，大臣之心也多不正。南宋以来，对金人的和战成为贯穿始终的问题。朱子批评言和者出于私欲，而忘不共戴天之仇，奉金称臣不以为辱，苟且偷安，无所作为，"小人之心，一切反是，其所以专为讲和之说者，特以便其私耳"。因此，朱子要求皇帝根据天理以战以守，勿为人欲所误而议和议降，"然则今日所当为者，非战无以复仇，非守无以制，是皆天理之自然，非人欲之私忿也"（《晦庵文集》卷15，《垂拱奏札二》）。换言之，如果心中纯任天理流行，自然不会有议和请降、苟且偷安之举。

可见，朱子言"存天理，灭人欲"，实别有深意。或以为朱子徒言天理、人欲之辨，而不务富国强兵之术，然此论实不知宋金形势之消长而已。北宋由于兵弱而不能当金人方盛之势，至高宗绍兴年间，金兵虽悍，而宋兵亦强，且将帅得人，若当局者不存苟安之念，未始不能收复中原。并且，金人最初也并无久占中原的打算，收复中原并非绝无可能。然此后宋人以轻躁致败，庙堂遂以金不可敌，而务为苟安，于是，终南宋一朝，偏安之势遂不可复矣。可见，宋金和议并非纯出于宋之国贫兵弱，实上下苟安所致，朱子所言，可谓探本之论。

既然人君为政之要在于"存天理，灭人欲"，那么，对君王来说，首先须明白何为天理、人欲？朱子认为，这就是道学的任务。换言之，人君须通过"格物致知"的穷理功夫，而辨明天理与人欲，最终去除人欲之私。对此，朱子说道：

> 理有未穷，故其知有不尽；知有不尽，则其心之所发，必不能纯于义理，而无杂乎物欲之私，此其所以意有不诚，心有不正，身有不修，而天下国家不可得而治也。（《晦庵文集》卷15，《经筵讲义》）
>
> 盖穷理之学只是要识如何为是，如何为非，事物之来，无所疑惑耳。非以此心又识一心，然后得为穷理也。（《晦庵文集》卷49，《答王子合》）

可见，"穷理"并非只是在书本上讲求道理，而是通过辨析义理至精微处，使纤毫之恶皆无所遁形。因此，朱子痛斥当时学校之弊，曰："大抵是日前为学，只是读史传，说世变，其治经亦不过是记诵编节向外意，而未尝反躬内省以究义理之归。"（《文集》卷54，《答路德章》）

君王不学，"其心乃茫然"，必将"大危大累"于国。对此，朱子说道：

降及后世，教化不修，天下之人，例不知学，而尊且贵者为尤甚。盖幼而不知小学之教，故其长也，无以进乎大学之道。凡平日所以涵养其本原，开导其知识者，既已一切卤莽而无法则，其一旦居尊而临下，决无所恃以应事物之变，而制其可否之命。至此而后，始欲学于小学以为大学之基，则已过时而不暇矣。夫手握天下之图，身据兆民之上，可谓安且荣矣，而其心乃茫然，不知所以御之之术，使中外小大之臣皆得肆其欺蔽眩惑于前，骋其拟议窥觎于后，是则岂不反为大危大累而深可畏哉！（《晦庵文集》卷15，《经筵讲义》）

二程尊帝王师，朱子则重为学，其目的皆在于成就君德，此实属道学家的基本政治立场。后人多视心性之学为空疏，然此种论调皆不曾体究道学家之良苦用心。历代变法，法虽无不善，然或因用人不当而终归于失败，虽能救一时之弊，收一时之效，而终致贻害后人，流毒万世。因此，道学家近则惩于王安石之败，远则综罗百代故事，故立论、行事皆不欲急功近利，而以万世为计也。

可见，道学家们非不欲救两宋之危局，然深恐因此祸及万世太平之基；道学家们亦非不能为富国强兵之计，只是不屑为之，不忍为之而已。

盖上古之时，人们或事神，或治生，此二事固不相涉，亦不可相废也。然先民治生之际，常存事神之意，以为神能致福也。后世之人不然，以为君子固不当谋利，唯食禄而已，而绝不可与民争利事也。至于细民，孳孳于治生，唯利之所趋，唯法之所避，至于天命、大人与圣人之言，亦何足畏哉！遂猖狂恣肆，无所不为已。故圣人设教，导之以德，齐之以礼，使细民于治生之时，常怀谨畏之意焉，此所谓"见利思义"也。其后宋人严分理、欲，以为二者不相并立，实救弊之法也。非不欲人之治生，不过欲人常怀天理之心而已。

然至明季以降，始有反动。如清儒戴震乃极论宋儒辨理、欲之非，曰：

> 人之生也，莫病于无以遂其生。欲遂其生，亦遂人之生，仁也；欲遂其生，至于戕人之生而不顾者，不仁也。不仁，实始于欲遂其生之心；使其无此欲，必无不仁矣。然使其无此欲，则于天下之人，生道穷促，亦将漠然视之。……《诗》曰："民之质，日用饮食。"《记》曰："饮食男女，人之大欲存焉。"圣人治天下，体民之情，遂民之欲，而王道备。人知老、庄、释氏异于圣人，闻其无欲之说，犹未之信也；于宋儒，则信以为同于圣人，理欲之分，人人能言之。故今之治人者，视古贤圣体民之情，遂民之欲，多出于鄙细隐曲，不措诸意，不足为怪；而及其责以理也，不难举旷世之高节，着于义而罪之。尊者以理责卑，长者以理责幼，贵者以理责贱，虽失，谓之顺；卑者、幼者、贱者以理争之，虽得，谓之逆。于是下之人不能以天下之同情、天下所同欲达之于上；上以理责其下，而在下之罪，人人不胜指数。人死于法，犹有怜之者；死于理，其谁怜之！（《孟子字证疏证》）

此论实误解宋儒多矣。宋儒宁不知欲之不可无乎？宁不知圣人之"薄施济众"而遂民之生乎？东原此论，非真能知孟子者也。

五、王霸义利之辩

陈同甫（1143—1194），名亮，婺州永康人，世称"龙川先生"。为人才气超迈，喜谈兵，好"伯王大略"。孝宗初即位，宋金和议方成，朝野欣然，同甫独上中兴五论，言其不可。淳熙五年（1178），更名同，上书请恢复中原，孝宗颇为之动容。后复上书，孝宗打算以之为官，同甫却说道："吾欲为社稷开数百年之基，宁用以博一官乎？"言行豪迈，无所忌讳，深为人所嫉恨，三次受诬入狱，几至于丧生。绍熙四年（1193），以策对颇称光宗心意，擢进士第一，授建康军判官厅公事，未至而卒。同甫一生坎坷，自言"唯禀性之至愚，故与人多忤"（《自赞》），故"行年五十，犹一布衣"[1]，唯与吕祖谦、薛季宣、陈傅良、叶适等相师友，又颇与张南轩、朱子相论学。同甫学无师承，"其学皆今人所未讲"，长于论史，"专及事功"，又力主"中兴"，"期于开物成务"。

朱子与陈同甫关于义利王霸的争论，大致从孝宗淳熙九年（1182）开始，至光宗绍熙四年（1193）结束，前后凡十一年。同甫的基本立场乃推崇汉唐功业，而朱子则贬斥汉唐，要求"复三代"。可以说，同甫重申了汉唐以来传统儒家的政治观念，而朱子则代表了北宋以来的道学立场，因此，王霸义利

---

[1] 叶适：《祭陈同甫文》。

之争的实质，可以算是汉唐旧儒学与两宋新儒学的对立。

道学运动的主旨在于明道，进而以斯道觉斯民，即行道也。明道乃道学家自任，而行道则期之于君。可见，在道学家的心目中，道绝对高于世俗的君王，故一向倡导尊道抑君之说。这种意识在道学家那里非常明显，《二程外书》卷12记载了这样一件事，颇能说明问题：

> 元祐初，文潞公以太师平章军国重事，召程正叔
> 为崇政殿说书。正叔以师道自居，侍上讲，色甚庄，
> 以讽谏，上畏之。潞公对上甚恭，进士唱名，侍立终
> 日。上屡曰："太师少休。"顿首谢立不去，时年八十
> 矣。或谓正叔曰："君之倨视潞公之恭，议者以为未
> 尽。"正叔曰："潞公三朝大臣，事幼主，不得不恭。
> 吾以布衣为上师傅，其敢不自重？吾与潞公所以不同
> 也。"识者服其言。（亦见于邵伯温《邵氏闻见录》）

文彦博以三朝元老，事君如此恭敬，而程颐则以一介布衣为帝王师，故自重如此，其目的则是欲尊道也。与之相反的另一派，如司马光、苏轼等，则站在贾谊、董仲舒以下汉唐儒家的立场，主张尊君，而同甫亦属尊君一路。就此而言，同甫并不属于道学运动一脉，至于同主事功的叶适、陈傅良等，则属于道学运动阵营。

朱子与同甫的这种差异，充分体现在两人的王霸义利之辩中。首先，两人对道的理解不同。朱子说道：

> 若论道之常存，却又初非人所能预。只是此个自

是亘古亘今常在不灭之物，虽千五百年被人作坏，终殄灭他不得耳。汉、唐所谓贤君，何尝有一分气力扶补得他耶？（《晦庵文集》卷36，《答陈同甫书第六》）

同甫《乙巳春书书一》则曰：

夫心之用有不尽而无常泯，法之文有不备而无常废，人之所以与天地并立而为三者，非天地常独运而人为有息也。人不立则天地不能以独运，舍天地则无以为道矣。夫"不为尧存，不为桀亡"者，非谓其舍人而为道也。若谓道之存亡非人所能与，则舍人可以为道，而释氏之言不诬矣。

朱子认为道"非人所能预"，而同甫则认为舍人不能为道，此种对道的了解绝非抽象的形而上学讨论，必须将之置于道学运动这个大背景之中。就是说，朱子以道常存，则世俗君王之所作所为，合于道为是，不合于道则为非。就此而言，对于君权来说，发明斯道的道学家就具有一种"末日审判"的意味。但若依同甫所言，世俗君王已参与到道的构成之中，有功者为行道，无成者为非道，可见，其说实欲屈道伸君也。

朱子与同甫对道的这种不同理解，导致了两人对三代与汉唐的不同评判。在朱子看来，汉唐与三代的不同，在于霸道与王道的差别，而同甫则反对道学家对三代与汉唐的区别。其《甲辰秋书》中说道：

自孟、荀论义利王霸，汉唐诸儒未能深明其说。

本朝伊洛诸公辨析天理人欲，而王霸义利之说于是大明。然谓三代以道治天下，汉唐以智力把持天下，其说固已不能使人心服；而近世诸儒遂谓三代专以天理行，汉唐专以人欲行，其间有与天理暗合者，是以亦能久长。信斯言也，千五百年之间，天地亦是架漏过时，而人心亦是牵补度日，万物何以阜蕃而道何以常存！

可见，同甫颇不同意汉唐"专以人欲行"的主张，至于偶有合乎天理者，不过"暗合"而已。对此，其《乙巳春书之一》解释道：

夫心之用有不尽而无常泯，法之文有不备而无常废，人之所以与天地并立而为三者，非天地常独运而人为有息也。……若谓道之存亡非人所能与，则舍人可以为道，而释氏之言不诬矣。……天地而可架漏过时，则块然一物也；人心而可牵补度日，则半死半活之虫也。……亦非专为汉唐分疏也，正欲明天地常运而人为常不息，要不可以架漏牵补度时日耳。

就是说，道与人不可分离，人不可能无道而生活，道也不可能离开人而独运，因此，我们很难想象三代以后之人能够离开道而生活，犹如盲眼人生活在黑暗之中，唯靠"架漏牵补度时日"。但朱子却认为，道乃常存不灭，"非人所能预"。

同甫认为，三代与汉唐的区别仅仅在于，"某大概以为三代做得尽者也，汉唐做不到尽者也"（《乙巳春书之二》）。换言之，三代与汉唐不能看成王霸、义利、理欲的根本不同，而只是量的不同，即"做得尽"与"做不到尽"的区别。可以说，汉唐之君"本领闳阔"，只是工夫不到而已，所以才使汉唐与三代有些距离。其《乙巳秋书》云：

> 亮大意以为本领闳阔，工夫至到，便做得三代；有本领无工夫，只做得汉唐。……亮以为后世英雄豪杰之尤者眼光如黑漆，有时闭眼胡做，遂为圣门罪人，及其开眼运用，无往而非赫日之光明，天地赖以撑拄，人物赖以生育。今指其闭眼胡做便以为盲，无一分眼光；指其开眼运用时只以为偶合，其实不离于盲。嗟乎，冤哉！彼直闭眼耳，眼光未尝不如黑漆也。一念足以周天下者，岂非其眼光固如黑漆乎！（《乙巳秋书》）

同甫认为，三代之所以为王道，不仅在于本领闳阔，工夫也做得好，而汉唐之君如汉高祖、唐太宗等，虽有本领，但工夫却做不到家，所以无法造就三代。因此，我们很难想象汉高祖、唐太宗所建立的功业，仅仅凭着人欲便能成就，绝非若朱子所说的，只是闭着眼睛偶然与道相合。

同甫又用猎禽作比方，认为三代君王的用心犹如射猎之人，其所用的手段则如御马之人，两者皆出于正，故能成就三代功业，至于汉唐所以获禽亦多，虽然御者不纯乎正，但猎者的用心则本于道，故犹能成就媲美三代的功业。道学家则以为，汉唐获禽之多，实出于利欲之心与不正之术相诡遇以成。所以，朱子批评同甫专以获禽之多来称美汉唐，不过专据事功而论其心术而已。可见，功利学家们并非不推崇三代，亦并非反对遵循天理，这也是道学家对同甫的误解。至于同甫对道学家的批评，"今世之儒士自以为得正心诚意之学者，皆风痹不知痛痒之人也。举一世安于君父之仇，而方抵头拱手以谈性命，不知何者谓之性命乎！"（《上孝宗皇帝第一书》）显然，同样也是出于某种误解。

那么，我们当如何看待道学家与功利学派的不同立场呢？汉唐之功业世所共见，而道学家独以为不足道，要求直接取法先王，其缘由大概在于宋人颇感于唐季、五代之祸，于是推源其本，归咎于唐初立国之不善，换言之，唐太宗之初心本有种种不善处，故遗祸至今。因此，圣人立法，当为万世计，若只图一时之成功，而流毒万世，这是道学家们所不取的。而更为重要的，君王若自以为用心之好坏不足责，这就很危险了。同甫则鉴于两宋的贫弱，以为汉唐治世的办法值得宋人效法，但在两宋"法先王"的思想背景下，不得不将汉唐与三代相等同，认为汉唐治世与三代并无根本的区别，因此，宋人若能依循汉唐治世的办法，稍稍变更其中工夫不到处，这就与儒家"复三代"的一贯理想并无相违。可见，同甫骨子里是功利主义，但为了与道学的立场相协调，又不得不表明自己的立场也是为了推行三代的理想政治。

然而，正因同甫的这种调和立场，其不少说法显得牵强，正如陈傅良所言，颇有点"跳踉号呼，拥戈直上"的味道。盖同甫不过泛泛主张汉唐君王的存心是天理，而朱子则举了不少事例，来说明汉唐贤君存心的不正。当然，汉唐贤君有存心又不能说完全不正，对此，朱子提出"暗合"之说，曰：

　　一时英雄豪杰之士，或以资质之美，计虑之精，一言一行偶合于道者，盖亦有之，而其所以为之田地根本者，则固未免乎利欲之私也。……故汉唐之君虽或不能无暗合之时，而其全体却只在利欲上。……盖举其始终而言，其合于义理者常少，而其不合者常多；合于义理者常小，而不合者常大。但后之观者于此根本功夫自有欠阙，故不知其非而以为无害于理，抑或以为虽害于理而不害其获禽之多也。(《答陈同甫书之八》)

　　但古之圣贤从根本上便有惟精惟一的功夫，所以能执其中，彻头彻尾无不尽善。后来所谓英雄，则未尝有此功夫，但在利欲场中头出头没。其质美者乃能有所暗合，而随其分数之多少以有所立。(《答陈同甫书之九》)

朱子的意思包括这样几层：

其一，汉唐之君"合于义理者常少，而其不合者常多"，关于此点，应该不难通过历史经验来确知。

其二，汉唐之君"虽或不能无暗合之时，而其全体却只在利欲上"，就是说，合于义理者只是"暗合"，但其全体只是出于利欲，而非天理之流行。

第三，这些"暗合"的行为，只是因"其质美者乃能有所暗合，而随其分数之多少以有所立"。在此，朱子引入了材质或气禀的概念，基于这种概念，汉唐之君那些因为质美而导致的"暗合"行为，就不能认为善行，因为其念虑依然出于人欲，而非天理。在本质上，善行应该是一种自觉其为善的行为。

但同甫持论的理由不同，在他看来，君王的行为若不是出于善的念头，怎么可能建功立业呢？然而，这种理由是很成问题的。

首先，道德领域中的善与历史领域中的善不同，道德上的善行不一定就能导致历史领域中的善果。在历史的经验领域，遵循的是一种合目的性规律，就是说，历史结果与个人行为的初衷往往是相背的，而且，历史规律往往是人们事后才描述出来的，或者说，人们只能在事后反思到其行为是否合乎历史必然性。那么，我们如何看待个人特别是君王在历史过程中的责任呢？显然，我们不能因为历史过程的必然性，就认为个体无须对自己的行为负责。通常认为，个人应该服从的规律是道德律，尤其对于众所仰望的君王，更应当如此。不仅如此，小人尚可透过于命，君王则当有造命的意识。因此，君王尤其需要谨慎对待其一言一行，否则，不免祸及天下，使百姓有遭命之虞。

其次，个人善念之萌发不等于自身对此善念的自觉。不可否认，正犹齐宣王见羊之觳觫而有不忍之心，汉唐之君亦不可能没有爱民的念头，由此而有种种惠民的措施，但却不能因此断定其所施行的就是孟子讲的"仁政"，故朱子认为只是"暗合"。道学家追求的是一种行善的自觉性，即时时刻刻将其善念发扬光大，务必使其种种政治措施都是天理流行。可以说，道学是一场士人觉醒的运动，即士人应当自觉以先王之道作为其政治理想，而君王也应当自觉以先王之道作为治国的大纲大法，这不仅是道学家对自身的要求，也是对统治者的要求。

朱子的这些说法，如果置于道学运动的大背景中来看，实属自然。其先，作为道学运动先导的王安石新学，以"复三代"

相标榜，且贬抑汉唐。据《宋史·王安石传》记载：

> 熙宁元年四月，始造朝。入对，帝问为治所先，对曰："择术为先。"帝曰："唐太宗如何？"曰："陛下当法尧、舜，何以太宗为哉？"

至于朱子贬抑汉唐功业，以为只是"暗合"，是说实出于明道先生。熙宁元年（1068），明道上《王霸札子》，其中有云：

> 陛下躬尧、舜之资，处尧、舜之位，必以尧、舜之心自任，然后能充其道。汉、唐之君，有可称者，论其人则非先王之学，考其时则皆驳杂之政，乃以一曲之见，幸致小康，其创法垂统，非可继于后世者，皆不足也。然欲仁政而不素讲其具，使其道大明而后行，则或出或入，终莫有所致也。（《程氏文集》卷1）

此处明道谓汉唐之君"幸致小康"，即朱子"暗合"之说；至于"或出或入"之语，亦与朱子"头出头没"之说同。

不过，朱子此说最直接的来源可能是胡宏。胡宏《答樊茂实书》云：

> 天理绝而人欲消者，三代之兴王是也。假天理以济人欲者，五霸是也。以人欲行而暗与天理合者，自两汉以至于五代之兴王盛主是也。存一分之天理而居平世者，必不亡；行十分之人欲而当乱世者，必不存。其昭然如日月，断然如符契。

可见，五峰此说与后来朱子所论，无论概念的使用，还是义理的发挥，皆如出一辙。

由此看来，道学家们强调王霸之辩，其目的就在于高扬先王之道，以制约世俗君王。同甫殆不能领会道学运动的精神，故有此争论也。其后，陈傅良有一段评述双方争论的文字，极是精到。据《止斋集》卷36所载：

> （同甫）以三代圣贤枉作工夫，则是人力可以独运；（朱子）以汉祖唐宗贤于盗贼不远，则是天命可以苟得。谓人力可以独运，其弊上无兢畏之君；谓天命可以苟得，其弊下有觊觎之臣。二君子立论，不免于为骄君乱臣之地。

止斋所论，实道尽朱子与同甫王霸义利之辩的实质，可谓至论。盖同甫尊君，然君无道德以自约束，遂使君王无所兢畏而为骄君；朱子则尊道，然臣持道德而自矜高，乃使臣子常怀觊觎而为乱臣也。

第十讲

性命与福德

道德与幸福（德与福）的关系，素来是伦理学的基本问题，而在中国思想中，此问题又与性命问题牵缠在一起，显得更为复杂，讨论也更深入。

一、性与命

今人常将"性命"当作一个词使用，意味着人的肉体存在或自然生命。其实，这个词在古代思想中是两个概念，皆指人与生俱来所禀受的某种东西，即王充所说的"初禀"，譬如，仁义礼智、饮食男女被视为性，而寿夭、祸福则属于命。[1]

古人论性，不外仁义礼智与饮食男女，然皆生之自然。以仁义礼智言性者，则多否认饮食男女之性，且以为可依循仁义礼智之性，而变化饮食男女之性。反之，以饮食男女言性者，则以仁义礼智为后起，乃圣王矫饰人之自然所施设。

---

[1] 此外，道教有"性命双修"之说，可见性、命之不同。

古人论命，或以寿数之长短为命（寿命），或以贫富贵贱为命（禄命），皆天赋而不可改者。有言寿命者，或视死如归；反之，乃有道家求仙炼形之术，盖以寿数之修短可以改变也。有言禄命者，或不以贫富贵贱婴其心，所谓"素其位，不愿乎其外"也；反之，乃有逐利之徒，而逞侥幸于一世也；又有圣贤以名利设教者，欲其修德以致福也。

今人素抱有科学之狂妄，以为天命不足畏，至于有"人定胜天"之说。古人以天命不可测，故可畏也；今人则变天命为规律，以为可通过对自然规律的掌握而进于自由之境，并能充分利用自然以为人类造福。至于市井鄙巷之人，多不能安其命，故欲借刀斧之工以美其容，藉药物以延其年，至于有变性之举。性者，乃天之所赋予人者，俗语有"江山易改，本性难移"之说，今人乃欲以变之，则何所不可变耶？如此上下奔竞，躁动不安，遂有事在人为、心想事成之说。此等行为，识者或为一笑，然其病根，实缘于近代性命观念之转变。

古人则不然，不独安于形体外貌之命，至于富贵贫贱者，亦常安之若命。故王充有云：

> 人生性命当富贵者，初禀自然之气，养育长大，
> 富贵之命效矣。（《论衡·初禀》）

至于王者有天下，古人亦谓受命也。而受命有符瑞以征之，如文王得赤雀 [1]、武王得白鱼赤乌 [2] 之类，故后世欲行僭窃、谋

---

[1] 《尚书·中候我应》曰："周文王为西伯，季秋之月，赤鸟衔丹书，入丰郭，止于昌户，王乃拜稽首受最曰：'姬昌，苍帝子，亡殷者纣也。'"又见《墨子·非攻下》《尚书·帝命验》。

[2] 据孙星衍辑，《泰誓》曰："太子发升于舟，中流，白鱼入于王舟，王跪取，

乱之人，常伪造符命以动人心，如陈胜 [1]、王莽 [2] 之类是也。可见，天命毕竟不可苟得也。

若王充之非符命，则以为犹有人力以间焉。其曰：

> 若此者，谓本无命于天，修己行善，善行闻天，天乃授以帝王之命也，故雀与鱼焉，天为王之命也，王所奉以行诛者也。如实论之，非命也。命，谓初所禀得而生也。人生受性，则受命矣。性命俱禀，同时并得，非先禀性，后乃受命也。(《初禀》)

观王充所言，盖以性与命为一也。其初所禀为性，而一生之命俱在其中，此即所谓"性命俱禀，同时并得"也，而人力无所容其地焉。王充乃举文王例，以其尚在襁褓之中，即已见圣瑞焉，其祖父古公亶父有"我世当有兴者，其在昌乎"之言，乃立文王父少子季历也。

王充既以人生而有命，故必有所见，"王者一受命，内以为性，外以为体"(《初禀》)，故文王有四乳之相，至于历世古圣先贤，其初生时即有异相，如黄帝龙颜、颛顼载干、尧眉

出渼以燎之。既渡，至于五日，有火自上复于下，至于王屋，流为乌，其色赤。"又见《春秋·璇玑玲》《大传·五行传》《史记·周本纪》《汉书·董仲舒传》《终军传》王逸《楚辞》注。

[1] 《史记·陈涉世家》曰：陈胜、吴广"乃丹书帛曰'陈胜王'，置人所罾鱼腹中。卒买鱼烹食，得鱼腹中书，固以怪之矣。又间令吴广之次所旁丛祠中，狐鸣呼曰'大楚兴，陈胜王'。卒皆夜惊恐。旦日，卒中往往语，皆指目陈胜"。

[2] 据《汉书·王莽传》，莽"风益州令塞处蛮夷献白雉"，而得为太傅，号安汉公；哀章作金匮之书，王莽以为符命，乃即真为天子。

八采、舜目重瞳、禹耳三漏、汤臂再肘、武王望阳、周公背偻、皋陶马口、孔子反羽之类。(《论衡·骨相》)可见，此乃天所命为圣王也。[1]

诚若此说，则命可知也，易知也。何以知？观于骨相也。命相之说，非独中国有之，黑格尔亦言之，以为"绝对精神之外化"，其于王充"人命禀于天，则有表候见于体"之说，并无不同。王充于《骨相》中颇举命相之例：

> 周亚夫未封侯时，许负相之，曰："君后三岁而侯，侯八岁为将相，持国秉，贵重矣，于人臣无两。其后九岁而君饿死。"亚夫笑曰："臣之兄已代侯矣，有如父卒，子当代，亚夫何说侯乎？然既已贵，如负言，又何说饿死？指示我！"许负指其口，有纵理入口，曰："此饿死法也。"
>
> 当邓通之幸文帝也，贵在公卿之上，赏赐亿万，与上齐体。相工相之曰："当贫贱饿死。"文帝崩，景帝立，通有盗铸钱之罪，景帝考验，通亡，寄死人家，不名一钱。

纵观王充论命，颇趋极端，即将一切祸福归于命，又以为此命定于人生初禀之时。儒家则不然，以性系于人为，须是率性，而以富贵寿夭归于命，不必刻意追求，故人生不满百，常

---

[1] 又，汉祖隆准龙颜美须，左股有七十二黑子，吕公善相，奇之，因以其女妻高祖。人有异相，甚可喜也，亦甚可畏也。

怀千岁忧，光阴可惜，尤不当于此处措意焉。

故孟子区别性、命为二，曰：

> 口之于味也，目之于色也，耳之于声也，鼻之于臭也，四肢之于安佚也，性也，有命焉，君子不谓性也。仁之于父子也，义之于君臣也，礼之于宾主也，知之于贤者也，圣人之于天道也，命也，有性焉，君子不谓命也。（《孟子·尽心下》）

盖耳目口鼻四肢与仁义礼智，皆人之所初禀。然孟子以仁义礼智归之性，欲其养而成之也；而以耳目口鼻四肢归之命，不欲人于百岁之寿夭祸福上措意，而专其心于千年之功业道德也。

基于此种对性、命的了解，故孔子曰“死生有命，富贵在天”（《论语·颜渊》），孟子谓“求之有道，得之有命”（《孟子·尽心上》），张横渠言“存吾顺事，没吾宁也”（《西铭》），凡此，皆见古人的达观态度也。

综上言之，诸家论性、命者，大致有如下观点：或以仁义礼智言性，此性善也；或以耳目口鼻言性，此性恶也。盖先秦人论性，非谓其一成不变也，故善可渐于恶，恶可化于善，事在人为，此孟、荀之说所同也。至于论命，则犹父命、君命、天命，皆当畏敬不可有贰，不可改也。故孟子以耳目口鼻为命，则人不可求，各安天命而已；仲任乃以寿夭贵贱贫富善恶为命，一成而不变，盖愤世之不福德也。性有善恶，命有贵贱，二子别性、命，以为不相干，此其所同也。

二、正命、随命与遭命

王充以性命皆人之初禀，然性与命实有不同。其曰：

> 禀性受命，同一实也。命有贵贱，性有善恶。谓
> 性无善恶，是谓人命无贵贱也。……人禀天地之性，
> 怀五常之气，或仁或义，性术乖也；动作趋翔，或重
> 或轻，性识诡也。面色或白或黑，身形或长或短，至
> 老极死，不可变易，天性然也。然知水土物器形性不
> 同，而莫知善恶禀之异也。（《论衡·本性》）

盖性论善恶，命则论贵贱，然性善未必贵，性恶未必贱，故性、
命常不合也。故就性、命之关系而言，命有三：正命，随命
与遭命。王充曰：

> 正命，谓本禀之自得吉也。性然骨善，故不假操
> 行以求福而吉自至，故曰正命。随命者，戮力操行而
> 吉福至，纵情施欲而凶祸到，故曰随命。遭命者，行
> 善得恶，非所冀望，逢遭于外而得凶祸，故曰遭命。
> （《论衡·命义》）

正命者，无所行善焉，而自得福，以见初禀之吉也；随
命者，为善而得吉福，为恶而得凶祸也；遭命者，行善得祸，
非所冀望也。

其先，董仲舒亦有三命之说，即大命、变命、遭命也。《春

秋繁露·重政篇》云：

> 人始生有大命，是其体也；有变命存其间者，其
> 政者。政不齐，则人有忿怒之志，若将施危难之中，
> 而时有随遭者，神明之所接，绝续之符也。

《白虎通·寿命》亦有三命之说，即寿命、随命与遭命：

> 命有三科，以记验：有寿命[1] 以保度，有遭命以
> 遇暴，有随命以应行。寿命者，上命也，若言文王受
> 命唯中，身享国五十年。随命者，随行为命，若言急
> 弃三正，天用剿绝其命矣。又欲使民务仁立义，无滔
> 天，滔天则司命举过言，则用以弊之。遭命者，逢世
> 残贼，若上逢乱君，下必灾变暴至，天绝人命，沙鹿
> 崩于受邑是也。冉伯牛危行正言，而遭恶疾，孔子曰：
> "命矣夫，斯人也而有斯疾也，斯人也而有斯疾也。"

此说与王充《论衡》无异，皆出于纬说。《太平御览》卷360
引《元命苞》云：

> 寿命，正命也，起九九八十一。有随命，随命者，
> 随行为命也。有遭命，遭命者，行正不误，逢世残贼，
> 君上逆乱，辜咎下流，灾谴并发，阴阳散忤，暴气雷
> 至，灭日动地，绝人命，水鹿袭邑是。

---

[1] 寿命，《礼记·祭法》孔疏引《援神契》作"受命"。

又，赵岐注《孟子》云：

> 人之终无非命也。命有三名：行善得善曰受命，行善得恶曰遭命，行恶得恶曰随命。

可见，诸说大致相同，皆谓命有三，即受命、随命与遭命，而赵岐之解释稍有异。

王充论正命云：

> 凡人受命，在父母施气之时，已得吉凶矣。夫性与命异，或性善而命凶，或性恶而命吉。操行善恶者，性也；祸福吉凶者，命也。或行善而得祸，是性善而命凶；或行恶而得福，是性恶而命吉也。性自有善恶，命自有吉凶。使命吉之人，虽不行善，未必无福；凶命之人，虽勉操行，未必无祸。孟子曰："求之有道，得之有命。"性善乃能求之，命善乃能得之。性善命凶，求之不能得也。行恶者祸而至，而盗跖、庄蹻横行天下，聚党数千，攻夺人物，断斩人身，无道甚矣，宜遇其祸，乃以寿终。夫如是，随命之说，安所验乎？（《命义》）

所谓正命者，无论吉凶，皆与后天之行善行恶无关，而在其父母施气之时就已决定。即便如盗跖、庄蹻之徒，为恶乃能得寿者，盖以其命本寿长故也，此为正命。又论遭命云：

> 遭命者，行善于内，遭凶于外也。若颜渊、伯牛

之徒，如何遭凶？颜渊、伯牛，行善者也，当得随命，福佑随至，何故遭凶？颜渊困于学，以才自杀；伯牛空居而遭恶疾。及屈平、伍员之徒，尽忠辅上，竭王臣之节，而楚放其身，吴烹其尸。行善当得随命之拼音文字，乃触遭命之祸，何哉？（《命义》）

则正命者，虽行恶而犹得吉命；遭命者，行善而反遇凶命也。故赵国四十万之众，一朝死于长平，祸福自外而至，此即遭命也。俗言"死于非命"，即谓遭命也。

而就儒家而言，多主随命。孟子曰：

> 今国家闲暇，及是时般乐怠敖，是自求祸也。祸福无不自己求之者。《诗》云："永言配命，自求多福。"《太甲》曰："天作孽，犹可违；自作孽，不可活。"此之谓也。（《孟子·公孙丑上》）

释氏主张修福，其说亦主随命也。孟子又曰：

> 夭寿不贰，修身以俟之，所以立命也。（《孟子·尽心上》）

不论命之夭寿，唯修身以立命，则又似非随命之说也。孟子又有言"正命"者，迥不同于仲任之说：

> 莫非命也，顺受其正。是故知命者，不立乎岩墙之下。尽其道而死者，正命也。桎梏死者，非正命也。

不立岩墙，可知儒家亦谓有遭命也。尽其道而死，即"修身以俟"之义，祸福寿夭，非所措意，盖以其定于初禀故也，此犹仲任"富贵贫贱皆在初禀之时，不在长大之后随操行而至也"之说（《论衡·命义》）。至于桎梏而死者，儒家或视为随命，观朱子之讥同甫可知矣，然同甫则以遭命自解也。

三、承负与轮回

据纬说及《白虎通》，可见儒家本有"三命"之说，王充盖袭其说，然偏主正命与遭命耳。至东汉末年之道教，则颇具宗教意味，而尤重随命之说。其主要经典《太平经》既认为人固有"命籍"，此正命也，譬如，天府中有"命曹"一职，专司人之正命；又有"善曹"与"恶曹"，负责将人的善恶行为记录在案；又有"寿曹"一职，专管因善而生的增寿。

伦理学中的德福冲突，主要体现为"遭命"这个概念，即汉人所说的"行善得恶"问题。在《太平经》那里，则主要依据"随命"概念进行了解释，即将此世所遭受的殃咎归因于先人的作恶，此即道教的"承负"说。《解承负诀》云：

> 凡人之行，或有力行善，反常得恶，或有力行恶，反得善。……力行善反得恶者，是承负先人之过，流灾前后积来害此人也。其行恶反得善者，是先人深有积畜大功，来流及此人也。能行大功万万倍之，先人虽有余殃，不能及此人也。

不过，"承负"说亦有根本不同于"随命"的内涵，因为所谓"随命"，乃自己行恶，自己受过；至于"承负"，则是先人行恶，自己受过。因此，所谓"承负"，承指后人承继先人的善恶，负则指先人把善恶遗传给后人，换言之，先人的行为总是不免给后人带来种种影响，而后人的行为亦不免受先人的影响。

可见，在某种程度上，"承负"说又带有佛教"业报轮回"的某些内涵，即业力不灭。佛教的"业报轮回"包括两个要点：其一，自己造业，自己受报；其二，业不灭，必将有报；此生不报，来生必报。可见，佛教此种说法，彻底地将儒家的"三命"说转化为"随命"一说，即行善得福，行恶得祸。如此，福与德在现世的矛盾，而在来世得到了解决。

当然，《太平经》中的"承负"说，亦有根本不同于佛教的地方，因为道教主张自己造业，而他人受报。所以如此，就在于中国没有印度的"灵魂不灭"的观念，因此，业力对后世的影响，犹如今人讲的"蝴蝶效应"，而非通过同一个灵魂的轮回而传播到不同的时间。

其实，《太平经》提出"承负"说，其实还有诫惧人君的意图。《解承负诀》中说道：

> 今帝王居百里之内，其用道德，仁善万里，百姓蒙其恩。父为慈，子为孝，家足人给，不为邪恶。帝王居内，失其道德，万里之外，民臣失其职，是皆相去远万万里，其由一也。

盖普通百姓位卑权轻，其行为造成的后果，对后世的影响亦小。对于帝王则不同，盖帝王犹如天上之北辰，为万民所瞻仰，所谓"一言兴邦，一兴丧邦"，其行为所造成的影响远较寻常百姓为大，其流传也更为久远，人们自然就更多地承负了帝王带来的祸福。因此，对帝王来说，就更应该谨慎自己的行为，时刻加以反省。可以说，道教通过"承负"这个概念，提出了一种不同于儒家的约束君权的学说。

《太平经》为了说明承负的道理，更列举了承负的种种情形：

> 天地生凡物，无德而伤之，天下云乱，家贫不足，老弱饥寒，县官无收，仓库更空。此过乃本在地伤物，而人反承负之。一大凡事解，未复更明听。今一师说，教十辫子，其师说邪不实，十弟子复行各为十人说，已百人伪说矣；百人复行各为十人说，已千人邪说矣；千人各教十人，万人邪说矣；万人四面俱言，天下邪说。又言者大众，多传相徵，不可反也，因以为常说。此本由一人失说实，乃反都使此凡人失说实核，以乱天正文，因而移凡易俗，天下以为大病，而不能相禁止，其后者剧，此即承负之厄也，非后人之过明矣。后世不知其所由来者远，反以责时人，故重相冤也；复为结气不除，日益剧甚，故凡二事解，真人复更明听。令一人为大欺于都市中，大言地且陷成涵水，垂泣且言；一市中人归道之，万家知之，老弱大小四面行言，天下俱得知之，乃使天下欺，后者增益之，其远者尤剧。是本由一人言，是即承负空虚言之责也，后人何过乎？反以过时人。三事解，然真人复更明听。夫南山有大木，广纵覆地数百步，其本茎

一也。上有无訾之枝叶实，其下根不坚持地，而为大风雨所伤，其上亿亿枝叶实悉伤死亡，此即万物草木之承负大过也。其过在本不在末，而反罪未曾不冤结耶？今是末无过，无故被流灾得死亡。夫承负之责如此矣，宁可罪后生耶？四事解，然责人复更明听。南山有毒气，其山不善闭藏，春南风与风气俱行，乃蔽日月，天下彼其咎，伤死者积众多。此本独南山发泄气，何故反使天下人承负得病死焉？时人反言犹恶，故天则杀汝，以过其人，曾不冤乎哉？此人无过，反承负得此灾，魂神自冤，生人复就过责之，其气冤结上动天，其咎本在山有恶气风，持来承负之责如此矣。五事解，然真人复更危坐，详听吾言。本道常正，不邪伪欺人。人但座先人君王人师父教化小小失正，失正言，失自养之正道，遂相效学，后生者日益剧，其故为此。积久传相教，俱不得其实，天下悉邪，不能相禁止。故灾变万种兴起，不可胜纪，此所由来者积久复久。愚人无知，反以过时君，以责时人，曾不重被冤结耶？天下悉邪，不能自知。帝王一人，虽有万人之德，独能如是何？然今人行，岂有解耶？（《五事解承负法》）

从《太平经》列举的五种情形来看，不难发现，"承负"实在是很普遍的现象，也是很自然的道理。

但是，诚若《太平经》所言，如果将灾异归于先王，岂不免让时君推卸掉自己的责任，焉能达到诫惧人君的目的呢？《太平经》在此将"承负"说与中国人的家庭以及宗族观念结合起来，即每个人虽然承负了先人带来的祸福，同时也要为后世计，不至于贻祸于后人。《太平经》如此说道：

> 为人先生祖父母不容易也，当为后生者计，可毋使子孙有承负之厄。是以圣人治，常太平，令刑格而不用也。所以然者，乃为后生计也。（《乐生得天心法》）

可见，《太平经》结合中国本土的某些观念，借助"承负"这个概念，而提出了一套不同于儒家的政治学说。

此外，"承负"说背后还有一种革命的意味。因为道教将现世的过错视为先祖之流灾所致，那么，汉末的种种弊政，完全可视为汉王朝本身的毛病，而非当时某个时君举措的不当。因此，一旦汉王朝不能克服自身的毛病，就只能通过建立新的王朝来克服时弊。这样，"承负"说就为后来的黄巾代汉，提供了理论上的某种依据。

《太平经》以解除天下万物所承负的灾殃为己任，即"为皇天解承负之仇，为后土解承负之殃，为帝王解承负之厄，为百姓解承负之过，为万二千物解承负之责"（《五事解承负法》），可见，汉末道教那里有着非常高远的政治理想，其忧天下之心亦似与儒家并无不同，其提出的办法亦近于儒家，即主张"兴善止恶"，试图通过劝勉人间的帝王施行德政，来达到太平的目的。对此，《去邪文习明古诀》中说道：

> 帝王能力用吾书，灾害悉已一旦除矣，天下感乐，皆欲为道德之士，后生遂象先世，老稚相随而起，心

更知求真文校事，浮华去矣；心究洽于神灵，君无一
忧，何故不日游乎哉？如是天地凡事，各得其所，百
神因而叹乐，王者深得天意，至道往祐之，但有日吉，
无有一凶事也。

四、寿命与禄命

王充曰："有死生寿夭之命，亦有贵贱贫富之命。"（《论
衡·命禄》）盖人命有二，即寿命与禄命也。二者相较，寿命
更重要，"寿命胜禄命"（《论衡·命义》）。人常言女子"红颜
薄命"，盖女子之禄命首在于颜色，然命短无以享之，此所以
为薄命也；或以所嫁夫既贤且贵，妇早死，亦称无福。常言
某人无福，亦指其寿短不能享其禄；又或言某人命不好，则
指其贫贱也。

古人言命，多指寿命。《白虎通·寿命》云：

> 命者，何谓也？人之寿也。

寿命有短长。嵇康《养生论》谓"凡人有三寿，……上寿
一百二十，中等八十，下寿六十"，而王充则以百岁为寿，是
为正命，而五十而死者，是谓随命。随命者，行善所致也，故
孔子曰"五十知天命"者，盖据以知所行之合道也。故不能
五十者，或以德亏，或以遭不幸故也。通常民间以年五十始为
寿，以其修德所致也。孔子称颜渊早夭，曰："不幸短命死矣。"
（《论语·雍也》）则颜渊虽有德，却短命早死，可谓不幸矣。

可见，德与寿有关。俗称"年高德邵"，即此义也。王

充历举古圣王之高寿，如尧在位七十年，寿九十八，一说以为一百一十六或一百一十七；舜在位五十年，寿亦过百岁；文王九十七而薨，武王九十三而崩，周公则九十九。王充以为，此时当太平之世，故人禀得和气，而得正命。此亦儒家"随命"之说也。

人之福也，不独有寿为福，若得富贵亦为福。佛家言人累世修行，路漫漫其修远兮，须是资粮充足而后可。其中有两种资粮，即福与德。佛家以为，人生于富贵之家，斯为福。此乃天定，若后天辛苦而得，则不为福，故福者，不求而自至也。故王充论福，皆谓为命，所谓"命里终须有"，即生下来即有，即所谓"初禀"也。

王充谓寿、禄皆命，曰：

> 人有寿夭之相，亦有贫富贵贱之法，俱见于体。故寿命修短，皆禀于天；骨法善恶，皆见于体。命当夭折，虽禀异行，终不得长；禄当贫贱，虽有善性，终不得遂。项羽且死，顾谓其徒曰："吾败乃命，非用兵之过。"此言实也。实者项羽用兵过于高祖，高祖之起，有天命焉。（《命义》）

故王充曰："富贵若有神助，贫贱若有鬼祸。命贵之人，俱学独达，并仕独迁；命富之人，俱求独得，并为独成。贫贱反此。"（《命禄》）此以富贵贫贱为命也。至于人之寿夭，更是命也，"夫禀气渥则其体强，体强则其命长；气薄则其体弱，体弱则命短，命短则多病寿短"（《论衡·气寿》）。

而儒家之说则不然，多主随命之说。《中庸》赞舜曰："大德者，必得其位，必得其禄，必得其名，必得其寿。"盖欲天子以至于庶人，皆以修德为本，而禄寿自在其中矣。王充则以福禄皆命定，与修德无关，至于古之圣贤皆然。

今人但以寿夭犹归之于命，至于贫富、贵贱、祸福，则以为事在人为，少有视为命之所系者，至于其性有智愚、贤不肖者，亦少有自咎者，此可见古今观念之变化也。

五、国命与人命

不独个人有命，国家亦有命。《尚书》云："周虽旧邦，其命维新。"此言国命也。古人常言："天下分久必合，合久必分。"则天下之分合，以及国家之兴亡，皆有命也。古人又有气数、气运之说，即谓此也。

人命乃天之授于个体者，国命亦然。国命非授众人者也，唯授一人而已，故天命不可苟得，虽有圣德于下，犹顺受其命而已。昔虬髯客有逐鹿天下之志，至太宗一出，乃知天命归于唐，不肯屈己，遂出奔海外。就人君一身而言，其始有天命为受命，若终不能保有天命，其命则革矣，盖天之所私唯在一人而已。近世有所谓民主制，皆以天命可以苟得，故各逞其私智以相攘夺，而民遂为愚弄而不自知焉。

古人当王朝危难之时，先有志士仁人之尽忠，捐头颅，洒热血。至于国命将绝，乃比于大厦将倾，此时虽有绝伦之才，亦不能回天，唯有奔逃隐遁而已，至有输诚于新朝者，人犹谅之。同是人也，前日之效死，其志不可谓伪；后时之改图，未可尽目为渝节。虽然，其间犹有若顾亭林辈者，当天下大定之时，犹图再举，或谓为不知命，然真豪杰之士耳。又有若王船山辈者，终生不薙发，且拒吴逆之劝诱，章太炎以为，明季三老中，以船山为"最清"。[1] 凡此，莫不见国之有命，且"国命之胜人命"也（《论衡·命义》）。故项羽兵败，不自咎焉，乃曰："吾败乃命，非用兵之过。"遂取刎于乌江，不图东山再举。项羽一败，即诿诸天命；刘邦虽屡败，犹百折不挠，盖知天命所在也。

六、幸、不幸与佞幸

人虽为善，乃遭命之夭折、贫贱，斯为不幸。至于轻蹈死地，亦属不幸，然未有怜之者，自取祸也。故孔子不立岩墙之下，危邦不入，乱邦不居，皆此义也。王充曰：

> 灾气加人，亦此类也。不幸遭触而死，幸者免脱而生。不幸者，不侥幸也。孔子曰："人之生也直，罔之生也幸。"则夫顺道而触者为不幸矣。立岩墙之下，为坏所压；蹈坼岸之上，为崩所坠。轻遇无端，故为不幸。鲁城门久朽欲顿，孔子过之，趋而疾行。左右曰：'久矣。'孔子曰：'恶其久也。'孔子戒慎已甚，如过遭坏，可谓不幸也。"（《论衡·幸偶》）

---

[1] 船山《自题墓石》云："抱刘越石之孤愤，而命无从致；希张横渠之正学，而力不能企。幸全归于兹丘，固衔恤以永世。"自署曰："有明遗臣行人王夫之。"

故居危行险者，自取死之道，俗谓"该死"，不谓不幸也。至于有为恶者，虽得善终，斯为幸事，盖彼该死久矣，今不过侥幸而脱逃耳。

故君子有命，又戒不幸。至于小人，亦有命，然戒有幸焉。王充曰：

> 故孔子曰："君子有不幸而无有幸，小人有幸而无不幸。"又曰："君子处易以俟命，小人行险以侥幸。"佞幸之徒，闳、籍孺之辈，无德薄才，以色称媚，不宜爱而受宠，不当亲而得附，非道理之宜，故太史公为之作传。邪人反道而受恩宠，与此同科，故合其名谓之佞幸。无德受恩，无过遇祸，同一实也。（《幸偶》）

幸者，苟得苟免而已。君子固不当自处岩墙之下，然毕竟有遭命之时，至于临大节，处大难，则不求苟免，此为"有不幸而无有幸"也；至于小人，常思处安泰之境，临财而苟得，临难而苟免，皆幸也，而有不能苟得苟免之时，非不幸也，实命也，此为"有幸而无不幸"也。小人行险以侥幸，故可名为"佞幸"。

古人又以上临下为幸，盖于卑下者言之，非所望也，故为幸；至于后世，小人常以谄媚求之，志在必得，斯为佞幸，而古之幸义失矣。故君子治国，常以抑侥幸为事，盖不欲臣下之取媚于上，而有所图也。今时则不然，唯以政绩论人才，而官吏乃有所逢迎取幸矣，且常思必得之志，较之古时侥幸之徒，犹畏不测之天威，可谓又等而下之矣。

七、材、遇与命

凡人或以德高，或以才胜，虽后天之修为，然亦先天之材质所致也。德者，若善恶贤不肖之类；才者，则如愚智刚柔之不同也。人之有材与否，皆性之自然，若如仲任所言，亦可谓命焉，犹《论语》谓孔子"天纵之圣"、《孟子》舜之"沛然若决江河"，至于一切生有异禀之人，皆天生我材也。因此，材亦命也，有后天不能强求者。

若尧舜"性之"，乃循性所致，不待勉强。盖天命之为圣人，故能"率性之谓道"。然天虽生我材，至于能有用与否，则命也。若汤武"反之"，盖其性虽非命有圣德圣才者，然藉后天修为有以反之，而终至于王者，亦犹有天命也。则人之遇也，亦有命焉。

至于凡人，其富贵贫贱自有命。然命当富贵，然所遇非时，则未必能富贵也；命当贫贱，然所遇非时，则未必能贫贱也。故仲任《论衡》曰：

> 命者，贫富贵贱也；禄者，盛衰兴废也。以命当富贵，遭当盛之禄，常安不危；以命当贫贱，遇当衰之禄，则祸殃乃至，常苦不乐。(《命义》)
>
> 凡人遇偶及遭累害，皆由命也。有死生寿夭之命，亦有贵贱贫富之命。自王公逮庶人，圣贤及下愚，凡有首目之类，含血之属，莫不有命。命当贫贱，虽富贵之，犹涉祸患，失其富贵矣。命当富贵，虽贫贱之，犹逢福善，离其贫贱矣。故命贵从贱地自达，命贱从富位自危。……是故才高行厚，未必保其必富贵；

智寡德薄，未可信其必贫贱。或时才高行厚，命恶，
废而不进；知寡德薄，命善，兴而超逾。故夫临事知
愚，操行清浊，性与才也；仕宦贵贱，治产贫富，命
与时也。命则不可勉，时则不可力，知者归之于天，
故坦荡恬忽。(《命禄》)

故有材如孔子者，虽命当圣人，然而不王者，亦不遇也。至于
汉高祖，其材仅中人，好酒及色，然终得天下，自谓有命焉，
盖天命之为王也。故汉高祖疾甚，吕后欲使医治之，高祖骂医
曰："吾以布衣提三尺剑天下，此非天命乎！命乃在天，虽扁
鹊何益？"(《史记·高祖本纪》)而高祖与韩信论兵，信自诩
将兵多多益善，然犹谓高祖曰："陛下所谓天授，非智力所得。"
可见，天命不可苟得，故虽命有大材，然其不遇，亦莫非命也。
　人之遇有二，或有非其时而不遇，或有非其人而不遇。仲
任曰：

　　遭者，遭逢非常之变，若成汤囚夏台，文王厄牖
里矣。以圣明之德，而有囚厄之变，可谓遭矣。变虽
甚大，命善禄盛，变不为害，故称遭逢之祸。晏子所
遭，可谓大矣，直兵指胸，曲刃加颈，蹈死亡之地，
当剑戟之锋，执死得生还。命善禄盛，遭逢之祸不能
害也。历阳之都，长平之坑，其中必有命善禄盛之人，
一宿同填而死，遭逢之祸大，命善禄盛不能却也。譬
犹水火相更也，水盛胜火，火盛胜水。(《命义》)

成汤、文王有圣德，且终命之为王，然所逢时有不遇者，故犹

不免有囚厄之变。至于遭逢历阳、长平之难者，其命本不同，然一宿同死，亦所遇非时也。俗语有"生不逢时"之语，正谓此也。

仲任又曰：

> 偶也，谓事君有偶也。以道事君，君善其言，遂用其身，偶也；行与主乖，退而远，不偶也。退远未久，上官禄召，命善禄盛，不偶之害不能留也。（《命义》）

若臣有圣德，则性也，亦可谓命焉；然能否得君，则遇也，然亦可谓不有命焉。盖仲任常以此自比，而千古郁郁不得志之人，皆常怀此叹。

然孔子有圣德于身，乃自谓有命。孔子曰："天之将丧斯文也，后死者不得与于斯文也；天之未丧斯文也，匡人其如予何？"（《论语·子罕》）又曰："道之将行也与？命也；道之将废也与？命也；公伯寮其如命何！"（《论语·宪问》）又曰："天生德于予，桓魋其如予何？"（《论语·述而》）盖天不苟生其材也，必将有以用之，此孔子所以自信有命也。至于终不得王，唯假《春秋》而垂法后世，则不遇也，亦可谓命也。故孔子临终，乃叹曰："夫明王不兴，而天下孰能宗予？"（《礼记·檀弓》）盖自谓不遇也。

至于孟子，虽自负有平治天下之材，然犹以其遇为有命。

> 鲁平公欲见孟子，嬖人臧仓毁孟子而止，孟子曰："吾之不遇鲁侯，天也。臧氏之子，焉能使子不

遇哉！"（《孟子·梁惠王下》）

　　则遇与不遇，亦天也，命也。盖君臣相遇，可谓千载一时，故两三千年间，唯管仲与齐桓、武侯与昭烈、王猛与苻坚、荆公与神宗，仅此数人耳。

　　然墨子则否定人有命，曰：

　　　　天下之治也，汤武之力也；天下之乱也，桀纣之罪也。若以此观之，夫安危治乱存乎上之为政也，则夫岂可谓有命哉！故昔者禹汤文武方为政乎天下之时，曰："必使饥者得食，寒者得衣，劳者得息，乱者得治。"遂得光誉令问于天下，夫岂可以为命哉？故以为其力也。令贤良之人，尊贤而好功道术，故上得其王公大人之赏，下得其万民之誉，遂得光誉令闻于天下，亦岂以为其命哉？又以为力也。（《非命下》）

　　则自墨子视之，凡王充以为命者，皆莫非人力所致也。

后 记

　　数年前，我在复旦大学讲授《中国社会思想史》《中国古代社会》与《儒家伦理与中国社会》等课程，所编《中国社会思想史》（高等教育出版社）、《中国社会思想史读本》（上海人民出版社），已先后出版。两书均以时间先后为顺序，而以人物或著述为中心，讲述了先秦至清末的传统社会思想。另有《儒家伦理与中国社会》讲义，前后共十讲，其体例迥异，盖采取专题讨论的方式，讲述了儒家伦理的基本概念和重大问题，然一直无缘付梓。

　　年前，得蒙周青丰先生、王卓娅女士的热忱支持，遂将此讲义稍事修订，交由上海三联书店刊行，感恩莫名，兹并致谢焉。

曾亦记于沪上四漏斋

图书在版编目（CIP）数据

儒家伦理与中国社会 / 曾亦著. —上海：上海三联书店，2018.9
ISBN 978 - 7 - 5426 - 6410 - 5

Ⅰ. ①儒… Ⅱ. ①曾… Ⅲ. ①儒家 - 伦理 - 影响 - 社会发展 - 研究 - 中国
Ⅳ. ①B222.05 ②D668

中国版本图书馆CIP数据核字(2018)第168972号

儒家伦理与中国社会

著　　者 / 曾 亦

责任编辑 / 朱静蔚
特约编辑 / 李志卿　王卓娅　王焙尧
装帧设计 / 微言视觉工坊 ｜ 阿龙　苗庆东
监　　制 / 姚 军
责任校对 / 李志卿

出版发行 / 上海三联书店
　　　　　(201199) 中国上海市闵行区都市路4855号2座10楼
邮购电话 / 021－22895557
印　　刷 / 山东临沂新华印刷物流集团有限责任公司

版　　次 / 2018年9月第1版
印　　次 / 2018年9月第1次印刷
开　　本 / 889×1194　1/32
字　　数 / 300 千字
印　　张 / 14
书　　号 / ISBN 978－7－5426－6410－5/ B · 596
定　　价 / 58.00元

敬启读者，如发现本书有印装质量问题，请与印刷厂联系0539－2925680。